全国高等教育自学考试指定教材

酒店管理概论

（含：酒店管理概论自学考试大纲） 课程代码 13906

（2024年版）

全国高等教育自学考试指导委员会 组编

主编 吕 妮

中国人民大学出版社

·北京·

中国人民大学出版社自考数字教材配套数字资源使用指南

由全国高等教育自学考试指导委员会组织国内相关领域知名专家，编写了最新版自考教材，并首次配套数字资源。本数字教材有以下特点：

(1) 知识点微课贯穿全书，视频扫码随时学。

(2) 在线自测题按章分布，边学边练效果好。

(3) 支持课程互动和评论，让学习不再孤单。

(4) 考试资讯和资源更新，关注公号享服务。

凡是购买正版教材的考生，可凭封面的兑换码免费兑换教材配套数字资源。

数字资源获取方法和使用说明如下：

(1) 扫描并关注“人大社 e 自考”微信公众号。

(2) 点击“课程中心”中的子菜单“兑换中心”。

(3) 刮开本书所附卡片涂层，获取数字资源兑换码，即可兑换教材配套数字资源。

(4) 在“课程中心”中的子菜单“我的课程”里找到已兑换的课程进行学习。

如兑换码有误或有其他问题，请关注“人大社 e 自考”微信公众号并留言。

组编前言

21 世纪是一个变幻莫测的世纪，是一个催人奋进的时代。科学技术飞速发展，知识更替日新月异。希望、困惑、机遇、挑战，随时随地都有可能出现在每一个社会成员的生活之中。抓住机遇，寻求发展，迎接挑战，适应变化的制胜法宝就是学习——依靠自己学习、终身学习。

作为我国高等教育组成部分的自学考试，其职责就是在高等教育这个水平上倡导自学、鼓励自学、帮助自学、推动自学，为每一个自学者铺就成才之路。组织编写供读者学习的教材就是履行这个职责的重要环节。毫无疑问，这种教材应当适合自学，应当有利于学习者掌握和了解新知识、新信息，有利于学习者增强创新意识，培养实践能力，形成自学能力，也有利于学习者学以致用，解决实际工作中所遇到的问题。具有如此特点的书，我们虽然沿用了“教材”这个概念，但它与那种仅供教师讲、学生听，教师不讲、学生不懂，以“教”为中心的教科书相比，已经在内容安排、编写体例、行文风格等方面都大不相同了。希望读者对此有所了解，以便从一开始就树立起依靠自己学习的坚定信念，不断探索适合自己的学习方法，充分利用自己已有的知识基础和实际工作经验，最大限度地发挥自己的潜能，达到学习的目标。

欢迎读者提出意见和建议。

祝每一位读者自学成功。

全国高等教育自学考试指导委员会

2022 年 12 月

目　录

组编前言

酒店管理概论自学考试大纲

大纲前言 ………… 2
Ⅰ　课程性质与课程目标 ………… 3
Ⅱ　考核目标 ………… 5
Ⅲ　课程内容与考核要求 ………… 6
Ⅳ　关于大纲的说明与考核实施要求 ………… 20
附录：题型举例 ………… 22
大纲后记 ………… 23

酒店管理概论

编者的话 ………… 27

第一篇　酒店管理基础

第一章　酒店概述 ………… 30
　第一节　酒店与酒店产品 ………… 30
　第二节　酒店业的发展历程与趋势 ………… 35
　第三节　酒店的分类 ………… 42
　第四节　酒店的等级与评定 ………… 46
　第五节　国内外著名酒店管理集团 ………… 49
第二章　酒店管理概述 ………… 53
　第一节　酒店管理的基础理论 ………… 53
　第二节　酒店管理的理念创新 ………… 64
　第三节　酒店管理者的素质与能力 ………… 66

第三章　酒店组织管理 …… 70
第一节　酒店组织类型与结构 …… 70
第二节　酒店组织制度与创新 …… 76
第三节　酒店经营管理的基本模式 …… 82

第二篇　酒店综合管理

第四章　酒店营销管理 …… 88
第一节　酒店市场营销概述 …… 88
第二节　目标市场营销 …… 92
第三节　酒店营销策略 …… 102
第四节　酒店营销管理理念创新 …… 110
第五章　酒店品牌运营管理 …… 116
第一节　酒店品牌的概念与作用 …… 116
第二节　酒店品牌运营管理概述 …… 123
第三节　酒店品牌竞争力的培育、维护与提升 …… 139
第六章　酒店服务质量管理 …… 146
第一节　酒店服务质量概述 …… 146
第二节　酒店服务质量评价与分析 …… 151
第三节　酒店服务质量管理方法 …… 156
第七章　酒店人力资源管理 …… 163
第一节　酒店人力资源管理概述 …… 163
第二节　酒店人力资源规划 …… 167
第三节　酒店员工培训 …… 169
第四节　酒店员工薪酬管理与绩效考核 …… 174
第八章　酒店新业态管理 …… 181
第一节　精品酒店 …… 181
第二节　主题酒店 …… 184
第三节　民宿 …… 186
第四节　其他非标准住宿 …… 189
第五节　非标准住宿的管理 …… 191

第三篇　酒店业务管理

第九章　酒店前厅部管理 …… 196
第一节　前厅部概述 …… 196
第二节　前厅部业务及工作流程 …… 202

第三节 前厅部的日常管理 …… 220
第十章 酒店客房部管理 …… 228
第一节 客房部概述 …… 228
第二节 客房部业务及工作流程 …… 238
第三节 客房部的日常管理 …… 247
第十一章 酒店餐饮部管理 …… 255
第一节 餐饮部概述 …… 255
第二节 餐饮部业务管理 …… 259
第十二章 酒店康乐部管理 …… 278
第一节 康乐部概述 …… 278
第二节 康乐部业务管理 …… 282
第四篇 酒店数字化运营
第十三章 酒店数字化运营管理 …… 300
第一节 酒店运营的信息化与数字化 …… 300
第二节 酒店管理系统（PMS）的应用 …… 310
第三节 数字化在酒店运营中的应用 …… 319
参考文献 …… 324
后记 …… 326

全国高等教育自学考试

酒店管理概论
自学考试大纲

全国高等教育自学考试指导委员会　制定

大纲前言

为了适应社会主义现代化建设事业的需要，鼓励自学成才，我国在 20 世纪 80 年代初建立了高等教育自学考试制度。高等教育自学考试是个人自学、社会助学和国家考试相结合的一种高等教育形式。应考者通过规定的专业课程考试并经思想品德鉴定达到毕业要求的，可获得毕业证书；国家承认学历并按照规定享有与普通高等学校毕业生同等的有关待遇。经过 40 多年的发展，高等教育自学考试为国家培养造就了大批专门人才。

课程自学考试大纲是规范自学者学习范围、要求和考试标准的文件。它是按照专业考试计划的要求，具体指导个人自学、社会助学、国家考试及编写教材的依据。

为更新教育观念，深化教学内容方式、考试制度、质量评价制度改革，更好地提高自学考试人才培养的质量，全国考委各专业委员会按照专业考试计划的要求，组织编写了课程自学考试大纲。

新编写的大纲，在层次上，本科参照一般普通高校本科水平，专科参照一般普通高校专科或高职院校的水平；在内容上，及时反映学科的发展变化以及自然科学和社会科学近年来研究的成果，以更好地指导应考者学习使用。

全国高等教育自学考试指导委员会

2023 年 12 月

Ⅰ　课程性质与课程目标

一、课程性质和特点

“酒店管理概论”是高等教育自学考试旅游管理（专升本）、酒店管理（专升本）专业的课程，是该专业学生的入门课程。本课程以管理学的基本原理和经典管理理论为基础，以酒店行业的管理思维的形成为研究对象。通过本课程的学习，学生应掌握从事各种酒店管理活动所必备的理论基础和基本知识，初步具备运用管理的基本原理和方法进行有效管理的综合能力和基本技巧，掌握酒店管理的基本职能、基本原理和基本方法及管理活动的一般规律，并了解酒店管理思想的发展动态，掌握酒店管理研究的基本思想和方法，为进一步学习酒店管理后续专业课程打下基础。

二、课程目标

本课程的目标是学生通过本课程的学习：

（1）了解酒店行业的基本状况和发展趋势；

（2）掌握酒店管理的基本方法；

（3）了解酒店各业务部门的工作内容和基本流程；

（4）树立热爱本职工作、对工作细节精益求精的职业理想；

（5）为进一步学习酒店管理理论和业务知识打下基础。

三、与相关课程的联系与区别

“酒店管理概论”的先导课程有“管理学原理”“服务礼仪”“旅游消费者行为”等，学生应在理解和掌握相关概念后，再进入“酒店管理概论”课程的学习。其中，“管理学原理”是管理类专业的理论基础课程，帮助学习者掌握管理学的基本理论，了解管理活动过程中的主要工作内容以及基本原理与方法，为学习其他管理专业课程和开展科学研究打下基础。“服务礼仪”则为培养学习者的服务意识、塑造职业形象、提升职业素养起到重要作用。“旅游消费者行为”帮助学习者了解旅游消费者的需求特征，把握旅游消费者的行为与心理，掌握旅游消费者行为的分析方法，培养制定旅游消费者的管理策略和营销策略能力。“酒店管理概论”的后续课程有“酒店前厅与客房运行实务”“酒店餐饮管理实务与操作”“酒店营销管理”“酒店人力资源管理”等。

四、课程的重点和难点

本课程的重点：酒店行业的基本状况和行业特点；用酒店管理的基本方法分析和解决实际问题；酒店管理思维的建立；酒店主要运营部门管理的基本方法。

本课程的难点：对酒店管理基本方法的掌握、运用；酒店管理思维在解决实际问题时的运用；酒店行业从业人员职业素养和职业习惯的养成。

Ⅱ　考核目标

本大纲在考核目标中，按照识记、领会、应用三个层次来规定考生应达到的能力层次要求。三个能力层次是递进关系，各能力层次的含义如下：

识记（Ⅰ）：要求考生全面学习和识记教材的内容和知识点，对酒店管理的相关概念、理论、方法等有初步的认识，能够复述重要的概念和理论观点。

领会（Ⅱ）：要求考生能够理解和领悟本课程中酒店管理的基础理论和方法，建立酒店管理思维，培养用管理理论知识分析和解决实际问题的意识。

应用（Ⅲ）：要求考生能够将所掌握的酒店管理的基本理论和方法运用到酒店的产品营销、品牌运营、不同业务部门日常管理中，在提升业务能力的同时培养良好的职业素养和职业习惯。

Ⅲ　课程内容与考核要求

第一篇　酒店管理基础

第一章　酒店概述

一、学习目的与要求

通过本章的学习，学习者需要对酒店业和酒店产品有初步的认识，了解酒店业的不同发展阶段和未来发展趋势，熟悉酒店的常见业态和各类型酒店的特点，了解国内外著名酒店管理集团及主要品牌。

二、课程内容

第一节　酒店与酒店产品
第二节　酒店业的发展历程与趋势
第三节　酒店的分类
第四节　酒店的等级与评定
第五节　国内外著名酒店管理集团

三、考核知识点与考核要求

（一）酒店与酒店产品

1. 识记：（1）酒店的概念；（2）酒店产品的概念。

2. 领会：（1）酒店业的特征；（2）酒店产品的分类；（3）酒店产品的特点。

3. 应用：（1）能够理解酒店业与其他行业的异同点；（2）能够理解酒店产品与其他类型产品的异同点。

（二）酒店业的发展历程与趋势

1. 识记：酒店业的发展历程及特点。

2. 领会：酒店业的未来发展趋势及特点。

3. 应用：了解行业发展大势和相关国家政策，掌握酒店业发展规律，为全面了解酒店业打下基础。

（三）酒店的分类

1. 识记：不同划分标准下酒店的分类及特点。
2. 领会：酒店常见的分类方式。
3. 应用：能够对实际生活中的酒店类型进行划分。

（四）酒店的等级与评定

1. 识记：（1）酒店的分级方法；（2）中国酒店业星级评定的实施办法。
2. 领会：酒店星级评定的作用和意义。
3. 应用：能够对不同星级酒店的设施和服务标准做出判断。

（五）国内外著名酒店管理集团

1. 识记：（1）国际著名酒店管理集团的发展现状及代表性品牌；（2）国内著名酒店管理集团的发展现状及代表性品牌。
2. 领会：不同酒店管理集团代表性品牌的特点。
3. 应用：能够对常见酒店集团及代表性品牌定位和服务特点做出判断。

四、本章重点与难点

本章重点：了解酒店业的基本特征及发展历程、未来发展趋势，熟悉酒店的分类及特点，了解酒店星级评定机构和方法，熟悉国内外著名酒店管理集团及其品牌。

本章难点：区分酒店业与其他行业的异同点；根据酒店业发展趋势结合国家政策全面了解酒店业。

第二章　酒店管理概述

一、学习目的与要求

通过本章的学习，学习者需要掌握酒店管理的基本理论和方法，学习酒店管理在新时代变革中的创新理论，培养酒店业职业经理人的素质、管理思维和能力。

二、课程内容

第一节　酒店管理的基础理论

第二节　酒店管理的理念创新

第三节　酒店管理者的素质与能力

三、考核知识点与考核要求

（一）酒店管理的基础理论

1. 识记：（1）近代管理理论的代表人物及主要观点；（2）现代管理理论的代表人物及主要观点。
2. 领会：基础管理理论在现实工作中的作用和意义。

3. 应用：能够用基础管理理论的原理和方法分析和解决实际工作问题。

（二）酒店管理的理念创新

1. 识记：重要的酒店管理理论创新的思维观点。
2. 领会：酒店管理理论创新的时代背景和行业发展要求。
3. 应用：能够把理论创新的思想融合到实际工作中。

（三）酒店管理者的素质与能力

1. 识记：（1）酒店管理者需要具备的基本素质；（2）酒店管理者需要具备的能力构成。
2. 领会：酒店管理者具备的基本素质和能力的主要内涵。
3. 应用：能够针对性地培养自身的职业素质和职业能力。

四、本章重点与难点

本章重点：了解基础管理理论的代表人物及主要观点，掌握酒店管理的基本理论和方法，建立酒店管理在新时代变革中的创新思维，培养酒店业职业经理人的素质、管理思维和能力。

本章难点：能够用酒店管理的基本理论和方法来分析和解决实际工作中的问题，在日常管理中融入创新理论思维，建立培养自身酒店管理职业素质和职业能力的意识。

第三章　酒店组织管理

一、学习目的与要求

通过本章的学习，学习者需要了解组织的内涵和酒店组织结构设置的基本原则，熟悉酒店组织制度建设的内容、酒店组织结构的类型及特点，掌握酒店经营管理的模式及特点、培育酒店企业核心竞争力的方法。

二、课程内容

第一节　酒店组织类型与结构
第二节　酒店组织制度与创新
第三节　酒店经营管理的基本模式

三、考核知识点与考核要求

（一）酒店组织类型与结构

1. 识记：酒店组织类型。
2. 领会：（1）酒店组织结构设置的基本原则；（2）不同类型酒店的组织结构特点。
3. 应用：能够用酒店组织结构构建的基本原则为不同类型酒店设计适当的组织结构。

（二）酒店组织制度与创新

1. 识记：酒店组织制度的类型与内容。

2. 领会：酒店组织制度创新的原因和意义。
3. 应用：能够将制度创新思维应用于酒店组织制度的编订。

（三）酒店经营管理的基本模式

1. 识记：酒店经营管理的基本模式。
2. 领会：酒店经营管理的基本模式的特点。
3. 应用：能够根据不同酒店的特点选择恰当的经营管理模式

四、本章重点与难点

本章重点：了解酒店组织结构的含义和类型，掌握构建组织的原则和不同类型酒店的组织结构特点；了解酒店组织制度的概念、类型，酒店组织制度的体系，新经济形式下组织制度创新的原因和意义；掌握酒店经营管理的基本模式及其特点；了解培育酒店企业竞争力的不同方法和思路。

本章难点：能够用酒店管理的基本理论和方法来为酒店设计或改造组织结构，对酒店组织制度有所创新，根据酒店的特点选择合适的经营管理模式和培育酒店竞争力的方法。

第二篇　酒店综合管理

第四章　酒店营销管理

一、学习目的与要求

通过本章的学习，学习者需要了解酒店市场营销的概念，理解和掌握目标市场营销策略及其运用，了解网络营销。

二、课程内容

第一节　酒店市场营销概述
第二节　目标市场营销
第三节　酒店营销策略
第四节　酒店营销管理理念创新

三、考核知识点与考核要求

（一）酒店市场营销概述

1. 识记：酒店市场营销的概念。
2. 领会：（1）酒店营销对于酒店生存和发展的重要性；（2）酒店营销的特点与任务。
3. 应用：能够结合酒店行业和酒店产品的特点，理解酒店营销的任务和特点。

（二）目标市场营销

1. 识记：（1）目标市场营销的概念；（2）目标市场细分、目标市场选择和目标市场定位的概念。

2. 领会：(1) 目标市场细分的方法；(2) 选择目标市场的影响因素；(3) 市场定位的步骤和方法。

3. 应用：能够建立目标市场营销的思路，制定恰当的营销策略。

(三) 酒店营销策略

1. 识记：酒店营销策略及各自的特点。
2. 领会：酒店营销策略在不同类型行业中的应用。
3. 应用：能够为酒店制定营销策略。

(四) 酒店营销管理理念创新

1. 识记：几种酒店营销创新理念的特点和方式。
2. 领会：酒店营销创新的必要性和基本思路。
3. 应用：能够结合酒店和酒店产品的特点，为酒店创新营销策略提供新思路。

四、本章重点与难点

本章重点：了解酒店市场营销的概念和特点、目标市场营销的步骤和内容、酒店市场营销策略的类型和特点、酒店营销创新的方式和思路；掌握酒店市场营销战略的制定、市场营销策略的组合。

本章难点：能够结合酒店行业和酒店产品的特点，按照目标市场营销的步骤为酒店制定营销战略，进行营销策略组合，为酒店市场营销创新提供新思路。

第五章　酒店品牌运营管理

一、学习目的与要求

通过本章的学习，学习者需要了解酒店品牌的概念和基本类型、品牌建设的重要作用，掌握酒店品牌建设策略及品牌维护、推广和提升策略，能够建立品牌意识，运用品牌策略提升酒店价值。

二、课程内容

第一节　酒店品牌的概念与作用
第二节　酒店品牌运营管理概述
第三节　酒店品牌竞争力的培育、维护与提升

三、考核知识点与考核要求

(一) 酒店品牌的概念与作用

1. 识记：酒店品牌的概念和酒店品牌的类型。
2. 领会：(1) 酒店品牌的特征、功能；(2) 酒店品牌的重要作用。

3. 应用：能够理解品牌建设对酒店价值提升的重要意义，建立品牌意识。

（二）酒店品牌运营管理概述

1. 识记：酒店品牌运营管理的常用策略。

2. 领会：（1）酒店品牌定位管理策略；（2）酒店品牌传播管理策略；（3）酒店品牌国际化管理策略。

3. 应用：能够综合运用酒店品牌建设和运营策略，制定恰当的品牌建设或运营方案。

（三）酒店品牌竞争力的培育、维护与提升

1. 识记：酒店品牌竞争力的含义。

2. 领会：（1）品牌竞争力对酒店发展的重要意义；（2）培育酒店品牌竞争力的策略；（3）维护酒店品牌竞争力的方法；（4）提升酒店品牌竞争力的途径。

3. 应用：能够为酒店制定品牌竞争力提升方案。

四、本章重点与难点

本章重点：了解酒店品牌的概念和基本类型、品牌建设的重要作用；掌握酒店品牌建设策略，品牌维护、推广和提升策略；建立品牌意识，能够运用品牌策略提升酒店价值。

本章难点：能够综合运用酒店品牌建设和运营策略，为酒店制定品牌竞争力提升方案。

第六章　酒店服务质量管理

一、学习目的与要求

通过本章的学习，学习者需要掌握酒店服务质量的含义和内容；掌握提升酒店服务质量的方法；掌握酒店服务质量的分析方法；理解和掌握酒店服务质量管理的方法。

二、课程内容

第一节　酒店服务质量概述

第二节　酒店服务质量评价与分析

第三节　酒店服务质量管理方法

三、考核知识点与考核要求

（一）酒店服务质量概述

1. 识记：酒店服务质量的概念。

2. 领会：（1）酒店服务质量的内容；（2）提升酒店服务质量的方法。

3. 应用：能够根据酒店服务质量的构成要素给出提升服务质量的建议。

（二）酒店服务质量评价与分析

1. 识记：酒店服务质量评价的概念。

2. 领会：(1) 酒店服务质量分析的步骤；(2) 酒店服务质量分析方法。
3. 应用：能够利用 ABC 分析法和因果分析图法，对酒店服务质量进行科学分析。

(三) 酒店服务质量管理方法

1. 识记：酒店服务质量管理的常用方法。
2. 领会：酒店服务质量问题的成因。
3. 应用：能够利用几种常见的质量管理方法制定提升酒店服务质量的科学方案。

四、本章重点与难点

本章重点：了解酒店服务质量的含义和内容、酒店服务质量的特点、酒店全面质量管理的内容；掌握酒店服务质量分析和管理的常用方法，为酒店服务质量提升制定方案。

本章难点：能够掌握 ABC 分析法和因果分析图法，对酒店服务质量进行科学分析；运用常见的酒店服务质量管理方法设计酒店服务质量提升方案。

第七章　酒店人力资源管理

一、学习目的与要求

通过本章的学习，学习者需要了解酒店人力资源管理的内涵、特点，掌握酒店人力资源管理的内容体系，理解和运用酒店员工激励理论与方法。

二、课程内容

第一节　酒店人力资源管理概述
第二节　酒店人力资源规划
第三节　酒店员工培训
第四节　酒店员工薪酬管理与绩效考核

三、考核知识点与考核要求

(一) 酒店人力资源管理概述

1. 识记：酒店人力资源管理的概念和原则。
2. 领会：(1) 酒店人力资源管理的重要性；(2) 酒店人力资源管理的内容。
3. 应用：能够理解人力资源对酒店管理和发展的重要性。

(二) 酒店人力资源规划

1. 识记：(1) 酒店人力资源规划的含义；(2) 酒店人力资源规划的构成和基本要素。
2. 领会：制定酒店人力资源规划的步骤。
3. 应用：能够制定简单的酒店人力资源规划。

(三) 酒店员工培训

1. 识记：酒店员工培训的内容。

2. 领会：(1) 酒店员工培训的类型；(2) 酒店员工培训的方法；(3) 酒店员工培训的流程。
3. 应用：能够为酒店制订员工培训计划。

(四)酒店员工薪酬管理与绩效考核

1. 识记：酒店员工薪酬的确定和组成。
2. 领会：员工绩效考核内容。
3. 应用：能够设计员工绩效考核方案。

四、本章重点与难点

本章重点：了解酒店人力资源管理的内涵、特点；掌握酒店人力资源规划的构成和制定步骤、员工培训与职业发展规划的制定，以及酒店员工薪酬管理与绩效考核方案的制定。

本章难点：能够利用理论知识为酒店制定人力资源规划、员工培训与职业发展规划，以及酒店员工薪酬管理与绩效考核方案。

第八章　酒店新业态管理

一、学习目的与要求

通过本章的学习，学习者需要了解目前国内外酒店行业的新业态形式、特点，以及未来发展趋势；其他非标准住宿的类型、特点，以及常用的管理方法。

二、课程内容

第一节　精品酒店
第二节　主题酒店
第三节　民宿
第四节　其他非标准住宿
第五节　非标准住宿的管理

三、考核知识点与考核要求

(一)精品酒店

1. 识记：精品酒店的含义和特征。
2. 领会：(1) 精品酒店的起源和发展历程；(2) 精品酒店的常见管理模式。
3. 应用：能够根据精品酒店的特点，对传统酒店的管理模式进行相应调整。

(二)主题酒店

1. 识记：主题酒店的概念和特征。
2. 领会：(1) 主题酒店的类型；(2) 主题酒店主题选择原则和方法。
3. 应用：能够根据酒店资源特点选择与之相匹配的主题。

(三)民宿

1. 识记：民宿的概念和特征。

2. 领会：(1) 民宿的发展历程；(2) 中国民宿发展的现状以及未来的发展趋势。
3. 应用：能够为民宿正确选址，做酒店发展规划。

(四) 其他非标准住宿

1. 识记：非标准住宿类酒店的含义、类型及其特点。
2. 领会：(1) 非标准住宿类酒店的类型及其特点；(2) 非标准住宿常用的管理方法。
3. 应用：能够根据非标准住宿的具体特点分析其类型。

(五) 非标准住宿的管理

1. 识记：非标准住宿常用的管理方法。
2. 领会：非标准住宿类酒店的常用管理方法在实践中的应用情况。
3. 应用：能够根据非标准住宿的具体类型特点选用和调整管理方法。

四、本章重点与难点

本章重点：了解目前国内外酒店行业的新业态形式及特点、未来发展趋势，其他非标准住宿的类型及特点、常用的管理方法。

本章难点：能够根据酒店新业态的不同特点，将传统标准化管理模式和方法进行调整和改进，以适应新业态酒店的运营和发展。

第三篇　酒店业务管理

第九章　酒店前厅部管理

一、学习目的与要求

通过本章的学习，学习者需要了解前厅部的地位、作用；熟悉前厅部的组织结构和岗位职责；掌握前厅部主要岗位的工作标准；熟悉前厅部主要服务项目的工作流程；掌握前厅部的日常管理。

二、课程内容

第一节　前厅部概述
第二节　前厅部业务及工作流程
第三节　前厅部的日常管理

三、考核知识点与考核要求

(一) 前厅部概述

1. 识记：前厅部的地位与作用。

2. 领会：(1) 前厅部的组织结构；(2) 前厅部不同岗位的主要职责。

3. 应用：能够对前厅部的业务内容和工作流程有整体的了解。

(二)前厅部业务及工作流程

1. 识记：前厅部的五个工作阶段。

2. 领会：(1) 前厅部的五个工作阶段的服务流程；(2) 前厅部业务的主要内容和服务标准。

3. 应用：能够熟悉前厅部的业务内容、服务流程和服务标准，对前厅业务管理内容有整体认识。

(三)前厅部的日常管理

1. 识记：前厅部日常管理的工作内容。

2. 领会：(1)酒店前厅部日常管理任务；(2) 房价管理；(3) 收益管理；(4) 客房经营指标统计分析。

3. 应用：能够掌握酒店日常管理的工作内容和基本工作方法。

四、本章重点与难点

本章重点：了解前厅部的地位与作用；熟悉前厅部的组织结构和岗位职责；掌握前厅部主要岗位的工作标准；熟悉前厅部主要服务项目的工作流程；掌握前厅部的日常管理和运营规范。

本章难点：能够熟悉前厅部主要服务项目的工作流程和日常管理内容，掌握日常业务运营和管理的方法和标准。

第十章　酒店客房部管理

一、学习目的与要求

通过本章的学习，学习者需要了解客房部的地位与作用；熟悉客房部的组织结构和岗位职责；掌握客房部主要岗位的工作标准；熟悉客房部业务及工作流程；掌握客房部的日常管理和运营规范。

二、课程内容

第一节　客房部概述

第二节　客房部业务及工作流程

第三节　客房部的日常管理

三、考核知识点与考核要求

(一)客房部概述

1. 识记：客房部的地位与工作内容。

2. 领会：(1) 客房部的组织结构；(2) 客房部不同岗位的主要职责；(3) 客房设计的基本原则；(4) 客房的类型。

3. 应用：能够对客房的设计和类型、客房部的业务内容和工作流程有整体的认识。

(二) 客房部业务及工作流程

1. 识记：客房部的常见服务项目。

2. 领会：(1) 客房接待服务管理模式；(2) 客房接待服务的工作内容及流程。

3. 应用：能够熟悉客房部的业务内容、服务流程和服务标准，初步掌握客房管理方法。

(三) 客房部的日常管理

1. 识记：客房部日常管理的工作内容。

2. 领会：(1) 客房部日常卫生、公共区域清洁、客房设备、客用日常用品、布草用品等的管理；(2) 客房部火灾、盗窃事故的预防和处理；(3) 客房部员工工作安全防范管理。

3. 应用：能够依据客房部的管理方法为客房部的不同管理对象制定管理方案。

四、本章重点与难点

本章重点：了解客房部的地位、工作内容；熟悉客房部的组织结构和岗位职责；掌握客房部主要岗位的工作标准；熟悉客房部业务及工作流程；掌握客房部的日常管理和运营规范。

本章难点：熟悉客房部主要服务项目的工作流程和日常管理内容，掌握日常业务运营和管理的方法，为不同管理对象制定管理制度或方案。

第十一章　酒店餐饮部管理

一、学习目的与要求

通过本章的学习，学习者需要了解酒店餐饮经营的特点，餐饮部的地位、作用；熟悉餐饮部的组织结构和岗位职责；掌握餐饮服务的主要方式和流程、菜单的设计和餐饮成本控制。

二、课程内容

第一节　餐饮部概述

第二节　餐饮部业务管理

三、考核知识点与考核要求

(一) 餐饮部概述

1. 识记：餐饮部经营的特点。

2. 领会：(1) 餐饮部在酒店中的地位和作用；(2) 餐饮部的工作任务。

3. 应用：能够对餐饮部的地位、作用和主要任务有整体的认识。

(二) 餐饮部业务管理

1. 识记：餐饮部各部门的主要职能。

2. 领会：(1) 餐饮部的组织结构设置；(2) 餐饮部各部门的主要职能；(3) 厨房生产业务管理和餐厅服务业务管理的内容；(4) 菜单的设计原则；(5) 餐饮成本控制方法。

3. 应用：能够熟悉餐饮部的业务内容、服务流程和服务标准，初步掌握菜单设计和餐饮成本控制的方法。

四、本章重点与难点

本章重点：了解餐饮部在酒店中的地位、作用；熟悉餐饮部的组织结构和岗位职责；掌握餐饮服务的主要方式和流程；掌握菜单的设计原则和餐饮成本控制方法。

本章难点：熟悉餐饮服务的主要方式和流程，为酒店菜单设计提供意见和建议，制定基本的餐饮成本控制方案。

第十二章　酒店康乐部管理

一、学习目的与要求

通过本章的学习，学习者需要了解酒店康乐部的作用和工作任务，各类康乐项目的概况、服务流程及标准；熟悉康乐部的基本业务，掌握康乐部服务人员的行为规范。

二、课程内容

第一节　康乐部概述

第二节　康乐部业务管理

三、考核知识点与考核要求

(一) 康乐部概述

1. 识记：酒店康乐服务的概念。

2. 领会：(1) 康乐部的地位与作用；(2) 康乐部的主要任务和经营特点。

3. 应用：能够对康乐部的地位、作用、主要任务和经营有整体的认识。

(二) 康乐部业务管理

1. 识记：康乐部常见的组织形式。

2. 领会：(1) 康乐部项目设置的原则；(2) 康乐部项目的基本类型；(3) 康乐部项目的服务程序。

3. 应用：能够根据酒店资源情况设置康乐项目，设计康乐服务流程，制定康乐服务管理制度和方案。

四、本章重点与难点

本章重点：了解康乐部的概念、地位和作用、经营特点；熟悉康乐部常见的组织形式、康乐部项目的基本类型；掌握康乐部项目的服务程序和康乐服务人员的行为规范。

本章难点：熟悉康乐服务的主要方式和流程，根据酒店资源情况设置康乐项目、设计康乐服务流程、制定康乐服务管理制度和方案。

第四篇　酒店数字化运营

第十三章　酒店数字化运营管理

一、学习目的与要求

通过本章的学习，学习者需要了解酒店信息化和数字化的概念，酒店数字化转型的进程和发展，熟悉酒店信息管理系统（PMS）的应用，掌握酒店房务产品数字化营销的方法。

二、课程内容

第一节　酒店运营的信息化与数字化
第二节　酒店管理系统（PMS）的应用
第三节　数字化在酒店运营中的应用

三、考核知识点与考核要求

（一）酒店运营的信息化与数字化

1. 识记：酒店信息化与数字化的概念。

2. 领会：（1）酒店信息化、数字化、智慧化的关系；（2）全球酒店业在数字时代的发展趋势；（3）酒店企业数字化运营环境的构建方法。

3. 应用：能够树立酒店信息化和数字化运营理念，了解信息化和数字化对酒店运营管理带来的冲击和影响。

（二）酒店管理系统（PMS）的应用

1. 识记：PMS的概念与内涵。

2. 领会：（1）信息化给酒店管理带来的影响；（2）PMS在现代酒店管理中的应用；（3）PMS的未来发展趋势。

3. 应用：能够对PMS在酒店业的发展与运用有整体的了解和认识，关注PMS的云应用和未来发展趋势。

（三）数字化在酒店运营中的应用

1. 识记：数字化在酒店运营中的实际应用体现方式。

2. 领会：管理数字化、服务数字化、营销数字化、建筑数字化在酒店运营中的体现和应用。

3. 应用：推动信息化、数字化在酒店管理和运营中的应用，重视数字化对管理思维和运营模式的影响。

四、本章重点与难点

本章重点：了解酒店信息化和数字化的概念、酒店数字化转型的进程和发展；熟悉 PMS 在酒店管理中的应用；了解数字化在酒店运营中的体现方式。

本章难点：树立信息化和数字化意识，认识到数字化对于酒店未来运营模式的深远影响。

Ⅳ　关于大纲的说明与考核实施要求

一、课程自学考试大纲的目的和作用

课程自学考试大纲是根据专业考试计划的要求，结合自学考试的特点而确定的。其目的是对个人自学、社会助学和课程考试命题进行指导和规定。

本课程自学考试大纲明确了课程学习的内容及其深度和广度，规定了课程自学考试的范围和标准。因此，它是编写本课程自学考试教材和辅导书的依据，是社会助学组织进行自学辅导的依据，是自学者学习教材、掌握课程内容知识范围和程度的依据，也是进行自学考试命题的依据。

二、课程自学考试大纲与教材的关系

课程自学考试大纲是进行学习和考核的依据，教材则包含了学习掌握课程知识的基本内容与范围，教材的内容是大纲所规定的课程知识和内容的扩展与发挥。课程内容在教材中可以体现一定的深度或难度，但在大纲中对考核的要求一定要适当。

大纲与教材所体现的课程内容应基本一致；大纲里面的课程内容和考核知识点，教材里一般也要有；反过来，教材里有的内容，大纲里就不一定体现。如果教材是推荐选用的，其中有的内容与大纲要求不一致的地方，应以大纲规定为准。

三、关于自学教材

《酒店管理概论》，全国高等教育自学考试指导委员会组编，吕妮主编，中国人民大学出版社，2024 年版。

四、关于自学要求和自学方法的指导

课程的基本要求是依据专业考试计划和专业培养目标而确定的。它不仅明确了课程的基本内容，而且还明确了对基本内容掌握的程度。基本要求中的知识点构成了课程内容的主体部分。因此，课程基本内容掌握程度、课程考核知识点是高等教育自学考试考核的主要内容。

为有效地指导个人自学和社会助学，本大纲指明了课程的重点和难点，在章节的基本要求中一般也指明了该章内容的重点和难点。

本课程共 6 学分，其中包括了 2 学分实践性环节考核。实践性环节考核由省级高等教育自学考试委员会组织主考学校编制大纲并实施。

根据学习对象即成人在职业余自学的情况，并结合本专业的要求、本课程的特点，本大纲提出如下学习方法：

（1）全面、系统地学习教材内容。在全面系统学习的基础上，掌握酒店管理相关的基础理论和方法、行业规范和基础技能。本课程内容涉及酒店行业的基本概况和运营管理相关的各个方面，知识范围比较广泛。自学者应在全面系统学习各章节内容的基础上，深刻领悟酒店管理基础理论和方法，了解酒店日常运营涉及的相关领域，将酒店管理和运营思维运用于不同部门日常管理的实践。

（2）本教材共十三章，各章内容既相对独立又有一定的关联，形成了酒店管理基础理论、综合管理、业务管理和数字化运营等知识模块，建议自学时将一个知识模块所涉及的几个章节串起来学习，以便加强整体上的把握和理解。

（3）“酒店管理概论”是旅游管理（专升本）、酒店管理（专升本）专业的入门课程，将为后续的专业课程学习打下基础。课程的设置将理论学习与实践结合、管理学的理论知识和方法与酒店的实际管理和运营紧密结合，因此，自学时应注重理论知识的深刻理解与深入思考，将理论知识与工作实践结合起来增强感性认识，切忌死记硬背，通过应用于实践来更深刻地领会教材内容，将知识内容转化为自身的素质，以加深自己对酒店行业的了解，提高自己的酒店管理实践能力。

五、对考核内容的说明

（1）本课程要求考生学习和掌握的知识点内容都作为考核的内容。课程中各章的内容均由若干知识点组成，在自学考试中成为考核知识点。因此，课程自学考试大纲中所规定的考试内容是以分解为考核知识点的方式给出的。由于各知识点在课程中的地位、作用以及知识自身的特点不同，自学考试对各知识点分别按三个认知层次确定考核要求。

（2）在考试之日起 6 个月前，由全国人民代表大会和国务院制定或修订的法律、法规都将列入相应课程的考试范围。凡大纲、教材内容与现行法律、法规不符的，应以现行法律法规为准。

六、关于考试方式和试卷结构的说明

（1）本课程的考试方式为闭卷，笔试，满分 100 分，60 分及格。考试时间为 150 分钟。

（2）本课程在试卷中对不同能力层次要求的分数比例大致为：识记占 30%，领会占 30%，应用占 40%。

（3）要合理安排试题的难易程度，试题的难度可分为易、较易、较难和难四个等级。必须注意试题的难易程度与能力层次有一定的联系，但二者不是等同的概念。在各个能力层次中对于不同的考生都存在着不同的难度。在大纲中要特别强调这个问题，应告诫考生切勿混淆。

（4）本课程考试命题的主要题型一般有单项选择题、多项选择题、填空题、简答题、辨析题、计算题、应用题、论述题、案例分析等题型。在命题工作中必须按照本课程大纲中所规定的题型命制，考试试卷使用的题型可以略少，但不能超出本课程对题型的规定。

附录：题型举例

一、单项选择题：在每小题列出的备选项中只有一项是最符合题目要求的，请将其选出。

1. 酒店的基本功能主要体现在酒店是一种

A. 住宿服务设施　　B. 餐饮服务设施

C. 休闲服务设施　　D. 商业服务设施

二、多项选择题：在每小题列出的备选项中至少有两项是符合题目要求的，请将其选出。错选、多选、少选或未选均无分。

2. 常见的酒店组织结构类型有

A. 直线式　　B. 直线职能式

C. 事业部式　　D. 矩阵式

三、简答题

3. 酒店前厅部的职能有哪些?

4. 直线式组织结构有哪些特点?

四、计算题

5. 咸菜黄鱼汤一份，用料如下：新鲜小黄鱼（净料）250 克（毛料：12.00 元/500 克，净料率 80%），笋丝、咸菜等辅料共计 3.00 元，调料 1.50 元。计算菜肴的成本。

五、论述题

6. 试论酒店常见的经营管理模式：自主经营、委托经营、租赁经营、特许经营的经营特点及各种优缺点。

六、案例分析题

7. 一个夏日的上午 10 点多，根据张女士的要求，行李员帮助她提拿行李从 305 房间换房至 1208 房。张女士略微整理了一下行李之后即外出游玩，一直到晚上才回房。略感疲乏的张女士打开电视机，发现自己的眼镜却怎么也找不到了。张女士仔细回想自己最后使用眼镜的时间，确定是在前一天晚上躺在床上看电视的时候顺手放在床头柜上面了。于是，张女士拨通了客房中心的电话。果然，客房服务员已经把眼镜当作客人遗留物品送至客房中心。虽然找到了眼镜，张女士忍不住还是问了一句：“既然发现了眼镜，为什么不送到我的房间里来，让我找了好久。”客房服务员非常坦然地回答说：“对不起，我们以为您已经离开了酒店。”

问题：

（1）分析出现案例中问题的原因。

（2）考虑如何完善工作流程以避免再次出现类似问题。

大纲后记

《酒店管理概论自学考试大纲》是根据《高等教育自学考试专业基本规范（2021 年）》的要求，由全国高等教育自学考试指导委员会经济管理类专业委员会组织制定的。

全国考委经管类专业委员会对本大纲组织审稿，根据审稿会意见由编者做了修改，最后由经管类专业委员会定稿。

本大纲由西安航空职业技术学院吕妮副教授负责编写；参加审稿并提出修改意见的有北京经济管理职业学院王若君教授、西北大学邵金萍教授、安徽职业技术学院童登峰教授。

对参与本大纲编写和审稿的各位专家表示感谢。

全国高等教育自学考试指导委员会
经济管理类专业委员会
2023 年 12 月

全国高等教育自学考试指定教材

酒店管理概论

全国高等教育自学考试指导委员会　组编

编者的话

21 世纪的酒店管理专业化程度愈来愈高，信息化、数字化、智能化高速发展的大环境给酒店业的发展带来了前所未有的挑战与机遇，整个行业正处在重要转折点，技术的影响程度足以改变企业的整个运营模式。《酒店管理概论》自学考试教材的编写，也正是基于变革中的思考，力图在守正中创新，在创新中不断适应未来发展与变化趋势。酒店业发展需要大量高素质复合型人才。近年来，国务院出台加快推进教育现代化实施方案，提出建设一流旅游学科、打造“金课”等举措，教育部制定并颁布了《旅游管理类教学质量国家标准》。其中，“酒店管理概论”是酒店管理类专业的三门必修专业核心课程之一。本教材根据相关要求，结合自学考试学生的特点进行系统设计和编写，可以作为本科及大专院校旅游管理、酒店管理等专业学生的教材以及酒店行业从业者的培训和自学用书。本教材具有以下特点：

首先，结合学科专业特色与优势，深度挖掘提炼课程知识体系蕴含的思想价值和精神内涵，并将课程思政内容融入教材相应章节、知识点，科学合理拓展教材广度和深度。

其次，内容具有系统性、前瞻性和补缺性。本教材在系统介绍酒店管理理论知识体系的基础上，增加了酒店发展前沿问题探索，如酒店的数字化运营部分，从数字化转型视角看待酒店企业运营与管理，有助于考生结合社会发展和技术进步的大背景学习和理解酒店管理专业知识。

再次，可读性强、启发性强、实用性强。本教材框架合理、教学资源丰富，除了理论的分析，还有在线自测等内容，有利于激发考生的学习兴趣并扩充他们的知识量。

最后，配套了视频类数字资源，方便考生自学使用。

本教材由国家示范性高职院校、国家优质高等职业院校、全国 56 所“中国特色高水平高职学校”立项建设单位之一的西安航空职业技术学院吕妮副教授策划并设计编写大纲。全书共分为十三章，其中第一章、第二章、第九章由西安航空职业技术学院吕妮副教授编写，第三章、第十章、第十三章由西安航空职业技术学院李祉锦老师编写，第四章、第七章由西安航空职业技术学院马骞副教授编写，第五章、第八章、第十一章由西安航空职业技术学院李亚娟副教授编写，第六章由西安航空职业技术学院王珺老师编写，第十二章由西安航空职业技术学院先梦瑜副教授编写。全书由吕妮副教授统编定稿。

本教材在编写过程中，参考引用了部分专家、学者的成果，并将文献目录附于书后，在此一并表示诚挚的谢意。特别感谢中国人民大学出版社为本书的出版付出的辛勤工作，因学识局限和时间约束，本教材难免会有缺憾和不足，敬请各位同行与读者批评指正。

编者

2023 年 12 月

第一篇

酒店管理基础

第一章　酒店概述

任务导读

本章从酒店和酒店产品、酒店业的发展趋势、酒店类型、酒店评级、国内外知名酒店管理集团等不同角度，帮助学生了解和认识酒店行业及相关的基础知识。

第一节　酒店与酒店产品

酒店业是生活服务业的重要组成部分，根据《2022 年中国酒店业发展报告》，截至 2022 年 1 月 1 日（不包括被征用的隔离酒店），全国酒店业设施 252 399 家，客房总数 13 468 588 间，平均客房规模约 53 间。虽然酒店业深受疫情“袭扰”，但行业整体的酒店存量（15 间以上）依旧呈现出上升趋势。随着 2022 年年底疫情政策的调整，文化和旅游行业恢复势头强劲，消费者假日出游意愿得到集中释放，受益于旅游人次与旅游收入的高增长，境内酒店市场信心逐步恢复，酒店行业的景气度呈现高涨态势。从酒店业设施供给总量来看，酒店业占我国住宿业的绝对主导地位。与此同时，行业存量资产改造、模式创新、业态创新进入活跃期，酒店业态从传统星级酒店为主转向商务型酒店、经济型连锁酒店、度假型酒店、民宿、租赁式公寓、精品酒店、文化主题酒店等多业态百花齐放，行业发展重心从注重发展规模和速度转向注重品质与绩效，管理手段向信息化、智能化发展。“十四五”期间我国酒店业高质量发展进入了快车道，迎来数智化、绿色化、多元化、品牌化、连锁化转型，产业结构不断优化、区域分布更加合理。创新发展模式、增加体验服务、丰富产品结构、健全运营渠道、变革组织结构、升级供应链、满足健康消费需求、拓展新兴消费市场、提升资产管理能力等，都成为酒店业进一步高质量发展的新方向。

新冠疫情是 21 世纪最具影响力的事件之一，酒店业遇到前所未有的冲击和挑战。疫情过后，全球酒店行业处于缓慢恢复期，酒店业数量和结构发生了转变，并且加快了劳动力密集型工种的智慧化改造速度，以及促使酒店业务向民生需求方面做出新的拓展。面对正处于变化中的行业发展，酒店管理专业的学生必须要培养自身过硬的职业素养和职业能力，才能在未来的职场竞争中占据一席之地。

一、什么是酒店？

酒店一词来源于法语，原指招待贵宾的乡间别墅，后来不断演进。在中文里对住宿设施的称谓有很多，如饭店、酒店、旅馆、宾馆、大厦、度假村、客栈、旅社、客舍、招待所等。这些不同的称谓都反映了各自的特点，迄今为止，这些称谓仍然没有统一。在英文中，表示酒店意思的词也颇多，如 Hotel，Motel，Inn，Guesthouse，Tourist Resort，Tavern，Lodge，House 等。其中最为重要的两个单词是 Hotel 和 Inn，前者泛指一切酒店，使用最为广泛；后者多指传统的小客栈、小旅店。

根据酒店的各种功能和特性，今天人们认为酒店是指依法设立，从事房务产品、餐饮产品、会展产品等生产并提供相关服务的企业。酒店企业以营利为目的并承担社会责任，自主经营并独立核算。酒店通常由一座或数座功能完善的建筑物构成，建筑物中应有能够满足客人住宿、餐饮、会展、休闲和健身等方面需求的设施，具有特色的商品店和礼品店等。由此我们可以把酒店定义为：以建筑物为凭借，通过为旅游者提供住宿、餐饮和其他各种综合服务而进行营利性经营活动的企业组织。随着社会的进步和发展，酒店的设施和功能日趋多样、丰富。现代酒店是由客房、餐厅、酒吧、商场，以及宴会厅、会议室、健身房等服务设施组成，能够满足客人多种需求的商业性的综合建筑设施。

从上述定义中，可以概括出酒店必须具备以下基本条件：

（1）它是一个建筑物或由诸多建筑物组成的接待设施。

（2）它必须能够提供住宿设施，也往往能提供餐饮和其他综合服务产品。

（3）它的服务对象是公众，因此，既包括外来的旅行者，也包括当地的社会公众。

（4）它是商业性的，以营利为目的，所以使用者要支付一定的费用。

无论设施是简单还是豪华，酒店都必须具备住宿功能，否则就不能称为“酒店”。另外，酒店中的其他各种设施可以根据规模、等级、市场变化等因素进行取舍。

二、酒店的功能

酒店的功能是指酒店在满足客人需求的过程中所发挥的作用。酒店最主要的功能是向客人提供住宿和餐饮服务。随着社会的发展、客源及其需求的变化，现代酒店的功能也逐步呈现多样化的发展趋势，具体包括以下方面。

（一）住宿功能

现代酒店早已超越传统意义上单纯为客人提供床位的服务，取而代之的是更舒适、更多元化、更个性化的客房设计以及睡眠服务。一般酒店会有各种类型的房间，比如单人客房、标准客房、大床房、套房，甚至是总统套房。为了满足客人的多元化需求，酒店常常会配备各种特殊类型的客房，如商务楼层客房、休闲度假客房、无烟客房、女士客房、儿童客房、老年客房、残疾人客房、组合客房等。酒店为客人提供各种客房设施，以清洁、舒适的环境和热情、周到的服务，使客人在旅途中得到很大的便利和很好的休息，获得“宾至如归”的体验。有些酒店更是深入研究客人的喜好，为不同需求的客人提供不同软硬程度的床铺、不同功能的枕头，以期带给客人最佳的睡眠质量。

（二）餐饮功能

酒店一般设有不同种类的餐厅，以良好的环境、精美的菜肴、严格的卫生条件和优质的服务，向客人提供自助餐、点菜、小吃、糕点、饮料，以及酒席、宴会等多种形式的餐饮服务。

现代酒店的餐饮产品与住宿产品同样决定着一家酒店的形象和档次，其质量和特色对酒店品牌推广和产品宣传也起到关键作用。餐饮产品由各种类型的餐厅、酒吧、服务设施、菜点、酒水和餐饮服务等组成。餐厅和酒吧是酒店餐饮功能发挥的基础，其环境与设施的质量水平、服务效率及服务技术是餐饮产品质量的重要影响要素。餐厅有多个种类，因为销售的餐饮不同，所以环境、风格及服务方法也不同。其种类主要包括咖啡厅、自助餐厅、多功能厅、贵宾厅和特色餐厅等。酒店中常有不同种类的酒吧，包括大堂吧、主酒吧、餐厅酒吧、保龄球酒吧和湖畔酒吧等。餐饮服务是酒店帮助客人用餐的一系列活动，包括餐厅预订、餐厅迎宾、摆台、点菜、上菜、斟酒水和结账等服务内容。菜点包括中餐和西餐的名菜、各地区的特色菜点与经典菜系及各种小吃。酒水包括发酵酒、蒸馏酒、配制酒、鸡尾酒及各种冷饮和热饮。餐饮产品不仅仅要为客人提供菜品、酒水等实物产品，还要为客人营造舒适放松的用餐环境和氛围，增加客人对当地民俗文化或者民族精神的体验感，让客人在品尝美酒佳肴的同时享受到精神上的愉悦感和获得感。

（三）会务功能

为了方便客人从事商务活动，酒店会提供各种方便快捷的服务设施。例如，设置商务会议室、商务中心、商务楼层、传真，以及国际、国内直拨电话和其他现代通信设施等。目前更出现了客房商务化的趋势，传真机、两条以上电话线、打印机、宽带接口等，都逐步出现在高档酒店中。有的酒店提供电子会议设备，设有各种通信所需要的终端。还有的酒店为从事商业、贸易展览、科学讲座等活动的客人提供会议、膳食和其他相关的设施与服务。酒店内通常设有大小规格不等的会议室、演讲厅、展览厅，并能提供多语种的同声翻译，有的酒店还能举行电视会议。

（四）康乐功能

随着度假旅游市场的兴起和发展，客人对度假型酒店的需求也日益增长。度假型酒店一般位于风景区内或附近，注重提供家庭式环境，客房能适应家庭度假、几代人度假及游客独自度假的需要，康乐设施也很齐备。此外，商务型酒店也配备了基本的康乐设施供客人使用。目前，现代酒店的康乐设施越来越趋向多样化、实用化，歌舞厅、棋牌室、台球室是比较常见的娱乐设施。中高档酒店还配有游泳池、桑拿浴、按摩室、健身房、保龄球、高尔夫球、网球、壁球、电子游戏等设施。度假型酒店还设有一些很有特色的康乐项目，如滑水、冲浪、帆板、沙滩排球、汽艇等。

（五）购物功能

酒店的商场多以出售当地特产、特色礼品、工艺品、精品服饰为主，部分商场为满足住店旅客的需要也出售生活日用品。在某些情况下，还有一些商场沿街开设门面，面向社会消费者。低档酒店通常也会设有超市，以满足住店旅客的日常需求。

三、酒店产品及其特点

酒店产品是为了满足客人需求所必需的有形产品和无形产品的结合。所谓有形产品是指酒店建筑和设施、客房与用品、餐厅设施与菜品等；而无形产品则包括酒店声誉、等级、特色、环境氛围、员工礼节礼貌、服务能力水平等。客人从产品外观可以看到有形产品，看不到无形产品，但是客人很容易感受到无形产品。酒店要为客人提供良好的住宿体验，有形产品和无形产品缺一不可。

（一）有形产品和无形产品的结合

现代酒店将有形产品和无形产品紧密结合，使产品更能满足客人的需求。有形产品如酒店建筑、酒店外部环境（停车场、草地、绿树等）、酒店内部公共区域、酒店客房、客房日用品、酒店餐厅与酒吧氛围环境及菜肴与酒水、酒店康乐设施、员工职业形象与素养等。无形产品包括酒店的信誉和知名度，酒店温度和湿度，前台接待、餐饮服务及客房服务等的服务水平、效率和满意度，酒店及内外部设施的安全性，客房、餐厅和酒吧的舒适度，酒店服务的礼节礼貌等。有形产品是无形产品的载体，无形产品的质量通过有形产品来展现，二者密不可分。

（二）价值的不可储存性

酒店的设施、空间、环境等酒店产品一天不出租，就不能创造价值，如客房空置，它在当晚的价值就不存在了。一般商品的买卖活动会发生商品的所有权转让，而酒店出租客房、会议室和其他综合服务设施，同时提供服务，并不发生实物转让。客人买到的只是某一段时间的使用权，而非所有权。以每晚租金 380 元的酒店客房为例，如果此房全天租不出去，那么这 380 元就无法实现，也就是说，它的价值具有不可储存性，价值实现的机会如果在规定的时间失去，便一去不复返。它不像一般的商品那样，一时卖不出去，可以储存起来以后再销售。所以，酒店业把客房比喻为“易坏性最大的商品”，它是只有 24 小时寿命的商品，闲置房非但不能为酒店带来收益，还会产生额外的运营成本。这就是酒店业普遍以“顾客第一”为经营信条，并在经营时，有时甚至以低于成本的价格出售酒店产品而不愿让酒店设施闲置的根本原因。

（三）生产与消费的同步性

一般实物产品从生产到消费要经过流通环节才能最终到达消费者手中。产品的生产过程与消费者的消费过程是分离的，消费者看到的和感受到的只是最终产品。因此消费者更关心的是产品的质量和使用价值，至于产品的生产过程及生产者的状态通常与消费者无关。而酒店产品则不同，它的生产过程与客人直接相关。酒店产品的生产是根据客人的即时需要而定时、定量进行的，即酒店的各种服务都与客人消费同时进行，通常是边服务边消费，待服务结束时消费也同时结束。只有当客人购买并在现场消费时，酒店的服务和设施相结合才能成为酒店产品。这样，酒店员工的素质、提供服务时的个人状态，都将直接影响所提供产品的质量，增加了酒店质量控制的难度。

（四）不可转移性

客人在酒店住宿，只是购买酒店客房和其他设施的使用权，并在使用过程中享受酒店服务等无形产品。所以酒店产品不同于物质商品可以在运输和交换之后发生所有权的转移，而只能在生产现场即酒店内消费。酒店产品的这一特点，要求酒店必须积极开展品牌营销和产品推广活动，并通过适当的公共关系活动为酒店树立公众形象，提高酒店的知名度和美誉度，从而吸引更多的客人前来消费，并保持较高的回头客比率。

（五）服务质量的不稳定性

一方面，虽然酒店是按照一定的程序和标准为客人提供各种服务，但是服务质量好坏的评价受不同客人个体的个人习惯、情绪、爱好等影响，带有极强的主观性；另一方面，提供服务的酒店员工的工作方式方法、工作态度、技能技巧各不相同，因此各酒店之间、同一家酒店不同的服务人员之间，甚至同一位服务人员在不同的时间对待不同的客人都会有所差异。这样，就导致客人对酒店服务产品质量的感受和评价产生差异，存在不稳定性。

（六）综合性

现代旅游是一种高级消费形式，酒店必须提供能满足客人吃、住、行、购、娱等多种要求的产品和服务。酒店产品往往是同时具有生存、享受和发展三种功能，从而满足客人对物质、精神和社交等多层次消费需求的综合性商品。

四、现代酒店业的地位和作用

作为旅游业的三大支柱之一，现代酒店业的发展能够推动地区经济、文化、社会等的进步，从而带动地区居民的综合幸福指数的提升。

（一）酒店业是旅游业的重要支柱产业

旅行社行业、酒店业、交通运输业被称为旅游业的三大支柱。旅游业“吃住行游购娱”六要素，“吃住”往往依托酒店。酒店业是旅游业发展的物质基础，是实现旅游活动的重要条件。现代酒店业同时还可以提供会议、展览、社交休闲等多种功能产品满足客人的商务旅行、度假旅行等需求。现代酒店业更由过去的旅游活动的配套设施逐步发展成旅游吸引物，吸引了一大批外地游客和本地民众慕名前来，推动当地旅游业的发展，如迪拜的帆船酒店、澳门威尼斯人酒店、三亚鸟巢度假村等。

（二）酒店业发展助力地区经济增长

酒店业是旅游业创收创汇的主要部门，也成为推动当地经济增长和增加工作机会的源头。随着疫情结束，旅游业蓬勃复苏，酒店住宿业成为各大旅游热点地区经济增长的重要支撑力量。我国经济社会正处于战略转型期的关键时期，包括酒店业在内的旅游业在扩大内需、促进消费，调整结构、促进就业，转变发展方式方面存在巨大优势。

中国经济的快速发展和巨大的旅游市场发展空间，吸引了众多国际著名酒店管理集团前来投资布局，世界知名酒店集团前十位全部在中国进行了投资，截至 2023 年 5 月，洲际酒店集团已将旗下 12 个品牌引进中国，涵盖奢华精品系列、高端系列及品质系列，足迹遍布 200 多个城市，大中华区开业酒店及筹建总体量超过 1 000 家；万豪国际酒店管理集团在中国市场也迎来了 500 家门店的里程碑。国际酒店集团的投资在一定程度上带动了当地经济和就业的增长。

（三）酒店业发展有利于提高社会就业率

根据国际统计资料和我国近年来的实践经验，高星级酒店每增加一间客房，可以直接和间接为 5～7 人提供就业机会。国外有关研究也证实，近年来新增的劳动就业人口中，每 25 个人中就有 1 个人就职于酒店业。同时，酒店的发展也带动了为酒店生产和供应相关配套设备设施及服务的行业人员就业。因此，酒店建设是提高社会就业率的重要途径之一。

（四）酒店业有助于提升社会整体服务水平

酒店业是我国最早对外开放的行业，随着一大批国际知名酒店集团进入中国，带来了酒店服务与管理的标准化，建立了酒店品牌意识。几十年后，中国酒店品牌崛起并快速发展，尤其是以经济型酒店为代表的酒店集团迅速占领国内中低端市场。中国酒店品牌如锦江国际集团、首旅如家酒店集团已经成为全球前十酒店集团。随着酒店业的竞争与发展，酒店的服务和管理水平不断提升，酒店服务礼仪、金钥匙服务等服务标准被广泛地应用到景区、房地产、航空服务等领域，大大地提升了社会的整体服务水平，增进了社会的文明程度。酒店服务也往往被视为服务的最高水准，对区域服务业有示范引领作用。

学习专栏

1. 你周边熟悉的酒店都提供什么类型的产品和服务项目？这些酒店为带动当地的经济发展起到了哪些作用？

2. 实地去当地一家或几家酒店体验其提供的无形产品和有形产品，征集不同人群对酒店产品质量的评价，分析评价存在差异的原因。

第二节 酒店业的发展历程与趋势

随着社会的进步和科学技术的发展，酒店作为现代商务、会展、旅游、度假和休闲不可缺少的服务型企业，不论是在建筑物、设施、产品、服务还是运营管理方面都在不断地完善和发展。回顾酒店业发展的历史，从古代中国殷商时期就出现的驿馆、客栈，到古代欧洲供贵族游玩享乐的乡间别墅、供传教士和商人歇足的小客店，经过几千年的发展，今天的酒店已成为商务、旅游、会展、度假和休闲活动的中心。近年来，全球的商贸、旅游和度假休闲活动不断丰富，酒店的投资和兴建也不断增加，酒店或酒店集团的规模不断扩大、专业化水平不断提高，使现代酒店业成为一个庞大的产业。同时，新冠疫情对酒店行业的巨大冲击，数字化技术推动酒店业转型升级带来的前所未有的机遇和挑战，都让酒店业面临技术更新换代、人才储备不足、数据安全等多方面的问题。

一、酒店业发展历程

在人类历史上，酒店业是一个古老而常青的行业。人类旅行活动古已有之，为旅行者提供食宿的设施经历了漫长的历史。在跨越久远的历程中，酒店的发展可以划为四个阶段：古代客栈时期、豪华酒店时期、商业酒店时期和现代新型酒店时期。

（一）古代客栈时期（18世纪前）

古代客栈是随着商品产生和商品交换的发展而逐渐发展起来的，可以追溯到人类原始社会末期和奴隶社会初期，是为了适应商业旅行、外交来往、宗教旅行、帝王贵族出游等活动要求而产生，主要满足人们的食宿等需求。由于当时的交通方式主要是步行、骑马或乘坐驿车，因此客栈大多设在古道边、车马道路边或是驿站附近。

最早的客栈设施简陋，仅提供基本食宿，除了提供客人休息的床铺，客房基本没有其他设施，客人的食物是和主人吃的一样的家常饭，客栈是家庭住宅的一部分。家庭是客栈的拥有者和经营者，以家庭成员管理为主，没有其他专门从事客栈管理的人员。到了15世纪，有些客栈已拥有20～30间客房，客栈的设施增加、功能拓展，除了客房外开始设有酒窖、厨房、宴会厅、庭院等。服务水平有了较大提升，如会为不同的客人配备不同级别的客房，实现单间与通铺的分离等。

客栈时期历经的时间很长，总的来说，这一时期的客栈具有以下特点：

（1）客栈的经营有独立、小规模的性质；

（2）客栈设施简单，除提供基本的睡眠设施和饮食外，对舒适度不予考虑；

（3）客栈主要接待宗教徒和商人，房租低廉。

客栈的发展为豪华酒店的出现及旅馆管理的发展提供了经验。

（二）豪华酒店时期（18世纪—19世纪末）

18世纪至19世纪末，这是酒店业发展史上的豪华酒店时期，也称大饭店时期。随着工业化的进程加快和民众消费水平的提高，近代欧洲的旅游活动十分兴旺，为方便贵族度假者和上层人物以及公务旅行者的需求，兴建了许多著名的豪华酒店。例如，1850年在巴黎建成的巴黎大饭店；1874年在柏林开业的凯撒大饭店；1876年在法兰克福开业的法兰克福大饭店；1889年开业的伦敦萨沃伊饭店等。酒店业在美国也开始快速发展，如1829年波士顿建成的特里蒙特饭店，拥有设施齐全的170套客房，设有200个座位的餐厅，供应法式菜肴，服务人员训练有素、礼貌热情。该饭店被称为美国酒店业发展的第一个里程碑，推动了全美乃至欧洲酒店业的蓬勃发展。20世纪初，美国出现一些豪华酒店，其中有些酒店如纽约广场饭店，至今仍称得上是美国的一流酒店。

与古代客栈时期相比，豪华酒店时期酒店业的发展具有以下特点：

（1）豪华酒店服务的对象仅限于王室、贵族、官宦、巨富和社会名流，修建的位置都是在繁华的大都市、铁路沿线或码头附近，不仅规模宏大，其建筑与设施也极尽奢华，装饰讲究，许多酒店还成为当代乃至世界建筑艺术的珍品。

（2）服务理念确立，服务水平跃升。豪华酒店接待的对象主要是喜好炫耀身份、地位和权力的王公贵族，所以豪华酒店虽然价格昂贵，但管理工作十分重视服务质量，不仅对餐具、茶具等服务用品的样式、质量非常考究，而且对服务人员的服务技巧、走路的姿势、说话的语言技巧等要求也十分严格。这种注重礼仪、讲求服务质量的经营作风，后来发展成“宾客至上，服务第一”的经营思想。

（3）管理工作从接待服务中分离出来，逐渐形成专门的职能，酒店管理初具规制。随着酒店规模的扩大，企业内部分工较明确，出现了专门的酒店管理机构，形成了酒店经理、领班、厨师长和其他管理人员的分工合作，从而促进了酒店企业管理的发展。虽然酒店企业管理尚处于经验管理阶段，没有形成一门专业学科，管理人员主要凭个人经验和判断进行管理，服务人员也主要凭自己的经验和技能为客人提供服务。管理人员和服务人员的培养还是采用师傅带徒弟的办法。酒店企业管理还没有完全摆脱小生产方式的束缚，没有形成一门专业学科，但专业管理者开始掌握了一部分大型旅馆的经营权。

（三）商业酒店时期（20世纪初—20世纪40年代末）

20世纪初，经济的繁荣极大地促进了贸易的发展，随着商品经济的发展和资本主义制度的建立与扩张，国际市场的开辟，火车、轮船、汽车、飞机等现代交通工具的运用，大批资本家、冒险家、业务推销员、传教士等往来于世界各地，旅行活动的量与质都发生了深刻的变化。对价格低廉、设备舒适、服务周到的住宿设施的需求量大大增加，因而主要为商务旅游者和一般中产阶级旅游者服务的商业酒店就应运而生。

1908年，斯塔特勒在美国巴法罗建造了第一个由他设计并用他的名字命名的斯塔特勒酒店。这家专为旅行者设计的酒店，适应了当时的市场需求，创造了一般平民所能负担的价格条件，按统一标准来管理酒店，提供标准化的服务。为了实现这一目标，酒店在建筑设计上有了新的突破：第一次将两间客房的浴室背靠背相连，各层浴室均设计在同一个位置；所有上下水管道、暖气管道以及电源线路都安装在一个个竖井里；每间浴室的洗脸盆上面的墙上装一面大镜子，遮住竖井在每个房间的出口，便于检修时出入。建筑学的教科书上称为“斯塔特勒管道柱”的建筑结构由此诞生，现在仍广泛运用于世界各地的酒店、办公楼和学校等建筑中。这项创举显然对现代酒店业甚至建筑行业的影响都颇为深远，也彻底改变了独立卫生间和浴室是奢华酒店的专利，而普通酒店只能为每个楼层配备一间公共浴室的旧有观念。此外，斯塔特勒酒店还实现了一间客房有一部电话，电灯开关安在房门旁边，楼房各层设防火门，门锁与门把手装在一起，让客人在黑暗中也能轻松开门等。斯塔特勒酒店还为客人提供通宵洗衣、自动冰水供应、消毒马桶坐圈、送报上门等便利的服务项目。斯塔特勒在酒店的建造、经营与服务等方面有许多创新，使人耳目一新，开创了现代酒店的先河。

美国汽车旅馆的蓬勃发展，也是商业酒店时期的重要标志。第二次世界大战后，美国已建成全国性的高速公路网络，军工部门迅速转产民用产品，民用汽车产量急剧上升，越来越多的美国家庭拥有自己的汽车。由此，这些为驾车远行的人们提供简单膳食和住宿设施的汽车旅馆（Motel）开始快速发展。汽车旅馆大多位于公路道口，具有方便、低廉、快捷等优点，深受美国公众欢迎。

商业酒店时期酒店的主要特点是：

（1）酒店企业规模较大、设备舒适完善、服务项目齐全、价格合理。商业酒店以接待商业旅行者为主，讲求舒适、清洁、安全和实用，不追求豪华与奢侈。商业酒店非常注重酒店的地理位置选择，不仅要看当时的情况，而且要看未来的发展，要把酒店建在未来繁华的街道上。酒店规模较大，大多有几百间乃至上千间客房。内部设施舒适完善，一般有几十种综合服务项目。除客房餐厅外，也有商场、展览厅、网球场、运动场、游泳池、夜总会、文艺表演、婴儿看护以及银行、邮电、电传、复印等各种服务设施，俨然一个“小城市”“小社会”，能够满足商业旅行者的各种需要，使酒店企业管理具有较强的综合性。

（2）酒店企业经营活动完全商品化，营销活动受资本运动规律支配，以追求利润为主要目的。商业酒店本身是投宿设施商业化的产物。客房、饮食和各种综合服务设施都变成了商品。客房分等论价，有总统套房、豪华客房、标准客房、经济客房等种类。饮食和综合服务设施则根据不同情况制定价格。酒店企业本身改变了中世纪以来投宿设施以生存因素为主的特点，形成享受因素和发展因素大于生存因素、业务经营活动又随市场需要而改变的特点。因此，商业酒店企业管理是受资本运动规律支配、以追求利润为主要目的的，改变了豪华酒店以满足上层统治阶级需要为主的特点。

（3）酒店企业竞争激烈，管理工作注重市场研究，逐步形成目标市场。随着商业酒店企业的发展，市场竞争加剧。为了争夺客源，酒店管理十分重视市场研究，宣传、广告、推销制度普遍建立，客房、饮食、宴会、会议的预订业务广泛开展。竞争的结果，又使各酒店企业寻求自己的主要目标市场。例如，斯塔特勒酒店以一般出差人员为主要接待对象，50%以上的客源是商业旅行者；希尔顿酒店以中上层人士和高级职员为主要市场。所以，选好目标市场，有针对性地提供优质服务，是酒店企业管理成功的重要途径。

（4）重视成本控制，进行成本核算。竭尽全力满足客户需求的同时，斯塔特勒对成本的控制也是极为严格的。所有斯塔特勒酒店使用的家具、布草和餐具，全部直接从工厂定制标准款式，降低了采购价格的同时也提高了用品的使用率，便于酒店之间相互调配流通；不同的酒店之间，客房的格局和设计都大体一致，设计师巧妙地为相邻的房间和区域采用不同却相互搭配的色彩，以避免过于单调的视觉效果。然而，当房间临时需要更换布局和装饰时，酒店员工可以轻易地把不同房间的家具用品替换搭配，而整体效果仍然和谐自然。斯塔特勒通过建造大体量酒店，批量采购标准化酒店用品，应用标准化设计、标准化建筑和标准化管理，以降低成本，在市场竞争中最大化地获取利润。斯塔特勒是最早提出“成本核算”概念的酒店创始人，他对于产品和服务成本的精打细算，也是他的酒店安然度过大萧条时期的重要原因。

（5）酒店企业管理理论和实践迅速发展起来，促使酒店企业管理工作科学化和效率化。商业酒店时期已经摆脱了传统的经验管理，而进入科学管理阶段。各酒店广泛采用了科学技术的最新成果和先进的企业管理理论来指导业务经营活动。为了培养管理人才，斯塔特勒创立了酒店管理学院。政治学、社会学、心理学、美学和数理统计学等科学技术的先进成果也被广泛运用于酒店企业管理中。因此，酒店企业大大提高了管理水平、服务质量和经济效益，使酒店企业管理以崭新的面貌在投宿产业中出现。

（四）现代新型酒店时期（20世纪50年代至今）

第二次世界大战结束之后，经济日渐繁荣，交通愈加便捷，大众可支配收入不断增长，生活逐渐富裕，旅游活动呈现出大众化、普及化、国际化的趋势，日益增长的游客群体成为酒店的一大客源市场。越来越多的满足不同市场需求的酒店开始出现，会议型酒店、度假型酒店、经济型酒店、精品酒店、客栈民宿等酒店类型不断兴起，酒店朝着多元化的方向不断发展。同时酒店资本迅速积累，出现了许多国际酒店集团，又称国际酒店联号，也就是多家单体酒店在同一品牌下以资产、特许经营协议或委托管理合同联结运转的酒店集群，酒店集团的出现使世界酒店业发生了巨大的变化。

现代新型酒店时期酒店的主要特点是：

（1）需求变化引起酒店企业设施的变化，企业管理更加复杂。现代酒店企业以接待各种类型的旅游者为主。除商业旅行者外，多数旅游者是为了游览观光、娱乐、消遣、考察和度假等。因此，酒店企业的设备不仅继承和发展了商业酒店的特点，而且普遍增加了大量娱乐消遣设施。由于设施类型多样化，囊括了吃、住、行、游、购、娱等各种服务，因此现代酒店企业综合性更强，内部分工更细，组织更严密，管理工作更加复杂。各种科学管理知识在酒店管理中得到广泛运用。

（2）市场结构多样化带来酒店企业类型多样化，经营方式更加灵活。现代旅游市场规模庞大，市场结构更加复杂，有观光旅游、商业旅游、会议旅游、汽车旅游、度假旅游等多种形式。这种市场结构的多样化带来酒店企业类型的多样化，有适应大城市特点的商业酒店，有适应著名风景区特色的观光型酒店、度假型酒店，有设在交通要道的汽车酒店、机场酒店等。酒店类型不同，客源构成不同，经营方式也不完全相同。为了适应各种客人的需要，不同类型的酒店企业普遍采用了灵活多样的经营方式来招徕客人。这是现代酒店结构复杂化、客源竞争激烈的必然结果。

（3）酒店数量的激增加剧了市场竞争，使酒店企业走向连锁经营的道路。随着国际旅游活动的大众化和普及化，全球酒店数量激增，酒店已经成为一类具有很大规模的企业。酒店业的高速增长加剧了酒店企业的市场竞争，使各国企业家和大公司纷纷插手酒店行业。竞争的结果，又使酒店行业走向连锁经营的道路，成立了各种酒店企业联合公司。这些酒店集团利用自己的地位和实力，开展市场研究，成立推销系统，利用电子计算机建立大型预订网控制客源，使现代酒店企业呈现出纷繁复杂、竞争激烈的局面。

（4）酒店企业管理日趋科学化和现代化。现代酒店企业是一种高级消费场所，对管理工作和服务工作的要求很高。随着科学技术和管理科学的发展，现代酒店企业管理运用了概率论、运筹学、数理统计等现代自然科学和自动仪器、电子计算机等技术科学成果。同时，特别强调管理关系对酒店企业管理的影响，强调调动人的积极性来提高企业的管理水平、服务质量和经济效益，使酒店企业管理日益科学化和现代化。

二、酒店业的未来发展趋势

近年来，随着我国酒店行业的快速增长，行业规模持续扩大，新型业态不断涌现，高端酒店在硬件上达到或者超过了发达国家水平，大众化的经济型酒店从自主扩张进入品牌并购重组、新产品开发并存的新阶段，低碳环保的绿色酒店在行业内逐步得到普及；国际品牌不断进入中国，民族品牌不断成熟壮大，酒店行业集团化、连锁化水平不断提升，电子商务平台和信息化管理得到广泛应用。酒店行业在国际化、现代化、品牌化方面走在了生活性服务业前列。与此同时，我国酒店行业集中度较高，行业竞争较为激烈。酒店业从以星级酒店单一业态为主、高端餐饮为投资焦点的单一产品期进入以大众化为主体，多业态、精细化、品质化、特色化的发展新时期。随着科技的飞速发展和互联网的普及，数字化浪潮正席卷全球各个行业，酒店业数字化转型如移动支付、在线预订、大数据分析等在一定程度上改变了酒店业的运营方式，提高了运营效率，并为提升客户体验创造了条件，但也同时面临着技术更新换代、人才储备不足、数据安全等诸多挑战。

（一）品牌化和集团化是大势所趋

国际酒店集团大举进入中国市场，中国酒店集团的崛起，智能技术在酒店管理、客房设计和服务方式上的应用都使得中国酒店业快速向品牌化、集团化、网络化发展。

酒店品牌化意味着要准确定位，突出特色。通过研究目标顾客和竞争者，不同的酒店品牌打造独属的经营理念和文化内涵，建立独树一帜的经营风格，创造有特色的产品和服务，将酒店品牌发展为一种文化品牌，增加客人的体验感。品牌不仅是酒店的核心竞争力，还是酒店重要的无形资产，关系到酒店的可持续发展能力。通过发展连锁经营的路径提高酒店品牌的市场占用率，通过研究客人的差异化需求增强品牌吸引力和竞争力，通过对每一个子品牌的目标市场进行准确定位，来满足客人个性化的需要。

酒店企业在寻求更大的发展之时，扩大经济规模便成为自然选择。集团化经营可以整合相关资源，形成规模经济和资金优势，而酒店集团的声誉和实力带来的品牌效应容易赢得客人的信赖；酒店集团拥有的客源预订网络系统，可以争取到更多的市场份额，为各成员酒店预订客房、销售团队和会议业务，并处理集团之间推荐客源的业务；酒店集团在整体营销以及为下属酒店进行宣传方面具有单体酒店难以比拟的优势。

此外，酒店集团因为不动产资本庞大、融资信誉良好，其下属酒店能够更轻松地从金融机构或其他途径获得贷款或投资；酒店集团以入股、控股、合资、合作、贷款等形式，对下属酒店在资金上给予支持。

在酒店集团的经营管理方面，酒店集团的下属酒店可以共享集团的管理方案、设备标准、服务规范、信息系统、培训资源以及其他专业方面的资源；酒店集团对下属酒店的专业化管理，有利于下属酒店经营水平的提高并实现良性循环；酒店集团对下属酒店的服务质量控制较严，有利于下属酒店的改进从而使其与酒店集团的水准保持一致。

在人力资源方面，酒店集团可以根据下属酒店对不同专业人才的需要，对集团内部的人力资源进行有效调配，并定期在集团内部将各级管理人员在地区以及岗位间进行调动，使下属酒店相互交流经验，增强酒店活力；酒店集团不断扩大下属酒店的数量，有利于选拔和提升有才能的员工，从而形成人才长效激励机制。

（二）国内酒店业快速发展，开始走向世界酒店业舞台

美国杂志《酒店》（*Hotels*）公布的2023年度“全球酒店集团221强”的排名中，锦江、华住、首旅如家三家中国酒店企业分列排行榜第二、第五和第九位，中国酒店业开始走向世界酒店业舞台。此外，榜单根据各酒店集团的客房数量（截至2023年年底）进行排序，中国共有32个酒店集团上榜，其中19家跻身前50。

与此同时，我们也必须看到，虽然中国酒店集团在酒店数量和客房数量上的排名有了巨大进步，但在营业收入上与榜单上的国际酒店集团差距较大，客房数量排名第一的万豪集团在2023年的营业收入约等于8个华住、12个锦江、22个首旅如家。

（三）经济型酒店智慧升级

尽管国内大型酒店集团都在全力发展中高端，且经济型酒店的黄金十年早就过去，但中国饭店协会发布的《2023中国酒店业发展报告》显示，截至2022年12月31日，我国经济型酒店数量为22.5万家，所占比重为80.62%；客房数为835.6万间，占比为

58.58%。该协会同期发布的《中国酒店集团及品牌发展报告》显示，我国经济型连锁酒店数量为 46 425 家，客房数为 2 531 493 间，由此可以看出，经济型酒店依然是我国酒店行业的基本盘。而这些经济型酒店大多都面临着物业老化、产品同质化等问题，很多经济型酒店的从业人员也缺乏服务意识和技能。因此，经济型酒店需要不断调整运营方针，明确自身定位和品牌特色，适应市场需求，快速进行新一轮的转型突破。

明确定位，适应市场需求，就需要经济型酒店聚焦核心需求。为了延长经济型酒店生命周期或拓展其价格空间、提升盈利能力，必然要基于研究住客需求进行产品设计。顾客入住有限服务酒店，目的不会是享受尊贵的服务享受，而是干净、快速、效率、安全、尊重等前提下的品质睡眠。除此以外，新的经济型酒店更需要时尚色调、视觉美感和智能化的配置，在造价上需要更高的性价比。酒店管理与服务标准化，提升经济型酒店的服务体验感，创造可突破价格瓶颈的场景体验，这应是经济型酒店转型蜕变的重要发展趋势。

（四）度假型酒店的需求将迅速增长

2022 年 12 月中国旅游研究院发布的《中国休闲发展年度报告（2022—2023）》显示：2022 年城镇居民和农村居民全年总休闲时长分别为 1 522.4 小时和 1 511.1 小时，比 2019 年分别增加 289.3 小时和 365 小时。这些数据充分说明国民对休闲关注度越来越高，休闲的内容也更加丰富，休闲已成为国民生活不可或缺的组成部分。

随着人们出游度假的热情持续上涨，度假型酒店迎合了中国旅游业发展由观光驱动向休闲度假驱动这一转变。一方面，部分酒店将已有的酒店产品升级改造来满足人们的体验式和休闲式消费需求。例如，在酒店商务、旅游、会议等基本产品的基础上，涌现出健康旅游、生态旅游、美食旅游、文化旅游、游轮旅游等新型体验式和休闲式消费的酒店产品。有的酒店则将富有特色的自然景观搬进酒店，为顾客营造一个身临其境的场景；有的营造浓郁的历史氛围；有的以某一城市特色为蓝本，以局部模拟的形式和微缩仿照的方式再现城市的风采；有的将音乐、电影、美术、文艺作品等素材融入酒店的设计中。另一方面，以体验和休闲为目的的酒店成批量地涌现。酒店度假主题化的发展趋势明显，纷纷结合地域特色、健康养生、国潮文化，开创新型体验产品。在旺盛的休闲度假旅游需求推动下，体验式和休闲式消费已经并将继续成为酒店行业发展的趋势。

（五）数字化转型是酒店业实现可持续发展的关键

在国内外的研究中，酒店业数字化转型已经成为一个热门的话题。人们关注的焦点集中在数字化技术如何影响酒店业的运营管理、客户服务和商业模式等方面。随着互联网、大数据、人工智能等技术的不断发展，酒店业数字化转型涉及多种关键技术和应用，如智能客房、移动支付、在线预订、大数据分析等。这些技术和应用在一定程度上改变了酒店业的运营方式，提高了运营效率，并为提升客户体验创造了条件。数字化转型是酒店业实现可持续发展的关键，同时也是应对市场竞争和消费者需求变化的重要手段。

1. 在线预订和支付

进入 21 世纪，互联网应用的普及让越来越多的人选择在线预订酒店。无论是酒店在线预订平台还是合作的第三方平台，人们都可以享受 24 小时在线预订和支付服务。世界各地的人们都可以通过国际连锁酒店品牌的移动应用，或是携程、飞猪等知名预订平台实现客户自助预订和快速结账的功能，大大提升了客户体验和酒店的运营效率。

2. 移动应用和智能设备

移动应用和智能设备在酒店业的数字化转型中扮演着重要角色。通过开发移动应用，酒店可以提供客户自助入住、快速结账、房间控制等功能，实现客户与酒店的无缝连接。同时，酒店可以与智能门锁、智能电视等进行连接，提供更便捷的客户体验。例如，酒店客房的门锁以指纹或虹膜鉴定客户身份；房间的叫醒服务由传统的电话铃声叫醒改为光线叫醒系统在客户设定的叫醒时间的前半个小时逐渐增亮室内灯光，到叫醒时刻后灯光亮得如同白昼。

3. 大数据分析和个性化推荐

大数据分析和个性化推荐是酒店业数字化转型的重要驱动力。通过收集和分析客户的行为数据，酒店可以了解客户的喜好和需求，从而提供个性化的服务和推荐。例如，国际连锁酒店品牌万豪利用大数据分析客户的住宿偏好，向客户提供个性化的推荐和服务，提升了客户的满意度和忠诚度。

4. 人工智能和机器人技术应用

人工智能和机器人技术在酒店业的数字化转型中发挥着重要作用。酒店可以引入人工智能和机器人技术，提供客户服务、客房清洁、安保等方面的自动化和智能化解决方案，提高工作效率和服务质量。例如，杭州阿里巴巴集团的未来酒店用机器人和人工智能代替服务员提供客户服务，减少了人力成本，让客户体验满满的未来感。

5. 供应链数字化管理

供应链数字化管理是助力酒店业数字化转型的重要环节。通过数字化管理采购、库存、物流等环节，酒店可以提高供应链的效率和透明度，实现对采购和库存的实时监控和管理，减少库存积压和物流成本，提高供应链的效率，降低成本。

学习专栏

1. 酒店的发展史可以划分为哪几个时期？
2. 结合酒店业的未来发展趋势，你认为酒店业的从业人员要具备哪些素质和能力？

第三节　酒店的分类

酒店业由各种类型、各种等级的酒店组成。由于客人的住店目的和动机不一，其需求也各不相同。为了满足各类客人的需要，出现了不同类别和不同等级的酒店。目前，世界各地的酒店根据不同的划分标准可以分为不同的类型。

一、根据客源市场和接待对象的不同划分

根据客源市场和接待对象的不同，可将酒店划分为商务型酒店、长住型酒店、会议型酒店、度假型酒店和汽车旅馆。

（一）商务型酒店

商务型酒店就是为商务客人提供休息、会客和临时办公等设施和服务的酒店。与旅游型的客人不同，商务客人入住酒店的目的一般是到酒店所在城市处理商务，因此这类客人到这个城市的目的是出差，是以工作为主。与其他类型旅游者相比，商务客人具有消费能力强、消费倾向明显、回头率高、对配套设施要求较高、不受季节影响、停留时间较长等特征。因此，商务型酒店往往具有地理位置适宜、设施齐全、服务标准化等特点，商务型酒店是我国中高档酒店的主流。

商务客人因为公务需要而对所选择酒店的交通便利性有较高的要求，因此，几乎所有的商务型酒店选址都位于城市的中心，或者处于城市的繁华地段，周围往往是商务密集区，交通四通八达，距离机场和车站较近，优越的地理位置方便了商务客人从事商务贸易活动。

商务型酒店为了满足商务客人开展各类商务活动的需求，常常配备宴会厅、会议厅、商务中心、行政楼层等，商务活动所需的网络、投影仪、电脑、传真机、复印机等电子设备，商务应酬和休闲放松所需的游泳池、健身房、台球室、保龄球、网球场等康乐设施，接待客户所需的会客室、大堂吧、咖啡厅、中西式特色餐厅一应俱全。商务型酒店一般都会配备设施完备的商务中心，除了为商务客人提供设备处理一些工作以外，如为客人提供电脑和网络，还会协助代办部分工作事项，如代办打印、复印、传真及飞机票或火车票的订票服务等。

商务型酒店一般执行标准化服务，无论是前台服务、客房清洁、餐饮服务，还是布草洗涤、酒店的安保和消防等，都有着统一的标准和要求，在服务的各个环节细致又周到，处理问题迅速而高效。客人选择了商务型酒店，也就选择了最为标准化的服务与完备的设施。或许，在客人离开酒店以后，没有一些具有特色的小细节让他再去慢慢回味，但是当客人身在酒店中时，酒店的服务和设施却能让他感觉到舒适和方便。或许不特别，但是很全面完整，这就是商务型酒店在主流酒店类型中成为主体的理由。

（二）长住型酒店

长住型酒店也称为公寓酒店，一般采用公寓式建筑的造型，客房多采用家庭式布局，以套房为主，配备适合客人长住的家具和电器设备，通常都有厨房设备供客人自理饮食。长住型酒店的设施及管理较其他类型的酒店简单。酒店一般只提供住宿服务，并根据客人的需求提供餐饮及其他辅助性的服务。酒店与客人之间通过签订租约的形式，确定租赁的法律关系。这种类型的酒店适合住宿期较长，在当地短期工作或度假的客人或家庭居住。

长住型酒店提供的服务与传统的商务型酒店服务有很大的不同，大多数长住型酒店都不提供通常在完全服务或有限服务酒店里提供的日常用品，如洗发水、护发素、浴液、浴帽和针线等。为了避免客人在发现酒店不提供这些用品时无所适从，很多长住型酒店设有零售区，以正常的价格出售这些物品。电熨斗、熨衣板和吹风机是长住型酒店通常提供的项目，酒店的前台还为客人提供领取干洗衣服、餐馆订餐等服务。通过这些服务，长住型酒店成为一种类似出租公寓的产品。

长住型酒店既有公寓的私密性和居住氛围，又有高档酒店的良好环境和专业服务，因此，长住型酒店受到了许多参加职业培训和长期出差的商务人员、自助旅行者的关注和欢迎。

（三）会议型酒店

会议型酒店是指以会议接待服务为主要接待目的的一种特殊类型的酒店，包括政府会议、展览会、交流会、学术研讨会等。从地理位置看，会议型酒店既可设在都市繁华地带，也可设在交通便利的游览胜地。会议型酒店往往设置有足够数量且多种规格的会议厅、宴会厅和展览厅，除此之外，必须具备如网络通信、投影仪、扩音设备、视听设备等会议设备。接待国际会议的酒店还需具备同声翻译装置。

近年来，随着我国与世界各国政治、经济、文化交流与合作的日益紧密以及国内经济的持续高速增长，我国会议市场逐渐兴起、壮大。会议市场的迅猛发展给国内酒店业带来了大量稳定的客源和经济效益，从而直接刺激了会议型酒店的快速发展。

会议型酒店的产品既具有酒店的产品特色，又有会务的特色，两者组合具有产品的综合特色。会议接待流程的可变性、多变性及规律性要求会议型酒店提供的产品具有多样性、及时性和足够的应变能力。会议型酒店的产品，不仅有菜肴、客房、会场和健身娱乐等，还有安保、会场设备、礼仪服务、会务信息的传递等。

开展会议业务会极大提高酒店品牌的知名度与美誉度，为酒店带来无形资产的增值。例如，香格里拉酒店集团就曾因香格里拉峰会首次会议在新加坡香格里拉酒店召开而成为世界新闻媒体关注的焦点，媒体在报道会议的同时也间接地宣传了酒店，从而极大地提高了酒店的知名度。

会议型酒店应把握会议经营的特点，提供有针对性的产品和服务。会议客人基本上以酒店为主要活动区域，在酒店活动的时间较长，并具有团队性质，有需求多元化、消费集团化的特点，需要酒店提供全方位的服务。

（四）度假型酒店

度假型酒店是为旅游度假型客人提供住宿、餐饮、休闲、娱乐等服务的酒店。度假型酒店作为主流酒店中一种重要的形态，不仅给游客带来新鲜的度假体验，还从游客旅游过程中住宿和餐饮服务的提供者，逐步成为游客旅行并获得综合体验的目的地，吸引着工作和生活节奏越来越快的城市人纷纷来体验“慢生活”。

度假型酒店多位于海滨、山区、温泉、海岛、森林等旅游胜地，远离繁华的城市中心，但交通往往非常便利和畅通。与商务型酒店不同的是，度假型酒店除提供一般酒店所应有的服务设施和项目外，还应尽量满足客人休息、娱乐、健身、疗养等方面的需要，要有足够、多样的娱乐设施，如多功能厅、影视厅、游泳池、台球厅、棋牌室等。有条件的还应备有各种户外娱乐、体育项目，如滑雪、骑马、狩猎、垂钓、划船、潜水、冲浪、高尔夫球、网球等活动来吸引客人。随着度假型酒店逐步走进普通老百姓的生活，旅游消费者对度假型酒店的要求也越来越多。现在的旅游消费者有知识、有文化、需求多、要求高，他们希望在度假型酒店中能够更多地体验到当地文化、生态环境及可以让他们放松身心的有益活动。

近些年出现的主题度假型酒店则致力于为客人造景造境，营造某些穿越时空的专门的体验，以吸引某一特定类型的爱好者、旅行者。既可以是整个酒店独立营造一种主题，所有的设施和娱乐均围绕这个主题展开，如威尼斯人酒店通过人造的天空和河道为客人展现威尼斯的风情；也可以处于某种文化主题公园中，酒店的建造风格与整个公园风格相呼应，如迪士尼乐园酒店为客人营造的童话世界。

（五）汽车旅馆

汽车旅馆起源于第二次世界大战以后的美国，其坐落地点主要在城郊、高速公路和飞机场附近。汽车旅馆是随着汽车的迅速普及与高速公路的迅速扩展而逐渐产生的一种住宿设施，以接待长途驾车旅行的客人和家庭而得名。现代汽车旅馆的设施和服务范围完全可以与中小型商务型酒店媲美，还可通过网络提供客房预订、住宿和餐饮服务。由于汽车酒店独特的地理位置和服务特点，其客房价格比较实惠。

汽车旅馆在西方国家经过了近百年的发展历程，具有成熟的发展模式。随着我国经济的发展和人民生活水平的提高、私家车的迅速增加和高速公路网的不断完善，驾车自助旅游得以蓬勃发展，汽车旅馆市场广阔，潜力巨大。

二、根据酒店规模划分

酒店规模是酒店业比较酒店实力的重要标准。国际酒店集团排名不是以酒店数量统计，而是以客房总数进行排名的。酒店规模划分标准如表 1-1 所示。

表 1-1 酒店规模划分标准

酒店规模划分标准	小型（间）	中型（间）	大型（间）	超大型（间）
国内	300 以内	300～500	500 以上	—
国外	100 以内	100～300	300 以上	1 000 以上

一般以酒店的客房数来代表酒店的规模大小。国内将酒店划分为大、中、小型三类，划分标准为：300 间以下的为小型酒店，300～500 间为中型酒店，500 间以上为大型酒店；国外的划分规模相比国内更小，100 间以下为小型酒店，100～300 间为中型酒店，300 间以上为大型酒店，1 000 间以上则为超大型酒店。

三、根据服务功能范围划分

根据服务功能范围划分，可将酒店分为完全服务酒店和有限服务酒店。

（一）完全服务酒店

完全服务酒店也称全功能酒店，是指能够提供住宿、餐饮、娱乐、购物等全面服务的酒店。我们在前面学习到的商务型酒店、会议型酒店、度假型酒店等大都属于完全服务酒店。

（二）有限服务酒店

有限服务酒店是相对于传统的完全服务酒店而存在的一种酒店形态。所谓有限服务，就是把完全服务酒店的许多功能加以简化，保留其核心功能部分。具体说，就是把酒店的服务功能集中在住宿上，酒店本身没有餐饮管理设施或仅有十分有限的餐饮服务。有限服务酒店一般定位于普通消费大众，价格适中，把客房作为经营的重点，基本设施齐全，干净、方便、舒适。

与完全服务酒店相比，有限服务酒店不追求高档、豪华，而是将更多的精力放在满足客人的实用、舒适需求方面。所以这一类型的酒店一般规模较小，建筑物楼层不高，且大多数没有地下室，大大降低了建筑成本。在设施上，舍弃了酒店利用率低的设施，实行“有限件配置”，如简化停车场、娱乐餐饮设施和豪华的酒店大厅等。在经营模式上，利用连锁优势降低了采购、培训、宣传等营运成本。在服务项目上，压缩或取消了餐饮、会议、娱乐等功能，只为客人提供住宿与早餐等有限服务。

四、根据酒店资金来源划分

根据酒店筹建的资金来源，可以将酒店分为独资酒店、合资酒店和合作酒店。

（一）独资酒店

独资酒店是指由一个人或一家企业单独出资建造的酒店。从所有权的角度来讲，酒店完全归个人所有，独立经营管理、独享利润、独担风险。我国的酒店既有外商独资酒店，即外资酒店，也有内资酒店。

（二）合资酒店

合资酒店是指由两个或两个以上的人或企业共同出资、共同经营、共同管理、共同负责的酒店，通常以股份形式或契约形式进行权利和利润分配。

（三）合作酒店

合作酒店是指通过各种非股权方式合营的酒店。由双方提供资金、物资和服务，但不作为股本投入酒店，盈利按合同规定分配，风险按合同规定由单方或双方不同程度地分担，合作双方的权利、责任、义务和还本付息方式在合同中有明确规定。合作形式可分为合作建造、合作经营管理或合作技术投资等。

学习专栏

1. 酒店有哪些常见类型？你熟悉的酒店都属于哪些类型呢？
2. 商务型酒店的客人有哪些特点？如何做好商务型酒店的管理和服务？

第四节　酒店的等级与评定

酒店等级是指一家酒店在酒店建筑的豪华程度、设施设备水平、清洁卫生、服务质量等方面所达到的水准和级别，并按照不同国家的具体规定，以不同的标识表示出来，在酒店的显著位置上公之于众。酒店的等级标志本身是对酒店设施与服务质量的一种鉴定与保证。对酒店进行定级可以有效地指导客人根据自身的要求和消费能力选择酒店，确保酒店提供物有所值的服务，保障客人的合法权益；同时政府机构和行业组织也可以利用酒店的定级，对酒店的经营和管理进行监督；等级评定对于酒店而言也是一种促销手段，有利于明确酒店的市场定位，并针对目标市场更好地展示酒店的产品和形象，同时也有利于同行之间平等、公平地竞争，可促进不同等级的酒店不断完善设施和服务质量，提高管理水平，维护酒店的信誉。

一、酒店分级方法

分级制度目前在世界上已较为广泛，尤其在欧洲更是被普遍采用，但并不存在一个全世界通用的酒店评级标准，不同国家和地区采用的分级制度各不相同，用以表示级别的标志与名称也不一致。如中国的酒店等级是依据《旅游饭店星级的划分与评定》来评定的，而美国和欧洲都有各自的评定标准。

目前国际上采用的酒店等级制度与表示方法大致有以下几种：

（一）星级制

星级制是把酒店根据一定的标准分成的等级分别用星号（★）来表示，以区别其等级的制度。星越多，等级越高。这种星级制在世界上，尤其在欧洲非常普遍。如法国使用1～5 星级，摩纳哥为四星豪华、四星 C、三星、二星、一星等。我国也是采用五星制，用星的数量和颜色表示旅游酒店的星级（见图 1－1）。旅游酒店星级分为五个级别，即一星级、二星级、三星级、四星级、五星级（含白金五星级）。最低为一星级，最高为五星级。星级越高，表示酒店的等级越高。星级标志由长城与五角星图案构成，用一颗五角星表示一星级，两颗五角星表示二星级，三颗五角星表示三星级，四颗五角星表示四星级，五颗五角星表示五星级，五颗白金五角星表示白金五星级。

图 1－1　酒店星级标志

（二）字母表示法

许多国家将酒店的等级用英文字母表示，即 A、B、C、D、E 五级。A 为最高级，E 为最低级。有的虽是五级，却用 A、B、C、D 四个字母表示，最高级用 A1 或特别豪华级来表示。如希腊为 A、B、C、D、E 五级，奥地利为 A1、A、B、C、D 五级，阿根廷为特别豪华、A、B、C、D 五级。

（三）数字表示法

用数字表示酒店的等级一般采用最高级用豪华表示，继豪华之后由高到低依次为 1、2、3、4。数越大，档次越低。如意大利和阿尔及利亚的酒店等级标识为豪华、一、二、三、四。

此外，还有一些等级分类方法，如价格表示法或以类代替等，即用酒店的价格或类别代替等级，并用文字表示出来。如瑞士酒店的价格分为 1～6 级。

二、中国酒店业星级评定的实施办法

1988 年，国家旅游局发布了《中华人民共和国旅游（涉外）饭店星级标准》，后中国酒店业星级评定标准进行过多次调整，目前适用的是《旅游饭店星级的划分与评定（GB/T 14308－2023）》（2024 年 3 月 1 日起开始实施）。此标准对星级评定工作的职责分工、星级评定和复核的程序及要求等均做出了详细规定。

（一）星级评定的组织机构和责任

酒店星级评定工作由全国旅游星级饭店评定委员会（简称“全国星评委”）统筹负责。全国星评委是负责全国星评工作的最高机构，其职能为：统筹负责全国旅游酒店星评工作；聘任与管理国家级星评员；组织五星级酒店的评定和复核工作；授权并监管地方旅游酒店星级评定机构开展工作。

各省、自治区、直辖市旅游局设省级旅游星级饭店评定委员会（简称“省级星评委”）。省级星评委根据全国星评委的授权，实施或组织实施本省四星级酒店的星级评定和复核工作，并承担向全国星评委推荐五星级酒店的责任。

副省级城市、地级市（地区、州、盟）旅游局设地区旅游星级饭店评定委员会（简称“地区星评委”）。地区星评委在省级星评委的授权和指导下，实施或组织实施本地区三星级及以下酒店的星级评定和复核工作，并承担向省级星评委推荐四星级、五星级酒店的责任。

（二）星级申报及标志使用要求

酒店星级评定遵循企业自愿申报的原则。凡在中华人民共和国境内正式营业一年以上的旅游酒店，均可申请星级评定。经评定达到相应星级标准的酒店，由全国旅游饭店星级评定机构颁发相应的星级证书和标志牌。星级标志的有效期为五年。

酒店星级标志应置于酒店前厅最明显位置，接受公众监督。酒店星级标志已在国家知识产权局商标局登记注册为证明商标，其使用要求必须严格按照《星级饭店图形证明商标使用管理规则》执行。任何单位或个人未经授权或认可，不得擅自制作和使用。同时，任何酒店以“准×星”“超×星”“相当于×星”等作为宣传手段的行为均属违法行为。

（三）星级评定的标准和基本要求

酒店星级评定依据《旅游饭店星级的划分与评定》（GB/T 14308－2023）进行。申请星级评定的酒店，如达不到相应的要求及最低分数或得分率，则不能取得所申请的星级。

星级酒店强调整体性，评定星级时不能因为某一区域所有权或经营权的分离，或因为建筑物的分隔而区别对待。酒店内所有区域应达到同一星级的质量标准和管理要求。否则，星评委对酒店所申请星级不予批准。

酒店取得星级后，因改造发生建筑规格、设施设备和服务项目的变化，关闭或取消原有设施设备、服务功能或项目，导致达不到原星级标准的，必须向相应级别星评委申报，接受复核或重新评定。否则，相应级别星评委应收回该酒店的星级证书和标志牌。

《旅游饭店星级的划分与评定》（GB/T 14308－2023）将酒店运营质量的评价内容分为总体要求、前厅、客房、餐饮、其他服务项目与公共区域、周围环境与后台区城 6 个大项，评分时按“优”“良”“中”“差”打分并计算得分率。其中，五星级旅游酒店在前厅、客房、餐饮、其他服务项目与公共区域部分引入宾客网络评价数据。

另外，《旅游饭店星级的划分与评定》（GB/T 14308－2023）增加了“批量评定机制”的条款：对于已经具有较大规模连锁成员，技术标准统一，服务质量稳定，运营管理良好，且在业内拥有较高知名度的商业品牌饭店，可对照四星级及以下星级旅游酒店标准批量评定。

（四）星级复核及处理制度

星级复核是星级评定工作的重要组成部分，其目的是督促已取得星级的酒店持续达标，其组织和责任划分完全依照星级评定的责任分工。根据《旅游饭店星级的划分与评定》（GB/T 14308－2023），星级复核分为年度复核和五年期满的评定性复核。

年度复核工作由酒店对照星级标准自查自纠，并将自查结果报告相应级别星评委，相应级别星评委根据自查结果进行抽查。

五年期满的评定性复核工作由各级星评委委派星评员以明察或暗访的方式进行。各级星评委应于本地区复核工作结束后进行认真总结，并逐级上报复核结果。全国星评委可根据工作需要，对五年期满的五星级酒店进行宾客满意度调查，并形成专业调查报告，作为评定性复核的参考意见。

对复核结果达不到相应标准的星级酒店，相应级别星评委根据具体情况给予限期整改、取消星级的处理，并公布处理结果。对于取消星级的酒店，应将其星级证书和星级标志牌收回。

整改期限原则上不能超过一年。被取消星级的酒店，自取消星级之日起一年后，方可重新申请星级评定。

根据文化和旅游部公布的2023年全国星级酒店经营数据，全国共有星级酒店7 245家，其中五星级酒店772家、四星级酒店2 325家、三星级酒店3 471家、二星级酒店670家、一星级酒店7家。与2022年相似，三星级酒店（一般对应经济型酒店）数量最多，占比47.91%，位列各星级榜首；其次是四星级酒店，占比32.09%，三星级和四星级合计占比80%，说明中端、中高端酒店仍占据市场的主要地位。

学习专栏

1. 酒店业实施等级制度的目的与作用是什么？
2. 酒店新业态的发展对酒店等级评定产生了哪些影响？
3. 选择一家酒店，使用《旅游饭店星级的划分与评定》为其打分，并判断其是否符合现有星级水平。

第五节　国内外著名酒店管理集团

酒店集团是以酒店企业为主体，以经营酒店资产为主要内容，通过产权交易、资产融合、管理合同、人员派遣以及技术和市场网络等形式而相互关联的企业集团。酒店集团会使用统一的名称、标志，并实行统一的经营管理规范与服务标准。酒店集团化产生的品牌效应使旗下酒店在激烈的市场竞争中比单体酒店更具竞争力。

一、洲际酒店集团

洲际酒店集团成立于 1777 年，是全球最大的酒店管理集团之一，总部位于英国。根据 2023 年美国《酒店》杂志公布的全球酒店榜单，洲际酒店集团旗下拥有、管理、出租或托管的酒店共计 6 363 家，客房数为 94.6 万间，遍布全球超过 100 个国家和地区，并有全球在建 29.7 万间客房（2016 家酒店）。洲际酒店集团旗下有洲际酒店及度假村、假日酒店及假日度假酒店、皇冠假日酒店、智选假日酒店、英迪格酒店等多个酒店品牌。

二、万豪国际集团

万豪国际集团创建于 1927 年，总部位于美国华盛顿。2016 年万豪国际集团收购喜达屋酒店及度假村集团后一举跃升到世界排名第一，成为全球最大的酒店集团。截至 2024 年第一季度末，万豪拥有遍布全球 130 个国家和地区的约 8 900 家酒店，超 164.3 万间客房，31 个酒店品牌，对应着奢华、高级、精选、常住、甄选典藏五个分类。

万豪国际集团拥有的品牌包括万豪、喜来登、万丽等，涵盖高端、中端等人群。万豪酒店在中国的分布非常广泛，几乎覆盖了全国各大城市。

三、希尔顿集团

希尔顿集团分为希尔顿酒店公司和希尔顿国际酒店集团，希尔顿国际酒店集团拥有除美国外全球范围内“希尔顿”商标的使用权，美国境内的希尔顿酒店则由希尔顿酒店公司拥有并管理。根据《2023 年希尔顿全球基金会影响力报告》的数据，希尔顿集团拥有 23 个卓越酒店品牌，在全球 126 个国家和地区拥有 7 600 多家酒店和近 120 万间客房。1988 年上海希尔顿酒店开业，标志着希尔顿集团开始进入中国市场。20 世纪 90 年代由于集团发展战略主要在北美和欧洲市场，因此希尔顿集团在中国市场的扩张步伐明显落后于其他国际酒店集团。进入 21 世纪，随着中国酒店市场日渐庞大，同时美国的希尔顿酒店公司收购了英国的希尔顿国际酒店集团，希尔顿品牌成为统一实体后，集团发展战略重点开始转向亚洲市场，加速了在中国市场的扩张步伐。

四、香格里拉酒店集团

总部设在香港的香格里拉酒店集团是亚洲最大的豪华酒店集团，且被视为世界最佳酒店管理公司之一。香格里拉酒店集团成立于 1971 年，创始人郭鹤年先生以创造一个独特的亚洲式酒店品牌为愿景，致力于为客人提供卓越的服务和舒适的住宿体验。自香格里拉酒店集团在新加坡开设了第一家酒店以来，迅速扩展到亚洲其他地区。

香格里拉酒店集团旗下主要有香格里拉、嘉里、今旅、盛贸 4 个品牌。截至 2023 年年底，在全球 22 个国家和地区，香格里拉旗下拥有或租赁的酒店共 83 家，管理的酒店共 20 家，发展中的酒店概念股 10 家。香格里拉酒店集团除了主打品牌香格里拉，其他 3 个品牌酒店数量较少。个别酒店没有挂品牌名，如中国大饭店、北京国贸大酒店。

五、雅高酒店集团

雅高酒店集团成立于 1967 年，总部位于法国巴黎，是欧洲最大的酒店集团，也是欧洲饭店业、餐饮行业的领导企业。雅高酒店集团旗下主要有索菲特、诺富特、美居、雅高、宜必思、一级方程式汽车旅馆、红屋顶旅馆等品牌，涵盖了高档、高中档、中档和基础档。

六、锦江国际集团

锦江国际集团创立于 1991 年，总部位于中国上海，是由上海市国资委控股的综合性酒店旅游企业集团。锦江国际集团拥有“J”“岩花园”“锦江”“昆仑”“丽笙 Radisson”“郁锦香 Golden Tulip”“锦江都城”“康铂 Campanile”“麗枫”“维也纳”等来自海内外的多元酒店品牌 40 余个，覆盖高端、中高端、中端、轻中端和经济型全品类。截至 2023 年年末，锦江国际集团已经开业的酒店合计为 12 448 家，已经开业的酒店客房总数达到 119 万间，覆盖全国 31 个省（区、市）和全球 470 多个城市，跻身全球酒店集团 300 强第 2 位，市场规模为亚洲第一。

七、华住酒店集团

华住酒店集团是国内第一家多品牌的连锁酒店管理集团。自 2005 年创立以来，华住在短短数年间已经完成在全国的布局，并重点在长三角、环渤海湾、珠三角和中西部发达城市形成了密布的酒店网络。华住集团经营 31 个酒店及公寓品牌，覆盖从豪华型到经济型市场，包括禧玥、花间堂、美仑、全季、桔子等，另有合作品牌诺富特、美爵和馨乐庭公寓酒店等。华住已经成为全球发展最快的酒店集团之一，截至 2024 年 3 月 31 日，华住酒店集团全球在营酒店数量达 9 817 家，客房数为 955 657 间。

八、首旅如家酒店集团

首旅如家酒店集团是由首旅酒店集团与如家酒店集团于 2016 年合并后成立的新集团，合并后的首旅与如家实现了优势互补、资源整合，达成了产品全系列、信息全覆盖、会员全流通、价值全方位的整合效果，为首旅如家酒店集团的整体业务带来升级，并加速以酒店为主的住宿产品的迭代更新，覆盖“高端”“中高端”“商旅型”“休闲度假”“长租公寓”“联盟酒店”全系列的酒店业务。截至 2023 年 9 月，首旅如家酒店集团拥有以住宿为核心的近 20 个品牌系列、近 40 个产品，在国内 600 余个城市运营超 6 000 家酒店。

学习专栏

1. 你在生活中见到过哪些酒店品牌？它们隶属于哪些酒店管理集团？

2. 酒店集团为什么要分设不同的子品牌？

3. 收集万豪酒店集团、雅高酒店集团的相关资料，分别归纳总结这两个集团的旗下品牌和经营特色。

资源链接

视频微课 1-1　视频微课 1-2　视频微课 1-3　视频微课 1-4

在线自测

扫一扫　练一练

第二章 酒店管理概述

任务导读

在酒店行业中，管理思路和方法的更新迭代非常迅速。在传统酒店相继转型、新型酒店不断涌现、智慧酒店肆意冲击的背景下，只有持续创新酒店经营管理方法，才能更好地体现酒店在行业中的竞争力。本章通过梳理酒店管理的基础理论，学习酒店管理在新时代变革中的创新理念，帮助学生熟悉酒店管理的基本方法，培养酒店行业职业经理人的素质、管理思维和能力。

第一节 酒店管理的基础理论

酒店管理是随着人类酒店管理实践活动产生和发展，持续吸收和借鉴管理学理论成果，并不断发展完善的一门学科。因此，要成为一名合格的现代酒店管理者，就必须切实掌握各种管理基础理论，充分了解酒店管理实践活动，认识酒店管理客观现象，把握酒店管理客观规律，这样才能对酒店进行科学而有效的管理。在现代酒店运营中常使用的管理理论包括科学管理理论、行政组织理论和行为科学理论等近代管理理论，也包括权变管理理论、人本主义管理理论、学习型组织管理理论、企业流程再造理论等现代管理理论。

一、近代管理理论

（一）科学管理理论

泰勒是科学管理理论的创始人和核心代表人物，他使管理由经验发展为一门科学。泰勒在《科学管理原理》中提出管理要科学化、标准化，热衷于科学调查、研究和试验，并希望通过实践提高工作效率。泰勒认为科学管理的根本目的是谋求最高的工作效率，而合理的管理可提高工作效率；应当用科学的管理方法来代替旧的经验管理；科学管理的核心是管理人员和员工双方在思想上的彻底变革，而通过明确的规范可提高生产效率。泰勒的科学管理理论发表并取得显著效果之后大范围流传开，同时被积极地运用到管理实践中。结果显示，科学管理的运用的确可以很好地提高员工的生产效率，有效摆脱“磨洋工”现象。即便一个世纪已经过去，但是泰勒的科学管理理论思想的意义与影响仍然不能忽视，泰勒的科学管理理论中计量化、标准化作业的完成主要通过技术手段的运用，即便到了科技现代化的今天，仍可以充分应用到现代化企业中。譬如为人们所熟知的企业的目标管理、标准管理、规范管理、计量管理等，它们无一不蕴含着科学管理理论的精华。

泰勒的科学管理理论主要包括以下观点：

（1）科学管理的中心问题是提高劳动生产率。泰勒为此提出了工作定额原理，要制定“合理的日工作量”。

（2）为了提高劳动生产率，必须为工作配备“第一流的工人”，而培训工人成为“第一流工人”是企业管理部门的责任。

（3）要使工人掌握标准化的操作方法，使用标准化的工具、机器和材料，并使作业环境标准化，这是企业管理的首要职责。

（4）实行有差别的计件工资制，以此来督促和鼓励工人完成或超过定额。

（5）工人和雇主双方都必须来一次“心理革命”。劳资双方必须变相互指责、怀疑、对抗为互相信任，共同为提高劳动生产率而努力。

（6）把计划职能同执行职能分开，变原来的经验工作方法为科学工作方法。计划职能归企业管理部门，并设立专门的计划部门来承担；而现场的工人，则承担执行职能。

（7）实行职能工长制。把管理工作细分，使每个工长只承担一种职能。这种思想为以后职能部门的建立和管理专业化提供了基础。

（8）在管理控制上实行例外原则。上级管理者把一般的日常事务授权给下级管理者去处理，而自己只保留对例外事项的决策和监督权。

在酒店的日常管理中，管理者的许多管理行为都运用了泰勒的科学管理理论：确切划分各个岗位和员工的职责，这样可以避免工作重复、职责混淆、任务不明确的情况出现；建立科学的工作流程和服务标准，保证任务的高效、安全、合格和统一完成；开展不同类型的员工培训，提高员工的综合素质和服务水平；进行绩效考核，帮助管理人员评估员工的表现并进行相应的激励和奖励，发现员工在工作中的问题并及时予以纠正。这些管理思想的运用和实施可以帮助酒店提高服务质量和效率，从而提升客户满意度，也能够有效地管理酒店的人力资源。

（二）行政组织理论

德国学者韦伯提出了一套现代管理的组织理论——行政组织理论。韦伯的行政组织理论，主要反映在《社会组织与经济组织理论》一书中。韦伯认为，理想的行政组织体系是所谓官僚制，也叫科层制，指的是一种权力依职能和职位进行分工和分层，以规则为管理主体的组织体系和管理方式。韦伯认为行政组织体系能提高工作效率，在精确性、稳定性、纪律和可靠性方面等方面都优于其他组织体系。同时，他认为，只有以规则制度做动力，抛弃一切人事关系的感情色彩，组织才有可能长期生存下去。在现代酒店管理中，韦伯提出的“理想的行政组织体系”，具有知识化、专业化、制度化、标准化、形式化和权力集中等特点，为酒店业提供了合理的管理体系。酒店的组织结构一般采用韦伯的高、中、低（基层）组织体系（见图2-1）。

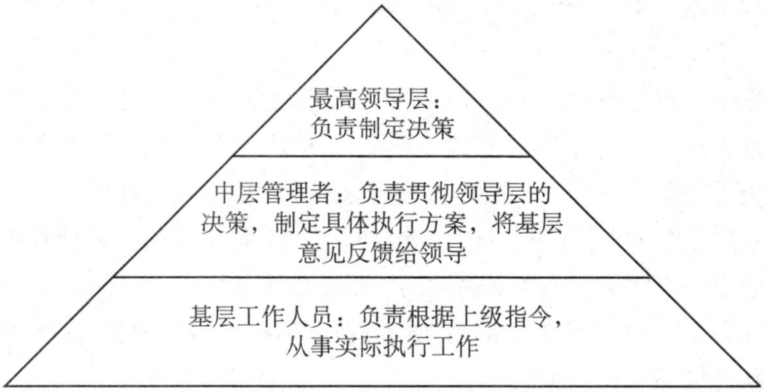

图 2-1　企业的组织体系

韦伯的行政组织理论内容包括：

(1) 实行作业分工。为了达成组织目标，要把组织中的全部活动划分为不同的作业，并将其作为明确的任务分配给组织中的每位成员。各个成员将接受组织分配的活动任务，并按分工原则专精于自己岗位职责的工作。

(2) 建立职权等级制度。各种职务或职位应按等级原则组织起来，每一职务有明文规定的权利和义务，每一个部属接受上级主管的指挥和监督，上下级之间的职权关系严格按等级划定。

(3) 规范人员任用。每一职位要根据其资格（资历或学历）限制，按自由契约原则，经公开考试合格予以使用，务求人尽其才。

(4) 规范人员升迁和工资制度。人员的升迁和工资应以服务年限和工作绩效为标准进行，同时应有相关的明文规定。

(5) 理性工作原则。组织中的各级管理人员必须完全以理性为指导，不受个人感情因素影响，客观合理地处理各项事务。

韦伯认为，这种高度结构化的、正式的、非人格化的理想的行政组织体系是强制控制的合理手段，是达到目的、提高效率的最有效的形式。这种组织形式适用于各种行政管理工作及当时日益增多的大型组织，如国家机构、军队、政党、经济组织和社会团体。韦伯的理论对泰勒的理论是一种补充，对后来的管理学研究，特别是组织理论研究产生了很大的影响。

（三）行为科学理论

行为科学理论开始于 20 世纪 20 年代末的霍桑实验，到 20 世纪 50 年代，经过众多管理学家、社会学家和心理学家的共同努力，在行为科学研究领域产生了丰富的研究成果，行为科学逐渐发展成为一门具有深远影响的管理学理论门类。行为科学是对生产中的企业员工的行为及其动因进行分析和研究的一门综合科学，主要研究员工的各种需要、欲望、动机、目的、内动力、个性、情绪和思想，特别是人与人之间的关系、个人与集体之间的关系、上述因素与组织目标的关系，并进一步研究如何改进生产环境、组织结构、管理方式，从精神上和物质上激发员工的积极性和创造性。

行为科学理论的主要代表是人际关系理论、需要层次理论、双因素理论。

1. *人际关系理论*

美国哈佛大学教授梅奥于1924—1932年在霍桑地区的工厂进行著名的霍桑实验。实验的目的是研究工作条件对生产效率的影响，寻求提高劳动生产率的途径。通过这次实验，梅奥等提出了人际关系理论。人际关系理论主要有以下观点和内容：

（1）员工是“社会人”，而不单纯是“经济人”。霍桑实验的研究结果否定了传统管理理论对于人的假设，表明了工人不是被动的、孤立的个体，除了追求经济收入外，还有友情、安全感、社会、心理方面的需求。因此企业必须从社会和心理等多方面鼓励员工，才能形成动力，从而提高工作效率。

（2）企业除正式组织外，还存在非正式组织。企业正式组织是经过人为设计而建立的权责分配体系，有固定的形式、特定的功能及预期的目标，其人员可以从组织系统中表示出来。非正式组织有自己的核心人物和领袖，有大家共同遵循的观念、价值标准、行为准则和道德规范等。非正式组织对工人的行为影响很大，是影响生产效率、产品质量的重要原因。非正式组织和正式组织相辅相成，对生产效率的提高有很大影响。

（3）生产效率的高低主要取决于员工的工作态度和满意度。员工态度影响员工的工作士气，员工工作士气越高，生产效率就越高。员工工作态度和满意度与其被上级管理人员、同事和社会的认可、承认度紧密相关。

（4）企业应采取新的领导方法，改善人际关系，提高员工士气。企业可邀请员工参加各项决策，改善员工之间的关系，重视上下级之间的沟通，建立管理人员与员工的面谈制度，消除不良的人际关系等。

在酒店中，人际关系可分为内部人际关系和外部人际关系。内部人际关系可分为管理者与员工之间的人际关系；部门之间的人际关系；酒店与股东之间的人际关系。外部人际关系可分为酒店与宾客之间的人际关系；与同行的人际关系；与社区的关系；与业务合作者之间的关系。无论是内部还是外部，良好的人际关系在酒店管理中都有着重要意义：对酒店中的员工个体而言，良好的人际关系有利于员工个人成长；对酒店管理层来说，良好的人际关系有一种弥合作用，便于工作的开展；对一个企业来说，良好的人际关系有利于增强内部凝聚力。

一家运营良好的酒店的员工每天都要面对大量的工作，尤其是面客的员工，不仅要面对来自顾客的压力，还要面对来自酒店管理层的压力。良好的人际关系氛围可以使员工心情舒畅，从而在面客时自然显现出亲切的态度。同时，在工作遇到困难的时候，员工乐于向同事求助，使问题得到及时、有效的解决。在面客的员工和后台支持的员工之间建立和谐的人际关系还有利于服务流程的顺畅，避免出现问题时互相推诿的现象。

2. *需要层次理论*

美国社会心理学家和行为科学家马斯洛在《人类激励理论》一书中，首次提出了需要层次理论。马斯洛认为，人类价值体系存在高低之分，当较低层次的需要被满足后，较高层次的需要将被激活。人类的需要主要包括五个层次（见图 2－2）。

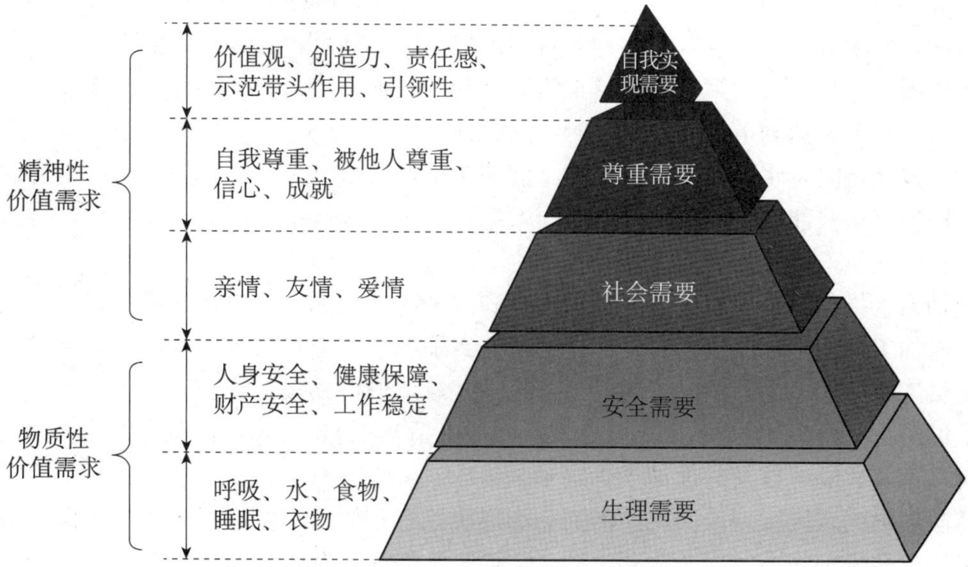

图 2－2　马斯洛需要层次理论

（1）生理需要。生理需要是维持自身生存的最基本要求，是人们行动的最强大的动力，包括饥饿、口渴、穿着、住房等。

（2）安全需要。包括确保人身安全、健康保障、财产安全和工作稳定的需要，以避免失业、职业病和严厉监管的威胁。

（3）社会需要。社会需要也叫感情需要，包括亲情、友情、爱情。

（4）尊重需要。人们希望拥有稳定的社会地位，并渴望个人能力和成就得到社会的承认，成为一个独立自主、受社会尊重的个体。

（5）自我实现需要。自我实现需要是马斯洛需要层次理论中最高级的需要。马斯洛认为，这种需要是指希望个人充分实现自己的才能并在成就、职位和地位等方面达到自己所希望的高度，它意味着实现理想和抱负，最大限度地发挥个人潜能，完成自己的计划或者超过自己的预期，使自己成为卓越的人。

马斯洛需要层次理论是现代企业管理的心理基础。在酒店员工生理和安全的需要已经得到满足后，应该针对员工尊重和自我实现的需要（挑战、晋升、成就）建立相应的激励机制。尊重需要建立在物质基础之上，而自我实现需要则建立在企业内部的用人机制上。在当今社会的激烈竞争中，酒店要想留住优秀的员工，就必须制定具有竞争力的奖励机制。在酒店这种服务型的行业，员工就代表着生产力，只有积极进取的员工，才能为酒店创造高额的利润。大多数人都渴求不断充实自己、完善自己，使自己的潜力充分发掘出来。这种自我实现需要一旦得到满足，将会产生深刻、持久的工作动力。所以，酒店管理者应该充分了解员工的需要，从物质奖励和精神激励的不同层面激发员工的潜能。

3. 双因素理论

美国心理学家赫茨伯格在《工作与人性》一书中，首次提出了“双因素理论”，也被称为“激励保健理论”。赫茨伯格研究团队对200名美国工程师和会计师调查后发现：能够维持员工工作现状的因素与工作环境或工作条件有关，能够调动员工积极性的因素与工作性质和工作内容有关。赫茨伯格称前者为保健因素，称后者为激励因素。

保健因素包括公司政策、制度、工资、福利、人际关系、办公环境、工作安全和员工身份。当这些因素达到员工期望水平时，它会消除不满，但并不会导致积极态度；而当这些因素不被满足时，将导致员工对工作不满意。赫茨伯格认为，保健因素对员工不起激励作用，这种因素只能维持员工正常的工作效率，要进一步调动他们的工作热情，还需使用激励因素。

激励因素指的是带来积极态度、满足感和前进动力的因素，包括成就、赏识、挑战性工作、增加工作职责以及成长和发展机会等。激励因素产生积极效果的前提是保健因素必须满足员工的期望。为了激发员工的工作热情，赫茨伯格主张，管理人员应注意工作的丰富化，以防员工感到工作枯燥，在工作中给员工适当的自主权，让员工及时了解工作成果，对员工完成的工作及时地给予肯定和表扬。

赫茨伯格的双因素理论同马斯洛的需要层次论有相似之处。他提出的保健因素相当于马斯洛提出的生理需要、安全需要、社会需要等较低级的需要；激励因素则相当于尊重需要、自我实现需要等较高级的需要。当然，他们的具体分析和理解是不同的。双因素理论促使酒店管理者注意工作内容方面因素的重要性，特别是它们同工作丰富化和工作满足的关系。赫茨伯格告诉我们，满足各种需要所引起的激励深度和效果是不一样的。物质需求的满足是必要的，没有它会导致不满。但是即使获得满足，它的作用往往是很有限的、不能持久的。要调动人的积极性，不仅要注意物质利益和工作条件等外部因素，更重要的是要注意工作的安排，量才录用，各得其所，注意对人进行经常的鼓励，给予表扬和认可，提供成长、发展、晋升的机会。随着温饱问题的解决，这种内在激励的重要性越来越明显。

二、现代管理理论

现代管理理论产生于20世纪40年代，但显著发展是在第二次世界大战之后。进入20世纪50年代，现代管理思想的发展异常活跃，众多的学者从不同方向、不同角度，采用不同方法研究管理问题，各树一帜，建立了许多管理理论学派，形成了管理理论研究的分散化。美国管理学者孔茨和奥唐奈将这种现象称为“热带丛林”。

（一）权变管理理论

权变管理理论也称为情景理论或机变理论，是20世纪70年代在美国形成的一种管理理论。它的核心是力图研究组织的各子系统内部和各子系统之间的相互联系，以及组织和所处环境之间的联系，并确定各种变数的关系类型和结构类型。权变管理理论强调根据组织所处的内外部环境随机应变，针对不同的具体条件寻求不同的、最合适的管理模式、方案或方法。

1. 权变管理理论的内涵

权变管理理论的内涵主要体现在以下三个方面：

(1) 系统性。权变管理理论认为，管理的各种因素是共存于一个统一联系的整体内的。在选择管理方式时，必须从事物的全局和整体出发考虑问题。管理人员是在特定的文化价值准则和体制内管理组织做出决定的，因而管理具有“开放系统”的特点。

(2) 情境观。权变管理理论不承认无条件的最优，只承认限制条件下最优；该理论认为不存在绝对的最优化，只有相对的优化或者只有在限制条件下的优化。权变管理理论企图在各种情况和条件下都能自动寻找到在限制条件下的最佳目标，选择最优方案和措施。适合的就是最好的，该理论认为管理理论、方法和技术的使用有效性取决于其与管理情境的匹配程度。权变管理理论的情境观强调：每一个组织都有相对独立之处，把握对组织做出的管理反应起决定性作用的内外环境的变化，做出正确的管理反应，是管理工作的制胜之道。

(3) 动态性。唯一不变的就是变化。权变管理理论率先提出管理的动态性，认为在管理中不存在一成不变的、普遍适用的、最好的理论和方法，而应该根据实际情况随机应变，其实质是反对永恒不变。权变管理理论的动态性特点要求管理理论、方法和技术要因人、因事、因时、因地而异。针对各类相互制约、相互影响的复杂因素，在发展变化中把握必然和偶然、原则和灵活的关系，以变对变，这样才能有效地掌握管理的本质。

2. 权变管理理论在酒店人员管理中的应用

从宏观上看，酒店人员所处的地理环境、文化背景、国家与地区就业政策、法律法规、用工制度、社会保障体系、劳动力市场情况、经济发展状况等因素会对人员的流动产生影响；从微观上看，工资、福利待遇等物质利益因素对人员流动有非常直接的影响，人员对工作的满意程度和所处的人际氛围也与其流动有着十分密切的关系，这些要素总是处于不断变化中。因此在酒店人员管理中首先要审时度势，善于诊断组织和环境的特点，根据组织和环境的特点来确定人员异动的管理目标，并调整组织结构，协调组织活动，使组织能够适应环境的变化而存在和发展。酒店管理者要在洞察外部环境变化特点的基础上，主动适应外部环境的变化，调整内部影响人员异动的各子系统的某种因素，使组织人员异动的方向适应变化了的外部环境。

酒店管理者应有意识地训练和提高自己的权变控制能力，增强权变意识，根据环境的需要改变管理方式。酒店管理者特别要从环境与人的特点相结合的角度，考虑所采取的管理方式。酒店管理者必须熟悉、了解员工，特别是部门带头人和部门骨干员工的工作特点与需求，为他们提供最适合的管理方式。酒店管理者要随时调整好心态，做好不同环境下的角色转换。除了“领导者”的角色外，酒店管理者还必须承担公关者、联络者等人际关系方面的角色，信息接收员、传播者、发言人等信息方面的角色，谈判者、协调者等协调方面的角色，等等。比如，酒店管理者到位的沟通能促进酒店和员工之间的相互理解，改善员工对某些事物的主观感受，在防止人才流失方面起到一定作用。

（二）人本主义管理理论

人本主义管理是指把员工作为企业最重要的资源，依据员工的能力、特长、兴趣、心理等情况来科学地安排最适合他的工作，并在工作中充分地考虑到员工的职业发展，通过全面的人力资源开发和培训，使员工能够在工作中充分地发挥积极性、主动性和创造性，从而提高工作效率，增加工作业绩，进而提高企业的竞争力。人本主义管理理论不仅强调经营理念的发展，即对顾客的人本化，包括以顾客为中心和人性化服务，而且强调对组织及员工的人本化管理，包括对员工素质的培养、提高，组织的人性化制约。深入酒店的人本主义管理，能使酒店的软硬件设施得到更好配备，同时给酒店管理注入新的活力，使酒店不断提高服务质量，提高经济效益和社会效益。人本主义管理是重视人的生产经营活动，以人为核心、以人为根本的管理。该理论认为，组织中的人作为管理的首要因素，是一切管理活动的主题或主导因素，同时人作为管理的本质因素，也是组织管理的出发点和归宿。一方面，组织的一切管理活动围绕充分调动人的积极性、主动性和开发人的潜能而展开；另一方面，组织的一切管理活动，旨在满足人的需求，提高人的素质，实现个人目标，最终使个人和组织获得共同、全面的发展。

酒店属于第三产业，其人力资源管理非常重要。酒店人本主义管理的方式包括打造良好的工作环境，协调企业与员工的关系，营造良好的人文环境。管理人员应制定提高自我道德素质和能力的规划，不断提高自身的运营管理水平，打造良好的工作环境，使员工热爱本职工作。管理人员应以身作则，身教重于言教，不应只是简单地发号施令，而应树立好的榜样。管理人员应是解决业务问题的能手并敢于承担责任。

贯彻人本主义管理，必须营造民主的环境、创新激励员工的方法。管理人员应力求公正、平等地对待员工，从员工的角度考虑问题，把企业和员工看成一个整体，千方百计地挽留人才。人才是企业最重要的资产，创办一家企业，首先要招聘人才并不惜重金聘请人才。管理人员应让员工参与决策，在做出涉及员工利益的决策时，如果不让员工参与，就会损伤他们的自尊心与积极性。酒店实施人本主义管理必须注重企业文化建设，通过树立正确的价值观来营造良好的人文环境。

（三）学习型组织管理理论

1990年美国麻省理工学院的彼得·圣吉（Peter Senge）教授出版了《第五项修炼：学习型组织的艺术与实务》，此书一经出版就引起了全球管理者的关注。从此，建立学习型组织及进行五项修炼成为企业管理理论与运营实践的热点。圣吉认为，由于世界复杂多变，企业应是一个不断适应环境并具备变革能力的学习型组织。企业不能仅依靠少数领导者运筹帷幄，而应使全体员工不断地学习和创新。企业只有经过五个方面的修炼，包括自我超越、改善心智模式、共同愿景、团队学习和系统思考，才能成为一个学习型组织，从而在未来的竞争中立于不败之地。

自我超越（Personal Mastery），即企业应培养全体员工的不断进取精神和可持续的创造力。这里的自我超越既指企业要自我超越，又指企业中的全体员工要自我超越。自我超越首先要使员工建立愿景，客观对待当前的事物，集中精力，找出与愿景之间的差距并不断努力学习，激发创造力。自我超越的目的不在于短期收益，而在于企业的长远目标。

改善心智模式（Improving Mental Models）是指管理人员在处理问题时，要突破自我传统的思维模式的限制，找出团队的共识，减少企业中的各种障碍。研究结果显示，思维模式受个人成长环境、教育背景和生活经历等因素影响。因此，不同的管理者因为他们的思维模式不同，对同一事物有不同的观点。管理者在分析事物时，常以传统的认识或经验为基础，甚至没有顾及环境的变化，如果采用了错误的策略和方法，企业运营就会遇到困难，甚至遭遇灾难性的结果。人们可以通过不断学习可以弥补自己思维模式的不足。

圣吉认为，企业只有建立共同愿景（Building Shared Vision），才能形成强大的凝聚力，从而推动自身不断发展。愿景是指员工对未来的愿望、向往和目标。企业作为一个组织，应当以员工的愿景为基础，通过愿景建立全体员工共同认可的目标，这样就能充分发挥员工的能动性和主动性。当然，企业的共同愿景不是企业领导者单方面设计出来的，而是经过全体员工的广泛交流和多次讨论，将每个员工的愿景融合在一起而形成的共同目标。

组织由很多目标一致的团队构成。团队学习是指每个团队中的成员通过深度会谈与讨论，相互影响，实现团队智商远大于成员智商之和的效果。团队学习建立在发展自我超越及共同愿景的基础上。团队是组织的基础，只有每个团队的团队学习都做好了，组织才更有竞争力。因此，团队学习比个人学习更重要。

系统思考是指以系统思考的观点来研究问题、解决问题。其核心就是：从整体出发来分析问题，分析关键问题，透过现象分析问题背后的原因，从根本上解决问题。系统思考是见识，也是综合能力。这种见识和能力只有通过不断学习才能逐渐形成。

系统思考是五个方面中最为重要的内容，它是对另外四项内容的整合。系统理论强调系统的全面性、关联性和动态性特征，引申到思考方式上，就是要纵观整体，从表面现象中洞察到本质结构，从静态的结果中逆向探求问题的真正原因，进而找到问题的解决方案。

系统思考要求组织中的人们摆脱思维的狭隘性，首先要学会从自身的行为中查找问题的源头，克服遇到问题喜欢强调客观原因的陋习。对于酒店人力资源管理来说，这一点尤其意义重大。酒店管理人员通常认为员工流失问题是行业特点导致的，比如体力劳动强度大、工作时间长；也有些酒店管理人员将问题归咎于现代年轻人不能吃苦耐劳、好高骛远等。在这种思维定式下，他们面对人员流失问题要么听之任之，要么采用强制约束手段。没有找到问题的真正原因，也就不可能有的放矢地提出解决策略。运用系统思考，酒店管理人员首先要从自身查找原因，认识到忽视员工个体价值和需求才是人员流失的最主要原因，进而修正原有的管理行为，采取更有针对性的措施，比如营造良好的酒店文化，使员工真正产生归属感，从而保障人力资源的稳定性。

学习型组织管理理论在酒店管理中的应用主要体现在以下几个方面：

1. 人才培养与开发

持续学习与培训：鼓励员工不断学习新的服务技能、行业知识以及管理理念，通过定期的内部培训、外部进修课程及研讨会等形式提升员工的专业素养。

团队建设：构建学习型团队，鼓励团队成员之间相互学习、交流经验，共同解决问题，以提高整个团队的服务质量和工作效率。

2. 创新与适应能力

应对变化：酒店行业环境快速变化，学习型组织能够迅速适应市场和客户需求的变化，通过学习来调整经营策略和服务模式。

创新驱动：鼓励员工提出改进方案和创新思维，将所学知识转化为实际操作中的优化措施和新产品、新服务的研发。

3. 愿景共享与战略规划

建立共同愿景：酒店管理层引导全体员工参与制定并理解酒店的长远发展目标，让每个员工都明确自己的角色定位和价值贡献。

战略规划：通过有效的沟通机制，确保学习成果能被整合到酒店的战略实施过程中，形成全员共识，推动战略目标达成。

4. 文化塑造

企业文化：创建一个积极的学习氛围，使学习成为酒店文化的核心部分，增强员工对组织的归属感和忠诚度。

激励机制：设置与个人成长和团队学习成果挂钩的激励体系，表彰和奖励那些积极参与学习、分享经验和有效应用所学知识的员工。

5. 决策改善

集体智慧：通过团队学习过程，收集和利用多角度信息，促进更加明智、全面的决策制定。

反思与改进：组织进行周期性的自我评估和案例研究，从中吸取经验教训，不断优化内部流程和客户服务标准。

综上所述，学习型组织理论的应用旨在帮助酒店企业打造一支高效、灵活且具有创新能力的人才队伍，从而提升整体竞争力，并能在复杂多变的市场环境中保持领先地位。

（四）企业流程再造理论

企业流程再造也被称作业务流程重组（Business Process Reengineering，BPR），是根据环境和顾客需求的变化，企业对业务流程进行重新思考和再设计并创造新的业务流程，以求在时效、质量、成本和服务等各项绩效中得到显著改善的过程。企业流程再造是 20 世纪 80 年代末发展起来的运营管理新理论。1993 年，迈克尔·哈默（Michael Hammer）与詹姆斯·钱皮（James Champy）合著了《企业再造》。该著作总结了国际企业的成功经验，阐明了业务流程和组织再造在企业市场竞争中的决定性作用并提出了应对市场变化的新方法——企业流程再造。实际上，企业流程再造为企业提供了竞争力，从业务流程上以最小的成本向顾客提供高质量的产品和服务。其实质是以先进的信息系统和信息技术为手段，以顾客需要为目标，通过最大限度地减少无实质作用的流程、环节并建立科学的组织和业务流程，使产品质量和生产规模发生质的变化。企业流程再造的效果是精简组织结构和人员，增强企业应变能力，降低运营成本，提高顾客满意度，提高资源的利用率，提升企业核心竞争力，提高企业运营效益。

企业流程再造理论主要包括三个方面（见图 2-3）。

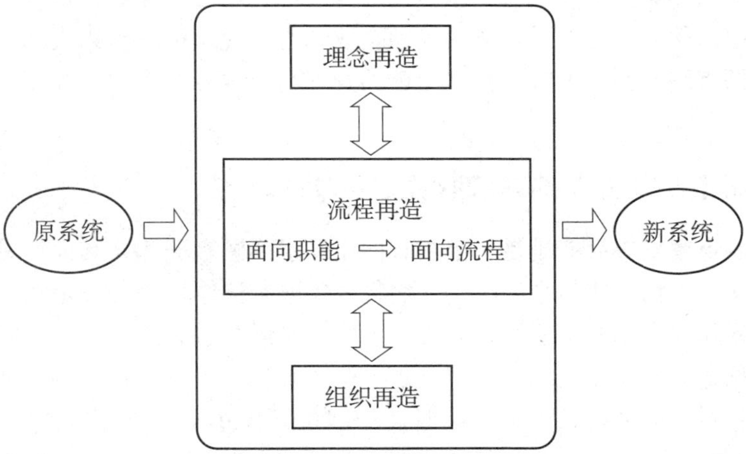

图 2-3　企业流程再造理论

1. 理念再造

企业高层管理人员应统一思想，达成共识，明确方向，坚定信心，转变管理理念和思维模式，重建企业文化，重塑运行方式，再造组织结构，成立企业流程再造管理小组；同时，对企业员工进行流程再造的培训，使全体员工达成共同的愿景，精简组织机构和人员，降低运营成本和顾客投诉率，提高顾客满意度。

2. 流程再造

以顾客满意为目标，基于信息技术，对企业现有的流程进行调研、分析、诊断和再设计，然后构建新的流程。其程序包括流程再造分析、流程再造设计和流程再造实施。例如，酒店对客房预订、登记接待、住宿服务和结账离店等服务流程的再造。

3. 组织再造

企业流程再造不仅对企业运营程序进行再造，而且对企业组织结构和管理制度也要进行重组，特别是对组织中的员工观念、组织运作机制和组织的运作流程进行彻底的更新，要在运营业绩上取得显著改进。

当今，随着旅游市场和酒店市场的发展，酒店的智能化和信息化管理手段不断进步，随着顾客对酒店产品、房务服务、餐饮服务、会展服务的需求的变化，酒店运营管理流程中的各环节及其重要性也在变化。因此，酒店进行流程再造成为必然。

学习专栏

1. 归纳总结近代管理理论和现代管理理论的主要观点。
2. 基础管理理论可以从哪些方面应用于现代酒店管理？

第二节　酒店管理的理念创新

当今酒店业面临竞争的全球化、激烈化趋势，经典的管理理论在这种“百年未有之大变局”的环境中都需要与时俱进，学术界和企业界对管理理论的探索进入了新的阶段。酒店管理者需要拥有超越创新思维，树立全新的管理与技术创新理念，才能适应新经济时代的要求。

一、“市场不断细分”的品牌特色定位理念

一个特定的市场供应品能满足一个具有同质需求的顾客群体，其他有着不同需求的顾客群体需要不同的市场供应品来满足，我们将这些顾客群体称为细分市场。身处如今越来越激烈的酒店品牌同质化竞争战场，酒香不怕巷子深已是过去式了。光有好产品，光靠吆喝是难以获得顾客的青睐和选择的，特别是对于越来越挑剔的年轻消费者而言，传统的同质化的酒店产品对他们来说只是一个临时性的消费品，并没有什么美誉度、忠诚度可言。尽管所有的顾客都需要酒店的基础服务内容，但顾客在为舒适与豪华的支付意愿上是存在差异的。只有通过细分市场、差异化定位来简化顾客的选择，并降低其购买成本，以及通过自身品牌定位为其正名，才能在愈发激烈的同质化竞争中让酒店品牌脱颖而出，最终赢得顾客的优先选择。因此，酒店品牌都必须根据不同的细分市场来定位自身鲜明的个性与风格，从核心去满足顾客的需求，并将品牌的核心理念和优势传递给目标顾客，以增加顾客对品牌的了解，才能获得回头率及个体圈子的极佳传播。

未来酒店的发展趋势，将不仅仅停留在满足住和吃的需求，其产业可能连接食住行游娱购等多方面，甚至可称为销售、展览、体验的新空间。酒店品牌的特色定位可以从多环节、多方面进行，如服务提升、产品创新、流程改造、人工智能技术嵌入等。产品和服务始终是酒店的核心竞争力，只有抓住市场消费热点，响应顾客需求多样化，不断发现新的市场需求，创新品牌特色才能带来新价值。

二、信息化、数字化、智能化与管理融为一体的理念

数字化将成为企业经营管理的标配，企业中负责决策和操作的“人”、支撑生产与运作的“物”与运营落地的“流程”需要进行智能化的连接，协同支持企业的发展壮大。利用信息化、数字化和智能化技术来提升酒店品质已成为趋势，如洲际携手百度推出 AI 人工智能客房，雅高打造智能概念客房，华住集团推出易掌柜、易客房、易支付、易发票等。

信息化、数字化、智能化在酒店的应用主要体现在：

（1）在线预订平台。如飞猪、马蜂窝、途牛、携程等酒店第三方预订平台，整合不同国家、不同区域、不同类型的酒店资源，大大提高了酒店预订的便利性，也增加了酒店预订业务量。

（2）顾客大数据分析与存储。各品牌酒店通过建立客史档案，及时记录顾客消费习惯与记录，并以此作为顾客行为分析和顾客关系管理的依据，协助酒店提供更精准的服务。

（3）顾客自助服务，包括自助选房、自助登记、自助结账、自助点餐等。

（4）日常运营平台，包括公告、客评、服务等。客户可以通过官网、App、微信公众号等反馈点评，信息和要求将准确、无误、快速反馈给服务人员。

（5）收益管理系统。每日科学计算出酒店可售房间数和可售价格。

（6）安全管理系统，包括身份证备案设备、电子钥匙卡、人脸识别系统、语音识别系统等。

信息化、数字化和智能化时代的到来给酒店管理带来了前所未有的挑战和机遇。传统的管理方法和思维方式已经无法满足日益变化的市场和消费者需求。因此，酒店行业必须积极适应信息化、数字化和智能化时代，所有的转型都始于酒店高层管理团队的意识和承认变革的需求。下一阶段的管理理论可能难以用文字或者图表来说明，而是用数字化表达的一系列管理实践的总结与提升，将管理理论与技术完全融合。

三、"以人为本"的人力资源管理理念

"以人为本"的管理理念指在管理过程中以人为出发点和中心，围绕着激发和调动人的主动性、积极性、创造性展开的，以实现人与企业共同发展的一系列管理活动。"以人为本"的管理理念强调在管理实践中以人为核心，突出人的主体地位，一切管理活动紧紧围绕人、过程依赖人、目的为了人，采取符合人性的方式、尊重人权的制度、激励人性的管理机制来提升企业的管理水准。传统酒店人力资源管理理论非常肯定员工在创造酒店利润上的核心价值，员工是酒店最重要的资产，是支撑酒店生存与发展最重要的基础，重视员工的需求，员工能够得到的薪酬、福利和人文关怀。到了今天，为了创造未来酒店的竞争优势，酒店集团的产品创新需要更专业的管理和服务团队、更优质的合作伙伴去不断研究和实践如何利用新技术重塑服务体验，如何更多地为顾客提供更加灵活的服务。传统意义上的人力资源，将不再只局限于提供体力劳动，酒店的智能化提高了顾客与酒店员工的沟通效率，通过获取更多客人的体验偏好数据更好地配置人员和物品，为顾客提供更多超出预期的个性化服务。那么新时代的"以人为本"就需要不仅强调薪资待遇，更强调对员工教育训练的投资、对员工表现的激励措施、对员工家庭与职场的支持措施，以及对弱势员工的关怀等，才能培育和留住具有市场竞争力、能够为企业创造价值的员工。

四、标准化和个性化相统一的理念

个性化已成为新时代的潮流，每个酒店品牌都想突出自己的个性。个性化服务以其鲜明针对性和灵活性而成为酒店服务的趋势，由此形成的品牌特色也是酒店增强市场竞争力的要素。而标准化服务是连锁酒店的立身之本，也是消费者选择的重要因素。服务的无形性要求酒店制定一系列标准，将科学、精细、规范的操作流程细微渗透到软硬件中的每一个节点，避免操作的随心所欲，保持质量的长期稳定，减少顾客的风险心理。世界知名酒店集团能够在全球取得成功，标准化和高效率是主要因素。

酒店个性化服务与标准化并不矛盾，能够在相对的标准化框架的基础上，做出个性化的衍生服务，给予顾客更好的酒店入住服务，才能在众多优秀的酒店品牌中脱颖

而出。个性化作为标准化的延伸，两者之间是一个辩证、互动、包容的过程。标准化服务不能一成不变，它的内涵也需要不断丰富和发展，只要顾客的需求和酒店内部资源结构、战略目标等因素变化，服务必然面临创新；个性化不是随意化，个性化成熟后，又必然以制度的形式、规范的程序与标准的服务加以固化。

在市场细分的基础上，个性化服务主要用于特定细分市场的服务项目设计，寻求自己的产品特性，形成市场“卖点”，加大品牌在市场上的区隔度。没有标准化，个性化就像缺少养分的大树，活力不足；没有个性化，则不能使顾客产生惊喜，对酒店忠诚。因此，“服务项目个性化，服务过程标准化”的竞争战略才能够使二者达到完美的统一，为顾客提供美好的入住体验；才能塑造真正的品牌价值，从而满足顾客的需求。

学习专栏

1. 酒店管理者应具有哪些新思维和新理念？

2. 结合自己体验过的酒店服务过程和项目，归纳哪些属于标准化服务、哪些属于个性化服务。

第三节　酒店管理者的素质与能力

酒店管理者就是将酒店运营、管理工作作为长期职业，具有一定职业素质和职业技能，并掌控酒店运营和管理权的人。酒店管理者的经营管理能力直接影响着酒店的生存与发展，那么一名合格的酒店管理者需要拥有哪些素质和能力呢？

一、酒店管理者的素质构成

在实践中，不同管理层次酒店管理者的素质构成存在一定的差异。作为对自身未来发展有高要求的酒店管理者，应以成为酒店职业经理人为追求目标。因此，以酒店职业经理人的素质要求为主体，同时参考《饭店业职业经理人执业资格条件》(GB/T 19481－2004)对酒店职业经理人的要求，一个合格的酒店管理者的素质应该包括三个方面：基本素质、专业素质和管理素质。

（一）酒店管理者的基本素质

酒店管理者的基本素质指的是良好规范的职业道德素质、健康的身心素质。

职业道德素质是管理者必须具备的基本素质之一，良好规范的职业道德素质是支撑其未来发展的坚实基础。

拥有良好职业道德素质的酒店管理者必须遵守国家法律、法规，遵守社会行为规范，遵守企业章程及管理规章制度，确保酒店和个人不会做出违反法律法规和不道德的行为；具有强烈的爱岗敬业精神，勇于承担责任，全力履行应尽的职责；明确是非标准，秉公办事，不计较个人得失；在工作中诚实守信，保守酒店的商业秘密。

酒店作为服务型企业，日常工作繁复、工作压力大、工作时间长，所以酒店管理者必须拥有强健的体魄、开朗热情的性格、稳定抗压的心理素质，才能在激烈的市场竞争和复杂多变的职场环境中保持积极的心态，具备强大的抗挫能力和适应能力，成为卓越的企业管理者。

（二）酒店管理者的专业素质

专业素质是酒店管理者完成工作的重要基础。管理者必须熟悉所管辖部门的专业知识和工作流程，同时具备质量管理、财务管理、人力资源管理等相关业务知识。如果一个前厅经理不熟悉前台的操作，客房管理者从来没有整理过房间，餐厅主管不熟悉菜品和酒水知识，就无法管理好团队，也无法为顾客提供满意、称心的服务。

酒店企业经营管理和服务的综合性、行业变革的复杂性决定了酒店管理者必须具有交叉复合的专业素质，才能胜任酒店管理工作，适应当前酒店业的快速发展与进步，带领酒店在激烈的市场竞争中占据一席之地。酒店管理者仅仅具备管理专业知识是不够的，在当前复杂多变的行业环境中，还需对市场变化有更敏锐的洞察力，自我革新的勇气，在服务、管理和酒店运营上不断创新的进取心。

（三）酒店管理者的管理素质

酒店管理者必须懂得如何将管理理论应用于实践，能熟练运用公司管理中的计划、组织、领导、激励、沟通、创新、危机管理、团队合作等技能解决日常管理和企业运营中的实际问题。在与员工沟通时，要注意合理展现个人素养和个人性格魅力，通过品质、勇气和能力等得到员工的认可和肯定。

二、酒店管理者应具备的能力

酒店管理者的能力主要由决策能力、沟通协调能力、感知应变能力、学习进取能力、知人用人能力、开放的思想和创造能力构成。

（一）决策能力

决策能力在酒店管理者必须具备的种种能力中的重要程度当居首位。在全球化竞争时代，酒店管理者必须具有全球市场营销与竞争意识、精准的判断力、明晰的逻辑思维能力、有系统有顺序的思考力、敏锐的联想力和丰富的想象力，并且在熟悉国际经济政治发展形势的前提下，为酒店制定出符合酒店企业自身情况的发展战略规划，通过科学的战略决策，带领酒店参与国际竞争。

经营活动中许多问题涉及诸多未知或不确定因素，决策者必须善于运用各种交叉复合的理论知识和丰富的实践经验做出判断，把看起来复杂的问题概括为简单明了的待决策的问题。任何一项决策都会有各种风险，所以酒店管理者要有承担风险能力、敢想敢干的勇气、披荆斩棘的胆识，但这并不意味着酒店管理者盲目地下大赌注去干毫无把握的事情。酒店管理者要用 90％的精力去调查、去预测，才能在科学预见的基础上做出正确的决策。

（二）沟通协调能力

酒店管理者既是酒店的战略制定者，也是酒店战略的实施者。在酒店日常的管理工作中，管理者的主要精力也常常用在对内对外的沟通协调上。沟通协调工作不仅指酒店内部上下级、部门与部门之间的共识协调，也包括与外部客户、关系单位、竞争对象之间的利益协调。任何一方的沟通协调不通畅，都会影响酒店总体战略规划的实施与完成。酒店管理者对他人的意见和想法的积极倾听与沟通能够让彼此理解对方的立场，愿意换位思考，最终达到“共赢”这一协调目标。

（三）感知应变能力

当代酒店行业处于快速多变的竞争环境中，而科技水平的不断提高也使得人们的生活方式悄然地发生着各种改变。酒店业作为与人类生活紧密关联的产业，正处于快速的发展变化之中，低碳环保、人工智能、移动互联网、信息化数字化等现代技术飞速发展，对传统酒店形成巨大的冲击，因此，酒店管理者必须具有快速感知变化、灵活应对变化的能力。

（四）学习进取能力

随着人类社会生活的快速变化和技术进步，新的管理理念、管理方式和管理技术层出不穷，这就需要酒店管理者具备不断学习的能力，不断地进行知识更新，才能深入了解酒店业的前沿变化和发展趋势，使自己的知识能够跟上社会前进的步伐。

（五）知人用人能力

企业盛衰的关键因素是人才，员工是酒店的核心资源，企业的竞争归根到底还是人才竞争。现代酒店管理者应具有识别人才、任用人才、激励人才的能力，使每一位员工的长处和优势都能得到充分的体现和发挥，做到人尽其才，同时还能够发现和挖掘员工的潜质并加以培养和开发，使酒店人力资源能够充分发挥效用，从人力资源上保证酒店的发展与壮大。

另外，酒店管理者要学会合理授权，不仅可以提高员工工作主动性和积极性，减轻管理者的工作负担，更能使员工得到锻炼，积累独当一面的工作经验，为酒店培养更多的管理人才。

（六）开放的思想和创造能力

对于酒店企业而言，管理者具有的开放思想和创造能力是推进酒店持续成长的核心力量，是一个酒店不竭的动力。因此，管理者要对新的机遇持开放的态度，积极推动创新，让自己在观念创新、技术创新、组织创新和制度创新等多个方面始终紧跟社会发展步伐，大胆开拓新市场、推出新产品、推动新变革，对酒店发展与壮大做出自己的贡献。

学习专栏

1. 结合酒店业发展的新形势，论述现代酒店管理者应具备的素质与能力。
2. 结合自身的性格特点和能力特征，思考培养自己成为未来酒店管理者的途径。

资源链接

视频微课 2-1 视频微课 2-2 视频微课 2-3 视频微课 2-4 视频微课 2-5

在线自测

扫一扫 练一练

第三章　酒店组织管理

任务导读

组织是一个群体（两个以上的人）为实现既定目标，通过分工、合作及不同层次的权力、责任制度构成的集合系统。酒店组织通过合理组织及协调各种资源，形成酒店的接待能力、管理体制和组织结构，来实现酒店的经营目标。

第一节　酒店组织类型与结构

一、什么是组织?

组织是一个社会实体，具有明确的目标导向、精心设计的结构和有意识协调的活动系统。同时，组织常与外部环境保持密切联系。组织是由人及其相关的关系构成的。当人们之间相互作用，完成或实现目标时，组织就存在了。

管理学意义上的组织有两个方面的含义。首先，它作为一种机构形式，是指通过某种规范的关系联系起来的，并为实现某一共同目标而协作的一个集体。其次，它作为一次活动过程，是指为实现某一目标而协调人群活动的一切工作。前一方面的组织如家庭、学校、企业、机关、医院、军队、国家等，这种组织是促成管理绩效产生的工具，一切协调活动都必须以建立一定的组织结构为前提和基础。后一方面的组织作为一种活动的过程，它的对象是组织内各种可控的资源，组织活动就是为了实现组织的整体目标而有效配置各种资源的过程。

二、酒店组织类型

通常，酒店存在着正式组织、非正式组织、实体组织和虚拟组织。

（一）正式组织

酒店正式组织是有明确的运营目标、明确的职责范围的组织体系，经酒店管理者设计而成。酒店正式组织以完成酒店运营目标为中心，借助酒店组织系统图和职务说明书等明确组织成员职责。酒店正式组织反映酒店的管理理念和模式，有明确的组织目标、任务和职能，有明确的责任、权力和行为规范。

（二）非正式组织

酒店非正式组织是指酒店员工在共同的工作环境中，以共同的爱好、利益、需要为基础自发形成的群体。酒店非正式组织没有固定的编制，其成员间的关系、权利、义务和职责以自愿形成为特点，其共同行为规范是约定俗成的。酒店非正式组织形成的主要原因是共同利益、共同价值观、类似经历和背景。然而，酒店非正式组织有较强的合作意愿和凝聚力，对酒店正式组织有较强的影响力，是酒店组织管理不可忽视的群体。如果该群体成员有表达思想的机会并被管理者有效地指导和利用，可提高员工士气并增强酒店正式组织的稳定性，提高员工的自信心，缓解工作紧张感，从而对酒店运营产生重要的作用。但是，当非正式组织的目标与酒店运营目标不一致时，其将成为酒店运营管理的障碍。

（三）实体组织

酒店的实体组织是指有明确的运营目标、职权范围和相互关系的组织体系，经酒店管理者设计而成。因此，该组织有固定的组织层次、既定的指挥系统和职责范围，有明确的上下级关系并以专业化为基础，由各职能部门、不同管理层和所有员工组成。在酒店实体组织中，各层级的管理人员有不同的责任和权力，与酒店整体运营相互依存，是实现酒店运营的核心力量。

（四）虚拟组织

虚拟组织也被称作网络组织，是酒店业利用现代信息技术建立起来的新型组织结构，是酒店通过与外部组织建立和维持契约关系，以达成互惠互利、相互协作以及销售产品等目的而建立的合作组织。实际上，虚拟组织是两个以上的独立实体，为迅速向市场提供产品和服务，在一定时间内结成的动态联盟。该组织既不具有法人资格，也没有固定的组织层次和内部指挥系统，只是一种开放式的组织结构。1993 年，美国《商业周刊》将虚拟组织定义为运用技术手段把人员、资产和创意动态地联系在一起的新型组织形式。酒店虚拟组织的特点是充分整合酒店的外部资源，以强大的组织结构、成本优势及机动性，实现酒店本身难以承担的某些运营功能，如产品开发、产品销售等。酒店虚拟组织的优势是组织精简、运营灵活，能满足顾客不断变化的产品需求，为顾客提供最佳的产品和服务。其缺点是酒店作为虚拟组织成员之一，无法对其他成员进行有效的控制，且在虚拟组织中员工的流动性很大，很难形成凝聚力。

三、酒店组织结构设置的基本原则

酒店组织结构是酒店的组织框架体系和管理体制、各管理层次的职责权限、管理和作业的分工协作以及酒店管理的规章制度等，其实质是组织成员间的分工协作关系。

酒店组织结构设置是对组织活动和组织结构的设计过程，是把任务、权利和责任进行有效组合和协调的活动。组织结构设置的基本功能是协调组织中人员与任务之间的关系，使组织保持灵活性与适应性，从而最有效地实现组织目标。组织结构设置不仅要从组织的战略目标出发，还要和人员相适应，因此，酒店组织结构的设置要遵循一定的原则。

（一）适配性原则

酒店组织机构和岗位设置都要适应经营任务的需要，比如一星级和二星级酒店不需要有西餐厅、宴会厅、客房送餐服务、健身房、游泳池等，相反，四星级和五星级酒店需要有这些设施和服务，就需要设立这些机构和岗位。另外，供过于求和供不应求条件下，组织机构设置是不一样的。一些酒店在效益不好、员工招聘难的情况下，大多采取减员增效的方法，其结果会导致人手严重不足、服务质量下滑、员工流失率更高的恶性循环。因此，酒店的战略实施应遵循适配性原则，规划应适配于酒店自身资源及组织。

（二）分工协作原则

分工可以加强专业化，提高效率。分工的过程是把组织的任务、战略目标分解成更小的组成部分，有利于发挥个人的专长，缩短时间，降低培训成本，有利于使用专用设备。但是酒店内部的过度专业化会使工作变得高度重复、枯燥、单调，导致员工产生工作倦怠，从而造成缺勤、离职和工作质量下降等消极后果。

酒店的专业分工通常是通过部门化实现：(1) 职能部门化。把相同或相似的活动归并在一起，如酒店中的财务、人力资源、营销等活动。(2) 产品部门化。产品部门化是围绕产品或产品大类的活动来划分部门的。如酒店餐饮部根据所提供的产品不同，设置中餐、西餐、酒吧等部门。(3) 过程部门化。酒店按生产过程、工艺流程或设备来划分部门。酒店餐饮部按其生产过程，分为采购、验收、厨房、餐厅等部门。

在分工的基础上采取的简单直线职能式组织机构，就是一个单体综合型酒店普遍采取的做法。在同一级别的各部门管理层不是上下级的指挥关系，而是平级关系。酒店的协作机制一般通过制度（双方责任控制有主、辅之分，定期碰头会，工作小组等）、企业理念（整体利益大于局部）、企业文化氛围等形成。因此，酒店要进行有效合理的分工，促使酒店持续运转，效益最大化。

（三）统一指挥原则

统一指挥是保证现代酒店高效率运转的前提。贯彻统一指挥原则，要求酒店组织必须使上下级之间形成一条连续不断的“等级链”，保证酒店战略的各项任务、目标、指令能够有效地贯彻和执行。

在统一指挥中要进行授权，即上级把权力委任给下级的组织过程。酒店通过层层授权使成员之间发生密切关系，形成职责分明的连锁系统。各部门、各员工互相协作、统一行动，形成一个有机整体。同时，可使高层领导能集中精力处理重大问题和工作，有利于管理者执行更具有竞争性的任务。此外，授权也可以使组织中的人员发挥专长、培养人才、激励士气、改善关系、提高效率等。

在授权过程中，必须遵循以下原则：(1) 统一命令原则。此原则意味着下级对自己的上级负责，且仅对一个上级负责。一个下级如有两个及以上的直接上司，将会带来混乱与冲突，出现矛盾的指令，令下级无所适从。(2) 职权和职责对等原则。上级赋予下级一定的职责，也应该授予相等的职权。(3) 责任不能委任，即授权不授责的原则。一个中层管理人员，可以把上级分派给他的职责、权力再委任给下级，但自己向上级报告的责任和对最终结果应负的责任是不能推诿的。

（四）集中与分散原则

一方面是酒店决策与管理的集中与分散。一般来说，当上层管理者的管理能力很强，且组织内部的信息沟通很便利，酒店集团所属酒店又集中在一个环境相似的区域里，即语言、法律制度都相似时，可采用集中决策的组织机构。相反，若酒店集团所属酒店分散在环境不同的世界各地，即语言、法律制度都不同时，可采用分散决策的组织机构，如斯塔特勒酒店集团主要是在美国本土发展，采用了集中决策的组织机构，而希尔顿酒店集团则遍布全球，采用了分散决策的组织机构。集中或分散决策有各自的优缺点，但是它们的决策都要受到集团目标和政策的制约。分散决策的优点是：下层有较大的处理权，能建成强有力的管理团队，这一团队能对变化做出快速反应。另一方面则是酒店战略的集中与分散。酒店既要集中制定一个清晰的长期战略目标，也要根据时期与自身资源制定分散目标。

（五）层次与幅度原则

层次与幅度也是高层管理部门必须考虑的一个重要问题。层次即纵向的组织环节；幅度也称控制跨度或管理幅度，是指一个管理人员能有效地直接管理的下属人员数。层次与幅度两者呈反相关关系，管理幅度小了，层次就会增加；要压缩层次，管辖范围就要扩大。

从我国酒店组织的实际情况看，一般认为，一个酒店管理者直接管辖的下级应是6～7个人，一般不超过10个人。每增加一个层级，所需要面对的关系是呈几何级数增加的。当然，一名酒店管理者具体能领导多少人还取决于上下级工作能力、工作复杂性、工作标准化与程序化程度、信息沟通方式和能力、工作班次以及外部环境的改变速度等多种因素。当今的酒店组织层级有扁平化趋势，即层级减少，幅度加大，应通过互联网系统加强信息沟通与管理。

四、酒店组织结构的类型

酒店组织结构是决定酒店运营管理效果的关键因素，随着酒店业的发展而发展。常见的酒店组织结构有直线式、职能式、直线职能式、扁平式和矩阵式。

（一）直线式组织结构

直线式组织结构又被称为单线制结构，是酒店业的传统组织结构。由于早期的酒店规模较小，酒店不设专业化的职能部门，各种管理职能都集中在业主和少数管理人员的手中。酒店直线式组织结构常以等级原理为基础，主要的特点是上级管理层以垂直方法对下级管理层进行管理。信息的沟通和传递只有一条直线渠道。一个下级只接受一个上级管理者的指挥。组织结构简单、权责分明，便于统一指挥、集中管理。缺点是组织内信息沟通不畅，缺乏横向的协调关系。目前，直线式组织结构适用于小型酒店。小型酒店仅以房务业务为主，有时兼营中餐零点、自助餐或大众西餐（咖啡厅）。小型酒店组织结构精简，分工不细，管理人员身兼多职，一般纵向结构分为3个层次：总经理、管理部门和业务领班。横向结构分为3个部门：房务部、财务部和总经理办公室。少数小型酒店设立营销部。总经理办公室员工主要负责人事、工程、采购和保安等方面的管理工作。酒店餐饮业务很可能外包给外部企业经营或自己经营。直线式组织结构见图3-1。

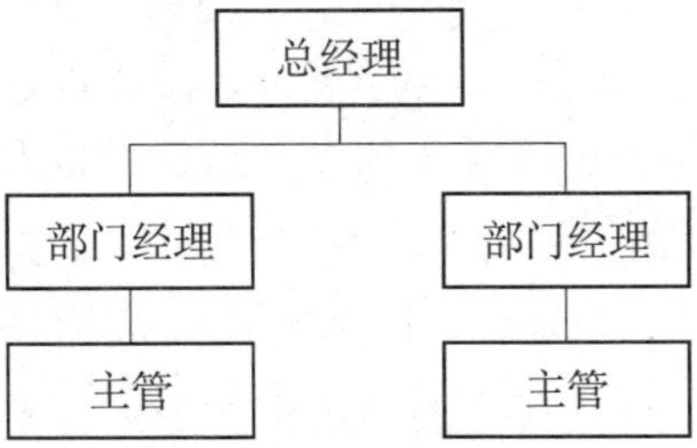

图3-1 直线式组织结构

（二）职能式组织结构

职能式组织结构又称多线制组织结构，是按照管理职能专业化原则建立不同的职能部门，对下级进行管理的组织结构，常用于中型酒店。其特点是下级部门除了接受直接上级主管部门的指挥外还接受多个上级职能部门管理，这些上级职能部门按专业分工，如财务部、人力资源部、营销部、工程部和保安部等。这种结构实现了职能专业化，明确了分工，简化了管理程序，降低了管理费用，能发挥酒店不同员工的专业特长。缺点是多头指挥，工作效率低。这种传统的职能式组织结构尽管目前仍然存在，但是越来越不能适应现代酒店的运营环境。许多酒店的职能式结构经过调整和发展，已成为直线职能式组织结构。职能式组织结构见图 3－2。

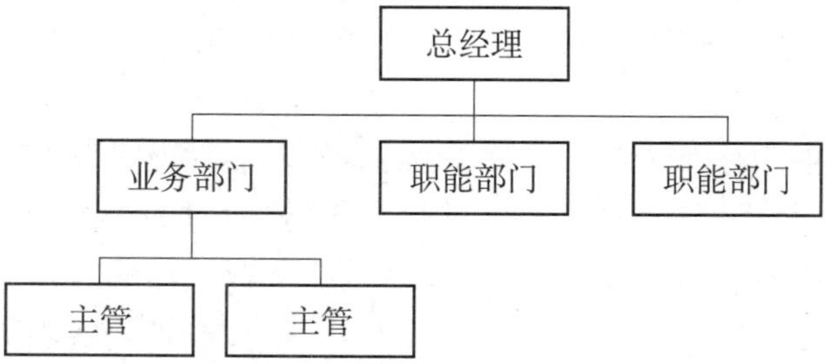

图 3－2　职能式组织结构

（三）直线职能式组织结构

直线职能式组织结构也称直线参谋制组织结构，是中型酒店普遍采用的组织结构（见图 3－3）。它结合了直线式和职能式组织结构的优点，同时设置了两套系统。直线部门（如房务部、餐饮部、会展部、营销部和康乐部）作为对下级运营部门的直接指挥部门，指挥和管辖下属的二级部门，而职能部门（如财务部、工程部、保安部、人力资源部、培训部和总经理办公室等）仅对直线部门进行专业化的指导。酒店的直线职能式组织结构既保证了工作有序，又保持了统一指挥的特点，避免多头领导。直线管理人员有更多的时间和精力集中解决较为重要的业务问题，利于实现职能业务目标，促进自身专业知识和技能的发展和提高。这种组织结构的缺点是协调困难，对市场环境的变化反应慢，决策速度慢。中型酒店通常有 100～200 间客房，有数个不同风味的餐厅和多功能厅，有不同规模和功能的会议室、健身和娱乐设施，客房住宿率高，宴会和零点餐厅销售率高，会展业务比较频繁。因此，中型酒店组织层次和职能部门比小型酒店多，尤其是中型商务型酒店部门分工更细。组织通常横向设计 8～10 个部门，即营销部、房务部、餐饮部、会展部、康乐部、财务部、工程部、保安部、人力资源部和总经理办公室等。中型酒店的纵向组织通常有 4 个层次：酒店总经理、部门经理、业务主管和服务员领班。

（四）扁平式组织结构

现代大型酒店经常采用扁平式组织结构。该组织结构的特点是管理幅度较宽，纵向层次少，组织结构呈长方形的扁平式。扁平式组织结构精简了不必要的中层管理部门，

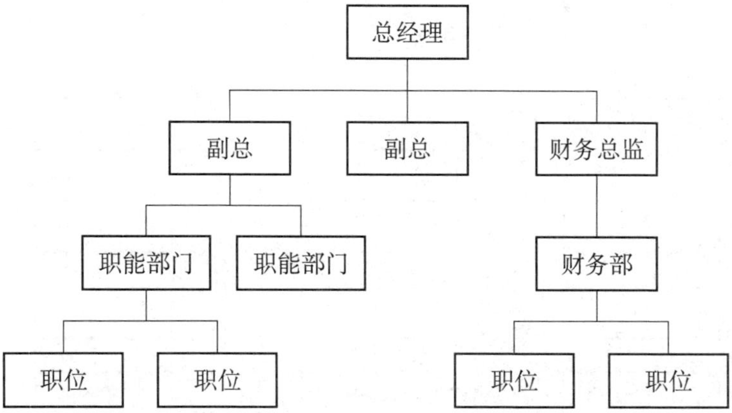

图 3-3　直线职能式组织结构

缩小了企业上下级之间的距离，使酒店的组织简单化，提高了管理人员的应变能力。因此，扁平式组织结构分工明晰、层次分明。现代大型酒店通常有 300 间以上的客房，一些大型酒店甚至拥有 1 000 间以上的客房，还有多个风味餐厅和大型宴会厅、多个会议室、大型多功能厅、齐全的康乐设施、服务周到的商务中心等。大型酒店的纵向组织结构包括业务总监、部门经理、业务主管等，横向组织结构根据业务需求而定。扁平式组织结构见图 3-4。

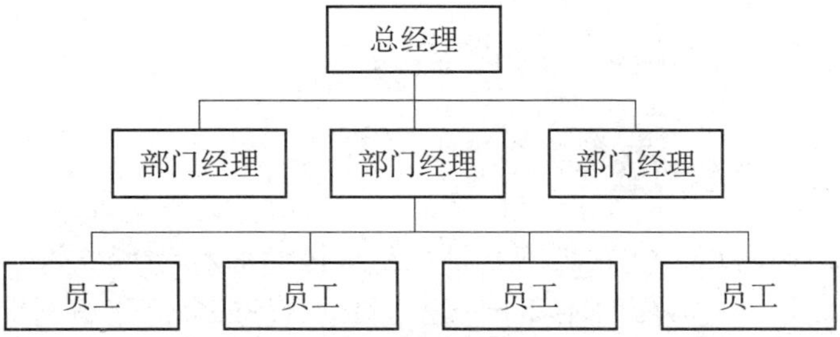

图 3-4　扁平式组织结构

（五）矩阵式组织结构

矩阵式组织结构由纵向和横向两套管理系统组成，纵向系统是按职能划分的指挥系统，横向系统由产品种类、运营项目或工作任务组成（见图 3-5）。目前，酒店集团多采用矩阵式组织结构。矩阵式组织结构的优点是摆脱了统一指挥的限制，有益于加强职能部门间的协作与沟通，有较强的灵活性和适应性，可根据企业运营需要和外部环境的变化快速采取运营管理措施，但其缺点是稳定性差。这种组织的职能部门或项目组织常根据业务需要，临时从其他部门抽调人才，项目结束后，工作人员会回到原工作酒店或部门。然而，在矩阵式组织结构中，下级部门受双重上级部门的指挥和领导，因此常出现责任不清的情况。矩阵式组织结构见图 3-5。

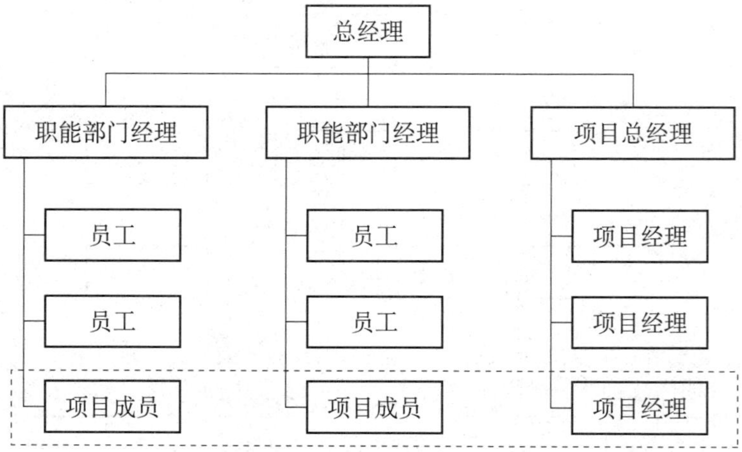

图 3-5　矩阵式组织结构

> **学习专栏**
>
> 1. 酒店组织类型及其优缺点有哪些？
> 2. 如何选择适合企业或团队的组织结构？

第二节　酒店组织制度与创新

一、组织制度的概念与意义

酒店组织制度是酒店运营和管理的基础，是提高酒店服务水平和实现经营目标的关键。在当今旅游业竞争日益激烈的环境下，建立科学合理的酒店组织制度对于酒店的生存和发展具有重要意义。

（一）酒店组织制度的概念

酒店管理，制度为基。要保证酒店的正常运行，并实现预期的目标，就必须实施制度化管理。酒店组织制度是酒店企业组织管理过程中借以引导、约束、激励全体组织成员行为，确定办事方法，规定工作程序的各种章程、条例、守则、规程、程序、标准和办法的总称，是以文字形式表述的规范与准则。

（二）酒店组织制度建设的意义

1. 组织制度是酒店正式组织的重要标志

正式组织是组织正式任命，以完成组织目标为宗旨的组织。酒店正式组织需要一系列规章制度支撑组织的建立和运行，如酒店招聘、解雇员工，对员工工作质量的评估等都必须以酒店的规章制度为准绳。酒店正是通过以制度为依据的有序管理，建立酒店运行的正常秩序，保证业务经营活动的正常进行。酒店组织制度也是一个组织区别于另外一个组织的重要标志。

2. 酒店组织制度是酒店高效率运行的保障

酒店组织制度一方面需要约束机制，即压力；另一方面也需要激励机制，即动力。通常酒店的约束机制是由组织控制、制度控制、检查控制和核算控制组成，如考勤制度、成本控制等；激励机制通常由竞争激励、物质激励和领导激励组成，如技能比赛、领导表扬等。酒店高效率运行需要约束机制和激励机制共同作用，才能形成活力。

二、酒店组织制度的类型与内容

（一）酒店组织制度的类型

依照制度规范涉及层次和约束内容的不同，一般可将酒店组织制度分为以下四类：

1. 基本制度

基本制度主要包括企业的法律和财产所有形式、企业章程、董事会组织、高层管理组织规范等方面的制度和规范。

2. 管理制度

管理制度通常包括酒店的人事管理制度、安全管理制度、财务管理制度等。管理制度在组织管理的体系中占有重要地位，它是将单独分散的个人行为整合为有目的的集体化行为的必要环节，是酒店管理的基本手段。

3. 业务技术规范

业务技术规范是涉及某些技术标准、技术规程的规定，如服务规程、操作规程等。

4. 个人行为规范

酒店企业中，个人行为规范是指专门针对个人行为制定的规范，如礼貌服务守则、员工行为规范等。

（二）酒店组织制度的内容

酒店组织制度应当包括组织结构、人员管理、服务品质、安全管理和经济管理。

1. 组织结构

酒店组织结构是酒店运营和管理的基础，主要包括酒店部门和职能设置、管理层次和工作流程设计等。在酒店部门设置方面，一般包括前台、客房、餐饮、娱乐、财务、人力资源等部门。在管理层次方面，通常分为高层、中层和基层三个层次，每个层次都有相应的职责和权限。在工作流程设计方面，应根据酒店运营和管理需要，明确各项工作流程和岗位职责，确保各部门之间的协调和沟通。

2. 人员管理

人员管理是酒店组织制度的重要组成部分，包括员工的招聘、培训、工作管理和绩效评估等方面。在员工招聘方面，应注重员工的综合素质和专业技能的考察，采用多种渠道进行招聘。在员工培训方面，应根据酒店业务需要和员工发展需求，制订科学合理的培训计划，提高员工的专业技能和服务水平。在工作管理方面，应明确各岗位的职责和工作要求，采用规范化、标准化的工作管理模式。在绩效评估方面，应建立科学的评估体系，对员工的工作表现和业绩进行客观、公正的评估。

3. 服务品质

服务品质是酒店生存和发展的核心竞争力，包括服务态度、服务技能和服务效率等方面。在服务态度方面，应注重员工的礼貌、热情和耐心，以真诚、专业的态度为客人提供服务。在服务技能方面，应加强员工的业务技能培训，提高员工的服务水平和应对突发事件的能力。在服务效率方面，应通过优化工作流程和提升员工工作效率，确保客人在最短的时间内得到满意的服务。同时，酒店应重视客人的反馈，及时收集和处理客人的意见和建议，不断改进和提高服务品质。

4. 安全管理

安全管理是酒店运营和管理的重要环节，包括消防安全、治安防范和危机处理等方面。在消防安全方面，应建立完善的消防设施和消防通道，定期进行消防演练和培训，提高员工的消防安全意识和应对能力。在治安防范方面，应加强酒店的出入管理和监控系统建设，防范盗窃、抢劫等犯罪行为的发生。在危机处理方面，应制定完善的危机应对预案，明确危机处理流程和责任人，确保客人的生命财产安全和酒店的稳定运营。

5. 经济管理

经济管理是酒店生存和发展的关键因素，包括预算编制、成本核算和效益分析等方面。在预算编制方面，应根据酒店的经营目标和发展规划，全面考虑各项成本和费用，制定科学合理的预算方案。在成本核算方面，应严格控制各项成本和费用的支出，实施精细化的成本管理，降低酒店的运营成本。在效益分析方面，应通过财务报表和相关指标的分析，评估酒店的盈利能力、流动性和偿债能力等指标，为酒店的经营管理提供决策依据。

酒店组织制度是酒店运营和管理的基础，是提高酒店服务水平和实现经营目标的关键。通过对酒店组织制度的深入了解和研究，我们可以更好地认识酒店运营和管理中存在的问题和不足之处，从而提出相应的改进措施和建议。在今后的发展过程中，随着旅游业和酒店业的不断变化和发展，酒店组织制度也将不断进行调整和完善，以适应市场的需求和时代的发展。

三、酒店组织创新原因

任何酒店组织都是随着运营环境的变化而不断地进行自我完善的。因此，酒店组织创新与变革受酒店外部环境变化和酒店内部因素变化的影响。

（一）酒店外部环境

酒店外部环境是指能对酒店运营效果产生影响的外部力量，而酒店外部环境不受酒店管理者、决策者的影响与控制。酒店外部环境因素包括国内外市场需求的变化、产业结构调整、政府经济政策调整和科学技术发展等。这些因素都可能成为酒店组织创新与变革的原因。根据酒店运营实践，酒店必须不断地从外部获取资源，再将产品送到外部。这样，在酒店外部环境发生变化时，酒店赖以生存的各种运营条件会受到影响。因此，酒店组织只有进行相应的调整和改变，才能取得理想的运营效果和发展空间。对酒店组织创新与变革产生影响的外部环境因素主要有以下几个。

1. 顾客因素

顾客是购买酒店产品的主体，酒店因满足顾客的需求而生存。随着科学技术的发展和市场竞争的加剧，顾客需求在不断地变化，酒店必须持续地发现和满足顾客的需求，开拓和创新产品，满足顾客潜在的需求，并通过建立、保持与顾客的良好关系，提高顾客满意度，只有这样才能提高顾客对酒店的忠诚度。

2. 竞争因素

在市场竞争日趋激烈的今天，所有酒店都面临着竞争对手的挑战。通常，酒店在新产品开发、价格制定、营销渠道选择、广告促销、售后服务等方面的策略变化会对竞争对手的运营产生重要影响。

3. 科技因素

当今，科学技术正以前所未有的速度向前发展，知识和技术作为最重要的运营要素极大地改变了酒店的运营模式和服务方法。知识经济时代，随着现代科技的发展，计算机和网络技术使酒店运营技术和服务效率不断地提高。同时，技术领先的酒店比同类酒店在成本控制、产品创新及顾客满意度等方面更具有竞争力。可见，科学技术的发展要求酒店必须进行相应的创新与变革。

4. 经济因素

随着全球经济一体化，不仅国内的利率、通货膨胀、经济周期等因素会影响酒店业的运营和发展，国际经济形势的变化也会对我国酒店业的运营产生重大影响。当前，我国酒店业在进军国际大市场的同时，不仅要在国际市场上与外国同行展开竞争，在国内市场也面临着国际竞争者的挑战。这一切都对酒店组织的变革和创新提出了更高的要求。

5. 法律因素

酒店运营行为必须符合国家有关法律和法规，从事跨国运营的酒店还必须遵守东道国的法律。这些法律和法规在酒店员工聘用、产品质量水平、广告发布、污染防治等诸多方面都做出了具体规定。同时，几乎世界所有国家对酒店业和餐饮业的运营，都有严格的法律规定。随着时间的推移，各国原有的法律和法规还会因经济和市场的变化而进行修订和补充。这样，无论是新法规的出台，还是原有法律的修订都会对酒店运营产生影响，导致酒店组织的创新与变革。

6. 政治因素

政治因素的变化对于跨国运营的酒店集团尤为重要。一方面，东道国的政治局势将直接影响跨国酒店集团的日常运营；另一方面，国家和地区之间在贸易政策上的调整也会对从事跨国运营的酒店产生深远的影响。因此，跨国集团在选择合作伙伴时，常把东道国的政治条件作为一个重要的因素。

（二）酒店内部因素

1. 运营目标

每个酒店都有自己的运营目标。在酒店发展的不同时期，酒店运营目标各不相同并随着酒店的发展变化而变化，如酒店规模的变化、酒店目标市场的调整、酒店产品的创新等。酒店组织结构是为适应酒店运营目标而服务的。因此，当对酒店运营目标进行调整时，酒店组织结构也应随之进行调整。

2. 酒店规模

随着酒店运营的发展和变化，酒店规模也会发展和变化。通常，在酒店发展初期，酒店规模较小且产品单一。酒店管理者常采用集权式的直线职能式组织结构。随着酒店产品的种类变化，酒店运营能力提高，酒店规模扩大，酒店组织必须调整并采用扁平式组织结构。

3. 技术因素

随着酒店技术和管理模式等方面的发展和变化，酒店组织结构会发生变革。例如，酒店实行技术改革，引进新设备等，这时就需要调整一线服务部门和工程部门的职务和岗位职责，并协调服务部门与运营部门之间的工作。酒店运营中的技术因素主要包括生产和服务设备、生产与服务方法、新的产品质量标准和新的运营手段等。通常，酒店生产和服务技术变得复杂时，酒店会对部门专业化和协作水平提出更高的要求，这时相应的组织结构和工作职责也会发生调整。

4. 管理因素

管理技术的发展和信息技术的广泛应用，使酒店的服务和管理水平不断得到提高。因此，酒店会更多地采用授权和团队工作方式，组织结构呈现扁平化。酒店运营、服务软件和硬件的发展及管理人员业务素质的提高也要求酒店精简职能部门，变革组织结构，重新界定职权范围及调整专业职务。

5. 员工构成

酒店员工构成包括年龄结构、知识结构、技术能力及价值观等因素。酒店员工的构成和业务素质的变化常引发组织中的职务数量和职务种类的变化。如果酒店聘用新员工，原有员工离职或退休时，酒店组织常会发生调整与变革。现代酒店，在人才竞争的背景下，员工的变动常激发组织的创新与变革。

6. 运营状况

酒店运营状况是影响酒店组织创新与变革的重要因素。通常，当酒店绩效和市场占有率下降，产品质量出现问题，酒店资金周转不力和运营缺乏活力时，酒店会调整与变革组织结构。根据酒店运营实践，死板的组织结构，其运营决策迟缓，指挥不灵，信息流动不畅，职责重叠，管理效率低，会造成员工士气低落、不满情绪增加，管理人员流失严重。

四、酒店组织创新与发展

（一）组织创新的价值

酒店组织有其内在的结构要求和制度规范，而外界市场在不断变化，酒店也在不断发展，组织创新成为必然。在改革开放之初市场供不应求的情况下，多数酒店没有设置市场营销部门。如今，在买方市场情况下大多数酒店内，市场营销是其主要部门，且在互联网快速发展的今天，营销部门的组织结构也发生了巨大变化。因此，酒店组织创新始终是酒店需要面对的问题。酒店组织创新涉及组织结构的重组、流程的再造、制度政策的修订完善等多方面。

（二）组织创新的意义

1. 通过组织结构重组来反思酒店组织存在的问题

我国绝大多数酒店在组织结构设计上都采用的是直线式组织结构，按照这种分工思路，不论酒店规模大小，在部门设置上都容易陷入过分求全和管理官僚化的误区。相反，扁平式组织结构借助于现代计算机技术和通信技术，实现了信息高效共享。酒店可以通过流程再造提高对顾客需求的反应速度，按照酒店企业的基本价值链将整个企业组织体系分解为若干联结的流程模块。简化过去相互割裂的部门建制，全员营销，前移服务重心，突出直接创造价值的环节。如一些酒店倒金字塔形的组织结构就是强调员工是直接服务于顾客的，管理者要服务于员工，总经理服务于管理者和员工，这样才能更好地为顾客服务。

2. 通过业务流程再造来提升顾客价值体验

对原有流程进行全面的功能和绩效分析，发现其存在的问题。对原有流程的分析，要以顾客价值为标准，查找影响服务功能实现的因素。根据重要性原则，将酒店的服务定位于核心竞争力，果断放弃消耗资源的酒店业务，让酒店经营变得简洁而高效。对业务流程的反思，一定要与企业所能支持的技术员工素质相结合，客观评估一项流程的实施所需要的资源是否为企业所掌握。

3. 引入先进的技术和手段，适应市场变化，增加酒店竞争力

组织创新理论认为，企业应该不断引入先进的技术和手段，以提高生产效率和管理效果。在酒店管理中，按照传统的劳动密集型模式运作，将难以实现利益增长。随着消费者需求多元化、个性化和科技化的趋势日益明显，酒店业需要不断创新组织结构、管理模式和服务流程，以满足市场的新需求。只有通过引入新的服务理念、产品设计和技术应用，酒店才能保持与市场的同步发展，吸引并留住更多的客户。而组织创新可以帮助酒店优化资源配置，提高运营效率，降低成本，并在同行业中塑造独特竞争优势。例如，通过扁平化管理、项目制团队或跨部门协作等方式，打破传统的层级壁垒，加快决策速度，提升执行力；通过引入智能客房管理系统、在线预订平台等，提高酒店的运营效率，提升客户体验。

4. 激发员工潜能，培养创新型人才

创新性的组织文化可以激励员工积极参与改进工作，发挥创造性思维，促进个人职业成长。比如，实施学习型组织战略，鼓励员工持续学习和分享知识经验，形成良好的内部创新能力氛围。组织创新理论强调企业应该重视人才培养和激励，以保持企业的创新能力。在酒店管理中，运用组织创新理论可以帮助酒店建立完善的人才培养体系，提供多样化的培训和发展机会，激发员工的创新潜能。此外，通过建立合理的激励机制，可以留住优秀人才，为酒店的持续发展提供人才保障。

学习专栏

1. 酒店组织制度的类型有哪些？
2. 酒店组织创新的原因是什么？

第三节　酒店经营管理的基本模式

目前，国内外酒店经营管理的基本模式主要包括特许经营模式、自主经营模式、委托经营模式、租赁经营模式和联号经营模式等。

一、特许经营模式

（一）特许经营模式的内涵

酒店的特许经营以特许经营权的转让为核心，是利用管理集团自己的专有技术和品牌与酒店业主的资本相结合来扩大经营规模的一种商业发展模式。通过认购特许经营权的方式，管理集团将所拥有的具有知识产权性质的品牌名称、注册商标、定型技术、经营方式、操作程序、预订系统及采购网络等无形资产的使用权转让给受许酒店，并一次性收取特许经营权转让费或初始费，每月根据营业收入收取浮动的特许经营服务费（包括公关广告费、网络预订费、员工培训费、顾问咨询费等）。

酒店业的特许经营最早出现在 1907 年，当时，恺撒·里兹允许纽约、蒙特利尔、波士顿、里斯本和巴塞罗那的一些豪华酒店使用里兹品牌。进入 20 世纪 50 年代，特许经营得到了飞速发展，许多通过连锁经营形成的酒店集团（如希尔顿等）认识到酒店品牌、形象、管理模式、销售网络等具有的价值，便将这一形式作为集团低成本和高利润扩张的途径。

目前，世界著名酒店集团中很大一部分是以特许经营模式发展的。温德姆是全球最大的酒店品牌特许经营商，此外洲际、雅高等也在积极运作特许经营品牌。

（二）特许经营模式的优缺点

1. 特许经营模式的优点

对于跨国酒店集团而言，特许经营的优势在于以较少的资本投入实现快速的增长和扩张，而且可在获得额外的收益或利润以及市场份额和市场潜力的基础上避免直接投资的风险。

对于被特许人而言，可以通过使用成功酒店的销售网络、参与集团营销、获得成功的管理经验及系统的员工培训等，减少失败的风险。美国商务部的资料显示，特许经营成功率在第一年为 97%，头五年为 92%，在十年中约 90%的企业能生存下来。被特许人通过借鉴特许人的经验，最大限度地减少新开业酒店的经营风险。

2. 特许经营模式的缺点

由于不是直接管理下属酒店，因此，特许经营可能导致集团对下属酒店的质量失去控制。另外，特许权拥有者与经营者双方还要承担相互之间发生冲突的风险。这些冲突可能源于对势力范围、合同期限、质量保证、广告与酬金等的界定。

（三）特许经营费

特许经营的年限一般为 5～20 年，如果双方满意可以续签。

酒店的特许经营费可以是固定数额，也可以基于房间数确定，还可以将二者结合起来。房间数越多，设施越豪华，转让费越多。此项费用在合同签署之后立即支付。

被特许人在交完费用后将得到一份标准的文本和完整的运作手册。特许人应对被特许人进行开业和运行的管理培训，一些特许经营公司还提供选址、设施设备和物品采购方面的支持。

被特许人除了支付期初转让费外，还须根据销售额向特许人支付使用费，一般为酒店营业额的3%～5%。此外，酒店特许经营企业还提供预订服务，相关费用可以含在特许经营费和广告费中或分开计算。

在支付特许权使用费后，特许人将定期派人检查被特许人企业，同时提供改进建议并帮助其解决问题，特许经营企业还进行调查研究以开发新产品和服务来提高销售额，对设施设备进行检查以及就提高劳动生产率进行研究。为了保持统一的形象，特许经营企业可以对其装饰和陈设提出建议。这些费用可由被特许人承担或双方分担。

除使用费外，被特许人还必须向特许经营企业或其广告公司支付广告费用。酒店业以客房销售收入为基数来计算。这笔费用可用于支付企业新的广告促销活动，也可以用于支持地区范围的合作广告活动。特许人决定促销项目，而全国和地区的被特许人委员会监督宣传促销费用的使用。特许经营费的构成如表3-1所示。

表3-1 特许经营费的构成

项目	备注
期初转让费	固定金额或基于房间数确定，或二者结合。房间数越多，设施越豪华，转让费越多。此项费用在合同签署之后立即支付
使用费	一般为营业额的3%～5%，此外，酒店特许经营企业还提供预订服务，相关费用可以含在特许经营费和广告费中或分开计算
广告费用	酒店业以客房销售收入为基数来计算。特许人决定促销项目，而全国和地区的被特许人委员会监督宣传促销费用的使用
其他费用	如定期进行检查指导的差旅费

在特许经营模式中，特许人与被特许人之间是合同契约关系，不是上下级关系。被特许人按照合同约定在统一的经营模式下开展经营，被特许人在财务、日常管理等方面同特许人相互独立。

二、自主经营模式

自主经营模式是由业主公司自己投资兴建酒店物业，然后自行组织酒店企业进行经营与管理，不依赖其他的物业服务与经营管理公司。目前国内有相当一部分酒店采用这种经营管理模式。其主要的优点是，如果经营得好可以创造最大的经济效益，业主不必向经营公司支付酬金。但是，如果业主缺乏酒店管理方面的经验，不了解市场，缺乏各种专业的人才，加上经营管理不善，有时经济效益不但不能增加，反而还会减少，此时业主需要承担可能面对的所有风险。因此，较高档的酒店一般不采用这种管理模式，采用这种模式的以中低档的酒店较为常见。自主经营模式是早期酒店集团扩张的主要模式，美国最佳西方国际（Best Western International）集团就是这种模式的典型代表。

三、委托经营模式

委托经营又称委托管理，即通过酒店业主与管理集团签订管理合同来约定双方的权利、义务和责任，确保管理集团能以自己的管理风格、服务规范、质量标准和运营方式向被管理的酒店输出专业技术、管理人才和管理模式，并向被管理酒店收取一定比例的基本管理费和奖励管理费。在这种经营管理模式下，业主须按委托合同约定的数额支付经营管理方面的酬金，而酒店的经营权益全部归业主所有，经营风险也由业主承担。管理酬金的设定由双方商定，并在委托合同中注明。也有的在确定基本管理酬金的前提下，为鼓励经营管理方多创收，规定超过计划指标实现的收入部分或者营业利润超计划实现的部分，可另行提取一定比例的奖励酬金，具体计提比例由双方协商确定。采取这种经营管理模式，其优点是业主不用担心酒店的收益被经营管理者拿走，营业收入和营业毛利润都归业主，因此，业主会千方百计支持经营方的工作，鼓励其多收、超收。同样道理，经营管理者因酬金是按营业收入一定比例计提的，也会努力创收，还因为他不用承担经营风险，经营管理起来比较灵活，不需要或只需要少量资金投资，不用计提折旧，不必支付物业的维修保养费，就能增加自己管理的酒店数量，增加酬金的收入。正是由于这种合作方式双方都认为利多弊少，不用为租赁价格讨价还价，不必为经营风险过分担心，故容易为双方所接受。所以，目前国内的高档酒店很多都采用这种管理模式。

四、租赁经营模式

采取这种经营管理方式是业主将酒店物业通过签订租赁合同，明确租金、租赁期限和双方的权责与权限，租给经营公司进行管理。采用这种经营模式，实现了所有权和经营权的分离，权责清晰，比自建自管进了一步。在这种模式下，业主放弃了经营权排除了经营风险，换取了由租赁合同明确规定的有限的租金收入；而承租公司有独家经营权，经营得好，除了按租赁合同规定向业主交纳租金后，可以获取更多的收益，但同样要承担更大的经营风险。因为如果经营不善，不但仍要按合同规定按时交付租金，亏损额也将全部由承租公司自己负责。所以，承租公司除非有十分的把握，一般不希望采取这种经营管理方式，尤其是高档酒店更少采用这种模式。

五、联号经营模式

联号经营模式指酒店为了保持和加强自身的竞争力自愿与其他酒店在某些领域进行合作的经营形式。联号酒店并不强调伙伴之间在各方面的相容性，而是重视相互之间对某些经营资源的共享，其相容性是有选择的。根据不同的选择性，可以组成各种不同的合作同盟，而不必形成受法律约束的经营实体，进行一揽子资源的相互转换。这种契约性合作更具灵活性和选择性。

酒店联号经营可分为竞争对手联号、顾客伙伴联号和供应商伙伴联号。竞争对手联号指竞争对手之间为了减少无谓竞争并促进共同发展而自愿形成的联盟，以实现资源、市场和技术等方面的共享。

学习专栏

1. 酒店经营管理的基本模式有哪些？各自有什么特点？
2. 了解一下周边熟悉的酒店采用的是哪种经营管理模式。

资源链接

视频微课 3-1　视频微课 3-2　视频微课 3-3　视频微课 3-4

在线自测

扫一扫　练一练

第二篇

酒店综合管理

第四章　酒店营销管理

任务导读

酒店市场营销（可简称为“酒店营销”）是指通过顾客满意而打造酒店市场优势及盈利的运营活动。当代酒店营销已不能仅以广告和推销等传统观念来理解，而是应以满足目标顾客需求的营销理念为基础。通过对本章的学习，可了解酒店市场营销的基本概念、目标市场细分的方法，熟悉酒店目标市场营销策略，掌握正确的酒店产品策略及价格策略，掌握创新的酒店营销管理理念。

第一节　酒店市场营销概述

在竞争日益激烈的今天，酒店营销管理的好坏与否，对酒店的生存与发展起着关键性作用。酒店先进的营销理念、新颖的营销活动，将直接影响顾客对酒店的口碑。

一、市场营销

1902 年，美国密歇根大学、加州大学和伊利诺伊大学的经济系开设了“市场学”课程，开始对市场营销进行系统的研究。100 多年来，学者们进行了大量细致的研究，他们的成果对于营销实践起着重要的指导作用。对于什么是市场营销这一问题，学者们因为立场、角度和方法的不同，给予了不同的解读。菲利普·科特勒的答案：“营销指的是通过合适的交流和促销，将合适的商品与服务在合适的时间和合适的场合销售给合适的人。”盖里·特莱帕认为市场营销是：“了解顾客需要，使产品尽可能满足这些需要，劝说顾客满足自己的需要，最后，当顾客愿意购买该产品时，保证购买方便。”安德逊和兰姆希克相信市场营销的真正意义在于：“听取市场的需求，满足需求，创造利润。据此，出色的营销自然应该意味着，你比自己的竞争者更注重倾听市场意见，也比竞争者能更有效地满足市场需求。”

总结前人的论述，市场营销就是以顾客需求为出发点，有计划地组织各项经营活动，为顾客提供满意的商品和服务而实现企业目标的管理过程。顾客需求是市场营销的核心概念，顾客需求的满足是营销工作的目标，当顾客需求得到满足后，就会产生满意的体验。

顾客满意用来说明顾客需求满足的程度，是指顾客对产品或服务满足其需要的程度与期望进行比较所形成的感觉状态。心理学家把顾客的感觉状态分成五个级度：很不满意、不满意、一般、满意和很满意。每个级度，顾客的体验和反应都是不同的。一般来说，满意的顾客会有称心、愉快的体验，如果满意感强烈，还会向亲朋好友宣传、介绍、推荐，希望他人都来消费；反之，不满意的顾客会有遗憾、烦恼，如果不满意感强烈，难以容忍，不仅会找机会投诉，还会利用一切机会进行反面宣传以发泄心中的不快。

菲利普·科特勒认为，顾客满意的好处有以下几点：(1) 较长期地忠诚于公司；(2) 购买公司更多的新产品和提高购买产品的等级；(3) 为公司和它的产品说好话；(4) 忽视竞争品牌和广告，对价格不敏感；(5) 向公司提出产品或服务建议；(6) 由于交易惯例化而比用于新顾客的服务成本低。当顾客对产品或服务不满意时，一项调查表明：70%的人将到别处购买；24%的人会告诉他人不要购买；17%的人会打电话投诉；9%的人会责备营销人员。

在分析和理解市场营销概念时，应该认识到市场营销首先表现为人们的一种经营理念。在实践中，人们的经营理念不同则视野不同，经营的结果也各异。市场营销的理念，其核心就是活跃顾客的需求、刺激顾客的需求、创造顾客的需求，以顾客的需求为出发点去组织经营和生产。

其次，市场营销是一套服务客人、服务企业的技术系统和方法系统，体现在市场调研、营销计划、执行与控制中，其中，市场调研特别重要。营销的技术与方法就像餐饮行业厨师的烹饪技术和服务员的服务技术一样，有完整的流程和严格的操作要求。比如对顾客的拜访，和日常生活中的走亲访友有着严格的区别。市场营销中对顾客的拜访，有较为详尽的规定，规定的内容甚至包括着装的要求。

最后，市场营销是一种展示营销工作者潜能的艺术。市场营销提供了一个广阔的天地，营销工作者在此之中围绕着顾客的需要，可以充分发挥想象力，挖掘潜能进行创造性的工作。营销工作没有最好，只有更好。

二、酒店市场营销管理

（一）酒店市场营销的概念

酒店市场营销是市场营销在酒店业中的具体应用，是一种持续不断、有步骤地进行的管理过程。在此过程中，管理人员通过市场调研，了解顾客需要，然后努力提供适合顾客需要的产品和服务，使顾客满意，酒店获利。在理解酒店市场营销概念时，应从以下几个方面去分析：

(1) 满足顾客需要。酒店经营活动必须以顾客的需求作为出发点，酒店市场营销的首要任务是发现并满足顾客需求。顾客已经有了什么，还缺少什么，这两者之间一定存在差距。顾客需要什么，他们对自己的需要是否已经意识到，这些都是酒店营销人员必须努力了解的。酒店应以顾客为中心，通过满足他们的需求而获得利润。

(2) 着眼可持续发展。酒店市场营销以顾客为中心，兼顾顾客的利益、酒店的利益和社会的利益，三者有机统一。这种面向未来，着眼于可持续发展的观念，对于酒店的长远发展有着十分重要的促进作用。

(3) 营销具有连续性。酒店市场营销是一种连续不断的管理活动，它涵盖了酒店运行的整个过程，酒店调动一切可利用的资源，通过改变产品、渠道、价格和促销等要素实现对酒店内外环境的主动适应。营销不是一次性决策，也不是一场热热闹闹的促销活动，后者只能被看作整个营销管理的一项内容。

（4）营销应有步骤地进行。酒店市场营销是一个动态过程，包括分析、计划、执行、反馈和控制等环节，酒店市场营销应按要求、分阶段、有序地进行。

（5）营销调研起着关键作用。要满足顾客的需求，必须掌握相关的信息，如环境因素、顾客特点、顾客需求、其他酒店的情况等，而营销调研则是获取信息的主要途径。

（6）全员营销。酒店市场营销成功的前提是酒店全体员工共同参与，各部门之间精诚合作。营销部一个部门不可能独立地承担酒店营销的全部活动。

（7）合作共赢。酒店市场营销要求酒店在面对激烈的市场竞争时，破除“同行是冤家”的陈旧观念，与同行酒店既竞争又合作，把市场做大，共同建立行业良好的形象；同时，与相关行业进行积极的互动，为酒店营销谋求有利的社会环境。

（二）酒店市场营销管理过程

酒店市场营销管理过程是酒店秉持以顾客的需要为中心的观念，分析和发现市场机会，确定目标市场，制定营销策略，实施营销控制，实现酒店营销任务和目标的管理过程。

酒店市场营销管理过程中应主要解决以下几个问题：酒店应该树立怎样的营销观；通过市场调研和营销环境分析，掌握影响酒店营销的因素有哪些；运用消费心理学和酒店服务心理学的知识，分析顾客的行为；采用市场细分、市场选择技术，确定目标市场；怎样占领市场，这是酒店实现任务和目标需要解决的最为关键的问题，实践中，酒店主要通过制定营销策略，控制营销活动来赢得市场。因此，有人对酒店营销管理过程的活动作了如下描述：牢记 1 个中心，即以顾客为中心；掌握 2 个基本点，以市场调研为出发点，以竞争对手为参照点；运用 3 种工具，即市场细分、目标市场营销和市场定位；打好 4 张营销牌，即产品、价格、渠道、促销。

酒店市场营销工作的具体内容包括：（1）市场机会分析；（2）市场细分；（3）目标市场选择；（4）市场定位；（5）营销组合；（6）确定营销计划；（7）营销活动管理（即执行与控制）；（8）售后服务和信息反馈等。

三、酒店市场营销的重要性

酒店市场营销在酒店成功中起着至关重要的作用，具体体现在以下几个方面：

（1）提高市场占有率。通过有效的营销策略，酒店可以吸引更多的潜在客户，提高市场占有率。酒店可以通过市场调研了解目标客户的需求和偏好，制定相应的产品和服务策略，提高市场占有率。

（2）增加收入。有效的营销策略可以增加酒店的收入，提高利润率。营销活动可以通过促销和广告等手段，吸引更多的客户，提高酒店的入住率和消费水平，从而增加酒店的收入。

（3）建立品牌形象。酒店可以通过广告、宣传和促销活动等手段，提高品牌知名度和形象，吸引更多的客户。

（4）增强客户忠诚度。酒店可以通过提供优质的产品和服务，满足客户需求，提高客户满意度，增强客户忠诚度。

（5）降低成本。有效的营销策略可以降低获取新客户的成本，提高客户价值。通过市场调研和目标市场分析，酒店可以将营销资源投到最有效的市场和客户身上，降低获取新客户的成本，提高客户价值。

四、酒店市场营销的任务与特点

（一）酒店市场营销的任务

酒店市场营销活动是以满足顾客的需要、实现酒店目标为前提，因此，酒店市场营销活动的任务就是通过对市场进行周密的调查研究，了解顾客的各种需要和欲望，在此基础上设计适销对路的酒店产品来满足顾客的需要。

旅游酒店面临的是一个庞大的异质市场，在这个市场上，消费者的需要、爱好、特征等是不一样的。酒店应进行市场细分，找出适合自己的目标市场，从这个意义上讲，酒店营销活动的任务就是发现市场空缺，进行恰当的产品市场定位。酒店在开展营销活动时，关键是要结合自己的长处，选准市场上的空缺，树立一个独特、鲜明、新颖的特殊形象。

（二）酒店市场营销的特点

酒店市场营销不仅是企业的销售活动，也是酒店整体营销战略的制定及实施，是酒店产品开发与生产、价格制定、分销与促销等运营的全过程。现代酒店的一切营销活动都是围绕着市场和产品展开的，是为了实现潜在的交换，与顾客达成交易展开的。因此，酒店不仅要制订好近期的营销计划和落实好一系列的营销活动，而且必须着眼于企业未来的生存和发展及适应未来环境的变化，这是酒店立足长远、获取长期收益的运营活动。因而，酒店各种运营要素的安排、各种运营方针和策略的制定都要为实现酒店营销目标而服务。酒店对市场需求的满足程度愈高，其盈利水平就愈高。因此，酒店必须发挥自身的优势，只有做到知己知彼，才能取得营销的成功。现代酒店市场营销必须具备创新意识并付诸行动。随着时间的推移，酒店产品的市场需求在不断地变化和发展，竞争对手和市场上的新产品在不断地出现。因此，酒店只有不断地创造更加舒适的房务产品、更加有效和实用的会展产品、更安全和具有特色的餐饮产品、更能满足顾客需要的环境和设施，才能在市场竞争中取胜。

1. 整体性

酒店是一个综合性企业，顾客在消费过程中除了对食、宿有基本需求外，还包括购物、娱乐、信息交流、商务活动等综合需求。酒店业提供的是整体产品，酒店的这些部门构成了一个相互联系、相互协调并且密不可分的统一体。此外，酒店业不仅存在内部结构之间的相关性，还与社会上多种行业和部门间存在依存关系。因此，酒店营销活动在考虑消费者利益的同时，还要考虑相关行业和部门的利益。

2. 无形性

服务是酒店的主要产品，酒店的所有产品都伴随着服务出售，对酒店产品的质量评价取决于顾客对酒店产品使用的主观感受。酒店产品被顾客购买，只是顾客在一定时间和空间上有使用权，而无法永久占有、贮存它们。

3. 不稳定性

酒店业是个非常不稳定的行业，易受季节、政治、经济、社会及自然等因素的影响，尤其是季节的差异性给营销工作带来了难题。因此，酒店营销人员要注意如何设法在旺季扩大生产能力，在淡季加强对顾客需求的刺激，增强其产生购买行为的可能性，为酒店创造更多的利润。

4. 时效性

酒店产品具有不可贮存的特点，其生产、销售和服务几乎是同时进行的，顾客从到店、销售和结账离开的过程相当短暂，能否在较短的时间内生产出令顾客满意的优质产品，这对酒店管理水平和工作人员的技术服务水平都提出了很高的要求。因此酒店营销活动要抓住顾客消费的短暂时间，为顾客提供优质的产品和服务。除此之外，所提供的产品和服务还要具有便捷的购买途径和具有竞争力的价格水平。

学习专栏

1. 酒店市场营销的概念是什么？
2. 酒店市场营销的主要任务和特点是什么？

第二节　目标市场营销

目标市场营销是指在识别不同的消费者及组织购买者需求特征的前提下，酒店及酒店集团选择其中一个或几个消费群体作为其消费对象或目标市场，并运用适当的营销组合，集中力量为目标市场服务。实际上，目标市场营销是酒店营销规划与营销活动的重要内容，是酒店确定市场营销组合的前提和基础。目标市场营销主要包括目标市场细分、目标市场选择、市场定位三个部分（见图 4－1）。

图 4－1　目标市场营销

一、酒店目标市场的细分

（一）酒店目标市场细分的概念

酒店目标市场细分是指将整体酒店市场细分为若干子市场，每个子市场具有相同或相似的需求和偏好，酒店根据不同子市场的特点和需求，制定相应的营销策略和产品服务。市场细分能够使酒店更好地了解目标客户的需求和偏好，提供符合市场需求的产品和服务，提高市场占有率和企业盈利水平。

市场营销是以顾客的需要为出发点，以顾客的需要满足为目标。而从需要的实际出发是满足顾客需要的必要前提。市场学家根据顾客的实际需要将市场分为“同质市场”和“异质市场”。所谓同质市场指顾客对某一产品的要求基本相同或极为相似，如顾客对面粉、白糖这类产品需求基本上没有太大的差异。异质市场则是指顾客对某一产品的要求不尽相同。绝大多数的产品市场都是异质市场，属于需求有明显差异的市场。酒店市场就是一个十分典型的异质市场，人们对酒店的需求日益复杂，不同类型的顾客对酒店市场营销的期望和要求千差万别。

（二）酒店目标市场细分的作用

1. 有利于酒店寻找市场机会

市场机会是已出现于市场但尚未加以满足的需求。这种需求往往是潜在的，一般不易发现。通过市场细分，酒店可以对每一个细分市场的购买潜力、满足程度、竞争情况等进行分析对比，发现细分市场未被充分满足的需求和未被酒店重视的需求，探索出有利于本酒店的市场机会，使酒店能及时推出新产品，开拓新市场，更好地适应市场的需要，赢得市场主动权。

2. 有利于酒店制定营销策略

酒店市场营销策略制定包括选定目标市场和决定适当的营销组合两个组成部分，在实际应用上有两种途径：（1）从市场细分到营销组合，即将一个异质市场细分为若干子市场，然后从若干子市场中选定目标市场，采取与酒店内部条件和外部环境相适应的目标市场策略，并针对目标市场设计有效的市场营销组合。（2）从营销组合到市场细分，即在已建立了营销组合后，对产品组合、分销、促销及价格等做出多种安排，将产品投入市场试销；依据市场反馈的信息，研究消费者对不同营销组合的反应有何异同，进行市场细分，选定目标市场；再按照目标市场的需求特点，调整营销组合。

3. 帮助酒店进行产品和服务创新

通过市场细分，酒店可以更好地了解不同子市场的需求和偏好，从而根据不同市场需求进行产品和服务创新，提供符合市场需求的产品和服务，提高客户满意度和市场占有率。

4. 提高酒店营销效果和投入产出比

通过市场细分，酒店可以更精准地制定营销策略和推广活动，提高营销效果和投入产出比，降低营销成本和提高盈利能力。

（三）酒店目标市场细分的标准

酒店目标市场细分是酒店营销管理的重要环节之一，通过对整体市场进行细分，酒店可以更好地了解不同目标市场的需求和偏好，提供符合市场需求的产品和服务，提高市场占有率和盈利水平。在细分市场时，需要明确细分的标准，以确保市场细分的有效性和准确性。

1. 按照地理因素细分

按照地理因素细分是酒店市场细分中最基本的方法之一。根据不同的地区、城市、地理位置，可以将整体市场划分为不同的子市场。例如，可以将市场按照国界、地区、地形等划分为不同的子市场，以便更好地了解不同地区的客户需求和偏好（见表 4-1）。

表 4-1　基于地理因素的消费者市场细分标准

细分标准		变量因素
地理因素	国界	国外、国内
	地区	东北、西北、华北、西南、华南等
	地形	山区、平原、高原、草原、盆地等
	气候	炎热、温暖、寒冷、干燥、潮湿
	城市类型	大都市、一般城市、小城市、沿海城市、内陆城市、省会
	功能与特点	商务区、闹市区、休闲区、风景区

2. 按照人口因素细分

按照人口因素细分是酒店市场细分中常用的方法之一。根据不同的人口统计特征，如年龄、性别、收入、教育程度等，可以将整体市场划分为不同的子市场，以便更好地了解不同人群的消费习惯和需求（见表 4-2）。

表 4-2　基于人口因素的消费者市场细分标准

细分标准		变量因素
人口因素	年龄	儿童、青年、壮年、中年、老年
	性别	男、女
	家庭状况	单身、青年夫妇、带有儿童、带有父母
	民族	汉族、蒙古族、回族、朝鲜族等
	年平均收入	50 万～100 万元、10 万～50 万元、10 万元以下
	个人职业	政府官员、管理人员、企业家、科研人员、教师等
	教育程度	本科以下、本科、研究生及以上

3. 按照心理特征细分

按照心理特征细分是酒店市场细分中比较特殊的方法之一。根据人们的不同心理特征，可以将整体市场划分为不同的子市场，以便更好地了解不同客户的消费心理和需求（见表 4-3）。

表 4-3　基于心理特征的消费者市场细分标准

细分标准	特点分析
理想心理	顾客理想中的酒店会因人、因事或因地而异，理想的酒店可能是高楼大厦或幽静的花园等，也可能是高星级酒店或经济型酒店

续表

细分标准	特点分析
不定心理	顾客初到陌生地区的酒店消费，总会表现出一种无所适从的不确定性心理，因为他们对消费的环境、设施、餐饮等各种产品价格及服务方式不了解
时空心理	一个地区的顾客常喜爱其他地区的风味菜肴，这就是时空心理在酒店消费中的反映。因此，酒店应设立异地风味餐厅。例如，北方地区的酒店提供浙江和广东地区的风味菜肴。酒店应时常举办美食节，销售其他地区或其他国家的地方菜品以满足顾客时空心理需求
怀旧心理	在中老年人群中，普遍存在随年龄增长而产生的怀旧心理。老年食客常抱怨现在的菜肴工艺不如以前，味道不如传统菜肴等。他们在入住与用餐时总喜欢寻求“老字号”的酒店
求新心理	求新心理，人皆有之。许多青年人乐于在新建的酒店消费，入住新型的客房，青睐创新的菜点。不论任何等级的酒店，如果客房设施陈旧、菜点无新意，只有价格在变动，肯定不会受顾客欢迎
实惠心理	顾客都想以较少的支出获取更实惠的产品，在酒店产品的消费中更是如此。因此，价格策略对酒店促销起着一定的作用
雅静心理	酒店业不同于百货商店或娱乐场所，更不同于农贸市场。顾客通常希望酒店的环境幽雅并安静，顾客不愿在噪声大、拥挤、脏乱差的环境里用餐或住宿
舒适心理	顾客对房务产品、会展产品和餐饮产品的要求不仅限于环境的清幽和雅静，还需要感到舒畅。因此、合理的设施布局、自然的生态环境、礼貌的服务都是非常重要的酒店产品构成要素
卫生心理	通常，顾客要求酒店环境干净和整洁，餐饮符合国家卫生标准，安全可靠。根据市场调查，清洁卫生是顾客选择酒店的首要因素
保健心理	当今，随着国家经济的发展，人们愈加关注身体健康。顾客喜爱并选择有游泳池、健身中心和庭院的酒店，青睐那些食品原料安全，食品原料和烹饪工艺有利于身体健康的餐厅。因此，健康设施是酒店不可缺少的设施，而餐饮营养和食品安全是任何级别和种类的酒店都不可忽视的营销基础

4. 按照行为因素细分

按照行为因素细分是酒店市场细分中比较实用的方法之一。根据人们的消费行为、购买习惯、品牌忠诚度等行为因素，可以将整体市场划分为不同的子市场。例如，可以将市场按照消费者个性、生活方式等因素划分为不同的子市场，以便更好地了解不同客户的消费行为和需求（见表 4-4）。

表 4-4　基于行为因素的消费者市场细分标准

细分标准		变量因素
行为因素	生活方式	朴素、保守、传统、现代
	消费者个性	活跃、孤僻、内向、外向、热情、冲动、冷静
	应用时机	周末、平时、年初、年末、节假日
	使用情况	曾经购买、从未购买、初次购买、经常使用、潜在消费者
	追求利益	购买方便、经济实惠、适于使用
	忠诚程度	忠诚型、转移型、易变型
	使用频率	少量使用、中量使用、大量使用、经常使用

5. 按照目的和利益细分

按照目的和利益细分是酒店市场细分中比较有针对性的方法之一。根据人们的不同旅游目的和利益追求，可以将整体市场划分为不同的子市场，以便更好地了解不同客户的消费需求和追求。

（四）酒店目标市场细分的方法

1. 单因素细分法

单因素细分法也称重点因素细分法，是指酒店仅根据影响消费者和组织购买者需求的某个关键因素或最重要的因素进行市场细分的方法。例如，以地理位置、产品需求、消费能力等某一个因素为重点进行市场细分。

2. 多因素细分法

多因素细分法是将影响消费者和组织购买者对酒店产品的需求的两个及两个以上的因素作为市场细分标准的方法。例如，一些消费者与组织购买者在做出购买决策时，常考虑客房的布局与连带的餐饮服务的质量，或酒店地理环境、产品的功能与价格等多种因素。因此，酒店营销管理人员将影响顾客需求的多种因素作为细分市场的依据。

3. 系列因素细分法

系列因素细分法是指一些酒店或酒店集团根据影响消费者和组织购买者需求的诸多因素及企业的自身资源与营销特点对市场进行细分并且根据酒店的资源优势逐项地考虑目标市场的方法。这种方法有利于酒店或酒店集团更好地制定相应的市场营销策略。

二、酒店目标市场的选择

所谓目标市场是酒店在市场细分的前提下，基于满足现实与潜在的目标顾客的需求，依据酒店自身资源条件选定的一个或数个特定的服务群体。酒店目标市场选择是酒店通过市场调研和分析并选择要进入一个或几个细分市场的过程。实际上，酒店目标市场选择就是在市场细分的基础上确定符合自身营销目标的最佳细分市场，即确定自己的服务对象。

（一）酒店目标市场的概念

酒店目标市场是指酒店在市场细分基础上选定作为自己服务对象的某个或某些细分市

场。酒店目标市场的选择和确定是酒店制定市场营销策略的基本出发点，要求营销人员在对酒店内外营销环境予以准确的调查分析，并有效地利用各种资源的基础上，根据一定的标准，将整体市场细分为若干子市场，选定其中的一个或几个作为酒店的目标市场。

目标市场选择准确与否，对酒店把握经营机遇、选择市场营销策略，及新酒店生存或新产品开发均有极其重要的意义。

（二）酒店目标市场选择的意义

1. 准确选择目标市场关系到酒店的长远发展

酒店根据环境和自身的条件，在市场细分的基础上选择和确定目标市场，确定好的目标市场反过来又会对酒店产生影响，其中目标市场的状况会影响酒店未来的发展。如果所选择的目标市场潜力无限，充满活力，就会为酒店的发展提供一个广阔的空间；如果目标市场日益萧条，则会使酒店陷入巧妇难为无米之炊的困境。因此，选择一个良好的目标市场，是一项事关酒店长远发展的重要工作。

2. 准确选择目标市场有助于酒店提高竞争能力

因为存在着消费者需求的多样性和酒店营销能力局限性的矛盾，任何一个酒店都不可能满足市场的一切需要，每个酒店只能在自己选定的目标市场范围内，为满足一部分消费者的需要去工作。而每个酒店基于种种原因，不可能尽善尽美，有所长有所短，如果选择的目标市场有利于扬酒店之所长，避酒店之所短，就可以提高酒店的竞争力。所以，选好目标市场是保证酒店在激烈的市场竞争中立于不败之地的基础性工作。

3. 准确选择目标市场有助于酒店制定营销策略和营销组合

实践中，没有哪种营销策略和营销组合是放之四海皆准的真理。任何营销策略和营销组合都是根据某个市场的实际制定，并服务于这个市场的。所以，确定好目标市场，才能有的放矢地进行市场营销策略的制定，进而选择合适的营销组合决策。

（三）酒店目标市场营销策略

酒店的目标市场范围宽窄不一、大小有别。针对不同的目标市场，酒店应采用不同的营销策略。按照涵盖目标市场的方式，可将酒店目标市场营销策略概括为以下三种。

1. 无差异目标市场策略

无差异目标市场策略是指酒店不考虑细分酒店市场的差异，将整个酒店市场视为酒店的目标市场，也称为整体市场策略。采用这种策略的酒店对整个旅游市场只提供一种产品和服务，用以满足消费者共同的需求。酒店依靠大规模宣传以便在人们头脑中树立产品形象。

无差异目标市场策略能够降低成本、简化市场调研及分析过程，容易形成垄断性名牌产品的声势和地位。但是，由于采用无差异目标市场战略，酒店一般只针对最大的酒店市场提供单一的酒店产品和服务。当几个酒店同时参与竞争时必然会加大它们之间的竞争激烈程度，最终导致由于较大的细分市场因吸引来的激烈竞争使其减少利润，而较小的酒店细分市场需求又得不到满足。所以，无差异目标市场策略不能满足对目前日益增长的酒店多样化的需求。适用于酒店市场中供不应求或竞争较弱的酒店产品和服务。

2. 差异化目标市场策略

差异化目标市场策略，就是酒店针对不同的细分市场，设计不同的产品，制定不同的营销策略，同时为几个甚至全部细分市场服务，以满足不同的消费需求。

但差异化目标市场策略并非完美无缺。由于酒店要针对不同市场推出不同的营销策略，往往导致酒店运营成本上升，并给酒店营销管理带来难度。首先，差异化目标市场策略实施应遵循的一个基本原则是，差异化带来的销售收入的增加要大于实施差异化的成本费用增加。针对现实营销中有些酒店过度强调差异化，实施所谓“超细分战略”（市场细分过度导致价格不断增加，影响销售数量和利润），酒店应在一定程度上实施“反市场细分”。其次，差异化目标市场策略不是任何酒店都可以使用的，受到酒店资源、条件和能力的限制，相当一部分酒店，尤其是小型的单体酒店无力采用这种策略。最后，不正确的差异化会分散酒店资源，使酒店不能集中经营、发挥整体优势，甚至在酒店内部出现彼此争夺资源的现象。

3. 集中化目标市场策略

集中化目标市场策略，就是在市场细分的基础上，集中酒店所有资源和能力选择一个细分市场作为目标市场，实行高度专业化生产和销售，提高市场占有率。大部分中小型酒店或初次进入市场的大酒店多采用此策略。实行差异化目标市场策略和无差异目标市场策略，酒店均是以整体市场作为营销目标，试图满足所有消费者在某一方面的需要。集中化目标市场策略则是集中力量进入一个或少数几个细分市场，实行专业化生产和销售。实行这一模式，酒店不是追求在一个大市场角逐，而是力求在一个或几个子市场占有较大份额。

集中化目标市场策略往往适合资源、能力有限或者资源独特的中小型酒店。它们在整体市场上很难取得竞争优势，因而力图在较小市场范围取得较高的市场占有率。

采取这种策略的突出优点在于：能充分发挥酒店资源优势，使酒店在特定市场上具有较强的竞争能力。由于经营范围针对性强，容易形成产品与经营特色，从而有利于提高酒店在特定细分市场上的知名度和垄断利润。其局限性主要表现在：酒店过分依赖较小市场，具有较大的风险性。由于市场面窄，一旦市场营销组合子市场需求发生变化，酒店会出现危机。

（四）影响酒店目标市场选择的因素

1. 酒店的资源状况

资源雄厚的酒店，如拥有大规模的生产能力、广泛的分销渠道、高质量产品标准化、好的内在质量和品牌信誉等，可以考虑实行无差异目标市场策略；如果酒店拥有优秀的设计能力和管理素质，则可以考虑施行差异化目标市场策略；而对实力较弱的中小酒店来说，适于采取集中化目标市场策略。酒店初次进入市场时，往往采用集中化目标市场策略，在积累了一定的成功经验后再采用差异化目标市场策略或无差异目标市场策略，扩大市场份额。

2. 酒店的产品特点

一般对于同质性高的产品如标准间等，宜施行无差异目标市场策略；对于同质性低或异质性产品，差异化目标市场策略或集中化目标市场策略是恰当选择。此外，产品所处的生命周期的阶段不同，表现出的特点也不同。产品处于导入期和成长初期，消费者刚刚接触新产品，对它的了解还停留在较粗浅的层次，竞争尚不激烈，酒店这时的营销重点是挖掘市场对产品的基本需求，往往采用无差异目标市场策略。等产品进入成长后期和成熟期时，消费者已经熟悉产品的特性，需求向深层次发展，表现出多样性和不同的个性来，竞争空前激烈，酒店应适时地转变策略为差异化目标市场策略或集中化目标市场策略。

3. 酒店的市场区分

供与求是市场中两大基本力量，它们的变化趋势往往是决定市场发展方向的根本原因。供不应求时，重在扩大供给，无暇考虑需求差异，所以采用无差异目标市场策略；供过于求时，为刺激需求、扩大市场份额，多采用差异化目标市场策略或集中化目标市场策略。从市场需求的角度来看，如果消费者对某产品的需求偏好、购买行为相似，则为同质市场，可采用无差异目标市场策略；反之，差异化目标市场策略和集中化目标市场策略更合适。

4. 竞争者的策略

酒店与竞争对手选择不同的目标市场覆盖策略。例如，竞争者采用无差异目标市场策略时，你选用差异化目标市场策略或集中化目标市场策略更容易发挥优势。酒店应慎重选择目标市场策略，一旦确定，应该有相对的稳定性，不能朝令夕改。但灵活性也不容忽视，没有永远正确的策略，一定要密切注意市场需求的变化和竞争动态。

（五）酒店目标市场选择的程序

酒店目标市场选择的程序分为四个步骤：

（1）调查分析整体市场。在选择目标市场时，首先对整体市场进行详细的调查分析，以充分了解整体市场的需求特点，并将之作为选择目标市场的重要依据。

（2）对酒店市场进行细分。酒店营销人员根据实际情况选择适当的市场细分标准和方法进行市场细分。

（3）对各子市场进行分析和研究。分析研究覆盖以下方面：销售量及其增减趋势、营利性、需求变化的模式、本酒店对子市场的招徕能力、竞争者对子市场的招徕能力。市场的评价方法，包括定性评价和定量评价两种。定性评价是指对各子市场的性质进行分析，如子市场顾客的消费态度、价值观念，发展趋势，增长形势，以及专家们的看法等。定性评价后，营销人员还采用定量评价法对各子市场进行定量分析。

（4）选择酒店的目标市场。在对各子市场进行评价后，尽管酒店营销人员基本上能识别自己应经营的目标市场，还必须用以下五条原则对可能成为酒店目标市场的子市场进行衡量，以确定自己的最终目标市场。这五条原则是可识别性则、可进入性原则、可衡量性原则、稳定性原则和营利性原则。

三、酒店市场定位

酒店市场定位是指根据目标市场上同类产品的竞争状况，针对客人对该产品某些特征或属性的重视程度，为酒店产品塑造强有力的、与众不同的鲜明个性，并将其形象生动地传递给客人，求得认同。市场定位的实质是将本酒店和其他酒店区分开来，使客人明显感觉和认识到这种差别，从而在客人心目中占有特殊的位置。

（一）酒店市场定位概念

酒店在对目标市场的需求和行为特征进行充分调查分析的基础上，塑造本酒店的特色形象，以求在目标顾客的心目中占据一个独特的、形象鲜明的、有价值的位置所进行的一系列的活动为酒店市场定位。

目标市场选择与市场定位密切相关，但两者不同。市场定位发生在目标市场选定之后。市场定位不是将酒店的产品或其他营销要素塑造成市场“最好的”，而是要塑造成最具特色、与众不同的。不同的酒店提供的产品和营销都有其独特性，它们各不相同而顾客正是根据其需要和购买的主要诉求来选择不同酒店的产品。

（二）酒店市场定位方法

1. 基于酒店产品功能定位

基于顾客对产品功能的需求，酒店根据自身的资源与能力，可将本酒店定位为商务型酒店、度假型酒店、长住型酒店、会议型酒店及汽车旅馆等。

2. 基于酒店等级定位

酒店为满足顾客对酒店建筑、内部设施、客房及用品等的规格与餐饮特色等的不同需求，可将酒店定位为经济型酒店、三星级酒店、四星级酒店及五星级酒店。当然，现代酒店的级别不一定只用星级表示，有时也可以通过酒店集团的不同品牌表示。通常，高级别或高消费的酒店，其设施全面，服务周到，酒店产品的生产与营销投入高，产品的价格也高。

3. 基于坐落区域定位

为了满足不同地理区域的顾客的需要，酒店应根据市场对地理区域的需求及酒店拥有的资源，将酒店定位为机场酒店、城市酒店、城郊酒店及高速公路酒店等。

（三）酒店市场定位步骤

1. 做好酒店形象的调查

了解社会公众对酒店的认识、依赖和好感程度，了解人们对酒店总体形象的评价。其具体方法是通过社会公众对产品质量的满意、对服务质量的认可、对酒店实力的依赖、对酒店信誉的肯定等方面来评价。

2. 研究竞争对手的市场定位

研究竞争对手的市场形象及市场定位的策略，为确定与对手不同的形象和定位打下基础。

3. 确定定位策略

定位策略运用要正确，必须以酒店在市场上所处的地位来制定相应的策略。一般来说，如果酒店在市场上已处于领先地位，酒店形象已植根于消费者心中，酒店就不应轻易改变自己在消费者心中已确定的地位，而应进一步增进消费者对酒店的了解和好感，扩大自己的影响；如果酒店是挑战者，则应该弄清楚自己的策略目标和策略方法，找到差异，独树一帜，提升酒店在消费者心目中的形象。

4. 差异化的市场定位

消费者一般选择那些给他们带来最大价值的产品或服务，为此，可以采取差异化的市场定位方式来满足他们的需要。差异化的市场定位指增加一系列有意义、有价值的差异，从而将酒店的产品与竞争者的产品区分开来。酒店可在以下四个方面与竞争对手进行区别：产品、服务、形象和人员。

（1）产品差异化。酒店可以使自己的产品区别于其他产品。例如，经济型酒店品牌汉庭快捷酒店宣称，与其他同类型酒店比较，它的客房窗户更大，顾客视野更好。另外一些酒店也声称提供了与同类竞争对手相区别的差异产品，比如，客房面积更大、客房家具及客用品更好、客房盥洗设施更好等。

（2）服务差异化。酒店可以使服务不同于其他酒店，这也是酒店间竞争的主要领域。服务差异化可以体现在多个方面。

（3）形象差异化。即使竞争的产品看起来很相似，购买者也会根据酒店或品牌形象观察出不同的地方。酒店的品牌形象能够传达产品与众不同的利益和定位，酒店可通过树立形象使自己不同于对手。酒店可以通过标志、色彩、广告语、公益活动等途径营造形象。酒店形象定位要切合实际，要能吸引社会公众，符合社会发展变化的趋势，符合公众的心理需求，符合酒店自身发展的需要，要求不要过高，但要有创新，便于操作。

（4）人员差异化。酒店可以通过培训比竞争对手好的员工队伍取得很强的竞争优势。人员差异化要求酒店细致地选拔员工，并且认真进行培训，让他们意识到应理解顾客、自觉地为顾客提供优质的服务。

5. 准确地传播酒店的定位观念

酒店应该通过各种合适的途径，包括广告宣传、产品与服务，将企业的形象和特色有效地传递给目标市场。在实践中，酒店市场定位也会出现问题，主要表现在以下三个方面：（1）定位过低。这种定位会使顾客对酒店产品印象低于其客观实际水平。如某五星级酒店打出“五星享受，工薪价格”广告后，不但原有顾客认为在这个酒店消费会影响自己的形象，工薪阶层也觉得这可能是个“圈套”。（2）定位过高。这种定位是指酒店产品的被认知形象超过其实际存在形象。如明明只是低档次酒店，却定位于高档次酒店。（3）定位混乱。这种定位使酒店产品在目标市场认知上混乱不清，如原本针对低消费群体的服务项目，工薪阶层去得不多，高消费群体却很钟爱。

对于市场定位出现的失误，酒店要对市场重新定位，纠正“错位”的现象，而纠正“错位”现象从一定意义上讲也是一种重新定位。

（四）酒店市场定位策略

1. 避强定位

避强定位是指避开强有力的竞争对手的市场定位。其优点是可在较短的时间内树立自己的品牌形象。当竞争对手在市场上的地位非常牢固时，酒店盲目地与其竞争会导致营销失败，而形成自己的产品特色和创建品牌形象是成功的关键。基于以上原因，酒店通过寻找市场空白及没有被满足的市场需求，开发与创新满足本酒店目标顾客需求的产品，包括房务产品、会议产品和餐饮产品及新的组合产品，与其他酒店形成区别，从而为本酒店产品在市场上找到合适的位置。

2. 对抗定位

对抗定位是指与市场上最强的竞争对手竞争的定位策略，与竞争对手运营同样的酒店产品。这种营销定位具有一定的风险。然而，一些企业家认为，这种定位策略能激励酒店奋发上进，是可行的定位尝试，一旦成功就会形成巨大的市场优势。当然，这种定位策略要求酒店或酒店集团必须考虑自身的资源和实力。

3. 概念定位

在酒店市场高度发展的前提下，通过市场细分找到一个尚未被开发的市场比较困难，而概念定位是指影响和改变顾客的消费习惯，将一种新的消费理念灌输给顾客的定位策略。例如，智慧客房、具有特色的营养自助餐、休闲餐饮和节庆餐饮等都是新概念酒店产品。主题酒店就曾是概念定位的结果。主题酒店是指以所在地区最有影响力的资源和文化特征为素材，打造出的具有明显的文化氛围和产品特色、独特文化魅力与个性化特征的酒店。主题酒店主要包括自然风光酒店、历史文化酒店、特色娱乐项目酒店、名人文化酒店和艺术特色酒店等。

4. 重新定位

重新定位是指酒店为在市场上重新确定产品特色和树立企业形象以争取有利的市场地位的定位策略。通常，酒店会对落后于需求及市场反应差的房务产品、餐饮产品和会展产品进行重新定位，目的是摆脱营销困境，重新挖掘产品销售潜力并激发其市场活力。同时，当竞争者推出的新产品使本酒店产品的市场占有率下降时或消费者及组织购买者的需求发生了变化使本酒店产品销售量减少时，酒店应考虑重新定位市场。综上所述，酒店重新定位主要基于三个前提：原定位不能实现酒店的营销目标；酒店发展新市场的需要；酒店参与竞争的需要。

学习专栏

1. 酒店目标市场细分的标准是什么？
2. 酒店市场定位的方法是什么？

第三节　酒店营销策略

酒店营销组合是指为了满足目标市场的需求，酒店对自己可以控制的市场营销因素进行优化组合，使各个因素协调配合，发挥整体功效，最终实现酒店经营目标。

一、酒店产品策略

（一）酒店产品概念

提供什么样的产品或服务去满足市场的需要，这是酒店经营者必须解决的一个核心问题，事关酒店的生存和发展。只有不断地推出受消费者欢迎的产品，满足市场的需求，才能实现酒店的市场营销目标，使酒店在市场中占据有利的竞争地位。

从不同的角度出发，对酒店产品概念的认识是不同的。从酒店的角度来看，酒店产品是指酒店向顾客提供的能满足其需要的所有物质产品和服务产品的总和。它是有形产品和无形服务的有机结合。酒店产品包括住宿、餐饮、康乐、购物等项目的服务，是为了满足顾客在住店过程中对食、住、娱、购等方面的需要。从顾客角度出发，酒店产品是指顾客在酒店花费时间、精力、金钱购买的一次经历。他所购买的不仅是一件件具体的实物，还是一次活动的体验。从这个意义上说，顾客购买的既有物质产品，又有精神产品。

（二）酒店产品的层次

酒店产品包括基本服务与扩展服务，它们共同组成了服务产品策略。基本服务是服务产品赖以存在的基础，扩展服务是使服务产品区分于竞争者产品的部分。酒店营销管理者应该理解酒店产品的五个层次，并对其进行运用。

1. 核心产品

酒店产品最基本的层次是核心产品，即向顾客提供产品的基本效用和利益，也就是顾客真正要购买的利益和服务。顾客购买酒店产品并非是为了拥有该产品实体，而是为了获得能满足自身某种需要的效用和利益。对于不同的顾客来说，其核心利益不同，对于在意价格的顾客来说，是便宜、清洁地过一夜；对于追求豪华的、喜欢炫耀的顾客来说，是享受体面与舒适的现代生活。

2. 形式产品

影响酒店产品核心利益的是产品必须依附于一定的实体。产品实体称形式产品，即产品的基本形式，包括产品的包装、特征、式样、品质、商标等。例如，酒店的位置、建筑、装潢、设备、服务项目等都属于形式产品。

3. 期望产品

期望产品是顾客购买产品时期望的一整套属性和条件，如顾客对酒店价格的高低、服务的优劣等的不同期望。

4. 延伸产品

延伸产品，即产品包含的附加服务与保障，如酒店的机场接送服务、代订机票、免费卡拉 OK 等。延伸产品源于对顾客需求的综合性和多层次性的深入研究，要求酒店营销人员必须正视顾客的整体消费体系，但同时必须注意因延伸产品的增加而增加的成本顾客是否愿意承担的问题。

5. 潜在产品

潜在产品预示着该产品可能的发展前景。例如，在酒店客房能上网是顾客的基本需求，所以要求酒店在建设或改造客房时预留连接互联网的线路和接口。

上述酒店产品的五个层次既相互独立、各具特点，又紧密联系，共同构成酒店整体产品的全部内容。在酒店产品的五个层次上，确保基础产品和期望产品的质量，是使顾客满意的前提条件。延伸产品和潜在产品是酒店产品灵活性的具体表现，同时也是形式产品在现有价值之外的附加价值。酒店产品五个层次的全部意义在于提供一个具有质量保证和一定灵活性并且具有竞争优势的产品。

全面理解酒店产品的五个不同层次使我们认识到：第一，酒店产品的竞争始于形式产品，更确切地说，始于产品的核心利益。第二，满足顾客的期望是酒店经营成功的关键。如果一家酒店不能提供顾客期望的产品，顾客便可能不满意甚至投诉。第三，在激烈竞争的市场条件下，竞争主要体现在延伸产品上，也就是酒店产品的差异化。第四，一家成功的酒店常以提供延伸产品为其卖点。第五，灵活性来自酒店所有工作人员，来自持续进行的、卓有成效的培训，来自适当的授权，即让一线工作人员直接处理日常工作中遇到的问题。

（三）酒店产品的生命周期

1. 产品生命周期理论

产品生命周期理论认为，与人的生命周期要经历出生、成长、成熟、死亡等阶段一样，产品也会经历一个生命周期。一般可分成四个阶段，即导入期、成长期、成熟期和衰退期。

研究产品生命周期理论，对于正确制定产品决策，及时改进老产品、发展新产品，有计划地进行产品更新，正确地制定各项经营策略，指导酒店的经营管理等都具有重要意义。

产品生命周期与产品使用寿命周期是两个截然不同的概念。产品使用寿命周期是指产品耐用程度，是产品从开始使用到损坏报废的时间间隔。酒店产品生命周期指产品从进入市场开始，直到被市场淘汰，不再生产为止的全部持续时间。根据产品销售量变化，将酒店产品生命周期划分为四个周期：

（1）导入期，销售量从零开始，慢慢上升。

（2）成长期，销售量迅速上升。

（3）成熟期，初期销售量虽上升，但速度减缓，以后销售量逐渐下降。

（4）衰退期，销售量急剧下降，如不采取任何措施，将退出市场。

酒店产品生命周期示意图如图 4－2 所示。

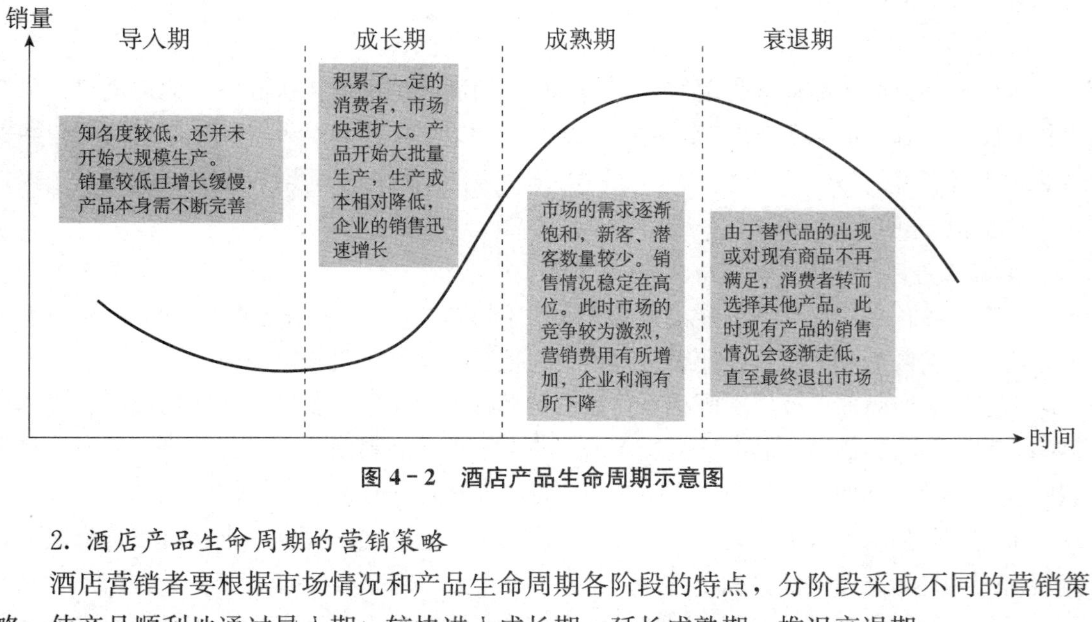

图 4－2　酒店产品生命周期示意图

2. 酒店产品生命周期的营销策略

酒店营销者要根据市场情况和产品生命周期各阶段的特点，分阶段采取不同的营销策略，使产品顺利地通过导入期，较快进入成长期，延长成熟期，推迟衰退期。

（1）导入期的营销策略。

在产品的导入期，酒店最重要的任务是选择有针对性的新产品投入市场，选择合适的时机进入市场，选择最有可能的购买者作为重点推广对象；同时，大力加强产品的广告宣传工作，提高产品的知名度，使市场尽快接受该产品，缩短导入期，更快地进入成长期。按照促销水平的高低与定价的高低，可以有以下四种营销策略供选择。

1）快速撇脂策略。以高价格、高促销费用推出新产品。实行高价策略可在每单位销售额中获取最大利润，尽快收回投资；高促销费用能够快速建立知名度，占领市场。这种策略在以下市场环境下适用：顾客对产品不了解，产品替代性强，生命周期短，市场容量相对有限，顾客对价格不敏感。例如，酒店举办的“美食节”等系列产品就可采取此策略。

2）缓慢撇脂策略。以高价格、低促销费用推出新产品，目的是以尽可能低的费用开支求得更多的利润。实施这一策略的条件：市场规模较小；产品已有一定的知名度；目标顾客愿意支付高价；潜在竞争的威胁不大。

3）快速渗透策略。以低价格、高促销费用推出新产品。目的在于先发制人，以最快的速度打入市场，取得尽可能大的市场占有率。然后再随着销量和产量的扩大，使单位成本降低，取得规模效益。实施这一策略的条件：该产品市场容量相当大；潜在消费者对产品不了解，且对价格十分敏感；潜在竞争较为激烈；产品的单位制造成本可随生产规模和销售量的扩大而降低。

4）缓慢渗透策略。以低价格、低促销费用推出新产品。目的是以低价快速吸引顾客，以少的支出费用保证酒店利润。这种策略的适用条件：市场容量很大；市场上该产品的知名度较高；市场对价格十分敏感；存在某些潜在的竞争者，但威胁不大。

（2）成长期的营销策略。

在成长期，酒店营销策略重点应放在提高产品质量、增加产品品种、提供系列服务方面，同时明确真正目标市场，努力提高市场占有率，挖掘潜在市场，探索重点目标市场，把握好产品的黄金时代。具体的策略如下：

1）改善产品品质。如增加新的功能、开发新的用途等。对产品进行改进，可以提高产品的竞争能力，满足顾客更广泛的需求，吸引更多的顾客。

2）寻找新的细分市场。通过市场细分，找到新的尚未满足的细分市场，制定相应的营销方案，迅速进入这一新的市场。

3）改变广告宣传的重点。把广告宣传的重心从介绍产品转到建立产品形象上来，树立产品品牌，维系老顾客，吸引新顾客。

4）适时降价。酒店在适当时候可以采取降价策略，以吸引对价格比较敏感的消费者产生购买动机和采取购买行动。

（3）成熟期的营销策略。

在这个阶段，产品已被大多数可能购买者接受，酒店的销售量趋于稳定。由于竞争对手日益增多，市场争夺日益激烈，为了保持原有市场占有率，酒店不宜采用防守性策略，宜主动出击，延长成熟期。可采取以下三种策略：

1）市场调整。一方面，通过市场细分，发现新需求，寻找新的消费群体，提高产品的销售量；另一方面，刺激现有顾客重复购买，提高产品的使用率。酒店可以通过以下途径进行市场调整，提高销售量。

扩大消费群：酒店尽可能使用各种促销手段，使尚未使用该产品的人转而使用该产品。

争夺竞争者的消费群：酒店可以采取优惠的措施吸引竞争者的顾客。

发展产品的新用途：增加产品的用途，顾客购买产品的数量就会大大增加。

积极促销：激励顾客在更多的场合以更高的频率使用这种产品。

2）产品调整。这是通过产品自身的调整来满足顾客的不同需要，吸引有不同需求的顾客。整体产品概念的任何一个层次的调整都可视为产品再推出。具体策略有如下几种：通过增加产品的附加利益，对产品重新定位；提高质量策略；给产品增加新的特性，扩大产品的多方面适用性。

3）营销组合调整。即通过对产品、定价、渠道、促销四个市场营销组合因素加以综合调整，刺激销售量回升。常用的方法包括降价、提高促销水平、扩展分销渠道和提高服务质量等。

（4）衰退期的营销策略。

产品进入衰退期后，产品销售量急剧下降，酒店从这种产品中获得的利润很低甚至为零，消费者的消费习惯已发生改变。面对处于衰退期的产品，酒店需要进行认真的研究分析，决定采取什么策略、在什么时间退出市场。通常有以下几种策略可供选择：

1）继续策略。在产品衰退期，如果这种产品在市场上仍能满足一部分消费者的需求，酒店就可以根据自身条件适当保留一部分，以获取其他竞争者因退出而留出的利润空间。

2）延长寿命策略。通过价值分析，降低产品成本，以便进一步降价；加强市场调查研究，开辟新的目标市场，争取新的顾客；改进产品设计，以提高产品功能、质量、等级等，从而使产品生命周期不断实现再循环。

3）放弃策略。对于衰退比较迅速的产品，应该当机立断，放弃经营。可以采取完全放弃的形式，如把产品完全转移出去或立即停止生产；也可采取逐步放弃的方式，使其所占用的资源逐步转向其他产品。

二、价格策略

（一）酒店产品价格的概念及形式

价格是市场营销组合中不可或缺的重要内容，酒店产品的价格是否适当，直接关系到酒店产品在市场中的竞争能力。所谓酒店产品价格，就是顾客为购买能满足其某一需求的酒店产品和服务支付的货币总额。酒店产品价格通常以单项价格形式出现，如餐饮价格、客房价格。但酒店产品除了一般价格外，还有差价和优惠价等价格类型。差价是同种酒店产品由于时间、地点或其他原因所引起的有一定差额的价格（地区差价、季节差价、质量差价、团体与散客差价）。差价能使顾客得到质价相符的产品，有利于酒店控制需求，提升经营管理水平，提高服务质量。优惠价是在明码标价的基础上，给予顾客一定比例的折扣或其他优惠条件的价格。优惠价是酒店争取市场的手段之一，有利于酒店同顾客保持良好的关系。

酒店价格是由酒店产品所包含的社会必要劳动时间的消耗，即有形物质产品的价值和无形服务产品的价值量所决定的。除此之外，酒店价格还受产品成本、市场条件及环境、汇率变动、政府干预等因素的影响和制约。而包含定价在内的酒店一切经营活动，其最终目的是获得最大利润，即在各种内外部条件的约束下所能取得的最大收益。

（二）影响酒店定价的因素

(1) 酒店产品成本。成本是定价的主要依据。企业以一定的价格销售产品要收回成本，同时也要实现盈利。因此，产品成本应是酒店在正常的市场环境中定价的最低点。

(2) 市场因素。主要是指需求状况和竞争状况对价格的影响。价格是调节需求的有效手段之一。较高的价格会减少一定的需求量，较低的价格则会引起需求量的反弹。因此，产品在定价时必须考虑需求的约束。

(3) 营销目标。酒店的不同时期应当有不同的营销目标，或是为了扩大销售量，提高市场占有率；或是为了击败竞争对手，站稳脚跟；或是先打开知名度再扩大美誉度等。不同的营销目标会影响酒店产品的定价高低。

(4) 酒店营销组合策略。定价只是酒店借以实现其营销目标的诸多营销组合工具中的一种。价格一定要与产品的设计、分销渠道以及促销策略相互协调，构成一个统一而有效的市场营销计划。

(5) 竞争。酒店的价格策略要受到竞争状况的影响。酒店首先要了解竞争的强度。竞争的强度主要取决于产品生产的难易程度、是否有专利保护、供求形势以及具体的竞争格局。其次，要了解竞争对手的价格策略，以及竞争对手的实力。最后，还要了解、分析酒店在竞争中的地位。

(6) 政府或行业组织的干预。政府为了维护经济持续，或为了其他目的，可能通过立法或其他途径对酒店行业的价格进行干预。政府的干预包括规定毛利率，规定最高、最低限价，限制价格的浮动幅度或规定价格变动的审批手续，实行价格补贴等。价格的制定和变动在顾客心理上的反应也是价格策略必须考虑的因素。在现实生活中，很多顾客存在“一分钱一分货”的观念。面对不太熟悉的酒店，顾客常常从价格判断酒店的好坏，把价格同酒店的价值挂钩。顾客心理和习惯上的反应是很复杂的，某些情况下会出现完全相反的反应。

（三）定价策略

酒店产品的定价方法和策略是多种多样的，酒店须根据自己的定价目标和原则，以及酒店的实际情况和市场供求状况，选择最有利于实现定价目标直至营销目的的定价方法和策略。酒店产品的定价策略可分为四类：(1) 差别价格策略。包括地理差价策略、时间差价策略、质量差价策略、批量差价策略。(2) 新产品定价策略。包括撇脂价格策略、渗透价格策略。(3) 心理价格策略。包括尾数定价策略、整数定价策略、声望定价策略、招徕定价策略、分级定价策略。(4) 折扣价格策略。包括数量折扣、现金折扣、季节折扣、同业折扣。

三、酒店销售渠道策略

酒店分销渠道是指酒店产品和服务从酒店向顾客移动时取得酒店产品和服务的所有权或帮助转移其所有权的所有企业和个人。它主要包括中间商、代理中间商，以及处于渠道起点和终点的酒店与顾客。在市场经济条件下，市场的范围广阔，大部分酒店产品和服务必须依靠一定的分销渠道才能转移到顾客手中。分销渠道在很大程度上决定着酒店营销活动的质量和效果。

（一）分销渠道的基本类型

酒店产品分销渠道的基本类型主要包括直接分销渠道和间接分销渠道两种。直接分销渠道是指酒店不通过任何中间商而直接将产品和服务销售给顾客的营销形式。随着旅游市场的不断发展，酒店顾客的分布越来越广，酒店要将产品销售给这些分散的顾客，单靠直接分销渠道是不可能的。于是，间接分销渠道便应运而生。间接分销渠道是指酒店产品和服务从酒店向顾客转移过程中要经过一个或一个以上中间商的营销形式。在这一过程中，中间商的种类和数量不同，间接分销渠道的长度和宽度也不相同。

（二）分销渠道选择策略

酒店分销渠道的选择是指酒店在综合分析分销渠道影响因素的基础上，对分销渠道的长度、宽度以及渠道成员等做出的决策。

1. 分销渠道长度的选择

分销渠道的长度是指酒店产品和服务从酒店向顾客转移过程中所经过的中间商种类的数目，中间商的种类越多，说明分销渠道越长。酒店在选择分销渠道的长度时，应根据酒店的自身条件、产品的特点、市场竞争状况以及中间商的特点加以确定。

2. 分销渠道宽度的选择

分销渠道的宽度是指酒店产品和服务从酒店向顾客转移的每个环节中所涉及的同类中间商的数量。同类中间商的数量越多，分销渠道就越宽。酒店对分销渠道宽度的选择可考虑三种策略：（1）广泛分销策略。即通过尽可能多的中间商进行销售，以便顾客购买。（2）选择性分销策略。即在一定的市场区域内只选择少数几个较好的中间商经销本酒店的产品和服务。采用这种策略的目的是加强与中间商的联系，提高渠道成员的销售效率。与广泛分销策略相比，采用选择性分销策略可以降低分销成本，加强对渠道的控制。（3）独家分销策略。即在一定的市场区域内只选择一家经验丰富、信誉卓著的中间商进行销售，要求该中间商只经销本酒店的产品和服务。采用这种策略的目的是提升酒店产品和服务的市场形象，提高售价，促使中间商竭尽全力销售本酒店的产品和服务，并加强对中间商定价、促销以及各种服务的控制。

3. 渠道成员的选择

酒店在选择渠道成员时主要应考虑：（1）中间商的经营范围。中间商的经营范围必须与酒店目标市场相一致。（2）中间商的市场经验及市场反馈能力。市场经验丰富的中间商一般销售实力较强、销售效率较高，同时能够及时地向酒店反馈有关酒店产品和服务的市场信息，如顾客喜好、购买习惯、旅游者流向等，这会为酒店完善营销策略、更好地满足顾客的需求创造有利条件。(3)中间商的经营实力。酒店选择中间商时，必须考虑其经营规模的大小和财务调度能力的高低。中间商经营规模的大小直接决定着其为酒店带来的预订量和销售额的大小，而中间商的财务调度能力则体现着其抗风险水平。此外，营销人员还必须综合考虑中间商的经营历史、发展趋势、市场声誉、客户特点、网点分布以及与本酒店合作的可能性等因素。

四、促销策略

促销是指酒店为了培育和强化企业形象、激发顾客的购买欲望、影响他们的购买行为、扩大酒店产品或服务的销售，而与酒店外部环境因素进行的一系列沟通工作。它要求酒店在对顾客潜在需求进行调查分析的基础上，将最能激发顾客购买欲望的信息以恰当的方式传达给目标顾客。促销策略是指对促销对象或领域、促销任务、促销目标、促销效果、促销投入、各种限制条件等进行科学的选择、配置、控制和分析，使信息宣传、沟通手段和过程系统化、规范化，尽量提高促销活动的效果、效率，使促销活动低投入高产出。在设计促销组合策略时，为了保证促销活动的有效性，酒店应周密考虑各种不可控因素或不确定因素对促销活动带来的影响以及相应的对策。

五、客户关系营销策略

酒店应建立和保持与顾客的长期互利关系，在买卖双方相互影响的市场中，最现实的问题是站在顾客角度及时倾听他们的希望和需求并及时做出反应，满足顾客的实际需求。因此，现代酒店营销观念包括以下转变：将传统交易转变为友好合作；将短期利益转向长期利益；将单一的销售转向参与运营；将利益冲突转变为和谐发展；将营销组合转变为与顾客互动。营销学家菲利普·科特勒在《营销管理》中总结："精明的营销者会同顾客、中间商和供应商建立长期的信任和互利的合作关系，这些关系是依靠不断地承诺和给予对方高质量的产品、优质的服务和公平的价格来实现的，也是依靠双方之间经济技术和社会联系来实现的。同时，双方也会在互相帮助中更加了解和信任。"

六、品牌营销策略

酒店品牌是酒店的名称、标志或图案及它们的组合，用以识别酒店产品的内涵、质量和特色并使之与竞争对手相区别。通常，酒店或酒店集团品牌的构成包括两个部分：品牌名称和品牌标志。例如，喜来登（Sheraton）是酒店的品牌名称，"S"是品牌标志。品牌营销是通过创造品牌价值增强营销效果的过程。随着科学技术的发展和进步、人们生活水平的提高，酒店顾客不仅追求产品个性化，还追求心理需求的满足。

此外，品牌营销必须拥有高素质的专业人才，充分考虑酒店的财力和管理能力，立足酒店的长远目标，促进可持续发展。在品牌营销中，酒店进行品牌定位是关键，品牌定位前必须深入了解目标市场，将顾客的期望与品牌特色融合在一起。品牌营销必须通过广告、公关和促销等手段宣传酒店的特色产品，建立稳定的品牌忠诚度。在品牌营销中，酒店品牌必须符合目标顾客的产品需求，符合酒店的营销目标，符合顾客的消费水平。酒店品牌名称应当易读、易写、易听和易记，文字简单和清晰，易于分辨，字数要少而精，中文应以 2～5 个字为宜，英文以在 9 个字母之内为宜。

同时，品牌 Logo 排列顺序应考虑周到，避免将不易辨认的字体和易产生歧义的文字排列在一起。字体设计应美观，容易辨认，易于引起顾客的关注，易于加深顾客对酒店的印象和记忆。酒店常是人们聚会的地方，而人们通常是通过电话或者微信进行联系，因此酒店名称必须方便联络，容易听懂，避免使用易混淆的文字、有谐音或可引发联想的文字。

学习专栏

1. 酒店营销策略有哪些？
2. 如何根据酒店产品生命周期进行营销？

第四节 酒店营销管理理念创新

酒店营销管理理念创新是一种持续不断的过程，需要不断探索和研究新的市场趋势、客户需求和竞争环境，以创新思维和方法来提升酒店的竞争力和吸引力。这些新的营销理念丰富了酒店营销管理的内容，推动酒店营销活动走上了与时俱进的道路。

一、网络营销

在当今高度信息化的时代，网络营销已成为酒店业提升竞争力的关键手段。网络营销利用互联网平台，以创新的思维和技术手段，在酒店和顾客之间搭建起一座高效的沟通桥梁，旨在吸引更多的潜在顾客，提升酒店的营收和品牌影响力。

（一）网络营销在酒店营销管理创新中的重要性

1. 拓宽销售渠道

网络营销通过在线预订等方式，为酒店打开了新的销售渠道，打破了传统的直销和分销模式，使酒店的营销渠道更加多元化。

2. 提高知名度

网络营销通过关键词广告等手段，提高酒店在搜索引擎中的排名，增加品牌曝光率。同时，通过社交媒体营销，可以扩大酒店的品牌影响力，吸引更多的潜在客户。

3. 提升客户体验

网络营销可以为酒店提供更个性化的服务，如在线客服等，提升顾客的消费体验，提高顾客满意度。

（二）网络营销的特点

1. 突破了时空对于传统营销的限制

由于互联网具有超越时间约束和空间限制进行信息交换的特性，因此，网络营销使得酒店能够脱离时空限制达成交易成为可能，酒店可以 24 小时全天候地为全世界各地的顾客提供营销服务。顾客可以在网络上浏览并断定在未来的某一天，自己期望入住的酒店是否有空房提供给自己。在网络营销的环境下，酒店可以有更多的时间和更大的空间从事营销活动。

2. 信息交换具有高效性

随着信息技术的不断完善，网络传输信息的速度日益加快，电脑可储存的信息容量也日益增加。通过互联网进行信息交换，酒店一方面可以及时更新产品及价格的信息，及时有效地了解并满足顾客的需要，以快速地达到营销预期的目标；另一方面可以节约各方面的成本，如向广告媒介支付的成本、各种印刷邮递成本等。因此，网络营销使得酒店与顾客之间的信息交换变得更为快速、更为经济。

3. 通过多种媒体与顾客沟通

互联网络综合了平面媒体与电视广播等多种媒体的优点，可以传输多种形式的信息，如文字、声音、静态乃至动态的图像等，将信息以上述综合的形式发布并传递给公众，显得更加形象生动。例如，顾客在预订酒店客房时，可以通过图片甚至三维立体图像或者视频的方式看到自己即将下榻的酒店客房或者前往就餐消费的餐厅、酒吧是什么样子的，内部装修与装饰状况如何，这些都有助于顾客做出购买决定。互联网络不仅可以展示商品目录与商品形式，为顾客提供产品信息查询，还可以和顾客做双向互动的沟通，收集市场中的信息情报，如进行产品测试或者顾客的满意度调查等活动，因此网络是酒店进行产品设计、提供商品信息并且在顾客到店前向顾客展示自身产品与服务的最佳工具。目前微信、微博及抖音等 App 成为多媒体营销的宠儿。

4. 使用人群发展迅速，前景广泛

互联网络使用人群数量还在快速增长，且其范围遍布全球，因此，网络营销的市场潜力极大。通过网络，酒店可以迅速扩展自己的市场影响力，网络营销在未来具有极其光明的发展前景。

5. 对于技术的依赖性较强

网络营销倚重的工具是以高新信息技术为基础和支撑的互联网络，企业实施网络营销必须拥有一定的技术投入、技术支持和技术人才，因而在网络营销模式下，酒店必须引进既懂得营销又懂得电脑技术的复合型人才，同时改变传统的组织形态，强调并提升信息管理部门的功能与作用，只有这样才能在信息经济时代跟得上时代步伐，不被市场所淘汰。

二、体验营销

（一）酒店体验营销的内涵

体验营销可定义为：以满足顾客的体验需求为目标，以服务产品为舞台，以有形产品为载体，营造一种氛围，设计一系列事件，让顾客主动参与其中而产生深刻而难忘的体验，这种生产经营高质量产品的一切活动就构成了体验营销。美国战略地平线 LLP 公司的两位创始人派恩和吉尔摩在 1998 年对体验营销的定义是：“从消费者的感官、情感、思考、行动、关联五个方面重新定义，设计营销理念。”并于 2007 年在此基础上又给出新的体验营销定义：“体验事实上是当一个人达到情绪、体力、智力甚至是精神的某一特定水平时，意识中所产生的美好感觉。”

（二）体验营销在酒店业中的应用

伯德·施密特教授在《体验式营销》中构建了体验式营销主体框架的模型——通过消

费者的感官（Sense）、情感（Feel）、思维（Think）、关联（Relate）四种体验模块来建立体验营销战略。体验营销的主体框架在酒店中的应用主要是四种，即感觉营销、情感营销、思维营销和关系营销。

1. 感觉营销的应用

感觉营销是通过刺激顾客的视觉、听觉、触觉、味觉和嗅觉，建立感官上的体验，为其创造值得回忆的感受。根据环境心理学理论，顾客利用感官对有形物体的感知及由此所获得的印象，将直接影响到他们对酒店产品的质量及酒店形象的认识和评价。顾客在购买和享用酒店服务之前，会根据那些可以感知到的有形元素所提供的信息而对酒店产品做出判断。酒店可以利用的进行体验营销的有形元素主要有"外环境"（有形物，包括酒店的建筑、设备设施、有形产品）和"内环境"（环境氛围、员工及其工作态度）。

2. 情感营销的应用

情感是人的需要得到满足时所产生的一种对客观事物的态度的内心体验。顾客对于符合心意、满足实际需要的产品和服务会产生积极的情绪和情感，这能增强顾客的购买欲望，促进购买行为发生。情感营销是以顾客内在的情感需求为诉求点，寻找整个消费过程中导致顾客情感变化的因素，探究顾客的情感反应模式，努力为顾客创造正面的情感体验，从而在顾客心目中树立酒店良好的形象。这种营销是一种更人性化的营销方式，它真正从消费者的感受出发，细心体察与呵护消费者的情感。

3. 思维营销的应用

思维营销以启发人们的智力为目的，通过在产品的营销中加入一些有创意、知识性的因素，以引起顾客的兴趣和参与，使其在消费过程中获得认识和解决问题的体验，满足顾客的求知需求。体验经济时代的旅游者在酒店产品功能上将更加注重通过酒店产品促进个人知识、见识、能力的发展与完善，希望酒店能够创造一个学习的舞台，营造一种轻松舒适的学习环境。酒店可以通过团队合作交流、自主探索学习等方式而不是专业人士做教练，让顾客在没有任何压力的情况下熟练掌握其需要的新技能，使顾客既享受轻松的休闲，又学习到知识。

4. 关系营销的应用

关系营销作为现代商业战略中的重要一环，其应用已深入各行各业，成为企业稳固市场地位、促进可持续发展的关键。这种营销策略的核心在于，不仅仅聚焦于单次交易的完成，而是致力于与客户建立长期、互信、双赢的关系。关系营销在酒店业中的应用主要体现在：第一，客户关系的建立与维护。酒店利用客户数据库和 CRM 系统（客户关系管理系统），对客户的行为偏好、消费习惯进行深入分析，从而精准推送个性化服务，提高客户的满意度和忠诚度。第二，员工关系的优化。酒店通过培训、激励等措施，提升员工的服务意识和专业能力，使员工能够更好地满足客户需求，同时也增强了员工的归属感和忠诚度。第三，合作伙伴关系的拓展。例如，商务型酒店与多家知名航空公司建立了紧密的合作关系，共同推出"飞行＋住宿"套餐优惠。客户在购买指定航空公司的机票时，可以享受酒店住宿的折扣优惠；同样，在酒店预订住宿的客户也能获得航空公司里程积分或机票折扣。这种互惠互利的合作模式不仅吸引了更多客户选择双方的服务，还促进了双方品牌影响力的提升和市场份额的扩大。第四，与客户建立情感链接。企业通过组织各类活动、提供增值服务等方式，如会员日优惠、客户关怀计划、设置“客户心愿墙”，收集客户对酒店的建议和期望，并在后续服务中加以改进和完善，让客户感受到企业的关怀与尊重。这种情感上的投入，往往能够转化为客户忠诚度与口碑传播的动力，为企业带来更为广泛的市场影响力。

三、主题营销

当下，主题营销成为市场态势下一种有效的营销策略。它以差异性、文化性作为酒店企业的经营卖点，成为酒店营销的新策略。

（一）主题营销的内涵

主题营销就是酒店企业在组织开展各种营销活动时，根据消费时尚、酒店特色、时令季节、客源需求、社会热点等因素，选定一个或多个主题为吸引标志，向顾客宣传酒店形象，吸引顾客的关注并令其产生购买行为。它的最大特点是赋予一般的营销活动以某种主题，围绕既定的主题来营造酒店的经营气氛。

（二）主题营销的方式

主题营销的基本思路是酒店企业在组织策划各项主题活动时，应根据自身的特色、消费的时尚、对手的表现，因地、因时、因人选择不同的主题。这些主题包括民族地理类主题、历史故事类主题、影视歌舞类主题、运动休闲类主题、文学艺术类主题等。酒店可采用不同的方式实践主题营销这一理念。

1. 完全主题化

完全主题化是指酒店赋予自身以不同的主题文化内涵，以主题酒店的面貌立足于市场并成为市场的最大卖点。主题酒店的概念起源于美国，迪士尼度假俱乐部、太阳国际度假公司等都是经营主题酒店的专业机构。近年来，主题酒店在地域上呈全球化分布趋势，并且可供选择的主题也趋向多样化，从原来单纯的与地理环境特征相一致的主题发展到音乐、高尔夫球、历史传说、体育活动等各种主题。在经营管理、营销策划、装修构思等方面均融入了新思路。

2. 主题活动

主题活动的本质是酒店在组织策划各类促销活动时，以某一文化作为主题，推介产品，推介这一主题文化。酒店企业在策划经营型的主题活动时，应不断研究消费需求以挖掘“对路”的新卖点。这种主题活动成败的关键在于能否恰到好处地选择主题并做好相应的文章。鉴于此，酒店企业可根据一些时尚消费趋势，每月（或每季度）推出一个主题来引导消费，同时将酒店的环境、服务、品牌和文化融入主题进行全方位展示，以形象促消费；也可根据酒店的主题定位，策划各类主题活动强化酒店的主题特色。

四、绿色营销

（一）绿色营销的含义

所谓绿色营销，是指社会和企业在充分意识到顾客日益提高的环保意识和由此产生的对清洁型无公害产品需要的基础上，发现、创造并选择市场机会，通过一系列理性化的营销手段来满足顾客以及社会生态环境发展的需要、实现可持续发展的过程。

酒店行业因为大量使用一次性用品、每天更换清洗床上用品、大量使用各种洗涤剂成为空气污染和水污染元凶之一而广为环保人士所诟病。越来越多的酒店经营者接受绿色营销观念，减少使用甚至弃用一次性用品，并呼吁顾客配合重复使用床单至离店，以此宣扬酒店文化，树立良好的酒店形象。

（二）酒店绿色营销策略

(1) 对酒店设施进行“绿化”建造时采用节能环保材料，使用节能设备和节能电器，尽可能采用清洁能源；改造酒店灯光、采风、取暖设备，使酒店建筑成为绿色建筑；做好废物处理工作，对有利用价值的物品进行二次利用。

(2) 所谓绿色技术是技术的使用达到降低污染、保护生态、减少浪费、循环使用、节能降耗的要求，且符合环境保护和生态平衡的要求。绿色技术的采用是绿色营销的物质保证，没有绿色科技，便没有绿色营销。

(3) 开发绿色产品是实施绿色营销的关键环节和支撑点。绿色产品是指从内在质量到外部包装都无害于人体健康和安全，而且在其生产、使用及处理过程中符合环保要求，不会对环境产生危害，且有利于资源再生和回收利用的产品。目前，酒店业的绿色产品包括三大类：绿色客房、绿色餐厅和绿色服务。

开辟绿色客房是酒店的主体，也是酒店向客人提供的主要产品，创建绿色酒店就应该开辟绿色客房。严格意义上的绿色客房要求酒店从设计开始到提供产品的全过程所涉及的环境行为必须符合环保要求。房屋设计必须使用绿色建筑材料，客房采用生态建筑材料、天然涂料以及木头、天然石料等装饰材料；厨房的装修可使用瓷砖、不锈钢或玻璃等无污染材料。此外，要求客房所有用品都是绿色产品，减少一次性用品，尽可能多次反复使用。地板是天然木材和石料，家具选择天然的藤木制品或玻璃器皿，床上用品是纯天然棉麻织物，肥皂使用纯天然油脂皂，使用绿色文具、绿色冰箱、节能空调和灯具，减少房间物品的洗涤次数，房间使用分类垃圾筒和节水马桶、淋浴设施，并摆放生机盎然的绿色植物花卉，降低客房噪声等。

开设绿色餐厅的关键是推广绿色食品。绿色食品是指遵循生态经济的原则，按照特定生产方式生产，经专门机构认证，许可使用绿色食品标志的无污染的安全、优质、营养类食品。绿色食品应具备的条件：一是原料产地必须符合绿色食品生态环境质量标准；二是农作物种植、畜禽饲养、水产养殖及食品加工必须符合绿色食品生产操作过程；三是产品必须符合绿色食品质量和卫生标准；四是产品包装、储运必须符合绿色食品包装储运标准。酒店餐饮部应慎重选购绿色食品，在烧菜及制作点心时使用天然色素，不用化学合成添加剂；不用珍稀动物和野生动物制作菜肴；尽量多使用具有“绿色标志”的原材料。

提供绿色服务是指以保护自然资源、生态环境和人类健康为宗旨，并能满足绿色消费者要求的服务。酒店的绿色服务主要伴随其产品一起向顾客提供，并贯穿生产和消费全过程。如在餐饮服务中，向顾客推荐绿色食品和饮料，点菜做到经济实惠、营养合理、资源不浪费；餐后主动为顾客提供“打包”服务。与此同时，酒店应该利用自己在食、住、行、游、购、娱中独特的地位，以及买方市场较多的选择机会，促使所有向酒店供应物品的供应商增强环保意识，要求他们同样提供绿色产品和绿色服务。这样，酒店便能通过控制自身服务和供应商的配合，保证绿色服务的全部性和完整性。

引导绿色消费。不少酒店在客房内放上了有这样引导语的卡片：“如果你不需要更换被单，请把卡片放到你的枕头上”，让顾客自己做出选择。

学习专栏

1. 你了解到了哪些酒店营销创新理念？
2. 这些营销创新理念对于酒店营销策略制定有什么启发？

资源链接

视频微课 4－1　　视频微课 4－2　　视频微课 4－3

在线自测

扫一扫　练一练

第五章　酒店品牌运营管理

任务导读

我国经济已告别短缺经济，进入一个新的物质丰富并相对过剩的新时期。从短缺到过剩，是一个品牌竞争时代的开始。以品牌为核心的发展道路正成为新时代企业发展的重要特征，当今供给大于需求的酒店业进行品牌建设尤为必要。进行酒店品牌建设研究，探索适合国情和企业实际的品牌建设模式，树立中国知名品牌酒店企业形象，提升我国酒店品牌核心竞争力，是我国酒店业发展的重要战略。

第一节　酒店品牌的概念与作用

2016 年国务院办公厅发布《关于发挥品牌引领作用 推动供需结构升级的意见》，明确提出："品牌是企业乃至国家竞争力的综合体现，代表着供给结构和需求结构的升级方向。"酒店品牌作为一项重要的无形资产，对酒店集团和顾客的意义愈发重要。对酒店集团来说，有利于酒店的市场扩张，减少企业的经营风险，提升企业的凝聚力等；对顾客而言，酒店品牌可以满足顾客更高层次的心理需求，帮助顾客树立消费信心等。另外，一个优秀的酒店品牌还能彰显一个地区、国家的竞争力。然而品牌经营是一个持久的过程，从品牌定位开始，经过品牌设计、品牌推广、品牌管理等一系列战略实施，最终实现品牌扩张、品牌增值。中国酒店集团的品牌经营已经起步，也不乏成功的品牌，如锦江、华住、首旅如家、奥海国际、开元酒店等，相信在未来的酒店市场会有更多的中国酒店品牌绽放光彩。

一、酒店品牌的基本含义和酒店品牌的类型

（一）品牌和酒店品牌的基本含义

1960 年，美国市场营销协会（American Marketing Association，AMA）给出的品牌的定义是：品牌是一个名称、术语、标记、符号或设计，或是它们的组合，其目的是识别某个销售者或者某群销售者的产品或服务，并使之同竞争对手的产品和服务区分开来。

张曙临认为，品牌可以从法律和市场两个层面来理解。从法律层面看，品牌是一种商标。从市场层面看，品牌代表该品牌产品的性能、质量、文化内涵、市场定位、满足效用的程度、消费者的认知程度。

刘凤军认为，品牌就其实质而言，是一种承诺。品牌代表着卖者交付给买者的产品特

征、利益和服务等的一贯性的承诺。

狭义的品牌指公司的名称、产品或服务的商标，是制造商或者经销商加在商品上的标志，主要由名称、名词、符号、象征、设计或者这些方面的组合构成，和其他可以有别于竞争对手的标志、广告等构成公司独特市场形象的无形资产。一般包括品牌名称和品牌标志。

酒店品牌一般具有以下基本含义：

（1）酒店品牌是一种标识、名称、象征、身份、商标，目的是使自身与竞争对手的产品和服务区别开来。

（2）酒店品牌是一种包含独特个性与风格的文化，对内成为整合企业内部资源和调动员工积极性的激励工具，对外通过培育忠诚顾客为企业现在和未来带来增量收益。

（3）酒店品牌是一种承诺，代表着企业就其产品质量、特征、利益等一贯性向顾客所做的最重要、最庄严的承诺。

（4）酒店品牌是一种能够产生一系列联想或期望的形象或印象。正面积极的形象能够建立起顾客偏好，诱发顾客的购买行为。

（二）酒店品牌的基本类型

根据不同的划分标准，酒店品牌可以分为不同的类型。

1. 按品牌档次划分

按品牌档次划分，酒店品牌可以分为豪华型酒店品牌、中档型酒店品牌以及经济型酒店品牌。

豪华型酒店品牌的目标市场是追求物质与精神享受的消费群体，他们要求酒店能够提供全方位精致化的产品和服务。因此，豪华型酒店品牌的设施设备以及服务水平都必须达到一流水平。中档型酒店品牌主要是服务于消费水平处于中等档次的消费群体的酒店，这部分消费群体既注重酒店产品和服务的高质量、全面性，同时也十分注重价格。因此，中档型酒店品牌应在中等价位水平上提供最高性价比的酒店产品和服务。经济型酒店品牌主要服务于追求经济实惠的消费群体，主要提供价格较低、清洁舒适、安全便捷的住宿服务。

2. 按品牌市场地位划分

按酒店市场上不同酒店品牌的市场地位划分，酒店品牌可以分为领导品牌、强势品牌和弱势品牌。

领导品牌是在酒店市场中有很高知名度、美誉度和稳定的顾客忠诚度，市场占有率远远高于其他竞争对手的酒店品牌。领导品牌最受消费者青睐，同时也容易受到其他竞争对手的挑战。强势品牌是指具有良好市场声誉、较高市场占有率、良好发展潜力的酒店品牌。弱势品牌指在市场竞争环境中居于劣势的酒店品牌。弱势酒店品牌应积极向强势酒店品牌转型。首先，应深入分析酒店品牌存在的问题，如宣传不足而造成知名度低、产品与服务质量差导致美誉度低、与顾客沟通不够造成忠诚度低等。其次，在找出酒店品牌所存在的问题的基础上，采取针对性的改进措施以提高酒店品牌的市场竞争力和市场地位。

3. 按品牌辐射区域划分

按酒店品牌经营的市场区域划分，酒店品牌可以分为地区品牌、国内品牌和国际品牌。

地区品牌是指酒店经营的市场区域在一个较小地域范围之内的品牌，其市场网络辐射范围不大。目前我国本土酒店集团品牌的大多数均属于地区品牌。国内品牌是指酒店经营的市场区域遍布全国，市场网络辐射范围大。国际品牌是指在国际市场上知名度较高，市场网络辐射全球的品牌。

4. 按品牌来源划分

按品牌的来源划分，酒店品牌可以分为自有品牌、外来品牌和嫁接品牌。

自有品牌是酒店集团依靠自身资源经过长期的自主经营而创建的品牌，如我国本土酒店集团的“锦江国际”“建国”“开元”“粤海国际”“华天”等都是自有品牌。外来品牌是指酒店集团通过特许经营、兼并、收购或其他形式而取得的品牌。如雅高集团先后收购了美居、索菲特、诺富特、美国连锁汽车旅馆等一系列酒店品牌。嫁接品牌主要指酒店企业通过合资、合作方式形成的带有双方品牌的新产品。如国际知名品牌莱佛士与百年老店北京酒店“嫁接”成立北京酒店莱佛士。

二、酒店品牌的特征、功能与作用

（一）酒店品牌的特征

品牌特征（Brand Characteristics）是对一品牌做出定义并可将其与其他品牌进行区分的最显著的特性。酒店品牌有如下六个特征。

1. 识别性

识别性是酒店品牌最基本、最重要的特征。酒店品牌包含其所提供的服务产品的功能、质量、特色、文化等丰富信息，在消费者心目中代表着服务形象和企业形象。品牌在消费者心目中是服务质量的标志，它代表着服务的品质、特色。酒店的品牌必须突出酒店的产品与服务的特色，将竞争对手的产品与服务区别开来，从而便于消费者识别和购买。因此，具有鲜明的识别性是酒店品牌的重要特征。

2. 无形性

品牌是酒店最重要的无形资产之一，但这种价值却是看不见、摸不着的，品牌不具有有形的实体、不占有空间，它不像有形资产直接体现在资产负债表上；但它却是酒店资产的重要组成部分，酒店能够凭借品牌获取利润，有时酒店的品牌资产甚至超过了有形资产的价值。品牌可以通过一些有形的载体来体现，例如，直接载体是品牌名称、品牌标识等，而间接载体是酒店的市场占有率、企业形象、市场知名度、口碑等。

3. 文化性

每个酒店品牌都具有自己独特的个性和文化内涵。经过几个世纪的发展，酒店行业已经从提供简单食宿服务的客栈演变成旅行者的“家外之家”和当地重要的社交场所。不同类型的酒店品牌会体现出不同的文化特性。例如，经济型酒店品牌往往表现出亲切的、平易近人的文化特征，如“洁净似月，温馨如家”的如家酒店；豪华型酒店品牌则是高贵的、奢华的、典雅的、稳重的，如四季酒店等。对于国际酒店集团来说，在企业国际化的进程中还需要吸收不同地方的区域文化，以适应当地市场的需求。

4. 情感性

品牌和顾客关系中，情感因素很重要，正是品牌的个性和态度吸引了顾客，并维持了大量的忠实顾客。事实上，优秀品牌的创建本身就是进行大量情感投资的过程：首先通过大量的广告、公关等营销手段建立品牌知名度，在营销轰炸中使顾客初步认识和了解酒店品牌；然后在服务质量、酒店特色上有所作为，在目标顾客中形成较高的美誉度，这是知名度强化、情感经营和特色服务的结果，顾客不仅认识了这一品牌，而且发现与其有相同或相似的价值取向；最后顾客对品牌产生信任，发生多次购买行为，从而在品牌认可的基础上建立起品牌忠诚，成为该品牌的忠实顾客。

5. 排他性

从法律角度讲，品牌是一种商标，表明了商标注册情况、使用权、所有权和转让权等权属情况。酒店品牌一经注册或申请专利，其他酒店或企业就不得擅自使用该品牌从事商业活动。这就是酒店品牌法律意义上的排他性。同时，酒店品牌的排他性具有市场意义。酒店经营中可能会有这种现象：只要一家酒店引进了较受欢迎的菜品或娱乐设施，其他的酒店就会在极短的时间内群起而模仿，始创者的优势很快就荡然无存。而品牌则不同，良好的品牌一经顾客的认可进而形成品牌忠诚，无形中强化了品牌的专用性，竞争对手是难以模仿的。即使竞争对手设计出相似的品牌标志（实际上，经过注册的品牌标志是受法律保护的，在特定情况下模仿其他酒店的品牌设计会惹来法律纠纷），提供相似的服务，也无法带走忠实顾客。一个成功的酒店品牌与其市场定位、企业文化是紧密结合在一起的，这些是其他酒店所望尘莫及的。尤其是在酒店品牌具有一定的知名度和美誉度并形成口碑后，排他性体现得更加明显。

6. 价值性

酒店品牌是企业重要的无形资产之一，它具有价值，可以作为商品被买卖，主要体现为商标价值、市场价值和商誉价值三个方面。例如，据有关资料显示，假日酒店品牌价值仅次于可口可乐和万宝路，达上百亿美元。① 商标价值是酒店重要的财富之一，评价商标的价值应该从商标的欣赏价值、商标的知名度、商标的专利权价值等方面考虑。其中，商标的专利权价值取决于商标权具有的收益能力、投资能力和获得赔偿的能力。酒店品牌的市场价值表现为酒店品牌在市场上的知名度、品牌认知度、品牌联想度、品牌忠诚度和品牌市场份额。酒店品牌的商誉价值可以从品牌寿命、品牌产品质量和品牌形象三个方面进行考察。酒店品牌资产会随时间而逐渐积累，一个品牌的寿命越长则代表了酒店悠久的经营历史和长久的市场生命力，从而会赢得更多的市场赞誉和信赖。

（二）酒店品牌的功能

1. 识别功能

品牌是一种无形的识别器，是产品和企业的“整体”概念。品牌能够使消费者在购买具有某种使用价值的商品时，面对琳琅满目的商品能很快地做出选择。酒店品牌包含酒店提供给消费者服务产品的功能、特色、质量、文化等丰富的内容，在消费者心目中代表着

---

① 朱磊．酒店企业形象系统CIS的导入和实施．今日头条，2020-09-27.

酒店的形象和酒店的服务品质。

2. 保护企业及消费者权益功能

品牌通过登记注册后，受到法律法规保护，禁止他人非法使用。如果质量有问题，消费者可以根据品牌与企业进行交涉，依法向其索赔，保护自身的正当权益。

3. 促销功能

由于品牌是产品的品质、特色、档次的标志，易引起消费者的注意，满足他们的要求，因此，容易赢得消费者的选择和厚爱，实现扩大总销售的目的。不同的酒店品牌代表着不同的服务品质和服务特色，消费者可以根据品牌的特色来选择不同的酒店产品。当我们看到安缦、四季酒店会联想到低调奢华，看到“如家”会觉得温馨、高性价比……品牌无形中向我们传达了酒店的形象，并有可能促成消费者的购买行为。

4. 增值功能

品牌自身就是一种无形资产，可以作为商品被买卖，能为企业带来巨大的经济效益，随着品牌知名度、美誉度的提高，品牌本身的价值也会水涨船高。产品与品牌的区别主要就在于品牌的“附加值”。品牌不仅能给消费者带来物质上的满足，也能带来心理上的满足，高档、奢华的酒店品牌，对消费者来说是一种身份和地位的象征。知名酒店的品牌价值，可以帮助酒店获取较高的利润和市场占有率，能够提高酒店经济效益。

5. 有利于帮助企业塑造市场形象

品牌代表着企业的形象，在消费者心目中，品牌实力与企业的实力和形象息息相关。品牌有利于塑造企业的形象，提高企业的知名度、信赖度，为企业多元化及品牌延伸打下坚实的基础。一旦形成品牌后，就可以用品牌的知名度、美誉度宣传地区形象甚至是国家形象。

（三）酒店品牌的作用

品牌是支撑酒店获得持续比较竞争优势的重要力量。品牌对酒店发展的重要作用体现在以下四个方面。

1. 品牌是促进酒店资本增值的重要途径

一方面，品牌本身就是酒店无形资本的重要组成部分，酒店品牌自身价值增值可以实现酒店资本增值；另一方面，品牌等无形资产能够驱动更多的有形资本，从而带动酒店整体资本“滚雪球”式增长。

（1）品牌是酒店无形资本的重要组成部分，品牌资本的增值过程就是品牌资本的价值形成过程。品牌资本的构成要素包括品牌知名度、品牌认知度、品牌联想度、品牌忠诚度和其他专有资产（如专利、商标、渠道关系）等。品牌资本的竞争功能和垄断功能带来强大的资本增值能力，表现为：第一，酒店品牌资本提高消费者的重复购买率。品牌资本有助于消费者认识酒店的品牌内涵与产品价值，从认识品牌到认同品牌直至品牌忠诚。当消费者对酒店品牌产生较高的顾客忠诚度时，其在以后相当长的时间内就会不断地重复购买该酒店产品，并向与其关联的社会大众传播该酒店的产品、品牌。因此，品牌资本有助于配合酒店的营销计划提高消费者重复购买酒店产品，增加酒店产品的市场份额，提高盈利水平。第二，酒店品牌资本促进酒店产品溢价销售。良好的酒店产品品牌形象使消费者愿意支付较高的价格，其中高于产品内在价值的价格就是溢价。只要品牌产品的溢价在消费者心理承受范围之内，消费者就愿意购买品牌产品，因为消费者在购买酒店产品与服务的同时也在体验品牌所带来的企业精神和文化。品牌资本可使酒店的产品和服务占据很高的市场份额，从而使其获取丰厚的利润。因此，品牌资本增值是酒店资本增值的重要途径，要注意正确认识和评价品牌资本，防止出现只见有形资产不见无形资产的错误观念。

（2）品牌能够驱动有形资本增长。酒店品牌不是物质生产要素，但是它能够驱使社会资源向强势酒店品牌聚拢，从而使酒店用一定的品牌资本驱动更多的有形资产运转，形成有形资产和无形资产之间的良性互动。酒店产品具有不可储存性、不可异地消费和不可试用等特点，酒店消费是一种心理感受的特性，决定了酒店品牌形象的重要作用。酒店的有形资产只有通过品牌等无形资产的运营才能发挥倍增效应。酒店以品牌为载体，利用品牌强大的竞争功能和垄断功能在市场上通过特许经营、购并、融资等方式实现社会资源向强势酒店品牌聚集。世界酒店之间的兼并、联合导致超级酒店集团的诞生。例如，喜达屋集团通过兼并喜来登和威斯汀迅速成长起来。具体实施方式有：第一，酒店品牌资本的所有者以获得资本增值为目标，经营品牌资本权益；第二，酒店经营者依据其拥有的法人财产权经营企业的品牌资本权益，从而实现品牌资本权益的保障与增值。酒店为了实现品牌资本的不断增值和价值最大化，需要对品牌资本进行系统、科学的经营管理。因此，以品牌经营促进酒店资本增值，这已经成为酒店业主和投资者的重要经营战略之一。

2. 品牌是推动酒店市场扩张的重要工具

美国品牌价值协会主席拉里·莱特说：“拥有市场比拥有工厂更为重要，而拥有市场的唯一途径，正是拥有具备竞争力的品牌。”品牌是推动酒店市场扩张的重要工具。酒店通过品牌经营形成连锁集团，才能够实现市场的低成本扩张和经营的规模经济效应。从经济学的角度来看，酒店的一切生产经营活动都是在努力实现企业资源的最优配置以获得最大的效益产出。酒店经过一定时期的发展积累了一定的经营资源，如资金、技术、人才、品牌等。当资源积累至一定程度而超过酒店内部合理配置与利用的限度时，就会出现资源闲置的问题。资源优化配置的内在动力就会驱使酒店在企业外部寻找合理配置过剩品牌资源的空间。酒店会运用品牌等无形资产的转让和特许经营来扩张市场。国际著名酒店正是由于成功地实施了品牌扩张战略，在短时期内迅速拓展全球市场网络，综合竞争实力日益增强。

品牌扩张可以充分体现酒店品牌的形象价值，从而实现收益的最大化。酒店以品牌为工具，通过横向一体化扩张、纵向一体化扩张、多元化扩张等方式促进品牌资源的优化配置。在横向一体化扩张方面，酒店可以借用成功产品品牌在消费者心目中的良好形象、声誉、口碑等，将原有品牌名称用于新开发产品系列。消费者和公众出于对成功品牌的信任与偏好，会把品牌忠诚延伸到新产品，把品牌对市场的影响力和支配力持久延续，从而增加新产品取得市场成功的机会。例如，雅高集团面向豪华、中档、经济型等不同的酒店细分市场，在雅高（Accor）品牌下延伸出索菲特（豪华型品牌）、诺富特（商务型品牌）、美居（中档品牌）和宜必思（经济型品牌）等多个品牌，实现酒店产品多元化。在纵向一体化扩张方面，酒店以品牌为纽带，将酒店上下游企业（如旅行社、航空公司、旅游景区、旅游车船公司、娱乐业、餐饮业等）整合在酒店中，通过对酒店内部资源的优化配置合理调节各环节之间的利益关系，降低生产成本，提高生产效率，从而提高企业盈利水平。在多元化扩张方面，酒店利用成功酒店品牌在消费者心目中的良好声誉拓展各行业市场，如会展服务业、房地产业、娱乐业、金融业、商业、高科技、文化教育等。消费者基于对知名酒店品牌的信任，在购买其他类型商品时也往往显示出同样的品牌偏好和品牌信任。从酒店角度来看，酒店利用品牌延伸拓展多元化业务领域，可以利用成功酒店品牌的知名度、美誉度迅速打开市场，缩短新产品的投入期，增加销售量。因此，运用品牌扩张酒店市场已成为现代酒店的普遍选择。

3. 品牌是展示酒店形象的有效手段

酒店的企业形象是社会公众对酒店的整体印象和评价，它是酒店文化、经营理念、管理哲学、产品特色等多种因素的综合反映。因此，酒店的企业形象具有综合性与无形性特征。这也给消费者认识、评价酒店的企业形象设置了障碍。而在市场经济高度发达的时代，酒店之间的市场竞争日益激烈，竞争不再局限于酒店产品的价格、质量，而且延伸到酒店的企业形象层面。世界著名酒店都是通过塑造良好的企业形象来塑造酒店核心竞争力。其中，品牌充当了酒店形象展示媒介的作用。酒店的企业形象必须借助于有形的物质载体传递给目标市场，如酒店的建筑物、环境、设施设备、员工、产品等。但这些载体仅对有机会接触酒店的消费者有效，而对没有机会接触酒店的消费者来说，品牌承担着形象宣传的重任。酒店可以在各种营销活动中运用品牌名称、品牌标识、品牌标语等传播酒店产品与企业形象信息。品牌传播效率越高，市场对酒店形象的知晓度就越高；而好的品牌有助于目标市场识别酒店产品。消费者通过品牌联想酒店提供的产品与服务的质量、特色、形象等，促进优先购买。因此，在现代市场竞争中品牌已经成为酒店形象的象征。

4. 品牌是提高酒店市场顾客忠诚度的重要方式

酒店产品具有无形性特征，消费者在购买酒店产品时不能得到明确的品质和效果预期。因此，消费者在购买酒店产品时必须基于经验和信任的前提。而品牌则是酒店向消费者提供产品质量承诺，减少消费者购买风险的工具。酒店品牌代表酒店对市场的精神感召力，它以其巨大的“磁力”吸引着消费者。品牌代表着酒店的产品、服务和某种特质，具有强大震撼力和感召力，能牢牢抓住消费者的视线，引起消费者极大的关注。如果酒店品牌适应了消费者群体的情感、喜好、身份和地位，那么消费者就会成为忠诚的顾客。当消费者对酒店品牌产生较高的顾客忠诚度时，其在以后相当长的时间就会不断地重复购买该酒店的产品，并向与其关联的社会大众传播该酒店的品牌、产品。

学习专栏

1. 酒店品牌的作用和功能有哪些？
2. 酒店品牌有哪些基本类型？

第二节　酒店品牌运营管理概述

品牌运营（Brand Operations）是指企业利用品牌这一最重要的无形资本，在营造强势品牌的基础上，更好地发挥强势品牌的扩张功能，促进产品的生产经营，使品牌资产有形化，实现企业长期成长和企业价值增值。它是从产品经营、资本运营发展而来的。品牌运营管理（Brand Operations Management）是指对品牌运营过程的计划、组织、实施和控制，是与品牌运营服务密切相关的各项管理工作的总称。让我们通过一个案例来引出我们的思考：

国际酒店集团解除管理合同后的困境

某酒店是一家按五星级标准建造的商务型酒店，拥有客房650间，并配有相应的餐饮、康乐和商务设施。为了引进国际先进的酒店管理理念、管理体系，培养专业化的酒店人才，提高酒店服务与管理水平，该酒店聘请某国际著名酒店集团全权管理，并使用该酒店品牌与客源预订系统。该酒店所有正职全部由外方管理集团派员担任，副职由中方推荐、外方考核聘任。该集团还派出相当数量的专业技术人才。开业之前，该酒店一方面加强制度建设和人员培训；另一方面利用集团全球市场网络进行宣传推广。开业后，酒店生意兴隆，平均房价与客房出租率均高于同城市其他同类酒店。其客源对象主要为境外商务、旅游顾客和国内高层次政务、商务顾客，酒店的经济效益较为理想。10年后，管理合同到期，酒店业主考虑到中方管理人员已经成熟，客源网络已建立，酒店的各项制度也已基本完善，酒店服务品质管理体系业已构建。所以，为了减少支出，创造更好的经济效益，中方决定自己管理，不再续签管理合同。接着，该酒店集团向外宣布此酒店不再为自己的联号酒店。

中方接管后，一方面进一步加强对外的宣传促销；另一方面狠抓内部管理，使服务质量有了稳定的提高。但是，接管一年内的境外顾客订房率、平均房价、客房出租率都明显下降，酒店经济效益未能达到预期目标。

思考：为什么酒店还是按照原来的经营管理体系运营，而且推广促销力度有增无减，但酒店的经营效益却出现下滑？

该酒店之所以出现以上情况，主要原因是品牌因素。在成熟的市场经济条件下，酒店竞争已从一般的价格、质量竞争上升至品牌竞争，国际著名的酒店品牌已成为酒店的招客之宝和盈利之方。所以，酒店要想实现理想的经济效益，必须实施品牌管理。酒店品牌运营管理就是围绕品牌创立与实现品牌价值而展开的一系列的创造性活动。

一、酒店品牌定位管理

品牌经营始于品牌定位，指导酒店品牌经营的方向。所谓品牌定位，简言之就是为品牌找到一个适当的市场位置，并确立与众不同的个性特征和核心要素。只有清晰地确定品牌定位，才能找到目标受众，才能进一步设计酒店产品和服务，并通过媒介渠道将产品与服务的信息精准地传递给目标受众。酒店品牌定位管理重点介绍品牌定位原则和品牌定位策略。

（一）品牌定位原则

正确的品牌定位，需要遵循一定的原则。

1. 实事求是原则

任何事理都有其内在的规律可循，如果我们能够遵循其规律办事，往往就能够达到事半功倍的效果，品牌定位也不例外。那么，如何找到自己的位置？答案就是必须实事求是。实事求是从三方面把握——认清时势、研究自身、把握需求。

（1）认清时势。

古语云：不辨正误，则不知进退。如果说“时”是时代和实践，那么“势”则是其中包孕的未来方向和历史必然。不合“时”则无以顺势，不顺势也不能真正合“时”。认清时势，就是要认清社会发展趋势，把握社会文化环境及顾客消费趋势，充分关注行业发展动态，重点关注竞争对手的品牌定位。在市场竞争十分激烈的情况下，几乎每个细分市场都有许多竞争对手。此时，酒店的品牌定位不能不考虑竞争对手的品牌定位，而应力图在品牌上体现自己的个性和风格。

（2）研究自身。

任何事情都离不开主体自身的资源和能力的实际，因此要充分结合自身的实际情况，看看自身到底有哪些优势和弱势，力争扬长避短，而不要过分追求弥补不足。在此，必须特别关注以下三点。

第一，酒店产品特点。酒店的品牌定位应以酒店提供的特殊服务为核心。酒店提供的服务能给消费者带来利益，满足消费者的特殊需求。

第二，酒店资源条件。要使酒店资源获得合理的运用，达到最佳收益状态。如温泉酒店、度假酒店，这些品牌定位可以显现品牌的个性与独特形象。

第三，成本效益比。品牌定位是要付出经济代价的，其成本的多少因定位不同而有所差异。不考虑成本而一味付出、不求回报不符合企业的经营宗旨。收不抵支的品牌定位终将失败。因此，酒店为塑造品牌而提供的服务必须能收支相抵，为社会形象而设的免费服务不能以长期增加经营费用为代价，否则这种服务除不能长时间坚持外，还有可能损坏品牌形象。

（3）把握需求。

特劳特与里夫金在《新定位》一书中强调品牌定位的中心在于消费心理，对于消费者的心理把握得越准，品牌定位策略就越有效。① 现在的客人入住酒店，绝不只是完成物质和服务的消费过程，同时还有情感的体验。消费者在面对众多的选择时，往往会根据“我就喜欢”而选择自己的目标。酒店企业要能抓住消费者的消费心理，迎合消费者的消费心理。

2. 个性鲜明原则

顾客挑选产品时，他们在理性上考虑产品的使用功能，同时也评估不同品牌所表现出的个性。当品牌表现的个性与他们的自我价值相吻合时，他们才会选择该品牌。所以，只有具有鲜明品牌个性的酒店才能从众多的酒店中脱颖而出，在顾客心中占有一席之地。为

① 杰克·特劳特，史蒂夫·里夫金．新定位．邓德隆，火华强，译．北京：机械工业出版社，2019.

了使品牌成功实现差异性，品牌的个性化定位必须独特，有活力与诱惑力。

大卫·爱格将品牌个性分成五大个性要素——纯真、刺激、称职、教养、强壮。每个个性要素又可以细分为不同层面。他认为品牌能依人口统计项目（如年龄、性别、社会阶级等）、生活形态（如活动、兴趣和意见等）或是人类个性特点（如外向性、一致性和依赖性等）来予以描述。

3. 易于识别原则

易于识别就是消费者一看即知，不需要费心费力就能领会品牌定位。因为现代社会是信息社会，人们睁开眼睛就开始面临信息的轰炸，消费者被信息围困，应接不暇。而人类大脑不喜欢复杂，没有兴趣去记忆很多有关品牌的信息。所以，酒店只有压缩信息，为自己的品牌塑造一个易于识别，并能打动消费者的形象，才是明智的选择。酒店品牌定位必须简洁明了，表达清晰，并集中聚焦。

特劳特指出，企业在品牌建设上，必须学会"特性舍弃"（Attribute Sacrifice），即将精力集中在一种产品特性上；你的产品可能拥有多种特性，但你要传递的信息一定要在产品的核心特性上。① 因此，最好的品牌是与产品优势的卖点直接相关联的，所传递的应该是产品的最重要特性。

总之，抓住关键的一两个独特点，以简洁明了的方式表达出来，让消费者充分感知、产生共鸣，这是品牌定位的一条重要原则。

4. 综合考量原则

品牌定位是品牌经营战略层面的工作，具有全局性、长远性、方向性的特征，所以必须系统思考、综合考量。

品牌定位的一个主要目的是在消费者心中形成一个定位的形象，让消费者将企业品牌与某一特定的、好的词汇联系在一起。只有数年持之以恒坚持自己的品牌定位，才能成为一个具有高强度的品牌概念，才能给消费者留下深刻的印象。当然，在消费需求、市场结构变化越来越快的现代社会，品牌定位不可能一成不变。定位的表现形式应该在不同时期、不同时间段有所不同，而且应该与时俱进，达到品牌保鲜，但支撑品牌定位的基本理念、核心价值则应该长期坚守。为此，品牌定位既要有深度，具有适当的前瞻性，又要有一定的宽度，具有较好的包容性。

（二）品牌定位策略

品牌定位，必须根据酒店的经营环境与自身条件，确定自己的目标顾客群体，清晰知道为谁服务。

1. 市场定位选择

市场定位选择即为自己的品牌找到一个恰当的位置与形象，以达到占据一个有利的竞争地位之目的。

（1）首席定位。

首席定位即市场第一品牌的定位。里斯和特劳特指出，从心理学角度看，人们通常容

① 杰克·特劳特．精灵的智慧．王俭，火华强，译．北京：电子工业出版社，2003.

易记住位居第一的事物。[1] 因此，品牌定位时最好能和“第一说法、第一事件、第一位置”等方面挂上钩，以便在顾客心中占据难以忘怀、不容混淆的优势地位。这种定位一般适用于企业实力雄厚、特色非常明显的品牌的定位，新产品也可采用此定位策略。当然，也可以通过创造品类，让自己的品牌成为第一品牌。

（2）比附定位。

比附定位即攀附、比拟名牌来给自己的品牌定位。常见的策略有：甘居第二。即明确承认同类中某品牌是第一，而自己的品牌只是第二，但自己的品牌同样具有特色。比如，艾维斯（Avis）汽车租赁公司在和竞争对手比较之后，坦陈自己是业内第二，随即笔锋一转，“但我们更努力”，彰显出自己的优势所在——谦虚、耐心、热情、孜孜不倦，足以拨动顾客的心弦。这是一种借力使力的方法，通过和市场领导者等强势品牌发生关联，迅速将品牌提升到一个高起点，并显示自己在一些方面做得比他们更好，引得顾客另眼相看。

又如，借力造势。即通过加盟某种具有法定成分的著名团体或者参与某种有影响力的评选获得某种名声，以提高自己的地位与形象。美国克莱斯勒汽车公司宣布自己是美国三大汽车公司之一，使消费者感到克莱斯勒和第一、第二同样都是知名轿车，就收到了良好的宣传效果。这种借力造势方式，利用模糊数学的手法，借助群体的声望，把自己归入高级品牌群体中，强调自己是这一群体的一员，从而提高自己的形象和地位。

（3）对比定位。

对比定位即通过与竞争对手的客观比较来确定自己的品牌定位。对比定位的关键是在了解顾客核心需求基础上，发现竞争对手的弱点和自身品牌的优势。这从某种意义上来说，是一种差异化定位方法，或者说是一种空档定位的方法。这里既可以是目标顾客群的差异（空档），也可以是营业时间上的差异（空档），还可以是经营方式上的差异（空档）。

2. 确定品牌结构

品牌结构即一个企业不同产品品牌的组合，它具体规定了品牌的作用、各品牌之间的关系，以及各自在品牌体系中扮演的不同角色。总的来说，酒店集团确定品牌结构可采用的基本策略主要有以下几个：

（1）单一品牌策略。

单一品牌策略即在品牌扩张上，直接使用酒店或者酒店集团的公司名称作为产品品牌名称，即公司品牌策略。单一品牌的最大特点是：“一荣俱荣，一损俱损”。该品牌策略比较适用采取目标聚集战略的酒店集团。

（2）复合品牌策略。

复合品牌策略也称主副品牌策略，即把主品牌与次品牌结合在一起的品牌策略。原有品牌为主品牌，也称母品牌。在酒店和酒店集团的品牌中，能充当主品牌的主要是酒店或酒店集团的公司品牌。附加在主品牌后面或前面的新品牌，称为副品牌、次品牌或子品牌。副品牌的作用是增加主品牌的个性与活力，从而使主品牌获得新的内涵。

---

① 里斯，特劳特．广告攻心战略：品牌定位．刘毅志，译．北京：中国友谊出版公司，1991.

(3) 多品牌策略。

多品牌策略即把目标分别承载于不同的品牌之上，把资源分别配置于不同的品牌之上的策略。多品牌策略的典型特征就是每一个产品或每一个产品群都使用不同的品牌名称、不同的定位和不同的品牌识别。实施多品牌策略，可满足不同市场需求，最大限度占领市场，实现对顾客的交叉覆盖，并且还能降低企业的经营风险。但是，实施该策略需要各个品牌具有足够的规模，否则就难以承担较高的品牌宣传推广费用。

3. 核心价值提炼

品牌核心价值是指一个品牌承诺并兑现给消费者的最主要、最具差异性与持续性的利益。品牌核心价值是品牌的精髓，也是品牌一切资产的源泉，因为它是驱动消费者认同、喜欢乃至爱上一个品牌的主要力量。核心价值的提炼方法主要包括以下三种：

(1) 区隔点法。这是把竞争对手的品牌作为一个最主要的考虑因素，从当地领导者品牌身边寻找与其最大的不同点，提炼出个性、差异化的品牌价值。市场竞争发生在不同的层次，有产品形式竞争、产品种类竞争、类别竞争或预算/需求优先竞争。酒店一定要清楚到底哪一个层次的竞争者是酒店品牌最强劲的对手，避免与强手短兵相接，挑选一些距离更远的方式与之竞争，不仅能缓冲它对自己品牌造成的影响，有时还能起到标新立异的作用。

(2) 需求点法。这种方法是把顾客的需求放在第一位，从顾客那里寻找最富有感染力，能够深深触动顾客内心世界的需求点进行提炼。首先要研究顾客对呈现在他们面前的酒店产品的选择依据，明确什么样的产品利益对顾客来说是最重要的，这些利益对不同的顾客群具有何等的重要性。然后，要确定与酒店构成竞争的其他品牌和酒店自身在重要属性上的表现，以发现在不同的指标下各品牌所处的市场地位。用同样的指标确认顾客的要求，找到他们认为理想的品牌在各项指标中的位置。顾客要求的差异将有助于形成基于不同消费偏好的细分市场。最后将上面所有因素组合起来，选择目标顾客和差异优势，实施核心价值定位。一个品牌如果具有了触动顾客内心世界的核心价值，就能引发顾客的共鸣，那么即使花较少的广告传播费用也能使顾客认同和喜欢上品牌。

(3) 支撑点法。即在权衡顾客和酒店自身时，把酒店自身资源与能力优势放在第一位。不是寻找对哪些顾客来说品牌可以建构成他们理想的模样，而是寻找对酒店来说哪些顾客符合其预期的特征。通过自身特点与优势的挖掘，提炼品牌核心价值。

二、酒店品牌传播管理

品牌传播是酒店塑造品牌的重要环节，它连接着品牌创立和品牌价值实现两个环节，起着承上启下的重大作用。

(一) 品牌传播

1. 品牌传播的特点

品牌传播是指品牌所有者找到自己满足消费者的优势价值所在，用恰当的方式持续地与消费者交流，促进消费者的理解、认可、信任和体验，产生再次购买的愿望，不断维护对该品牌的好感的过程。品牌传播具有如下特点。

(1) 长期性。

品牌传播是一个长期的过程，需要企业持续不断地进行宣传推广，才能形成品牌的稳定形象和认知。品牌传播需要通过多种媒介，如广告、公关、活动等，持续不断地向消费者传递品牌信息和产品信息。只有在长期的传播过程中，品牌才能深入人心，成为消费者信赖的选择。

(2) 创新性。

品牌传播需要不断创新，从而吸引消费者的注意力和兴趣。企业需要通过创新的宣传手段和方式，传递品牌信息和产品信息。同时，企业需要不断创新产品和服务，从而满足消费者的需求和期望。只有在创新的品牌策略和产品创新的支持下，品牌才能赢得消费者的青睐和信任。

(3) 聚合性。

作为动态的品牌传播，其信息的聚合性是由静态品牌的信息聚合性所决定的。品牌表层因素如名称、图案、色彩、包装等，其信息含量尚是有限的，但"产品特点""利益与服务的允诺""品牌认知""品牌联想"等品牌深层次的因素，聚合了丰富的信息，它们构成了品牌传播的信息源，也就决定了品牌传播本身的信息的聚合性。

(4) 多元性。

加拿大传播学家麦克卢汉有句名言："媒介即讯息"，因为媒介技术往往决定着所传播的讯息本身。新媒介的诞生与传统媒介的新生共存，共同打造出一个传播媒介多元化的新格局，这为"品牌传播"提供了机遇，也对媒介运用的多元化整合提出了新挑战。传统的大众传播媒介对现代社会的受众来说，魅力依旧存在，而新媒体的诞生则使得品牌传播的媒介多元化更加突出。数字技术的产生更是进一步推动了传统与创新传播媒介的融合。企业自办的网络、播出的网络广告，不仅起着广告的功能，而且进行着内涵丰富的品牌传播。

(5) 系统性。

在品牌传播中，其系统的构成主要是品牌的拥有者与品牌的受众，二者由特定的信息、特定的媒介、特定的传播方式、相应的传播效果、相应的传播反馈（如受众对品牌产品的消费、对品牌的评价）等信息互动环节构成。

2. 品牌传播的途径

研究表明，酒店通过各种途径进行品牌传播可以降低顾客的认知成本。根据测验，两种媒介作用于人一次的效果，要比一种媒介作用于人两次的效果高 30%。因此，品牌传播应从不同时间、不同空间、不同传播途径全方位进行。酒店品牌的传播途径主要有以下几个。

(1) 广告传播。

广告作为一种主要的品牌传播方式，是指品牌所有者以付费方式，委托广告经营部门通过传播媒介，以策划为主题，以创意为中心，对目标受众所进行的以品牌名称、品牌标志、品牌定位、品牌个性等为主要内容的宣传手段。广告传播具有以下特点。

1) 有偿沟通。广告最明显的特性是有偿沟通。酒店为了扩大品牌在消费者中的影响，以付费的方式借助于社会资源开展全方位的品牌宣传。而广告公司、广告媒介等社会资源通过传播酒店品牌来收取报酬。

2）公开展示。广告的目标受众是社会大众，具有不确定性与非定向性，很多人都能够接收到相同的广告信息。广告是一种高度公开的信息传播方式。这就决定了广告的信息覆盖面十分广泛，有利于品牌信息在大范围内传播。

3）单向传播。广告是单向的信息传播，酒店将品牌信息经过传播渠道送达目标受众，传播者与受传者只是单方面的给予与接收关系。目标受众在收到信息以后对信息的解读是否与广告发送者的预期目标一致，不能通过广告方式来得知。

4）媒介多样。广告传播媒介多种多样，包括电视、广播、报纸、杂志、户外广告、印刷媒体及互联网等。不同传播媒介的特点不同，选择不同的传播媒介有不同的优缺点。酒店在选择广告媒介时，需要综合权衡目标市场的媒体接触习惯、预算等因素。

（2）销售传播。

销售传播是指酒店使用各种短期性的措施刺激消费者或者分销渠道成员迅速、大量购买酒店产品的行为。销售传播是酒店品牌传播的重要方式之一，一方面是因为这种方式能够促进直接消费；另一方面也是因为随着酒店品牌数量的增加，竞争对手频繁采用销售传播的方式，使得品牌拥有者更加看重销售传播这种方式。销售传播主要具有以下特点。

1）时间上的短期性。销售促进是战术性的营销工具，它提供的短期的强刺激，能够刺激消费者的即时行动。因此，销售促进在短时间内能产生较好的销售反应。

2）形式多样。酒店销售促进的方式多种多样，可以是优惠券、竞赛抽奖、折扣优惠、免费赠送等。各种促销方式的优点及使用条件不同。酒店可以根据品牌特点与消费者特征灵活加以选用。

3）效益的非连续性。尽管销售传播在短时间内能够提升销售额度，但是很少有长期的效益和好处，尤其是对品牌形象而言，大量使用销售推广会降低品牌忠诚度，增加顾客对价格的敏感度，淡化品牌的质量概念，促使企业偏重短期行为与效益。

（3）公关传播。

公关传播即公共关系传播，是组织通过专项活动以及报纸、广播、电视、网络等大众传播媒介，辅之以人际传播的手段，向其内部及外部公众传递有关组织各方面信息的过程。它的目的是沟通传播者与公众之间的信息联系，使组织在公众中树立良好的形象。作为品牌传播的一种手段，其一般具有以下五个基本要素：一是公关传播者，即组织信息的采集、发布者，是代表组织行使传播职能的人。二是公关传播内容，即传播者发出的有关组织的所有信息，如企业的目标、宗旨、方针、经营思想、产品和服务质量等，或者号召公众响应一项决议，呼吁公众参与一项社会公益活动等。三是公关传播渠道，即信息流通的载体，也称媒介或工具。四是目标公众，即那些与组织有着某种利益关系的特定公众。五是公关传播效果，即目标公众对信息传播的反应，也是公关人员对传播对象的影响程度。公关传播与广告传播相比，具有以下差异。

1）传播目标不同。广告的主要目标是激发人们的购买欲望，对产品产生好感，“让别人买我”；公关传播的主要目标是赢得公众的信赖、好感、合作与支持，树立良好的整体形象，“让别人喜欢我”。

2）传播方式不同。广告为了引人注目，可以采用各种传播方式，包括新闻的、文学的及艺术的传播方式，可以采用虚构的乃至夸张的手法，以激起人们的兴趣，增强人们的购买欲望。但公关传播方式主要是新闻传播的手段，最重要的是靠信息的真实性、客观性及其内在的新闻价值说话。成功的公关传播在于善于选择适当的时机、采用适当的形式，通过适当的媒介，把适当的信息及时、准确地传递给目标公众。

3）传播周期不同。通常来说，广告传播周期是短暂的，短则十天半月，长则数月一年，一般不会太长。相对来说，公关传播周期则是长期的，其任务主要是树立整个企业的信誉和形象，急功近利的方式是很难奏效的。

4）所处地位不同。一般来说，广告传播在经营管理的全局中所处的地位是局部性的，其成败好坏，对全局没有决定性的影响。但公关传播却不同，它在经营管理中处于全局性的地位，贯穿于经营管理的全过程。公关传播的好坏，以及整个企业的信誉、形象，决定着整个企业的生死存亡。

5）评价效果不同。一般来说，广告传播的效果是直接的、可测的，其经济效果是显而易见的。对某项广告而言，其效果也往往是局部的，只影响某个产品或某项服务的销路。而公关传播的效果则是战略性的、全局性的。成功的公关传播所取得的效益，应该是包括政治、经济、社会等各方面效益的社会整体效益。一般来说，这样的整体效益是难于通过利润的尺度来直接衡量的。

（4）人际传播。

人际传播是在自我传播的基础上进行的。人际传播也称人际沟通，是人际交往的一个组成部分，它指人们传递或交换知识、意见、感情、愿望等社会行为。这里，既包括酒店内部的人际沟通，也包括酒店员工与顾客的人际沟通，还包括酒店与其他组织成员的人际沟通。

在人际传播途径中，最受关注的传播形式是口碑传播。口碑传播是指以口头传播为主要形式，以传播者之间的相互信任或密切关系为基础的一种信息传播方式。口碑传播具有三个重要特性：一是选择性，即人们在传播信息时会以传播者认为最主要的信息作为传播内容，可能是产品质量，也可能是价格、品牌的地位等；二是主观性，即人们所传播的信息是经过自己的思维加工而成的，它必将带有一定的主观色彩；三是高效性，由于传播者之间的关系，往往传播将对被传播者的购买行为和态度产生决定性影响。

3. 品牌传播的趋势

现阶段品牌传播呈现以下四个基本趋势。

（1）品牌传播体验化。

酒店服务实际上是一种体验产品，要让消费者真正领略并喜欢，应注重传播的体验化。设置适宜的互动性品牌交流和沟通情景是体验化品牌传播的基本要求。互动性品牌交流和沟通就是使顾客介入个性化的品牌体验中。其特点是：使品牌传播从利益驱动的服务向可回忆的个性化的体验发展；从传统的广告、公关传播向与消费者每一个可能接触点的多渠道传播方向发展。

（2）品牌传播娱乐化。

品牌传播娱乐化，即通过娱乐化元素的使用，制造出愉悦生动的消费者品牌接触经历，进而表达品牌的主张，达到与消费者沟通的目的的品牌传播活动。主要类型有三种：一是娱乐化广告传播，即通过幽默、夸张的故事情节、语言台词或代言人等娱乐元素进行幽默化创意表现的广告，使消费者在观看广告时感觉到心情愉快，有效地降低消费者对广告的抵触心理；二是娱乐化公关传播，即通过赞助商和参与媒体举办娱乐节目或娱乐性活动等公关活动来实现品牌传播；三是娱乐化促销，淡化商业功利性而让促销过程充满娱乐元素和娱乐气氛的营销活动。

（3）品牌传播联合化。

品牌传播联合化，即品牌联合营销理念下的品牌传播趋势。主要有以下几种：一是不同行业品牌的联合营销；二是同一企业不同品牌的联合营销；三是制造商与经销商之间的联合；四是同行企业之间的联合营销。

（4）品牌传播事件化。

在事件化品牌传播理念下，一切社会事件、企业的一切营销行为，都可能变成品牌传播的载体，成为"炒作"的对象。在这一传播理念的指导下，品牌传播的媒体购买行为应从买时间、买收视率转向买活动、买话题，比如与电视台共同策划某个活动，或者合作某个栏目等。

（二）品牌传播方式

品牌传播的主要目的在于提高品牌的知名度、满意度，赢得顾客对传播品牌的理解、喜爱与认同。为此，酒店必须采用顾客喜爱的传播方式。根据酒店的品牌特征及现在的文化环境，酒店应特别注重以下三种传播方式。

1. 事件传播方式

事件传播，即酒店通过策划、组织和利用具有新闻价值的人物或事件，吸引媒体、社会团体和消费者的兴趣与关注，以提高酒店或产品的知名度、美誉度，树立良好品牌形象，并最终促成产品销售的手段和方式。事件传播的本质就是让事件策划成为新闻。

2. 微传播方式

微传播是以移动互联网为主要沟通平台，配合传统网络媒体和大众媒体，通过有策略、可管理、持续性的线上线下沟通，建立和转化、强化顾客关系，实现客户价值的传播策略。

（1）微博传播。

微博传播是酒店以每一个网友（粉丝）为潜在传播对象，利用微博向网友传播企业信息、产品信息，树立良好的企业形象和产品形象的传播策略。微博传播应特别注意以下四点。

1）传递价值。微博应是一个给予平台。只有那些能对浏览者创造价值的微博才有价值，此时企业微博才可能达到期望的商业目的。

2）彰显个性。微博传播竞争激烈，千篇一律的传播手段会使受众产生审美疲劳，只有那些具有个性魅力的微博账号（其实是账号后面的微博传播者）才能脱颖而出，才具有很高的黏性，可以持续积累粉丝与专注。

3）准确定位。微博粉丝的数量是微博传播成功的关键要素，但对于企业微博来说，"粉丝"质量更重要。因为企业微博最终的商业价值，需要这些有价值的粉丝加以实现。

4）强化互动。"活动内容＋奖品＋关注（转发/评论）"的活动形式一直是微博互动的主要方式，此时更多的人是在关注奖品，对企业的实际宣传内容并不关心。其实，相较赠送奖品，微博经营者认真回复留言，用心感受粉丝的思想，更能唤起粉丝的情感认同。这就像朋友之间的交流一样，时间久了会产生一种微妙的情感连接，而非利益连接，这种联系持久而坚固。当然，适时结合一些利益作为回馈，粉丝会更加忠诚。

（2）微信传播。

微信传播是指企业利用微信平台，通过向用户传递有价值的信息，最终实现企业品牌力强化或产品、服务、销量提升的一种传播策略。微信与微博具有以下差异：微信具有高曝光率、高接受率、高精准度、高便利性等优点。微博是自媒体，微信是兼具自媒体和用户管理的双重身份；微博是一对多，微信是一对一，更具有针对性，精准度高；微博更偏向传统广告，微信则是真正的对话；微博的曝光率极低，微信的曝光率几乎是100%；微博是开放的扩散传播，而微信是私密空间内的闭环交流；微博是弱关系，微信是强关系，用户价值更高；微博是一种展示工具，微信是一种联络工具。

（3）微电影传播。

微电影是指企业为本身塑造的一种影视宣传媒介，通过微视频的模式，将企业精神、企业产品等企业最重要的信息进行剧情化、视频化、专业化制作的一种视频载体。“碎片化”的信息接收方式的形成催生了微电影的诞生发展。微电影形式简单，短小精悍，恰好在“体型”上契合了受众即时消费的诉求，它既可以满足时间上的“碎片化”需要，也可以满足传播上的“碎片化”需求。

3. 故事传播方式

故事传播是指通过创造与传播故事，来扩大企业与产品的影响，形成口碑并提高产品观念价值的传播活动。酒店在进行故事营销的时候需要考虑下列问题。

（1）故事来源。

故事来源必须是可靠的、可信的。酒店的故事来源可以包括：酒店的发展历程；酒店各处摆放的小物品或装饰的创作情节；酒店在管理经营活动中动人的事迹或优秀的服务案例；各类顾客给予酒店的表扬信或重要人物的留影。

（2）故事主题。

故事主题是吸引人的关键。酒店所选择的故事主题应该符合下列标准。

1）符合酒店所提供的服务和产品的特性。故事主题要能准确展示酒店卓越的品质，充分表达对顾客真挚的感情。

2）符合酒店目标市场客户的心理诉求。选择能够引起顾客共鸣，打动顾客内心，满足顾客精神享受以及提升顾客身价的故事主题。

3）展现酒店的个性与新颖，具有独到之处。选择酒店经典的故事，给老故事以新的注解，不断加入新故事，使酒店的故事始终富有活力，为人们所津津乐道。

（3）故事传送。

有一个好的故事，还需要有一种好的方式使其广为流传。故事传播途径的选择关系着故事营销的最终效果。故事的传送需要关注以下三个方面。

1）谁来讲。故事的创作主题是酒店，但是故事的传播者则必须依靠第三人。具有良好社会背景与较大社会声望的名人，其作为讲故事的人往往具有更大的影响力和权威性，在故事的传播中往往会事半功倍，因此这些人是理想的故事传播者。同时，顾客也是酒店需要重视的故事传播者。

2）在哪讲。酒店可以有计划地使用广告、媒体、影视以及网络等途径来传播故事。日常的服务活动更是故事传播的主要途径。

3）怎么讲。选择具有感染力的表现形式能够使故事更加扣人心弦。将一个有趣的故事以独特的形式表现出来常常能够不知不觉地实现企业传播品牌内涵、文化与价值的目的。

三、酒店品牌国际化管理

纵观世界著名酒店的发展历程，它们都有着非常相似的品牌国际化战略：首先建立一个强势的本土酒店品牌，在品牌具备一定的实力后就开始向国际市场扩张，利用品牌逐步向其他国家市场渗透。进入21世纪，国外酒店品牌加大在中国市场的扩张步伐。"国内市场国际化、国际竞争国内化"的竞争压力迫使国内本土酒店必须创建国际酒店品牌以应对国际竞争。品牌国际化已经成为中国酒店业发展的必然选择。

（一）酒店品牌国际化的内涵与动因

1. 品牌国际化的含义

关于品牌国际化（Global Branding）的概念，不同学者站在不同的角度给出不同的定义。韦福祥认为，"品牌国际化，又称品牌的全球化经营，是指将同一品牌以相同的名称（标志）、相同的包装、相同的广告策划等向不同的国家、不同的区域进行延伸扩张的一种品牌经营策略，以实现统一化和标准化带来的规模经济效益和低成本运营"。宋永高认为，"当一个企业用相同的品牌名称和图案标志，进入一个对本企业来说全新的国家，开展品牌营销，就是品牌国际化。通常品牌国际化的目的是在异国他乡建立起本品牌的强势地位。因此，品牌国际化简单地说就是品牌跨国营销"。苏勇认为，"品牌国际化是一个隐含时间与空间的动态营销和品牌输出的过程，该过程将企业的品牌推向国际市场并期望达到广泛认可和企业特定的利益"。张华容认为，"品牌国际化概念本身是针对地域问题而提出来的。当一个企业用相同的品牌进入一个对本企业来说全新的市场，创建企业的用户资源，让品牌在全球范围内与不同区域市场消费者发生良性的互动关系，就是品牌国际化。因此，品牌国际化的目的就是要在本土以外的市场建立品牌的强势地位"。

本书综合以上定义，将酒店品牌国际化概括为：酒店将其所属的品牌向不同的国家或地区进行延伸扩张，以期获得广泛认可和体现酒店特定利益的过程。

2. 酒店品牌国际化的内外动因

（1）经济全球化驱动品牌国际化。

20世纪80年代以来，各国之间经济联系日益紧密，经济全球化成为世界经济发展的重要趋势，酒店通过直接投资、购并、战略联盟和合资经营等多种形式进行品牌国际扩张日益频繁。特别是20世纪90年代以来，世界范围内的产业重组掀起酒店新一轮的兼并和收购浪潮，催生一大批跨国界的超级酒店集团。经济全球化趋势极大地推动世界酒店品牌国际化进程，世界各主要酒店在推进旗下品牌国际化进程中瓜分全球酒店市场。与此同时，世界著名酒店品牌进入中国市场的步伐也不断加快。

（2）酒店自身发展需求驱动品牌国际化。

进入品牌竞争时代，品牌国际化已成为酒店在短时间内实现跨越式发展的重要途径之一。酒店股东、业主、高层管理者等内部利益相关者迫切希望通过品牌国际化来实现利润最大化的目的。

1）酒店需要降低品牌营销成本。

酒店在品牌国际化过程中能够迅速地统一配置企业的营销资源（如营销渠道、营销信息、营销系统等），在全球各区域市场开展统一的广告宣传、促销活动等，从而大大减少酒店的重复性品牌营销工作，降低营销成本，提高酒店的盈利能力。

2）酒店需要扩大市场网络。

通过品牌国际化快速扩大市场网络已经成为世界著名酒店发展的必由之路。它们通过特许经营、管理合同、购并、战略联盟和合资经营等多种形式进入东道国酒店市场，然后通过旗舰酒店迅速拓展市场网络，扩大酒店的品牌影响力，获得更多的收益。

3）酒店需要利用国际资源。

市场实践证明，酒店通过品牌国际化能够不断获取和整合优化国际范围内的生产资源，如资金资源、人力资源、技术资源、市场资源、信息资源等，在企业全球化战略视角下整合各种资源，使其实现最大效益产出。

4）酒店需要提升品牌形象。

酒店通过品牌国际化向各国消费者传达统一的品牌形象。旅游者在世界各地都能够享受到同样品质的酒店产品与服务；同时，酒店品牌能够在世界范围内广泛扩张也说明品牌强大的市场影响力，从而孕育大批世界范围内的忠诚顾客。良好的品牌形象又有助于酒店品牌在全球范围内推广，从而形成一种良性循环。

（二）酒店品牌国际化的模式选择

酒店实施品牌国际化的首要问题就是选择创建国际品牌的模式，各个酒店的情况、品牌国际化战略和处理方式不同，从而也导致品牌国际化的不同模式。酒店应依据科学的品牌管理理论，结合自身的战略目标和实际情况，选择最为合适的品牌国际化模式。

1. 酒店品牌国际化基本模式

酒店品牌国际化模式主要有三种：原创品牌模式、联合品牌模式、并购品牌模式。不同品牌国际化模式的适用条件和优缺点不同。

（1）原创品牌模式。

原创品牌模式是指酒店通过对自有品牌的经营与管理，循序渐进地逐步扩大酒店品牌的市场范围、拓展品牌影响、提高市场占有率，逐步树立国际品牌形象，最终建立国际品牌的一种形式。这种模式的发展轨迹是：地方品牌、省内品牌、国内品牌、国际品牌的滚动上升式发展；市场扩张的顺序：本地市场、地区市场、全国市场、海外相邻市场、全球市场。采用原创品牌模式的酒店必须具备雄厚的实力，拥有大规模开展国际营销活动的资源；同时，对东道国的法律、市场运行机制、市场网络等都必须有充分的了解。

原创品牌模式的优点有：1）酒店可以在东道国市场建立销售渠道，有利于酒店更加及时地掌握目标市场信息，拓展国际市场网络。2）酒店可以有效控制海外经营的风险。3）有利于酒店逐步积累国际市场运作经验，储备跨国经营人才，熟知跨国经营规则，提高建立国际品牌的成功率。同时这种模式也存在经营周期长、资金投入量大等缺点。[①] 许多著名酒店品牌都是通过这种模式成长为国际知名酒店品牌。

（2）联合品牌模式。

联合品牌模式是指酒店与准备进入国家的酒店进行合作，通过品牌联合的方式来丰富自身的品牌内涵，实现品牌认知，引发品牌联想，从而共同创造世界知名酒店品牌。它的优点表现在：1）有利于实现优势互补，推进市场网络开拓进程。酒店通过与东道国酒店进行品牌联合，可以依靠对方的优势来弥补自身对市场环境陌生的不足，以推进开拓新市场的进程。2）有利于节省营销费用。酒店可以利用当地酒店的营销资源，如营销渠道、市场网络、信息系统等，从而大大降低营销费用，节省资金投入。3）有利于提高品牌价值。双方品牌的联合使得酒店产品与服务的质量得到更强的保障，消费者通常愿意为高质量保证的酒店产品支付更多的钱，从而使酒店品牌获得溢价收益。4）有利于打破地区保护主义，顺利开拓海外市场。通过联合当地品牌能够最大限度地减少地区保护主义的阻力，容易获得当地消费者的认同，从而顺利地开拓海外市场。[②] 近年来，联合品牌模式受到越来越多酒店的青睐。

（3）并购品牌模式。

并购品牌模式是指酒店通过收购拟进入国家酒店品牌的所有权，进而获得该品牌背后各种资源的方式。它的优点有：1）有利于缩短拟进入国家市场的消费者对酒店品牌的认知和接受时间，在短时间内迅速提升品牌市场占有率，获得高利润。2）可以获得当地酒店品牌所蕴含的各种资源，如营销渠道、销售网络、人力资源等，节省时间和资本投入。3）收购当地酒店品牌可以减少竞争对手，扫清其进入市场的障碍。它是一种简便快捷的品牌国际扩张方式，世界上一些著名酒店经常使用该方式快速进入其他国家的酒店市场。例如，圣达特、雅高、希尔顿、洲际、凯悦、精品国际等主要国际酒店品牌都是在兼并收购其他国家酒店品牌的基础上迅速发展壮大起来的。

综上所述，三种品牌国际化模式的适用条件不同，优缺点也不同。酒店应根据自身的实际情况选择最符合其战略利益的品牌国际化模式。

2. 酒店品牌国际化的路径

我国本土酒店经过几十年的发展壮大，已初具规模与实力，面临国内外酒店竞争日益激烈的形势，本土酒店应依据自身实际情况选择适宜的品牌国际化发展模式，以创建国际品牌，占领国际市场。

---

① 李钊，翟金金．国际品牌创建模式与我国企业的实践经验．集团经济研究，2006（7）.

② 王其中．企业创立国际品牌的三种模式．浙江工商职业技术学院学报，2004（2）.

酒店品牌国际化的路径选择可以有以下三种：

（1）路径一：直接投资。

实力雄厚的我国酒店可以选择在海外直接投资建设酒店、自主经营的形式实施跨国经营，逐步增加海外市场网络布点，以提高品牌国际影响力和市场占有率。我国酒店可以与资金雄厚的金融机构或业务联系紧密的旅游集团合作共同开拓海外旅游市场。在东道国的选择上，我国酒店应采取先进入发展中国家，然后进入中等发达国家，最后才进入发达国家的逐级递进模式。因为发达国家的市场进入门槛最高，其拥有的国际知名酒店品牌多、实力强，市场地位稳固；相比之下发展中国家或中等发达国家的进入门槛较低，其拥有的国际酒店品牌数量较少、市场尚未饱和、市场竞争较缓和。因此，先进入发展中国家市场有助于我国酒店积累海外品牌经营的经验，企业投资少、见效快，能够在短时间内提升品牌国际影响力，从而增强企业创建国际酒店品牌的信心。因此，我国酒店可以选择市场需求大、酒店业发展程度较低的发展中国家和地区，如印度尼西亚、马来西亚、菲律宾等国作为海外经营的主要市场。这类国家的市场需求增长迅速，消费者主要青睐酒店产品与服务中等、价格适中的酒店。同时，我国与亚太地区国家有地缘上的联系，亚太地区又是我国出境旅游市场的主要目的地；在国内出境旅游市场日渐庞大的形势下，出境旅游客流流向的主要目的地国家也应成为我国酒店海外直接投资的重点。一方面，出境旅游的国内游客会把国内酒店品牌作为首选消费对象；另一方面，亚洲国家在文化背景、风俗习惯、消费水平等方面具有相似性，中国酒店的产品与服务比欧美国家酒店更适应顾客的消费习惯。总之，我国本土酒店在选择直接投资的国家时应综合考虑东道国酒店市场的各种因素，本着“先易后难、循序渐进”的原则逐步扩张海外市场网络，扩大品牌国际影响力，塑造国际知名品牌。

（2）路径二：合资合作。

我国酒店可以采取与东道国的酒店合资或合作的方式拓展海外市场，提升品牌国际影响力和市场网络。合作的对象是当地经营业绩好、市场占有率高、品牌形象好的酒店。合作方式可以是合资参股、品牌输出、租赁经营等灵活方式。我国酒店应充分发挥自身产品优势、管理优势、文化优势、资金优势等长处，与当地酒店的营销网络优势、市场优势等有机结合起来，共同打造能很好适应当地市场需求的酒店品牌。很多国外旅游者对中国文化十分好奇，他们渴望了解中国。我国酒店可以与国外酒店联合开发中国文化主题酒店，如设计开发具有浓郁东方文化主题的酒店产品和服务，古色古香的客房、中式主题餐厅、东方膳食和东方民族歌舞等。差异化、特色化、文化性的酒店产品能够突出酒店的比较竞争优势。“首旅如家酒店集团”在品牌国际化进程中采取的就是合作经营的方式，目前已与法国雅高集团在欧洲合营多家酒店，以出境旅游的中国人为主要服务对象，收费相对较低。

（3）路径三：跨国并购。

在欧美等西方发达国家，消费者比较成熟且要求很高，国际知名酒店品牌很多，市场竞争激烈等因素决定了在这些国家通过原创品牌或联合品牌模式来进入市场需要很长的市场培育期，而且操作难度很大。而品牌并购模式则加速外来酒店进入发达国家市场的进程。

我国酒店可以通过兼并、控股等方式收购拟进入国家酒店品牌的所有权，从而控制其市场网络、营销渠道、人力资源等。很多著名的酒店普遍以兼并、收购、重组等资本运营手段实现由地区性酒店品牌向国际性酒店品牌的飞跃。我国酒店要成长为国际性酒店品牌，跨国并购将是重要的途径。当然，跨国并购对酒店的资金实力、资本运作能力等要求十分高。在当前我国酒店规模实力还很有限的情况下，可以小范围试点，逐渐积累跨国并购的经验，等待条件成熟时再大规模地实行跨国并购。

（三）推进酒店品牌国际化的策略

品牌国际化是世界酒店业发展的必然趋势。我国酒店只有顺应产业发展趋势，更为积极地参与国际酒店品牌国际化进程，不断推动我国酒店品牌向国际扩张，才能在激烈的国际市场竞争中立于不败之地。推进酒店品牌国际化的主要策略如图 5-1 所示。

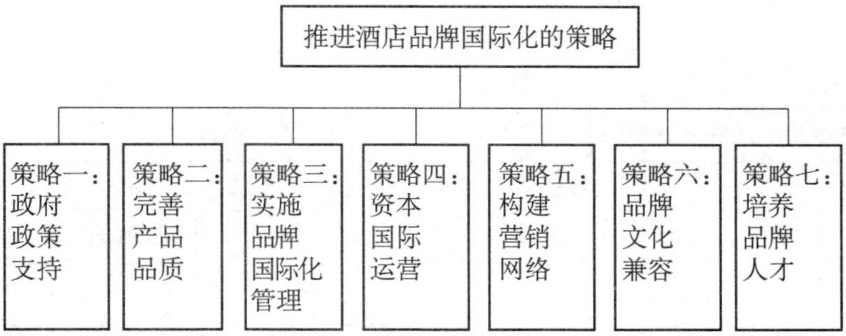

图 5-1 推进酒店品牌国际化的策略

1. 政府政策支持

旅游主管部门和地方政府应当为本土酒店品牌国际化发展提供更多的政策、法律支持。首先，政府应把民族品牌国际化战略纳入国民经济发展的总体规划，通过贷款、减税、发展基金等多种扶持性政策来激励和引导一些有实力的国内酒店走品牌国际化发展道路。其次，政府要当好服务角色，为酒店实施品牌国际化战略提供信息服务。政府部门可以通过相关部门，如各级外经贸主管部门、驻外机构、进出口商会等收集国外酒店市场行业信息，将这些信息提供给国内酒店作为参考依据。最后，政府应健全法律法规，完善市场制度环境。通过营造良好的资本市场环境，鼓励酒店采取灵活多样的形式（如借壳上市、买壳上市、资产转换等）成为上市公司，以拓宽融资渠道。

2. 完善产品品质

品牌是酒店产品与服务的质量、信誉和形象的集中体现，高品质的产品与服务是酒店品牌形象和国际竞争力的象征，也是我国酒店品牌国际化的最基本保证，只有适应国际市场需求的优质酒店产品与服务才是塑造国际酒店品牌的基础。我国酒店在海外经营酒店时要牢固树立质量、品质观念。首先，酒店在科学市场调查的基础上了解当地市场需求，尤其是在海外市场需求与国内市场需求差异很大的情况下，科学的市场调查十分重要。其次，酒店应实施全面质量管理，建立与 ISO 9001 国际质量管理体系、ISO 14001 环境管理体系认证等国际质量标准接轨的质量标准体系和质量监督机制；在保证酒店产品与服务的标准性、国际性的同时融入中国元素，提供差异化、个性化的酒店产品与服务。最后，要注重加强对当地市场的客户关系管理，通过访谈、座谈会、联谊会等多种形式加强与当地顾客的沟通，了解市场对酒店品牌的评价，不断提高品牌的市场适应性。当然，塑造优质的酒店产品与服务是一个长期的工程，这就需要酒店高层管理者从长远的战略高度认识到产品品质对塑造国际品牌的重要基础作用。

3. 实施品牌国际化管理

品牌国际化是一个系统工程，这就要求酒店制定系统的品牌国际化战略，从全局的观点优化配置酒店资源，对品牌国际运营的全过程进行系统管理，不断提高品牌的国际影响力。品牌国际化管理系统包括建立专门的品牌管理组织、品牌定位、建立品牌识别与维护系统、品牌整合传播与沟通、品牌跟踪与诊断、品牌资产评估、持久一致地投资品牌等几大管理模块（见图 5－2)。每一个管理模块都是品牌国际化管理系统的重要组成部分，它们紧密联系、相互配合，共同推动着酒店的品牌国际化进程，同时每一个管理模块下面又包含着若干更为细化的品牌管理分工，如品牌传播包括对信息、媒介、目标受众、环境等诸多因素的管理。因此，酒店只有实施系统的品牌管理，才能保障品牌国际化工作的有序开展。

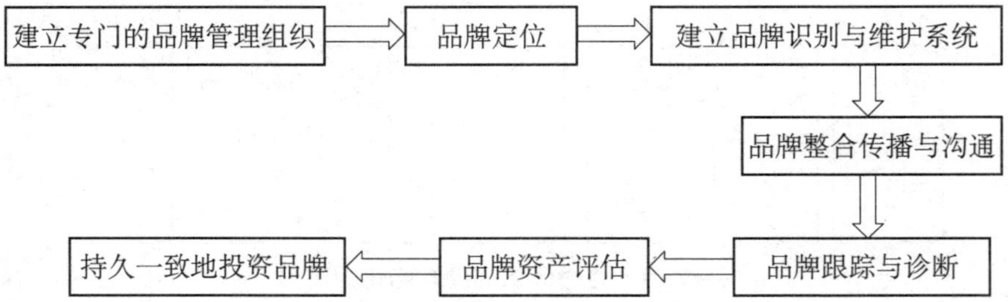

图 5－2　品牌国际化管理系统

4. 资本国际运营

资本国际运营被认为是酒店品牌国际化最为有效的方式之一。我国酒店应借鉴国际著名酒店资本国际运营的成功经验，整合酒店所有的有形和无形资本，在国际资本市场灵活运用兼并、重组、参股、控股、转让、租赁等多种资本运营手段来优化配置酒店资产，推动品牌国际化进程。(1) 股票上市，即酒店通过在海外公开发行股票募集社会闲散资金，这有利于酒店一次性筹集大量资金以迅速推进品牌国际扩张。例如，雅高集团在后期的并购中通过股票上市从资本市场上筹集数亿美元资金用于集团的品牌国际扩张。(2) 兼并联合，即酒店以收购、控股、兼并等方式并购弱势酒店，这有利于促使低效益酒店的生产要素向高效益企业流动，实现产业结构和产品结构的调整与优化，提高资源利用率和规模资本效益。(3) 租赁，即鼓励某些基础好但目前经营效益一般的酒店，将其部分资产或股权招标转让出去，将不动资产转换为可用资金，用于投资开发更有潜力的其他项目或用于自身更新改造，以盘活酒店不良资产。(4) 托管，即在不改变酒店产权归属的前提下，通过订立委托营运合同，将酒店资产委托给提供一定财产抵押或担保的企业法人或自然人经营。(5) 吸收股份式联合，即酒店可将部分或全部产权作为股金投入并购方，以换取并购方更大规模的资本投资，并购后酒店的法人主体地位不复存在。

5. 构建营销网络

国际化营销网络是酒店品牌国际化的重要媒介。世界著名酒店一般都拥有庞大的市场网络体系和先进的营销网络技术。而这两点却是制约我国酒店实施品牌国际化的瓶颈。我国酒店只有构建自己的国际营销网络才能顺利推进品牌国际扩张。（1）国内酒店可以将自己的品牌产品委托国外有影响力的酒店经销商全权代理，可以借国际经销商的营销网络进入国际市场，品牌的国际影响力和知名度会逐渐上升。（2）以产权置换的形式与国外有相当知名度和品牌影响力的跨国酒店品牌进行合作，借助于跨国公司在国际市场的网络推动品牌的海外扩张。（3）自建营销网络。我国国内酒店打造自己的全球网络预订系统迫在眉睫。

6. 品牌文化兼容

我国酒店在国外经营管理酒店时要注重品牌文化的国际兼容性，既强调中国民族文化特色，同时又要与东道国的传统文化、风俗习惯、价值观相融合。我国有自己独特的文化传统与风俗习惯，这种文化和风俗对于其他国家、民族而言则充满新鲜感和异国情调。因此，品牌文化的民族色彩越浓，就越能吸引那些追求新鲜感、异国情调的消费者。同时，在强调中华民族文化特色的同时，酒店也要寻求酒店文化与当地社会文化的契合点，通过品牌文化本土化融合来实现酒店品牌民族文化与东道国传统文化相融合，从而容易被东道国的消费者所接受、认同。

7. 培养品牌人才

当前培养一批擅长国际品牌管理的人才队伍是推进我国酒店品牌国际化进程的重要环节。政府主管部门、行业协会、企业、院校、科研机构等应紧密合作，加强对酒店品牌管理人才的培养。政府主管部门与行业协会应扮演倡导者和协调者的角色，号召各种社会力量共同参与到品牌管理人才培养工作中来。院校与酒店应“紧密合作，联合办学”，酒店将学校作为企业人才培养的基地，根据企业需要培养“订单式”人才；学生毕业以后优先被这家酒店录用。学校将酒店作为学生实习场所，能够深入开展实习教育，从而实现双赢。国外著名酒店如希尔顿集团、雅高集团、假日酒店集团等与高校合作，成立希尔顿学院、雅高学院、假日大学等作为酒店人才的培养基地，确保酒店在品牌竞争中的人才优势。总之，培养酒店品牌管理人才是一个系统工程，需要社会各方力量的协调与配合。

学习专栏

1. 如何开展酒店品牌运营管理？
2. 酒店品牌传播的途径有哪些？
3. 通过网络搜索方式，收集中外著名酒店或者酒店集团的品牌核心价值及品牌标识语，并选择有代表性的三家酒店（集团）进行分析、比较，并提出改进与修改意见。

第三节　酒店品牌竞争力的培育、维护与提升

品牌竞争力是指企业的品牌拥有区别或领先于其他竞争对手的独特能力，能够在市场竞争中显示品牌内在的品质、技术、性能和完善服务，并引起顾客的品牌联想进而促进其购买行为。酒店的品牌代表了顾客对酒店的认知程度，更是酒店的一种无形资产。无论是

酒店产品还是文化，都决定了品牌的影响力。打造品牌是酒店创收的必经之路，更是提高酒店核心竞争力的必要之举。

一、酒店品牌竞争力的培育策略

（一）完善环境支撑体系

改善外部经营环境是酒店品牌竞争力培育的基本保障。建立完善的品牌竞争力环境支撑体系包括以下四个方面。

1. 构建法律支撑体系

国家立法部门要适应经济全球化趋势，制定与修改涉及品牌方面的立法，对市场结构法、反垄断法等具体的法律、法规做出合理、全方位的论证与立法安排，力争与国际通行的竞争政策法规接轨，从而维护国内酒店市场竞争秩序公平与效率的统一。

2. 构建金融支撑体系

政府相关部门应改善金融投资环境，积极培育成熟的资本市场，拓宽企业融资渠道，特别是鼓励我国酒店采取灵活多样的形式（如借壳上市、买壳上市、资产转换等）成为上市公司，以获得资本市场的强大支持。

3. 构建市场支撑体系

在企业制度方面，加快现代企业制度建设，建立“产权清晰、权责明确、政企分开、管理科学”的现代企业制度，其中最为关键的是实现政企分开。在打破地方保护主义壁垒方面，政府、社会团体和企业共同协作，采取经济手段、行政手段、法律手段“齐抓共管”，以形成有序、自由、公平竞争的环境，推动全国统一大市场的最终形成。

4. 构建政策支撑体系

政府应在政策支持上向知名酒店品牌倾斜，对本土酒店品牌的成长提供政策优惠和资金支持，如减少行政审批手续、取消相关政策性进出壁垒、加强信息服务、金融部门对优势酒店品牌加大资金投入力度等，形成有利于品牌成长的良好社会激励机制。

（二）明晰品牌形象定位

明晰的品牌定位是培育酒店品牌竞争力的关键环节之一。由于市场需求存在明显的差异，这就要求酒店对目标市场进行深入的调查研究，根据产品品牌特色和市场需求的差异，对酒店品牌形象进行清晰、准确的定位。

1. 品牌档次定位

酒店品牌有三个档次，即高档型品牌、中档型品牌、经济型品牌，三种类型的酒店品牌分别满足高、中、低三个等级的消费市场。酒店应针对目标市场消费水平的不同选用不同档次的品牌。

2. 品牌功能定位

功能定位必须解决两个方面的问题：一是要确定单一功能定位还是综合功能定位问题；二是如何开发酒店产品、服务项目支撑品牌功能定位问题。单一功能定位的酒店突出酒店产品与服务的专一化、特色化、主题化，以满足某一类型消费群体的消费偏好。综合功能定位的酒店强调酒店产品与服务功能的齐全与高级，餐饮、住宿、商务、会议、康体、休闲、娱乐和特殊消费等功能一应俱全，以最大限度地兼顾不同类型目标市场的需求。

针对我国酒店市场的特征，酒店在品牌功能定位上应体现特色性与综合性的协调统一，即在重点突出某一主题特色功能（商务型、会议型、度假型、文化型、保健型、主题型）的同时兼顾其他综合功能，既能够有效满足特定细分市场的需求，又能够最大限度地扩大市场份额。以度假型酒店为例，度假型酒店的服务对象是以休闲、娱乐、保健为目的的度假旅游者，其消费需求关注休闲健康、自我完善与可持续发展。因此，对酒店产品的康体、休闲、娱乐功能要求较高，而对商务、会议等功能要求则次之。这明显与一般城市酒店产品特征不同。

（三）升级品牌竞争手段

我国酒店要想在激烈的市场竞争中获得持续的比较竞争优势，就必须升级品牌竞争手段，走品牌竞争的道路，这是我国酒店品牌竞争力培育的必然选择。

1. 以质量奠定品牌价值基础

酒店品牌价值的根源在于酒店产品质量，质量是品牌创立的前提和基础，只有高质量的酒店产品与服务才能支撑起顾客对酒店品牌的认同。因此，酒店应下大力气提高酒店产品与服务的质量，以产品价值提升品牌价值。

(1) 个性化的特色服务是塑造酒店品牌独特性的重要法宝。例如，香格里拉的亲情服务、假日集团的“热情式”服务、喜来登的“关怀体贴式”服务等。我国酒店应提高个性化服务水平，以塑造酒店的独特品牌形象。

(2) 文化是提升酒店产品与服务附加值的重要手段。我国酒店应下大力气塑造高品位、特色化的文化氛围来提升酒店品牌内涵。

2. 实施品牌经营策略，以规模扩张塑造强势品牌

我国酒店应以品牌为纽带，采取品牌特许经营、管理输出、收购、控股、兼并等多种形式实现品牌资本的增值，以品牌等无形资本推动更多的有形资本运营，从而走上跨越式发展的道路，促进企业市场网络的拓展和品牌价值的提升。上海锦江集团国际管理公司是我国最早输出管理、管理酒店最多、影响最大的专业性酒店管理公司之一；“白天鹅”“金陵”等著名酒店均通过无形资本所有权或使用权转让方式实施名牌发展战略，以保护和整合无形资本。

（四）加强品牌扩张能力

品牌扩张是培育酒店品牌竞争力的重要手段之一。

1. 品牌业务领域扩张

在品牌业务领域扩张方面，全国性酒店的实力雄厚，拥有丰富的生产经营资源和社会资源，可以考虑实施纵向一体化战略，通过新建或购买、控股、参股等方式实现酒店品牌向上下游企业（如旅行社、航空公司、旅游景区、旅游车船公司、航空公司、娱乐企业、餐饮企业等）的延伸扩张，以争取旅游产业价值链中更多环节的利润，扩大企业的业务范围和市场网络。区域性酒店的实力与资源均有限，可以考虑在本区域内联合同类酒店实现品牌的横向一体化扩张，以实现规模经济。对于地方性酒店，由于其实力与资源十分有限，其应在全面分析企业自身优势与劣势的基础上集中企业资源重点在原有业务领域内进行品牌扩张，力求在某一市场区域取得品牌的垄断市场地位。

2. 品牌市场区域扩张

在品牌市场区域扩张方面，我国本土酒店应努力创造条件突破品牌扩张的地域限制，根据企业自身实际情况、战略目标和市场状况，分阶段、选择性地拓展在其他区域的市场网络。地方性酒店应拓展区域市场，区域性酒店应拓展全国市场，而全国性酒店则应走出国门，努力打造国际市场。唯有走出地域的限制，我国酒店的品牌竞争力才可能以跨越式发展的模式追赶国际酒店品牌。回首我国本土酒店的代表——锦江酒店集团的发展历程，正是由于其首先走出了品牌扩张的地域限制，在较短的时间里，锦江酒店集团由一个地方性的酒店迅速成长为国际性酒店集团，以“三级跳”的方式实现了品牌竞争力的快速提升。

二、酒店品牌竞争力的维护方法

酒店品牌维护是指酒店品牌的所有人、合法使用人对品牌资格实施的保护措施，以防止来自各方面的侵害和侵权行为，促使酒店品牌的竞争力保持并持续得到提升。品牌作为酒店企业的重要资产，其市场竞争力和品牌的价值来之不易。但是，市场不是一成不变的，因此需要酒店企业不断地对品牌进行维护，才能够避免品牌老化，保持和增强品牌竞争力和生命力。

（一）日常经营维护

酒店品牌的确立和推广是在一系列经营活动中完成的，所以品牌的经营者要在日常经营过程中树立品牌保护意识，采取措施对品牌进行保护。

产品和服务是品牌的支撑。没有内部的产品和服务质量的保证，品牌的竞争力也就无从谈起。服务质量是打造品牌竞争力、凝聚文化和提升价值的核心部分，同时高质量的产品会促进品牌的成长，带来较高的市场份额。因此，酒店必须严把质量关。

（二）法律手段维护

酒店品牌的法律维护，就是运用法律手段，对酒店品牌的所有人、合法使用人的品牌商标实施各种保护措施，用以防范来自各方面的侵害和侵权、导致品牌竞争力下降的行为。品牌法律维护的核心是商标权的保护。商标权的保护，是对商标专用权经过注册的法律保护。商标是酒店的一种知识产权，是酒店的无形资产，是品牌竞争力的外在体现。国内一些经济型酒店加强了在此方面的法律意识，保护了品牌的权威性。如家快捷酒店在建立之初就非常重视商标的法律保护，在正式确立“如家”为品牌名后，申请商标注册“唐人”“朋来”作为曾用名，保证了酒店品牌的法律权威性。

（三）品牌危机公关维护

一个酒店品牌从培育到成熟需要经过较长的时间，面临各种考验。品牌危机是指由于企业外部环境的突变和品牌运营或营销管理的失常，而对品牌整体形象产生不良影响，致使企业陷入窘困的状态。在品牌维护过程中应该树立危机意识，加强品牌危机管理。

1. 酒店品牌危机类型

（1）市场危机。主要指一个酒店品牌在客源市场上已经失去或即将失去它的品牌美誉度和顾客忠诚度。其特点是品牌知名度越大，损失越严重。市场危机意味着客源数量大幅减少，使酒店的品牌价值迅速下降，品牌的经营和扩张面临危机。例如，企业出现客人的人身安全和财产安全、饮食安全、装修材料和用品的安全问题，市场将会失去对品牌的支持。

(2) 法律危机。指一家酒店由于没有妥善处理危机事件或存在违法活动而面临的法律制裁，包括客人、员工、投资者、供应商、中间商、竞争对手等利益相关者提出的法律诉讼。这些诉讼会使酒店损失金钱，甚至停业整顿，直至破产倒闭。比如如果酒店对自己员工的关怀不够，由此带来的劳资纠纷发生的可能性很大。劳资纠纷如果得不到妥善处理，员工可能会以过激行为报复酒店，使酒店成为公众关注的焦点，对酒店的品牌竞争力会有极为沉重的打击。

(3) 社会危机。指一个酒店存在损害公众利益或违背社会道德准则的行为而受到公众的指责。社会危机一般是通过大众媒体的广泛传播形成的，稍有不慎，出现负面的新闻报道会迅速损害品牌形象，导致公众对品牌失去信任。

上述三种危机可能互为因果，一种危机的出现可能导致其他危机的出现，当危机足够严重时，三种危机可能会同时出现，从而使酒店难以应付。例如，一个酒店如果没有处理好客人在酒店内受伤的事件，客人可能向法院起诉并提出巨额索赔，使该酒店陷入法律危机；经过媒体的曝光，酒店遭到大众的谴责，该酒店的市场品牌形象和公众形象均会严重受损。

2. 酒店品牌危机管理对策

目前，酒店企业在日常经营管理中还缺乏危机管理的内容，员工遇到危机往往依靠经验解决危机，甚至经常采取回避、逃避等消极方式，这会造成较差的社会和市场效果。所以，建立并完善危机的预防和应对机制，对一个品牌或一个酒店的长期发展意义深远。

(1) 完善内部管理。大部分品牌危机是可以通过内部的管理减少危机发生的可能性甚至是可以避免的。因此，制定和执行严格的管理制度体系是一种有效的预防方法。从根本上说，现代企业制度的建立和完善是前提。对于酒店经营来说，应特别重视安全问题。企业应建立饮食储藏和保管制度、卫生防疫制度、消防安全制度、财产安全制度、人身安全制度等。对于一些专业性较强的安全管理工作，还可以考虑定期聘请兼职专业人员来指导。

(2) 危机培训与模拟演习。当前，酒店企业对员工的培训更多的是酒店规定、礼仪礼貌和岗位服务技能方面的，员工也比较重视这些培训，因为这与他们的工作息息相关。除此以外，与危机有关的仅限于消防安全知识、财物安全等少量内容。因此，酒店有必要针对性地培养员工的忧患意识和危机意识，除了理论方面的培训，最好进行一些模拟演习的活动，以检验培训效果，加强实战能力。

(3) 建立危机处理机制。酒店企业应该建立并不断修正各种危机的处理流程，如食品中毒事件处理流程、客人财物被盗事件处理流程、员工罢工事件处理流程等。危机的处理流程不宜太细，但必须明确处理的原则、处理的方法并分清责任。在危机发生时，由谁处理、如何处理和各部门的协调配合等，都要有详细的规定。每一种危机都应该由分管相关工作的酒店最高管理者负责整个危机的处理和善后工作。

三、酒店品牌竞争力的提升途径

(一) 明确品牌定位且突出个性化

国际酒店管理集团通常针对不同消费群体，提供不同酒店品牌以满足其特殊需求。从经济型酒店品牌到豪华型酒店品牌，集团依靠明确的品牌价值内涵和市场定位，在各个细分市场为消费者提供极具个性化的服务，从而在我国酒店市场占据较大份额。如雅高集团旗下的品牌，每个品牌都有明确的定位，这些品牌涵盖了各个档次的酒店，其中“索菲特”是五星级豪华型高档酒店品牌，“诺富特”定位于休闲商务四星级中档品牌，“宜必思”是经济型酒店品牌。在消费者需求越来越个性化的时代，明确品牌定位，实行特色鲜明的专业化管理与服务，必将成为酒店管理集团实现可持续发展的关键。

（二）创造多元化品牌以增强扩张力

国际酒店管理集团在发展时并不仅仅局限于自身原有的品牌，而会通过收购、兼并、战略联盟等方式，将其他酒店品牌收到自己旗下，将单一品牌扩展为多元化品牌。我国本土酒店管理集团由于起步较晚，加上硬件设施更新速度缓慢，绝大多数酒店集团没有形成完善的品牌体系，仅依靠一两个品牌难以在全球范围产生影响，而且在同档次酒店市场中，品牌竞争激烈，有些市场却无人问津。但若将单一品牌结构拓展为多元化品牌结构，就能分散单一市场风险，并在品牌规模上获取一定优势，扩大品牌市场覆盖广度，从而扩大市场份额，提高集团品牌影响力。

（三）注重品牌内涵的延伸与创新

国际酒店管理集团的发展实践表明，品牌运营与集团发展是一体的，密不可分。为给集团不断创造新的发展空间，必须坚持品牌内涵的延伸与创新。如万豪集团酒店品牌为全球消费者所熟知，随着集团规模的不断增长以及不同类型酒店的出现，万豪为保持优势继续在全球各地发展连锁酒店，不断推出新型酒店产品，完善各酒店品牌的定位。面对激烈的市场竞争，我国本土酒店管理集团迫切需要在原有发展基础上持续创新，如大力发展主题型、经济型酒店，努力打造高品位、个性化服务产品等，以适应不断变化的多元市场需求。

（四）高效配置品牌经营所需资源

国际酒店管理集团通常在资源充分聚集与优化配置的基础上进行品牌扩张，借鉴其经验，我国本土酒店管理集团解决品牌经营资源稀缺的途径主要有两种：一是进行外部引入；二是实施内部开发。从国际酒店品牌运营的成功经验来看，拥有资源越多并不意味着品牌竞争力越强，而关键在于是否拥有核心资源和高效配置资源的能力。许多国际酒店管理集团只掌握着能够获得比较竞争优势的核心资源与能力，如品牌资产、核心技术等，而对非核心资源则通过外包的方式获取，便能以低成本、高效率的优势获取巨大的市场份额。目前，尽管我国本土酒店管理集团已在人力资源与信息技术外包方面作了有益尝试，但在资本运营、资金管理、物质积累等方面仍需因势利导，进一步扩充聚集与配置方式，以提高品牌运营能力。

（五）培养酒店品牌管理专业人才

国际酒店集团非常注重人才的培养和建设。如“万豪国际集团人才培养发展中心”是万豪国际集团在中国合作培养紧密型高规格人才之地，在资源共享、学生实践教学及实习就业、教师挂职培养和酒店管理实务培训等诸多方面和高校全方位合作。洲际集团与中国高校紧密合作开设洲际英才班等为企业的发展储备人才，在共同研究制定人才培养方案，共建综合素质高、实践经验丰富的师资队伍和人才培养基地等方面开展产教融合深度合作，共同打造具有国际水平的现代人才培养体系，培养更多具有良好专业知识、高素质的应用型人才。“订单式”人才培养模式使学校和酒店集团供需对接、资源互补、合作双赢，是我国酒店集团和高校之间最紧密、最直接、最有效的人才共同培养模式。

学习专栏

1. 品牌竞争力对酒店发展的重要意义是什么？
2. 你认为可以从哪些方面提升酒店品牌的竞争力？

资源链接

视频微课 5-1　　视频微课 5-2　　视频微课 5-3

在线自测

扫一扫　练一练

第六章　酒店服务质量管理

任务导读

服务质量是酒店的生命线，越来越多的酒店管理者开始重视服务质量管理，学术界也不断关注酒店服务质量管理理论的发展与实践。酒店服务的综合性和无形性决定了酒店服务质量的抽象性和复杂性，因此酒店的服务质量管理工作是一项综合性强、复杂程度高的系统化任务。本章概述了酒店服务质量的含义、特点与内容体系，介绍了酒店服务质量评价与分析的基本原理和酒店服务质量管理的主要方法，包括全面质量管理方法、PDCA 循环管理法、ZD 管理法等。

第一节　酒店服务质量概述

随着酒店业竞争的日趋激烈，消费者对酒店服务质量的要求越来越高，酒店必须不断探索提高和完善自身服务质量的途径和方法，以取得良好的经济效益和社会效益。而对酒店服务质量的含义、特点、内容的正确理解和把握则是进行酒店质量管理最基本的前提。

一、酒店服务质量的含义

酒店是为广大消费者提供以住宿为主的服务性企业。从消费者的角度来看，酒店提供的产品和服务不仅要满足其基本的物质和生理的需求，还要满足他们精神和心理的需求。以实物形态出现的服务，即由酒店的基础设施、实物产品等提供的以满足消费者住宿、餐饮、休闲娱乐等基本生理需求的服务；“软件”服务则是由酒店服务员的服务劳动所提供的、不包括任何实物形态的无形劳务，包括礼节礼貌、服务态度、服务技能、服务效率等。

通过对酒店服务产品的含义进行诠释，我们对酒店服务质量的定义进行狭义和广义的界定。从狭义的角度理解，酒店服务质量是指酒店员工服务劳动的使用价值，这里的服务劳动不包括任何实物形态的服务劳动。从广义的角度理解，酒店服务质量是一个完整的服务质量的概念，它是指酒店综合自身所有资源和要素，为住店顾客提供的服务在使用价值上满足顾客物质和精神需要的程度，既包括酒店设施设备、实物产品等实物形态服务的使用价值，也包括非实物形态服务的使用价值。

从上述酒店服务质量的定义中我们可以看到，酒店服务质量的高低主要取决于顾客所享受到的服务与他预先的期望值的比较，当两者持平时，顾客就满意。酒店为顾客提供的服务越超出其期望值，则酒店的服务质量就更高。然而，不同的顾客对酒店的服务有着不同的期望，因此，酒店要满足所有顾客的需求，就必须不断完善自身的服务水平，不断提高酒店的服务质量。

二、酒店服务质量的特点

酒店作为服务性企业，它所提供服务的质量有别于一般企业的商品质量，有自己独特的产品质量特性。要提高酒店的服务质量，我们必须正确认识酒店服务质量的特点，归纳起来，酒店服务质量的特性主要包括服务质量显现的短暂性、服务质量内容的关联性、服务质量对员工素质的依赖性、服务质量的情感交融性等。

（一）服务质量显现的短暂性

酒店的优质服务是由许多次具体的劳务活动完成的，每一次具体服务的显现都是短暂的，即使用价值的一次性，如微笑问好、介绍菜点等，这类具体服务不能储存，也不像实物产品那样可以返工或退换。如要进行服务后的调整，也只能是另一次具体服务。也就是说，即使顾客对某一服务感到非常满意，评价较高，并不能保证下一次服务也能获得同样的好评。因此，服务人员必须十分重视每一次的具体服务活动，树立强烈的服务意识，掌握全面的服务知识和高超的服务技能，根据服务程序的要求，针对顾客特点提供优质服务。酒店管理者也应督导员工做好每一次服务工作，争取每一次服务都能让顾客感到满意，从而提高酒店整体服务质量。

（二）服务质量内容的关联性

顾客对酒店服务质量的印象，是由其进入酒店直至离开酒店的全过程中感受到的各项服务活动的总和所决定的。来自不同部门、不同员工所提供的这些服务活动在某个时间点上看似独立，实则是相互紧密联系的。它们以顾客的活动规律为线索，互为条件、互为依存，形成一条完整的服务链，链条中无论哪一个环节出了差错，都会导致服务失败，使酒店服务质量大打折扣，正所谓“100－1＝0”。要做好酒店的服务质量管理，必须树立全面、系统的服务质量观念，要求酒店各部门、各服务过程、各服务环节之间协作配合，并做好充分的服务准备，确保每项服务活动的优质高效，确保酒店服务全过程和全方位的“零缺陷”。

（三）服务质量对员工素质的依赖性

从顾客的角度考虑，酒店的服务质量主要由酒店提供服务的效率、顾客精神和情感上的需求及对所下榻酒店环境舒适的需求三部分决定。而酒店员工的服务技巧和服务的标准化程度直接影响酒店服务的效率，员工的外表形象、服务态度、职业素养等都会影响顾客的精神需求的满足度，酒店的环境在很大程度上也需要酒店员工的精心营造。可见，酒店服务质量是在有形产品的基础上通过员工在工作现场表现的劳务创造出来的，它对于员工的素质有较强的依赖性。因此，酒店管理者应合理配备、培训、激励员工，努力提高他们的素质，充分发挥他们的服务主动性、积极性和创造性，同时提升自身素质和管理能力，在员工满意的基础上实现顾客满意。

（四）服务质量的情感交融性

顾客是酒店服务质量的直接感受者和评价者，顾客所享受的服务主要由酒店的员工提供，在员工与客人面对面的服务过程中，必然会产生一定的情感交流。一方面，员工努力为顾客营造“宾至如归”的感觉，极力为顾客创造“家”的氛围；另一方面，顾客在享受酒店所提供服务的同时，在心理上必将对酒店产生一种亲切感和归属感，这样，即使酒店员工在为顾客提供服务的过程中有意料之外的缺憾或不足，顾客也会予以宽容和谅解。除此以外，酒店服务质量的情感交融性不仅能使顾客满意，甚至能在此基础上提高顾客忠诚度。因此，我们在着力打造和提升酒店服务质量的时候，必须充分考虑并利用其情感交融性，尽可能提升酒店的服务质量。

三、酒店服务质量的内容

酒店服务质量的内容可以从有形产品质量和无形产品质量两个方面来分析，见图 6－1。

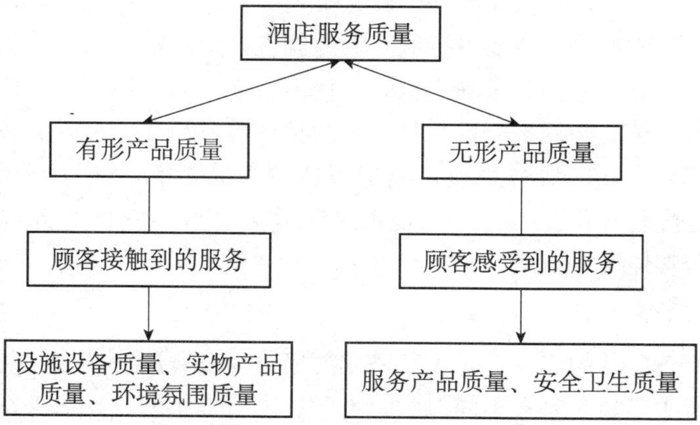

图 6－1　酒店服务质量的构成要素

（一）有形产品质量

有形产品是酒店提供服务的载体，是影响酒店服务质量的重要因素，包括以下几个方面。

1. 设施设备质量

酒店设施设备既是酒店提供的服务质量的物质基础，也是酒店星级档次的基础，包括房屋建筑、所有设备及低值易耗品等。具体来说，设施设备不仅前台顾客使用的设施设备，也包括后台供应使用的设施设备，还包括服务员使用的设施设备。它要求功能齐全，设施可靠、安全，外形美观。酒店的设施设备是酒店重要的基础，也是酒店提供服务的依托，是酒店服务质量的重要内容，酒店必须通过设施设备为顾客提供服务。因此，设施设备质量是酒店服务质量的基础和重要组成部分。设施设备的质量要求主要有以下几个方面：

（1）设施设备的齐全程度。设施设备的齐全程度是指酒店为满足顾客住店期间的各种需求所需配备的各种功能性设施设备的完备程度。

（2）设施设备的舒适程度。舒适度是一个复杂的动态概念，是人与环境交互作用而引起的刺激与效应，它因人、因时、因地而不同。酒店设施设备的舒适程度一方面取决于设施设备的配置，另一方面取决于设施设备的维修和保养。因此，必须加强管理，确保设施设备的舒适程度，才能为提高服务质量提供物质基础。

(3) 设施设备的完好程度。设施设备的完好程度直接影响服务质量。如客房马桶堵塞、窗户关闭不严、空调失灵、电器损坏、餐厅桌椅不平、杯盘残缺等，都会影响酒店的服务质量。所以，随时保持设施设备完好率，保证其正常运转，充分发挥其效能，也是提高酒店服务质量的重要组成部分。

2. 实物产品质量

实物产品可直接满足顾客的物质消费需要，其质量也是酒店服务质量的重要组成部分之一。它通常包括：

(1) 饮食质量。饮食是一种民族文化的反映，旅游者旅游的目的之一就是探求异地文化，因此，饮食文化在现代旅游中占有很重要的位置。饮食质量主要有饮食质量标准、饮食特色、饮食样式等。

(2) 客用品质量。客用品是酒店实物产品的一个组成部分，指酒店直接供顾客消费的各种生活用品。客用品质量应与酒店星级相适应，避免提供劣质品；客用品数量应充裕，不仅要满足顾客需求，而且供应要及时。

(3) 商品质量。酒店通常为满足顾客购物需要，都设有商场部，其商品质量的优劣也会影响酒店服务质量。酒店商品应做到花色品种齐全、商品结构适当、商品陈列美观、价格合理等，更为重要的是要注重信誉，杜绝假冒伪劣商品。

(4) 服务用品质量。服务用品质量是指酒店在提供服务过程中供服务人员使用的各种用品。它是提供优质服务的必要条件。服务用品质量要求品种齐全、数量充裕、性能优良、使用方便、安全卫生等。

3. 环境氛围质量

环境氛围由酒店的建筑、装饰、陈设、设施、灯光、声音、颜色以及员工的仪容仪表等因素构成。这种视觉和听觉印象对顾客的情绪影响很大，顾客往往把这种感受作为评价酒店质量优劣的依据，它能影响顾客是否再次来酒店下榻。因此，管理者必须十分注意环境的布局和气氛的烘托，让顾客感到舒适、愉快、安全、方便。

(二) 无形产品质量

无形产品质量是酒店服务质量的本质表现和主题内容。服务作为无形产品，涉及面广，机动性大，而且缺乏衡量的统一标准，其质量的好坏在很大程度上依赖于顾客的主观感受，公认的主要内容包括以下两个方面。

1. 服务产品质量

服务产品质量指酒店提供的服务水平的质量，它是检查酒店服务质量的重要内容，包括：

(1) 礼节礼貌。礼节礼貌是整个酒店服务中最重要的部分，在酒店管理中备受重视，因为它直接关系着顾客满意度，是酒店提供优质服务的基本点。酒店礼节礼貌要求服务人员具有端庄的仪表仪容、文雅的语言谈吐、得体的行为举止等。

（2）职业道德。酒店服务过程中，服务是否到位实际上取决于员工的事业心和责任感。因此遵守职业道德也是酒店服务质量的最基本构成之一。酒店员工应遵循“热情友好、真诚公道，信誉第一、文明礼貌，不卑不亢、一视同仁，团结协作、顾全大局，遵纪守法、廉洁奉公，钻研业务、提高技能”的旅游职业道德规范，真正做到敬业、乐业和勤业。

（3）服务态度。即酒店服务人员在对客服务中所体现出来的主观意向和心理状态。酒店员工服务态度的好坏是很多顾客关注的焦点，顾客可以原谅酒店的许多过错，但往往不能忍受酒店服务人员恶劣的服务态度。因此，服务态度是服务质量的基础和关键所在，直接影响酒店服务质量。

（4）服务技能。服务技能是酒店提高服务质量的技术保证，要求其员工掌握丰富的专业知识，具备娴熟的操作技术，并能根据具体情况灵活运用，从而达到给顾客以美感和艺术享受的服务效果。同时也只有掌握好服务技能，才能使酒店服务达到标准，保证酒店服务质量。

（5）服务效率。即员工在其服务过程中提供服务的时限，是酒店员工素质的综合反映。服务人员要力求做到服务快而不乱，既迅速又敏捷，而且准确无误。提高效率、保证效率是酒店永远的目标。

（6）服务项目。酒店被誉为“城中之城”“家外之家”，这体现了其服务项目的多样性。服务项目的设立应以满足顾客需求和方便为宗旨，“不因其小而不为”；同时，要加强市场调查，对顾客的兴趣、爱好、消费水平、新的需求进行了解，千方百计地满足顾客的要求，这样才能在激烈的市场竞争中始终处于优势地位。

2. 安全卫生质量

安全是顾客的第一需要，保证每一位顾客的生命和财产安全是服务质量的重要环节。在环境气氛上酒店要制造出一种安全的气氛，给顾客心理上以安全感，但不要戒备森严，否则，会令顾客感到不安。在日常服务中贯彻以防为主的原则，建立严格的安全保卫组织和制度，制定酒店的安全措施，做好防火、防盗，避免食物中毒、侵犯骚扰等事件的发生，切实搞好安全保卫工作。同时，在接待顾客过程中，要严格执行会客制度，无关人员和闲杂人员严禁进入酒店公共区域和客房。服务人员要尊重顾客隐私，保守顾客的秘密，不在公共场合谈论顾客姓名、房号及顾客的私事，以免引起不必要的麻烦。

清洁卫生也是酒店业务工作中的重点和服务质量的重要内容。卫生状况不仅直接影响顾客的健康和顾客旅居生活的质量，也反映了酒店管理水平和企业素质。

四、提升酒店服务质量的方法

为了提高酒店的服务质量，可以从以下几个方面进行考虑：

（1）建立完善的服务标准。制定明确的服务标准和服务流程，使每个员工都清楚自己的职责和服务标准，有利于提高酒店的整体服务质量。

（2）加强员工的培训。通过定期的培训，提高员工的专业技能和服务意识，使他们能够更好地为顾客提供优质的服务。

（3）建立有效的顾客反馈机制。通过有效的顾客反馈机制，及时了解顾客的需求和意见，及时改进服务质量。

（4）加强团队协作。酒店的运营需要各个部门的协作，只有团队协作默契，才能提供高质量的服务。

（5）注重细节。注重服务细节可以提高顾客的满意度和忠诚度。例如，客房清洁、整理、物品补充等细节都能让顾客感到舒适和温馨。

（6）提高服务效率。提高服务效率可以减少顾客的等待时间和不满情绪。例如，通过优化客房预订、入住登记、退房结账等流程，可以提高服务效率。

（7）关注员工福利。员工是酒店服务的核心，关注员工的福利可以激发员工的工作热情和服务意识，从而提高服务质量。

（8）创新服务模式。不断探索新的服务模式，如引入智能化服务、社交化服务等，提升顾客体验和服务满意度。

（9）强化企业文化建设。建立积极向上、关注细节、追求卓越的企业文化，使员工能够积极参与到服务质量改进中来，形成良好的服务氛围和服务文化。

学习专栏

1. 什么是酒店服务质量？酒店服务质量具有哪些主要特点？
2. 酒店服务质量的内容包括什么？
3. 简述有形产品质量及无形产品质量的内容。
4. 如何提升酒店的服务质量？

第二节 酒店服务质量评价与分析

酒店服务质量评价与分析是酒店服务质量管理的基础工作。通过服务质量评价，可以掌握酒店服务的质量水平，了解酒店服务质量是否符合相应的质量等级标准，是否满足顾客的物质和精神需要。通过服务质量分析，可以找出酒店存在的主要质量问题和引起质量问题的原因，使管理人员能够有针对性地对酒店影响大的服务质量问题采取有效的方法进行控制和管理。

一、酒店服务质量评价主体

评价酒店服务质量是一项系统性工作，为了增强服务质量评价的客观性与准确性，需引入多方评价主体，并借助科学的评价标准来实施评价。酒店服务质量的评价主体可分为顾客方评价、酒店方评价、第三方评价和社交媒体评价。

（一）顾客方评价

顾客是酒店服务的接受者，也是酒店服务的购买者。酒店服务讲究“宾至如归，顾客至上”，因而最大限度地满足顾客需求是酒店服务的根本任务。由顾客来评价酒店的服务质量是最直接、最有说服力和最具权威性的，可以说顾客是酒店服务质量最关键的评判者。酒店服务质量的顾客方评价有意见调查表、电话访问、现场访问、小组座谈和常客拜访等多种形式，其目的是通过酒店与顾客之间的互动来了解顾客对服务的满意程度。影响顾客评价的因素包括以下几个方面。

1. 顾客预期的服务质量

顾客对服务质量的期望是口碑传播、顾客个人的需求和过去的服务体验，以及酒店的营销传播活动等多种因素共同作用的结果，它构成了顾客评价酒店服务质量的心理标尺。

2. 顾客体验的服务质量

顾客体验的服务质量是由其所实际经历的消费过程决定的，它往往需要一个比较的尺度，也就是酒店服务的标准化程度和个性化程度。酒店服务的标准化程度是指酒店提供标准化、程序化、规范化服务的可靠程度，是提供优质服务的基础；酒店服务的个性化程度是指酒店根据顾客的多元化需求与偏好，提供的有针对性的个性化、特色化服务的程度。

3. 顾客的感知价值

顾客感知价值是顾客所感受到的服务价值减去其在获取服务时所付出的成本而得出的对服务效用的主观评价，体现顾客对酒店服务所具有的价值的特定认知。当顾客体验的服务质量与预期的服务质量一致时，顾客能够得到满意的感知价值；当顾客体验的服务质量超过了预期的服务质量时，顾客感知价值的满意程度会很高；当顾客体验的服务质量达不到预期的服务质量时，顾客感知价值的满意度低。

（二）酒店方评价

酒店作为服务的提供者，评价自身服务水平是其质量管理工作的重要环节。服务质量是酒店内各个部门和全体员工共同努力的结果，是酒店整体工作和管理水平的综合体现，在日益激烈的市场竞争环境下，以质量求效益已成为酒店可持续发展的必然选择。酒店服务质量的自我评价需要由相应的内设评价机构来执行，在评价机构设置方面，各个酒店的做法不尽相同。有些酒店设置由多部门管理者共同组成的服务质量管理委员会，有些酒店专设服务质量监督部门，有些酒店在总经理办公室下设服务质量检查评价工作小组。

（三）第三方评价

第三方是指顾客和酒店之外，独立于利益相关者的团体和组织。当前我国酒店服务质量评价的第三方主要有各级旅游行政管理部门、各类酒店行业协会组织和国际质量认证组织。

（四）社交媒体评价

社交媒体是互联网上基于用户关系的内容生产与交换平台，人们可以通过社交媒体来分享意见、见解、经验及观点。随着互联网技术与应用的不断发展，社交网站、微博、微信、博客、论坛、播客等社交媒体层出不穷，逐渐改变着人们的生活方式和消费习惯。越来越多的顾客乐于利用旅行博客、旅游论坛等社交平台对酒店住宿体验发表在线评论，或者利用手机社交软件即时分享自己酒店住宿体验过程中的见闻和感受，无论这种网络口碑传递的信息是好是坏，都将对酒店潜在顾客的购买行为产生深远影响。因此，社交媒体评价可以看作顾客依托第三方网络平台对酒店服务质量进行评价的一种新的融合性维度。

二、酒店服务质量评价要素

美国学者贝里等从顾客满意的角度，将评价酒店服务质量的要素归纳为有形性（Tangibles）、可靠性（Reliability）、可信性（Assurance）、响应性（Responsiveness）和移情性（Empathy）五种。

（一）有形性

有形性是指酒店服务产品的有形部分，包括酒店的建筑外观、设施设备、用品用具、宣传资料以及服务人员的形象等。有形的环境是服务人员对顾客细致关照的具体体现，是表明酒店对顾客殷勤关心的有形证据。

（二）可靠性

可靠性是酒店准确无误地履行服务承诺的能力。可靠的服务是顾客所期望的，必须做到服务的一致性、稳定性与准确性。缺乏可靠性的服务不仅会给酒店造成直接的经济损失，还将使酒店的形象和声誉受损，从而失去很多潜在顾客。酒店获得的星级评定等级或一些荣誉称号等就是可靠性的体现。

（三）可信性

可信性是指酒店员工的知识、技能、礼节和态度等素质综合表现出来的自信和可信的能力，它能增强顾客对酒店服务质量的信心与安全感。服务质量的可信性要求员工具备良好的专业知识、服务技能、礼仪礼貌和沟通能力，以及真心实意的服务态度。

（四）响应性

响应性是指酒店随时准备为顾客迅速而有效地提供服务的能力。在出现服务质量问题或处理顾客投诉时，及时做出回应和迅速解决问题会给顾客的服务质量感知带来积极的影响，在某种程度上甚至还能提高顾客满意度，如酒店规定电话铃响 3 声内接起、顾客需求在 5 分钟内反馈、小的维修申请在 10 分钟内响应等。

（五）移情性

移情性是指酒店真诚为顾客着想和对顾客给予特别的关注，了解顾客的实际需要并予以满足，使酒店的整个服务过程既具有个性化，又富有人情味。移情性要求员工态度友善亲切，具有亲和力，易于接近，能够敏锐洞察顾客需求并设身处地替顾客考虑问题。

三、酒店服务质量分析

对酒店服务质量的分析能够找出酒店存在的主要质量问题和导致这些问题的原因，帮助管理人员有针对性地对质量问题采取有效的方法加以控制和解决。常用的酒店服务质量分析方法有 ABC 分析法和因果分析图法。

（一）ABC 分析法

ABC 分析法又称帕累托图法和主次因素排列法，最早是由意大利经济学家帕累托提出的，用于分析社会人口和财富的占有关系。运用 ABC 分析法，可以找出酒店存在的主要质量问题。

1. ABC 分析法的含义

ABC 分析法的基本原理是“关键的是少数，次要的是多数”。通过对影响酒店服务质量各方面问题的分析，以质量问题的个数和质量问题发生的频率为两个相关指标，进行定量分析，先计算出每个质量问题在问题总体中所占的比重，然后按照一定的标准把质量问题分成 A、B、C 三类，以便找出对酒店服务质量影响较大的少数关键性的质量问题，并把它们纳入酒店服务质量的 PDCA 循环法中去，从而实现有效的服务质量管理。这样既保证解决重点服务质量问题，又照顾一般服务质量问题。

2. ABC 分析法的步骤

第一步：确定酒店服务质量问题的收集方式。具体方式有：服务质量调查表、顾客投诉、批评意见书和各部门的检查记录等。

第二步：对收集到的有关质量问题的信息进行分类。根据服务质量构成因素，将有关这些方面的问题分成几类。分类标准可参照服务内容的构成，如服务态度、技巧、方式、效率、礼节、卫生、设备设施、菜食、安全、环境等，然后统计出每类质量问题出现的次数，并计算出每类质量问题在问题总体中的百分比。

第三步：制作帕累托曲线图。帕累托曲线图如图 6-2 所示，它是有两条纵轴坐标的直角坐标图，横坐标轴上标以分类后的服务质量问题，按从左到右出现次数多少的顺序进行排列，左边的纵轴是质量问题出现的次数，右边的纵坐标轴是质量问题出现的频率（用百分数表示），以每类质量问题出现的次数为纵坐标做直方图，并按累计频率分成 A、B、C 三类。

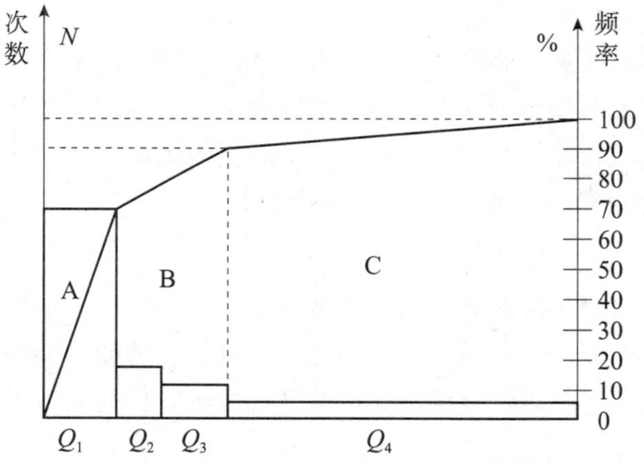

图 6-2　帕累托曲线图

A 类：关键问题，一般累计频率百分数为 0～70%。

B 类：一般性的问题，一般累计频率百分数为 71%～90%。

C 类：次要的问题，一般累计频率百分数为 91%～100%。

以上分类标准不是绝对的，ABC 类划分的范围可以根据实际情况进行一定幅度的升降。

第四步：进行分析，找出主要质量问题。根据帕累托曲线图的划分可知，在服务质量问题中，主要有以下问题：

A类服务质量问题属于关键问题，这类问题在酒店服务质量问题总体中占了60%，由图6-2也可以看出，A类问题的个数虽然很少，只有Q1一个问题，但这一问题却在酒店服务质量总体中占了60%，说明是关键的少数问题。如果这个问题得以解决，则酒店的服务质量将有较大幅度的提高。因此，酒店管理人员对A类问题必须给予充分的重视，把它作为当前的服务质量管理的对象。

B类服务质量问题属于一般性的问题，这类问题占酒店服务质量问题总数的20%左右，尽管没有列为当前服务质量管理的对象，但管理人员也应给予足够的重视，以防止其上升的趋势。

C类服务质量问题属于次要的问题。虽然这类问题的个数很多，但它只占酒店服务质量问题的5%～15%。这类问题往往带有较大的偶然性，管理人员只要提供一些防范或改进措施就可以了。

3. 运用ABC分析法进行质量分析时应注意的问题

在划分A类问题时，具体的问题项目不宜太多，以1～2项为好，否则无法突出重点。

划分问题的类别也不宜太多，对不重要的问题或出现频率很低的问题可以归为一类。

（二）因果分析图法

用ABC分析法主要寻找酒店的主要服务质量问题。可是这些主要的质量问题是怎样产生的呢？原因是什么？因果分析图法是分析质量问题产生原因的简单而有效的方法。

1. 因果分析图法的概念

因果分析图法是利用因果分析图对产生服务质量问题的原因进行分析的图解法。因为因果分析图形同鱼骨，因此又称为鱼骨图。

在酒店经营过程中，影响酒店服务质量的因素是错综复杂的，并且是多方面的。因果分析图对影响质量（结果）的各种因素（原因）之间的关系进行整理分析，并且把原因与结果之间的关系用箭头线表示出来，因果分析图如图6-3所示。

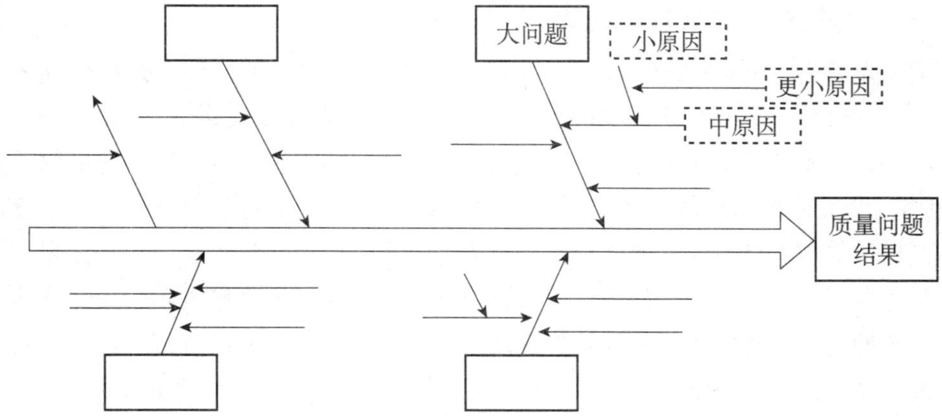

图6-3　因果分析图

2. 因果分析图法的步骤

第一步：确定要分析的质量问题，即通过ABC分析法找出A类质量问题。

第二步：分析A类质量问题产生的原因。找出质量问题产生的各种原因是用好这个方法的关键，同时查明这些原因是如何形成的。

第三步：将找出的原因进行整理，按结果与原因之间的关系画出因果分析图。

酒店服务质量评价是提高酒店服务质量和顾客满意度的重要手段。通过建立全面、系统、科学的评价体系，对酒店服务进行全面、客观、准确的评估，发现问题并提出改进措施，从而不断提高酒店的服务质量和顾客满意度，增强酒店的竞争力和市场占有率。在建立酒店服务质量评价的过程中，需要注重市场需求和顾客需求的变化，不断调整和完善评价体系，以适应市场的变化和顾客的需求。同时，也要注重对员工的培训和管理，提高员工的素质和服务意识，让员工成为酒店的宝贵财富和资源，为提高酒店服务质量提供有力的支持和保障。

学习专栏

1. 请简述酒店服务质量评价的主体，并举例说明酒店服务质量的具体体现。
2. 请列举酒店服务质量的分析方法。
3. 请描述一个你在酒店住宿时遇到的服务质量问题，并提出改进意见。

第三节　酒店服务质量管理方法

酒店服务质量管理是酒店成功经营的关键因素之一。酒店作为一种高接触度的服务行业，其服务质量的优劣直接影响顾客的满意度和忠诚度，进而影响酒店的经营效益。因此，加强酒店服务质量管理，提高酒店服务质量，是当前酒店业亟待解决的问题。

一、酒店全面质量管理

（一）酒店全面质量管理的概念

全面质量管理（Total Quality Control，TQC）由美国质量管理专家阿曼德·费根堡姆（Armand Feigenbaum）于20世纪60年代提出，最先在工业企业中运用。20世纪70年代，美国、日本等发达国家率先将其运用于第三产业，并取得了较好的成效。我国于1978年引入全面质量管理的概念，最开始也是在我国的工业企业中推行，后来逐步引入商业、酒店业等服务性行业。酒店全面质量管理是指酒店为保证和提高服务质量，组织酒店全体员工共同参与，综合运用现代管理科学和管理方法，控制影响服务质量的全过程和各因素，全面满足顾客需求的系统管理活动。它要求酒店整合所有资源，以系统观念为出发点，改变传统的以质量结果检查为主的方法，将质量管理的重点放在预防为主，变事后检查为事先预防和过程控制，从源头上堵住酒店的质量问题的发生，减少顾客投诉和抱怨，促进酒店服务质量的全面改善和提升。

（二）酒店全面质量管理的内容

酒店全面质量管理涵盖多方面的内容，涉及管理主体、管理对象、管理方法、管理过程及管理目标等方面。

1. 全面质量管理主体——全体成员

酒店全面质量管理需要酒店全体人员的共同参与和努力，酒店全体成员首先必须在思想上对酒店的全面质量管理有统一的认识，然后积极主动地参与和维护酒店全面质量管理的实施。从酒店高层决策人员制定决策、管理人员拟定经营管理计划方案，到各基层服务人员的认真贯彻执行整个过程，酒店全面质量管理贯穿酒店各层次人员对酒店的日常经营管理活动始末，应从宏观上整体把握方向和目标任务，从细微处着手认真贯彻和执行，将酒店各部门的质量计划全面落实到酒店各岗位和员工具体的工作活动中，从而真正保证酒店服务质量。

2. 全面质量管理对象——全方位

酒店全面质量管理实施的是全方位的管理，凡是涉及酒店的经营管理活动及酒店服务产品的相关内容，都属于酒店全面质量管理之列。酒店产品具有整体性和全面性的特点，决定了酒店质量管理必须进行全方位的管理。酒店服务的提供必须不能出任何差错，否则就会全盘皆输；服务的有形性和无形性特征也决定了酒店服务活动的复杂性。因此，酒店全面质量管理必须注重管理的系统性和整体性，从前台接待到后台服务，每一个环节必须认真细致、一丝不苟，不能仅仅只关注局部的质量。

3. 全面质量管理方法——全方法

酒店服务质量的影响因素众多，服务质量的构成要素也很多，同时服务过程中各种随机性或突发性问题也可能随时出现，酒店服务的提供虽有硬性的质量管理标准，但由于服务的无形性也导致一些服务的提供和问题的处理没有可循之规，需要服务人员灵活处理。这些都表明酒店全面质量管理的难度。因此，要全面系统地控制这些不确定因素，解决各种各样的服务难题，就必须综合运用各种不同的现代管理方法进行酒店的质量管理，酒店服务人员必须针对服务过程的各种实际情况选择适当的解决问题的办法，以使顾客满意，尽全力保证酒店的服务质量。

4. 全面质量管理过程——全过程

酒店服务质量是酒店顾客对酒店服务水平的综合评价，评价的依据是其在酒店所接受的切身体验的服务与其最初的期望值之间的比较。因此，酒店服务质量是以服务效果为最终评价的，即对酒店的整个服务过程进行的综合评价。要保证酒店的服务质量，就必须对酒店进行全过程质量管理。酒店服务的全过程包括服务前的组织准备、服务阶段的对客服务和服务后的售后服务。这三个阶段是一个不可分割的整体。对酒店进行全面质量管理就必须做好事前的预防和准备工作，防患于未然，同时做好服务中的控制管理，尽可能地避免服务中问题的出现，因为酒店服务具有生产与消费的同时性，服务提供的过程就是顾客消费的过程，问题一旦出现，就不可弥补，会造成不可挽回的损失。酒店全面质量管理的全过程管理就是认真把握好每一个服务的环节，使每一个服务环节都符合酒店质量管理的要求。

5. 全面质量管理目标——全效益

酒店全面质量管理的目标是实现酒店的全效益。酒店服务不仅讲究经济效益，更讲究社会效益和生态环境效益。酒店的经营管理必须实现绿色化，提倡节能降耗，环境保护。

绿色酒店是为酒店赢得社会效益的基础，可大大增强酒店的知名度和美誉度，提高酒店的社会影响力，这是为酒店带来长远经济效益的基础和前提。因此，酒店的经济效益、社会效益和生态环境效益三者是紧密关联的，酒店全面质量管理的目标，就是实现酒店的全效益，力争做到三者的共同实现。

二、PDCA 循环管理法

PDCA 循环管理法是一套行之有效的科学管理程序，最早由休哈特于 1930 年构想，后来被美国质量管理专家戴明在 1950 年再度挖掘出来，并加以宣传和运用于持续改善产品质量的过程中。在酒店服务质量管理中，该方法也得到广泛应用。它将酒店服务质量管理活动分为四个阶段，分别是计划（Plan）、实施（Do）、检查（Check）和处理（Action）。各个阶段都有自己的任务、标准和目标，四个阶段是一个不可分割的整体，它们共同作用，构成了酒店服务管理活动的全过程，并且不断循环，周而复始地动态运作，不断促进酒店服务质量的提升。

（一）PDCA 循环管理的阶段与步骤

PDCA 循环的四个阶段又可以细分为八个具体的步骤，如图 6－4 所示。

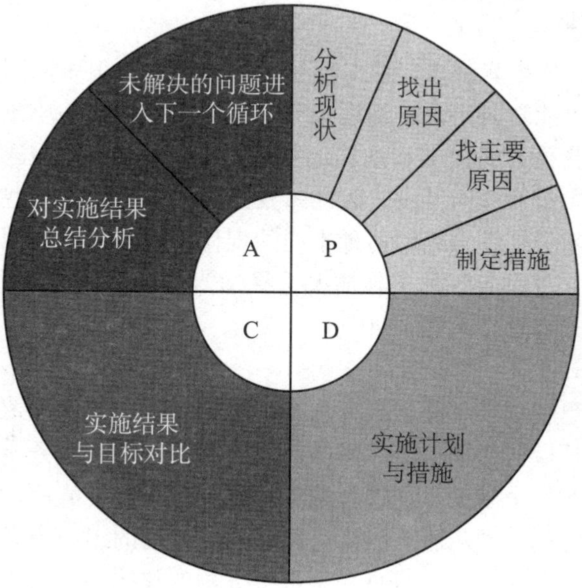

图 6－4

1. 计划阶段

计划阶段的工作主要是明确质量管理的任务，建立质量管理的机构，设立质量管理的标准，制定质量管理问题检查、分析与处理程序。该阶段具体包括四个工作步骤：步骤 1，对酒店服务质量的现状进行分析，运用 ABC 分析法诊断出主要的质量问题；步骤 2，运用因果分析图法分析产生质量问题的原因；步骤 3，从分析出的原因中找到关键的因素；步骤 4，制订解决质量问题要达到的目标和计划，提出解决质量问题的具体措施、方法及责任人。

2. 实施阶段

实施阶段的工作即步骤 5，主要是依据已经确定的目标、计划和措施实施。

3. 检查阶段

检查阶段的工作即步骤 6，再次运用 ABC 分析法对酒店服务质量情况进行分析，并将分析结果与步骤 1 所发现的质量问题进行对比，以检查步骤 4 中提出的解决质量问题的各种措施和方法的效果，同时检查完成步骤 5 的过程中是否还存在其他问题。

4. 处理阶段

处理阶段包括两个工作步骤：步骤 7，对已解决的质量问题提出巩固措施，并使之标准化，而对于已完成步骤 5，但未取得成效的质量问题也要总结经验教训，提出防止这类问题再发生的意见；步骤 8，提出步骤 1 中发现而尚未解决的其他质量问题，并将这些问题转入下一个循环中去寻求解决，从而与下一循环的步骤衔接起来。

（二）PDCA 循环管理的特点

1. 循序渐进

PDCA 循环管理必须按顺序进行，四个阶段的八个步骤既不能缺少，也不能颠倒。它就像车轮一样，一边循环，一边前进。这个“车轮”需要依靠酒店组织的力量和全体员工的努力来推动，才能顺利地前进。

2. 环环相扣

PDCA 循环管理必须在酒店的各个部门、各个层次同时进行方才有效。整个酒店是一个大的 PDCA 环，各个部门又有各自的 PDCA 环，各班组直至个人也都有自己的 PDCA 环，形成大环套小环的格局。大环是小环的母体和依据，小环是大环的分解和保证。只有这样环环相扣，每个环都按照顺序转动前进、相互协同，才能产生作用。

3. 螺旋上升

PDCA 循环管理不是简单的原地循环，每循环一次都要有新的更高的目标。每循环一次必须既向前推进了一步，又向上升高了一层。这意味着每经过一次循环，酒店的服务质量水平就有了新的提高。

三、ZD 管理法

ZD（Zero Defects）管理即零缺陷管理，是由美国管理思想家克劳斯比在 20 世纪 60 年代提出的一种管理观念。所谓零缺陷管理并不是绝对的没有缺陷，而是希望通过有效的 ZD 管理，尽可能地将酒店服务的缺点和差错降低到最低限度。

（一）ZD 管理的特点

1. 目标性

ZD 管理有其明确的目标，即尽可能降低酒店服务的缺点和差错，努力做到毫无差错地将酒店服务传递给顾客，使酒店服务和产品的提供不断朝着“零缺陷”的方向发展。ZD 管理的目标性体现了 ZD 管理方法的本质，它要求酒店必须做好服务前的预防和服务中的控制工作，尽可能杜绝酒店服务出现问题的“善后”处理，因为服务质量问题一旦产生，酒店损失的不仅仅是大量的补救成本，更重要的是酒店的声誉和品牌的破坏。

2. 全员性

ZD管理离不开酒店每位成员的共同努力，无论职位高低、权力大小，每个酒店成员都是酒店零缺陷管理中的主角。只有全体成员共同努力，每个人都力求尽善尽美，才能将酒店服务的缺点和差错降到最低点，达到ZD管理的目的。因此，酒店应努力做好动员和激励的工作，充分调动酒店全体成员的积极性和创造性，让每位员工都全身心地投入工作中，做好本职工作，实现酒店服务质量的不断超越。

3. 超前性

ZD管理要把员工工作中的失误降到最低，拒绝偏差，就必须在事前努力做好应有的准备工作，这就决定了ZD管理方法的超前性。它是以酒店全体员工的积极性、主动性及对工作的责任感为前提的。在开始工作前，就必须做好一切心理和行动的准备，在工作中保持认真踏实的工作作风，一旦发现差错，就主动改进，从而保证ZD管理的成功。

4. 一次性

ZD管理要杜绝服务工作的缺点和错误，就必须要求所有的员工一次性就能把工作做好，不得返工或重做，否则就不能称作"零缺陷"服务管理，ZD管理就不能算是成功的。除此以外，ZD管理工作的一次性还可以降低酒店的成本，提高工作效率，这同样能使酒店服务产品的质量得以保证。

5. 整体性

整体性是ZD管理方法的显著特点。酒店要力求服务工作的尽善尽美，就必须在整体上把握，从全局上控制，不能有一丝一毫的闪失，否则就会产生"100－1＝0"的后果。酒店服务的整个环节中只要有一个环节出现失误，那么无论其他的服务环节做得多么完美，都不会使顾客满意。

（二）ZD管理的工作程序

ZD管理的工作程序包括拟定ZD管理方针、制订ZD管理计划、开展ZD小组活动和进行ZD管理考评。

1. 拟定ZD管理方针

ZD管理方针是指导酒店开展零缺陷管理的方向和指针。在拟定这一方针时，一般要注意四个方面的问题：一是明确ZD管理的目的和意义；二是转变观念，动员全员共同参与；三是重视单项作业评价；四是建立有效的员工培训与激励制度。

2. 制订ZD管理计划

ZD管理必须针对酒店具体的质量问题展开，制订具有针对性和可行性的ZD管理计划方案，明确ZD管理的具体任务和拟解决的主要问题，分析经常会出现的错误的原因，并制定详尽的工作步骤。

3. 开展ZD小组活动

ZD管理需要酒店全体成员的共同参与和维护。因此，在具体的ZD管理中我们可以把酒店员工按一定需要分成若干活动小组，明确每个小组的工作目标和具体的任务，并将任务下放到小组内的每个成员，激发每位成员的工作热情，使每位成员成为工作中的主角，并且小组组长要随时做好检查考核工作。

4. 进行 ZD 管理考评

ZD 管理考评就是对各 ZD 管理工作的结果与预期的目标之间的对比，看结果与目标的接近程度。ZD 管理考评的内容包括 ZD 管理活动是否顺利开展、每位酒店员工的工作失误和顾客投诉问题是否趋向于零、员工的工作动机和工作热情是否提高、班组和部门组织的凝聚力是否增强、酒店成本是否得到有效的控制、组织效益和酒店的服务是否得到很大的提高等。

四、酒店服务质量管理的其他方法

（一）现场管理

现场管理是生产管理的重要内容，是指用科学的标准和方法对生产现场各生产要素进行合理有效的计划、组织、协调、控制和检测，使其处于良好的结合状态。现场就是指企业为顾客设计、生产、销售产品和服务以及与顾客交流的地方，是企业活动最活跃的地方。就酒店服务质量现场管理而言，就是要使酒店的各项服务工作时刻处于受控状态，现场出了问题要立即解决。

酒店服务生产与消费同步性的特点以及顾客的需求差异，增加了酒店员工的操作难度和酒店的管理难度。不同的酒店、不同的员工、不同的顾客在不同场合、不同时间对酒店服务质量的要求是不同的。顾客需求的多样性和不稳定性要求员工能够短时间内在现场做出快速反应，只有具有丰富经验、应变能力强的员工能够做到。为此，酒店管理者应该通过现场管理，检查员工的准备工作，督导员工的现场服务，观察其是否严格按照标准工作程序执行各项操作，激励员工的工作，做到事前控制、事中指导，在现场及时处理出现的各种问题，从而保证酒店服务质量的相对稳定。

（二）项目管理

项目管理又称为专项质量管理，是对每一项服务环节的质量进行专项管理。国际标准化组织在 1993 年提出了项目质量管理的建议，旨在强化对质量体系要素中某一环节的有效管控，以便在局部上提高产品和服务的质量。由于项目管理相对实用、更加简练、容易实施，因而受到企业的青睐，被广泛运用于质量管理工作中。酒店经常开展的微笑服务月、礼貌服务周、环境卫生月等，均属于专项服务质量管理的范畴。

项目管理的特点主要是：有一个清晰的目标；授权某一个人负全责；由某一个组织完成；在一个明确的时间内结束；有相对简练实用的评价审核标准；项目完成后有完整的质量文件材料。完成的质量文件材料是项目管理的重要成果，主要包括确定项目概念，即项目的质量目标、管理者的期望；进行项目的可行性分析，评估实施该项目的条件、优势和困难；设计并规定项目实施的步骤、评价审核标准等；确定项目执行过程中有关的组织、人员及其相应的任务；工作总结，涉及执行情况分析、项目最终结果、实施效果评估和经验教训等内容。

（三）服务竞赛和评比

酒店还可以通过组织和开展服务竞赛和评比活动来促使全体员工树立强烈的质量意识，提高执行酒店服务质量标准的主动性和积极性，形成比、学、赶、帮、超的良好工作局面。酒店内部的优质服务竞赛和评比要坚持三项工作要点：第一，定期组织、形式多样，服务竞赛和评比活动要常态化、多样化，事前要明确范围和意义、确定参与对象及要求、制定评比标准与方法，同时做好动员工作，激发广大员工的参与愿望；第二，奖优罚劣、措施分明，服务竞赛和评比活动的开展应有具体的奖罚措施，一般应遵循“奖优罚劣、以奖为主”的基本原则，如给优胜者发放奖金、授予荣誉称号、提供带薪假期等；第三，总结分析、不断提高，每次服务竞赛和评比活动结束以后，所有管理人员都应认真总结与分析，推广好的服务工作经验，避免暴露出的问题在后续服务工作中出现，从而不断改善酒店服务质量。

学习专栏

1. 请列举酒店服务质量管理的方法及应用。
2. 在实际中如何使用 PDCA 循环进行酒店服务质量管理？

资源链接

视频微课 6－1　　视频微课 6－2

在线自测

扫一扫　练一练

第七章　酒店人力资源管理

任务导读

酒店业是劳动密集型行业，人才是酒店经营发展的第一资源和第一生产力，从业人员的职业操守、素质能力和工作积极性等成为酒店经营成败的关键因素，因而对酒店人力资源管理提出了较高的要求。酒店人力资源管理不仅是人力资源管理部门的专职工作，而且是所有酒店管理者都应该关注和掌握的一项工作技能。本章概述了酒店人力资源管理的内涵、特点、目标与原则，重点介绍了酒店人力资源规划、员工培训、薪酬管理等内容。

第一节　酒店人力资源管理概述

进入 21 世纪，人力资源价值与知识资本优势逐渐成为衡量企业整体竞争力的标志。酒店是典型的服务性行业，提供的产品具有无形性，这种特殊性决定了酒店人力资源管理将贯穿酒店服务的全过程。为了全面提升酒店的服务质量，提高酒店管理水平，必须将酒店人力资源管理纳入酒店管理的整个体系中。

一、酒店人力资源管理的内涵

人力资源是发展经济和社会事业所需要的具有必要劳动能力的人口，反映了一个国家或地区人口总体所拥有的劳动能力。酒店人力资源又称劳动力资源或服务资源，它是酒店所有劳动力的总和，具体表现为员工的生产或服务能力。

在酒店的人力、财力、物力和信息四大资源中，人力资源是最为重要、最为活跃的因素。一家酒店无论组织结构如何完善，设施设备如何先进，如果不能有效发挥员工工作的积极性，就不可能成为一流的酒店。因此，酒店人力资源管理是酒店组织的一项基本职能，只有对酒店人力资源进行科学有效的开发和管理，才能使其在激烈的市场竞争中取得良好的综合效益，并始终立于不败之地。酒店人力资源管理是指以提高劳动效率、工作质量和取得效益为目的，运用现代管理学理论中的各项管理职能，对酒店的人力资源进行有效的开发与利用，实现人力资源价值最大化的一种全面管理。

人力资源管理的概念是建立在传统的人事管理基础上的，但范畴比传统的人事管理更深更广。传统的人事管理是按照企业管理职能划分出来的一项具体的职能，将企业中的人只作为一种简单的生产要素来进行管理。人力资源管理则是以人为本，强调人是一种特殊资源，将人作为管理中最关键的要素。在酒店管理中，不仅实行一般性劳动人事管理工作，而且采用现代科学管理的方法和手段，关注员工的需求，激发员工的积极性和创造性，从而实现酒店经营管理目标。

二、酒店人力资源管理的特点

（一）综合性

酒店人力资源管理主要是对组织内的人的全面管理，而人是复杂的，因此，酒店人力资源管理需要综合考虑多方面的因素，如环境因素、经济因素、文化因素、心理因素、生理因素等，涉及社会学、经济学、管理学、心理学、组织行为学等学科。在实际操作中，针对酒店员工的素质的考察也是全面、综合、系统的，除具备丰富的综合知识、专业的操作技能、较强的信息沟通能力、良好的服务态度和服务意识外，还必须具备良好的政治思想素质、品德修养和职业道德等。这些都突出体现了酒店人力资源管理的综合性。

（二）科学性

酒店人力资源的日常管理工作应该实行标准化、程序化、制度化和定量化，从而保障其科学性。标准化是指对酒店所有工作制定有关数量、质量、时间和态度等详细、具体和统一的要求，如服务工作要有质量标准。程序化是指将酒店各项管理工作的过程进行科学分段，并规定每个阶段的先后顺序、工作内容、标准、责任者、完成时限等。制度化是指酒店人力资源管理必须有严格的规章制度作保证，使录用、招聘、考核、选拔等工作顺利进行。定量化是指管理者要经常进行测试、统计和定量分析，以制定或修改定额，进行合理定员，为酒店考核系统提供科学的数量依据等。

（三）动态性

人力资源的动态性管理体现了现代人力资源管理强调的因人而异、因地制宜的权变思想。酒店人力资源的动态性管理体现在两个方面：其一，管理者要根据酒店的整体目标选拔合适人才，对酒店员工的录用、培训、奖惩、晋升和离职等全过程进行管理；其二，要注重在员工工作的动态过程中的管理，即重视员工的心理需求，了解员工的情绪变动和思想动态，并采取相应措施调动员工工作积极性，使全体员工发挥潜在能力。

（四）服务性

服务性是酒店行业的重要特征，也是酒店人力资源管理的重要特征和理念。酒店人力资源管理始终体现着“以人为本”的管理理念，人力资源管理要从员工的实际需求出发，进行谋求员工利益和企业利益共同发展的一系列服务活动，所以酒店人力资源管理体现的是一种为员工服务的特点。

三、酒店人力资源管理的目标

酒店人力资源管理的目标是使酒店组织更具核心竞争力。人力资源管理活动直接影响组织目标的实现，有效的人力资源管理目标和组织目标是一致的。酒店人力资源管理的目标可以分为三个层次，即终极目标、直接目标和具体目标。终极目标是通过有效的人力资源管理来维持酒店组织的生存，促进其发展和利润的增长，提高适应外部不断变化的环境的灵活性，保证酒店经营管理目标的实现，使酒店在竞争中保持相对优势。直接目标是通过人力资源管理活动吸引员工、留住员工、激励员工和再培训员工，调动员工的积极性和创造性，维持和提高员工的工作效率。具体目标则体现在建立优秀员工团队、形成最佳员工组合、创造良好工作环境等方面。

（一）建立优秀员工团队

酒店要取得良好的经济效益和社会效益，酒店员工的素质就要符合酒店业务经营的需要，即酒店需要建立一支专业化程度高的优秀团队。专业化的员工是指具有酒店服务意识和良好职业习惯的员工。管理者要有意识地挑选、培养和激励员工，即对员工进行人力资源开发与管理，逐渐培养专业化员工。首先，管理者要根据酒店的特点和经营发展的需要，精心挑选合适的员工；其次，要加强对员工的培养，不仅要进行业务技能的培训，更要着力培养员工的服务意识和职业自豪感；最后，还应通过科学的管理和有效的激励，激发员工的积极性，使员工队伍在数量上和质量上保障酒店业务活动的正常进行，最终形成一支高素质、强能力的“素能结合型”员工团队。

（二）形成最佳员工组合

从群体的角度来说，每位员工的主观能动性并不一定能形成群体功能的最佳效应。一支优秀的员工队伍必须经过有机的结合和科学的配置，才能形成最佳人员组合，使得每个人的行为与他人的行为协调一致，形成合力，共同实现酒店的预期目标。在酒店经营管理活动中，管理者应该通过科学的排列、组合，使员工各得其所，对每位员工制定明确的岗位职责，做到职责分明、各尽所能，形成最大的整体工作效能，进而形成一个有序、高效的酒店组织。

（三）创造良好工作环境

人的管理实质并非“管人”，而在于“得人”，谋求人与事的最优匹配。酒店人力资源管理就是要通过各种有效的激励措施，发挥最佳的群体效应，创造出良好的人事环境，使员工安心工作、乐于工作，最大限度地发挥员工的积极性和创造性。为了达到这一目标，酒店应建立一套科学的人力资源管理体系，用制度作为保障。除此之外，还要充分了解员工心理、分析员工行为，做到在严密的管理制度基础上，辅以灵活的管理方式和领导艺术，力求使员工在工作中有获得感和成就感。

四、酒店人力资源管理的原则

为了合理开发和利用人力资源，有效地挖掘员工的潜力和激发员工的工作积极性和创造性，酒店人力资源管理应当遵循以下三个基本原则。

（一）任人唯贤，唯才是举

酒店管理人员应注重选拔和重用德才兼备、成绩突出的员工，反对和杜绝任人唯亲。推荐和晋升员工要以素质能力和业绩贡献为标准。重视人才的使用是创造良好人事环境的重要举措，这样不仅会给酒店培养出一批年轻有为的后备军，而且会直接创造出极大的财富。

（二）合理流动，最佳组合

在酒店人力资源管理中，注意量才适用、知人善任、因事求才、因才施用、事得其人、人尽其才，通过工作分析和人事配置，形成最佳组合的状态。酒店组织作为一个有机体，要保持活力就要不断“新陈代谢”，补充新成员，辞退不称职员工。只有保持酒店员工的合理流动，才能给酒店带来新的生机与希望，防止员工队伍老化。

（三）注重实绩，有效激励

酒店各级管理人员都要充分认识到人力资源开发利用的重要性，加强对员工职业道德、业务水平、工作能力和工作态度的考核，并把考核结果作为员工晋级、奖励、惩罚的依据，真正做到奖罚分明、奖勤罚懒，对于做出突出贡献的优秀员工，要给予重奖表彰，树立标杆与模范。

五、酒店人力资源管理的内容

（一）人力资源规划

这包括对酒店的人才需求进行预测，制订相应的招聘计划，并设定明确的人力资源管理目标。酒店人力资源管理中的人力资源规划开展可以从以下方面开展：明确目标和战略，分析现状，制定人力资源规划方案，实施人力资源规划方案，评估和调整。

（二）招聘与选拔

酒店人力资源管理中的招聘与选拔影响着酒店人才队伍的质量和能力。在招聘和选拔过程中，酒店可以采取多种途径来吸引和获取优秀的人才，如校园招聘、社会招聘、内部推荐等。同时，为了确保招聘到合适的人才，人力资源部经理需要制定合理的招聘计划和选拔标准，并注重人才的素质和能力。在面试和选拔过程中，需要根据岗位要求和酒店文化，对候选人的背景进行调查，确保雇用的员工具有良好的职业素养和品德。

（三）员工培训

设计和实施员工培训计划，以提高员工的技能和知识，增强员工的职业发展潜力。酒店人力资源管理中的培训与发展是十分重要的，它不仅可以帮助员工更好地胜任现在的工作，还可以增强员工适应企业中其他岗位的能力。

（四）薪酬福利管理

通过合理的薪酬福利管理，酒店可以吸引和留住优秀的员工，提高员工的工作积极性和创造力，进而提高酒店整体的经营效益和市场竞争力。通过绩效评估机制，酒店可以根据员工的表现和工作成果给予相应的奖励和晋升机会，激发员工的工作积极性和创造力。酒店需要遵守相关的法律法规，如最低工资标准、劳动合同、社会保险等，保障员工的合法权益。同时，需要了解和掌握不同地区的劳动法规和政策，以确保酒店的薪酬福利政策符合当地的法律法规要求。

（五）员工关系管理

酒店人力资源管理中的员工关系管理是重中之重，它贯穿于酒店人力资源管理的多个方面。员工关系管理是在企业人力资源体系中，各级管理人员和人力资源职能管理人员，通过拟订和实施各项人力资源政策和管理行为，以及其他管理沟通手段调节企业与员工、员工与员工之间的相互联系和影响，从而实现组织的目标并确保为员工、社会增值。

学习专栏

1. 简述酒店人力资源管理的含义。
2. 简述酒店人力资源管理的目标。
3. 简述酒店人力资源管理的原则。

第二节　酒店人力资源规划

酒店人力资源规划是一种战略性和长期性的活动，与酒店的总体经营战略目标有很大的关系，是酒店发展战略及年度计划的重要组成部分，是人力资源管理各项工作的前提。

一、酒店人力资源规划的含义

人力资源规划作为连接酒店人力资源管理现在和未来的桥梁，是每个酒店都应该关注的重点。具体来讲，酒店人力资源规划是根据酒店人力资源管理战略目标和任务要求，通过分析酒店人力资源现状，科学地预测酒店人力资源需求与供给状况，制定出一系列的政策和措施以确保酒店在所需时间内和所需岗位上有足够数量和质量的员工，并使他们的利益与酒店的利益保持长期一致。

酒店人力资源规划的实质是具体落实人力资源战略，其质量和精确性取决于酒店高层决策者的战略管理能力、战略目标明确程度和组织结构、财务预算、经营计划等的有效性，也有赖于人力资源规划的准确性和有效性。

二、酒店人力资源规划的意义

（1）提高服务质量：通过人力资源规划，可以确保酒店的员工数量和质量，以提高客户满意度和服务质量。

（2）降低成本：合理的人力资源规划可以降低酒店的成本，包括人力成本、培训成本和招聘成本等。

（3）提高效率：通过合理的人力资源规划，可以优化酒店的岗位设置和人员配置，从而提高酒店的效率。

（4）长期发展：合理的人力资源规划可以为酒店的长期发展提供有力支持，为实现酒店的战略目标奠定基础。

（5）提高员工的稳定性和满意度：通过人力资源规划，可以为员工提供更好的职业发展机会和培训计划，提高员工的满意度和忠诚度，降低员工离职率。

三、酒店人力资源规划的构成

（一）酒店人力资源规划的基本要素

酒店人力资源规划的核心是对人员、工作、时间和资金的合理安排与配置，其基本要素主要包括时间区段（从何时开始到何时结束）、规划目标（数字化的人力资源供需目标）、情景分析（目前状况、未来状况）、规划内容（执行时间、责任人、检查人、检查日期和预算等）、规划制定者（如董事会、人力资源经理等）、规划制定的时间（如董事会正式通过或总经理批准的时间）等。

（二）酒店人力资源规划的主要内容

完整的酒店人力资源规划主要包括以下几个部分的内容：

（1）总规划。人力资源总规划又称为人力资源战略规划，它重点阐述自酒店人力资源规划制定之日起，今后5年以上人力资源管理方面的总原则、总方针和总目标，具体包括与人力资源管理相关的企业文化、人力资源总量、员工素质结构、人力资源管理的绩效标准和员工满意度标准等，并对以下各种中短期人力资源规划起指导作用。

（2）职位编制规划。主要描述酒店的组织结构、职位设置、工作说明和工作规范要求等内容。

（3）员工配置规划。需要根据酒店战略与经营发展，对酒店员工进行定岗定编，阐述酒店每个职位的员工数量、职位空缺补充途径以及各类职务的序列等。

（4）员工晋升规划。它实质上是酒店晋升政策的一种公布方式，一般涉及晋升条件、资格审查程序、晋升比例以及未晋升人员安排等。

（5）员工需求规划。通过总规划、职位编制规划、员工配置规划可以得到员工需求规划。员工需求规划应阐明需求的职位名称、员工数量、希望到岗时间等。

（6）员工招聘规划。这是员工需求规划的对策性规划，主要阐述员工招聘的方式（外部招聘、内部招聘等）、员工内部流动政策、员工外部流动政策，以及员工招聘程序等。

（7）员工培训规划。主要包括培训科目、培训讲师资格认证、培训内容、培训形式和培训考核方式等，以及如何甄别培训需求。员工培训规划的制定要注意与职位编制规划、员工配置规划等联系在一起，这样培训的目标就容易明确，培训的效果也会明显提高。

（8）人力资源管理政策调整规划。这部分应该明确在一定规划期内可能影响酒店人力资源政策调整的因素、调整步骤和允许调整的范围等。

（9）薪酬及福利规划。该规划通常与员工配置规划、员工晋升规划密切相关，并要结合酒店所在地区的经济发展水平、物价指数波动水平以及最低工资限制额，制定工资调整周期和幅度、奖励政策，以及福利待遇的适用范围和标准。

（10）人力资源投资预算。涉及上述各项规划的总费用预算。

四、酒店人力资源规划的步骤

（1）评估当前人力资源状况：在制定新的规划之前，需要对当前的人力资源状况进行评估，包括员工数量、质量、岗位设置以及员工绩效等。

（2）预测未来人力资源需求：根据酒店的战略目标、市场变化、客户需求等因素，预测未来的人力资源需求，包括所需的岗位类型、技能水平和数量等。

（3）分析人力资源供应情况：分析当前和未来的人力资源供应情况，包括内部供应和外部市场供应，确定供应与需求之间的差距。

（4）制定招聘和培训策略：根据人力资源的供需分析，制定相应的招聘和培训策略，包括招聘渠道的选择、招聘广告的发布、面试和选拔程序的制定、培训规划的制定等。

（5）制定员工激励和发展规划：为了吸引和留住优秀的员工，需要制定员工激励和发展规划，包括薪酬福利体系的设计、员工职业发展通道的建立、员工绩效评价和激励等。

（6）监测和调整规划：在实施规划的过程中，需要不断监测员工状况和市场变化，及时调整规划，以确保规划的有效性和适应性。

（7）制定员工离职管理规划：针对员工离职问题，制定合理的员工离职管理规划，包括员工离职原因的分析、离职手续的办理、离职后的沟通和跟踪等。

（8）制定相关政策和制度：为了保障人力资源规划的实施和效果，制定相关政策和制度，包括员工招聘、培训、配置、激励和离职等方面的政策和制度。

酒店人力资源规划是确保酒店拥有适量、高质量员工的重要环节，是推动酒店持续发展和提升竞争力的重要保障。通过科学的人力资源规划，酒店可以更好地应对市场挑战，优化人员配置，提高服务质量和客户满意度，为长期发展奠定坚实基础。

学习专栏

1. 简述酒店人力资源规划的步骤。
2. 简述酒店人力资源规划的主要内容。

第三节　酒店员工培训

酒店是劳动密集型的服务型企业，仅有豪华的硬件设施和先进的技术装备是不够的，更需不断提升的服务水平。从企业角度看，加强员工培训，可以提高管理人员的管理决策水平；可以降低损耗和劳动成本；可以促进员工掌握新技术和先进的工作方法，大大提高服务质量等。从员工角度看，加强员工培训，可以提高员工素质，通过“培训—工作—再培训—再工作”持续的循环不断加强员工素质；可以为员工的自身发展提供条件，通过为员工提供人力资本增值服务，使其不仅能出色地完成本职工作，还能超出本职位的限制，更好地完成更复杂和难度更大的工作，为其职业生涯的进一步发展提供条件和保障。

一、酒店员工培训的意义

酒店员工培训是酒店人力资源开发和管理的重要内容，需要根据酒店的战略目标和市场需求，针对员工的职业生涯发展需求，设计并实施一系列培训规划和职业发展通道，提升员工的职业技能和职业素养，从而提高酒店整体服务质量和竞争力，实现酒店和员工的共同发展。

二、酒店员工培训的内容与类型

（一）酒店员工培训的内容

酒店员工培训的内容可以分为三个方面：职业态度（Attitude）、职业技术（Skill）和职业知识（Knowledge），简称"ASK"培训。

（1）职业态度培训：职业态度培训是指对员工进行完成本岗位工作所必须具备的工作态度的培训，如对认真、耐心、热情、礼貌的服务态度的培训。职业态度是每位员工都必须拥有的，而职业技术与职业知识，不同的员工有不同的要求。

（2）职业技术培训：职业技术培训是指对员工进行完成本岗位工作所必须掌握的业务技能的培训，如对操作技能、应变能力、沟通能力等的培训。

（3）职业知识培训：职业知识培训是指对员工进行完成本岗位工作所必须掌握的基本知识的培训，如对酒店的企业文化、规章制度、基本情况等的培训。

对普通员工和领班来说，关键是要掌握有关作业的知识与技术；对主管和部门经理来说，关键是要掌握有关本部门组织督导的知识与技术；对总经理和董事长来说，关键是要掌握经营管理的知识与技术。处在酒店不同岗位层次的员工，所需掌握和使用的知识与技术的侧重点也是各不相同的。职业技术培训的主要对象是基层操作人员，职业知识培训的主要对象是管理人员。

（二）酒店员工培训的类型

酒店员工培训的类型因培训对象的层次、培训的开展阶段的不同而有所不同。具体分类如下：

1. 按培训对象的不同层次分类

（1）决策层培训。酒店的决策层人员主要有酒店经理、总监、部门经理。对他们的培训内容主要有市场观念和竞争观念的树立、酒店经营发展战略的确定、营销策略的制定等。

（2）督导层培训。酒店的督导层人员主要有主管、领班等。对他们的培训内容主要有：管理能力的提高、专业知识的加强、人际关系的处理、领导员工能力的提升。

（3）操作层培训。酒店的操作层人员主要有对客服务的一线员工、后台的技术人员和勤杂员工等。对他们的培训内容主要有专业知识的掌握、业务技能的熟练、工作态度的端正等。

2. 按培训的不同开展阶段分类

（1）职前培训。职前培训也称就业培训，是员工上岗前的培训，可分为一般性培训和专业性培训。

（2）在职培训。在职培训是对员工在岗时所需知识技能的培训，如外语会话能力、计算机操作技能、服务操作技能等的培训。在职培训贯穿于酒店每位员工就业时期的全过程。

（3）职外培训。职外培训是指受训员工暂时脱离岗位或部分时间脱离岗位参加学习或接受某种专门训练。根据受训时间安排和受训员工脱产时间的长短，职外培训可分为全日式培训、间日式培训、兼时式培训三种。

三、酒店员工培训的方法

（一）专题讲授法

专题讲授法适合于酒店管理人员或技术人员了解专业技术发展方向或当前热点问题，一般聘请资深行业专家或知名学者进行课堂式教学，事先确定好讲授的主题，围绕主题进行理论讲解或组织交流讨论。

（二）操作示范法

操作示范法是对专业操作技能要求较高的岗位所设置的培训方法，为了使受训员工熟练掌握正确的操作方法，安排部门专业操作技能熟练的员工在工作现场或模拟工作环境中，利用实际使用的设施设备，进行讲解和示范，包括讲授示范操作与模仿两个基本程序。

（三）职务轮换法

职务轮换法是安排有潜力的员工在不同部门或不同职位上轮岗工作，以提高员工整体素质和能力的方法。该方法可以发现员工的优势所在，从而充分发挥其工作的积极性，提高工作效率。

（四）见习带职培训法

见习带职培训法是酒店对新聘用员工的一种试用机制，在见习期内工作。见习期满后进行考查，合格者留在酒店就职。

（五）角色扮演法

角色扮演法是让员工模拟实际情景，扮演工作中的不同角色进行练习的一种方法，可以选取工作中主要的、常见的、特殊的场景，要求员工扮演工作所涉及的不同角色，角色互换，让受训员工体会工作的不同角色，从而提高服务的质量和水平。

（六）参观考察法

参观考察法是组织受训员工参观本酒店不同岗位、其他酒店或相关企业，甚至是出国考察学习的一种方法。员工在参观考察中进行横向和纵向的比较，发现自身的不足和先进者的优势所在，学习借鉴别人先进的工作经验和工作方法。

（七）案例研讨法

案例研讨法是针对一些工作中的重要问题进行集体讨论的培训形式，在对特定案例的分析和辩论中，受训员工集思广益，畅所欲言，各抒己见，不断汲取新的思想，开阔视野，学习经验和方法。案例研讨法的案例要有典型性、普遍性和实用性，通过研讨提高员工解决实质性同题的能力和技巧。

（八）视听教学法

视听教学法是运用现代技术，将影像、网络等运用于培训教学中。视听教学法可以提高培训的质量和效率，还可以降低成本。

四、酒店员工培训的流程

科学高效的酒店员工培训流程一般包括培训需求分析、培训规划设计、培训组织准备、培训现场管理和培训效果评估五个环节。

（一）培训需求分析

全面分析培训需求既是设计培训规划的前提，又是评估培训效果的基础。针对培训的主客体差异，培训需求分析应从两个方面着手。一是员工培训需求的分析，要明确员工的培训需求是一个长期持续的需求类型，酒店的培训工作应涵盖岗前培训、岗位培训、职务培训等各个领域，考虑到不同职业阶段员工的需要。二是企业培训需求的分析，着重分析酒店不同部门、不同岗位的素质与绩效要求以及实际绩效与目标绩效之间的差距，从而确定基本的培训范围、强度与方向。

（二）培训规划设计

“凡事预则立，不预则废”。要做好培训工作，规划必须先行。一般来说，酒店培训规划需在培训前 2～3 个月进行，其具体内容主要包括培训对象、培训内容、培训讲师等的确定。

1. 培训对象

由于酒店不同岗位、不同级别、不同职业阶段的员工需求的知识、技能和关注点不尽相同，为了使培训工作真正做到“因人而异”“因材施教”，首先要像细分市场那样细分培训对象，集中同一水平层次的员工在一起培训，这样才能避免员工接受课程深浅不一的情况，规避“一揽子”培训教学的弊端，从而有利于提高培训效率和满意度。在实际操作过程中，培训对象的确定可遵循“向下兼容”的原则，即针对高级别员工开展的培训，低级别员工不宜参加，而针对低级别员工开展的培训，高级别员工可以有选择性地参加。

2. 培训内容

确定培训内容的基本原则是实用、连贯、新颖。要在充分调研的基础上确定培训内容，还要注意培训内容的前后一致性。

3. 培训讲师

培训讲师是培训成功的主要保障，酒店对培训讲师的选择要慎之又慎。培训讲师的人品、工作态度、知识储备、讲课技巧、培训经历都是选择培训讲师的重要指标。对培训讲师的考察可采取听培训讲师试讲、征询客户意见、专业媒体报道、专家推荐等多种方式，随着培训市场的规范化，采取与知名品牌酒店顾问公司合作也是一个比较好的解决方法。

培训讲师确定以后，酒店在培训前应与其进行深入沟通，要求培训讲师备课时针对本企业的具体情况进行充分准备，同时把握好成人教育的特点，注重多种培训方法的灵活运用。

（三）培训组织准备

当酒店的培训规划方案敲定后，就进入紧锣密鼓的组织准备阶段。首先应成立由酒店人力资源部经理领衔、相关部门主管及培训讲师、受训代表参加的培训项目小组，以协调培训中的各项工作安排，同时对小组成员进行明确的分工。培训项目小组成立后，就需要组织相关人员召开培训动员大会，一般应请酒店总经理出面为培训学员讲话，强调该次培训的重要意义并提出期望，总经理出面可以体现出酒店对培训工作的重视，从而在一定程度上增强学员的积极性。此外，在组织准备阶段，还需落实培训场所与一些必要的辅助培训工具。需要注意的是，培训场所最好不要固定在某一个地方，在培训过程中通过适当变换培训地点有助于吸引参训员工的注意力，以缓解培训的疲劳。

（四）培训现场管理

在正式的培训工作进程中，做好培训现场管理是至关重要的。酒店人力资源部的培训组织者应加强对培训过程的实时监控，每一个培训项目、每一堂培训课都要形成一个完整的“PDCA 循环”。这一循环过程不仅是针对学员的学习环节，同时也是针对培训讲师的教学环节，如果培训过程中出现讲师讲课或学员讨论偏离培训主题、学员反映课程节奏太快或太慢等情况时，培训组织者需立即与培训讲师进行沟通协调，以便其及时调整。为了取得良好的培训效果，培训组织者还应协助培训讲师在课堂上营造既有竞争又有合作的培训氛围，使整个培训活动变成一个团队活动。同时，培训现场的应急补救与后勤安排也是培训组织者需要兼顾的重要内容。

（五）培训效果评估

培训效果评估是酒店培训工作不可或缺的一环，也是一项较为系统的工程，一般来说可以将其分解为三个在评估时间上递进、由个体评估向整体评估过渡的步骤，即知识评估、行为评估和成效评估。首先是在培训刚刚结束后测试参训员工的知识情况，主要评估其是否掌握培训所传授的相关原理、方法、技能、规程等以及掌握的程度如何，评估的方法有卷面考试、专题答辩、实际操作等。其次是在参训员工上岗或返岗后跟踪评估其行为是否规范、熟练或是否有起色，评估的方法主要有行为观察、绩效考评、人员访谈等。最后是对酒店整个培训工作实效的评估，主要是在培训一段时间以后通过酒店业绩的实际情况来衡量培训工作是否有助于酒店业绩的提高，这里需要注意定性评价方法与定量评价方法的有机结合。对于各项评估的结果，酒店人力资源部应做好分类档案管理，这一方面能够为酒店的后续培训提供可参考的基础资料，另一方面还能为酒店进行有效激励提供可靠的依据。

学习专栏

1. 酒店员工培训的类型有哪些？
2. 酒店员工培训的主要内容有哪些？
3. 酒店员工培训的流程如何设置？

第四节　酒店员工薪酬管理与绩效考核

酒店绩效考评，是酒店人力资源管理部门依照一定的工作标准，采取科学的办法，考核评定员工对其职务的理解程度和职责履行程度，以确定其工作成绩的管理办法。员工绩效考评的主要目的在于通过对员工全面素质的综合评价，判断他们的职务贡献，并以此作为酒店人力资源管理的基本依据，切实保证员工培训、报酬、调职、晋升、奖励、惩戒或辞退等工作的科学性。以公开、公正为原则的绩效考评在酒店的经营和人力资源管理中均起到很大的作用。

一、酒店员工薪酬确定的依据

（一）绩效考评的结果

绩效考评是评价员工工作成绩、奖励优秀员工的基本依据。薪酬的确定也要依据绩效考评的结果，使薪酬的发放更公平、客观。

（二）职位的相对价值

酒店应当系统地评定各个职位的相对价值，依照每个职位的工作对酒店的贡献率、相对重要性、工作性质、工作经验、特殊技能、履行职责的风险等来评定各个职位的排列顺序，并以此作为获取薪酬的依据。

（三）劳动力市场供求状况

薪酬相当于劳动力的市场价格，劳动力市场的供求变化直接影响着价格的变化，相应的薪酬水平也会随着变化。因此，要注意劳动力市场的价格变化趋势，从而确定薪酬的多少。

（四）居民生活水平

社会进步、经济发展的突出体现就是居民生活水平的提高，酒店的薪酬水平与当地居民的生活水平也具有客观的可比性。

（五）酒店财务状况

酒店要有可观的经营效益，才会有更多的资金用于薪酬。酒店的财务状况直接影响酒店的薪酬水平，尤其是可以浮动的那一部分，如奖金和福利等。

二、酒店薪酬的结构设计

薪酬有直接和间接两种表现形式，直接薪酬由工资和奖金组成，间接薪酬又称福利，由集体福利、补助、带薪休假和保险等组成。

（一）工资

1. 结构式工资制

结构式工资制是由若干具有不同功能工资组合而成的分配制度，主要由基础工资、职务工资、工龄工资、效益工资、津贴等部分构成。基础工资又称固定工资，是按国家政策和满足员工基本需求而设计的。职务工资又称岗位工资，是根据工作过程中员工所担任的职务或岗位级别来确定的，一般职务越高，责任和风险越大，贡献越多，岗位工资就越高。工龄工资是根据工龄的长短而确定的工资部分。效益工资又称奖励工资，它根据酒店的效益好坏和员工的表现而浮动。结构式工资制在一定程度上体现了按劳分配的原则，具有操作简单、直观简明的特点，适合中小型酒店。

2. 岗位等级工资制

岗位等级工资制是按照各个不同岗位和各个岗位中不同等级而确定工资标准的工资制度。根据岗位规模、职责范围、工作复杂程度、人力资源市场价格等方面综合评定各个岗位和岗位内部不同等级的工资水平。其中，岗位规模是指该岗位对酒店的影响程度和影响范围；职责范围是指独立性完成工作的难度、沟通频率和方式；工作复杂程度指任职资格、作业的难度、工作环境等；人力资源市场价格是人力资源供求状况和所需人才市场价值的体现。综合评定这些因素，利用点数法分析和测定酒店各个岗位的点数，根据不同的点数，将岗位划分为不同的等级以及同级岗位内部的不同等级，从而确定各个等级的工资水平。

3. 计件工资制

计件工资制，最初是从工业产品制造中开始的，酒店行业的计件工资制是根据员工所完成的工作，如按客房出租率、餐厅营业额、商品销售量等衡量要素的数量、质量和所规定的计价单价核算而支付劳动报酬的一种形式。工资的数额由工作标准和工作成效所决定，是典型的按劳分配。这种工资制最好与其他工资制结合使用，才能达到较好的效果。

（二）奖金

奖金是酒店对员工付出的超额劳动或优秀表现而支付的一种劳动报酬。它是员工工资的一种必要的补充形式，能够及时、准确地反映员工的劳动成效，起到很好的激励作用。按照奖励内容可分为单项奖和综合奖；按奖励的对象可分为个人奖和集体奖；按时间可分为月度奖、季度奖和年终奖。单项奖是以员工完成某一项主要指标的情况作为得奖的条件，该奖项目标单一，考核项目少，简单易行，且通常是一次性奖励；综合奖则是按照已确定好的考核指标，考虑员工多项指标要素的得分而取得的奖励。

（三）福利

福利泛指酒店内所有的间接报酬，多以物品或服务的形式支付，是报酬的一种有效补充形式。常见的福利形式有：集体福利，包括子女入托、免费工作餐、职员公寓、医务室、阅览室、活动室等；福利补助，包括工伤抚恤金、通勤补助、住房补贴、度假旅游补贴等；休假，包括带薪休假、婚丧假、年休假、产假等；保险，包括劳动保险、医疗保险、养老保险等。福利的主要作用是满足员工的安全需要，同一酒店员工所享受的福利差别一般不明显，如果适当增加员工根据自己需要选择福利项目的权利，会提高员工满意度。

三、绩效考评的含义及作用

（一）绩效考评的含义

绩效（Performance）是人们在管理活动中最常用的概念之一。绩效一般包含两个方面的含义：一方面是员工的工作结果；另一方面是影响员工工作结果的行为、表现及素质等。所谓绩效考评（Performance appraisal）就是根据人事管理的需要，考评员工的工作结果及影响员工工作结果的行为、表现和素质特征的活动。

需要指出的是，有国外学者认为绩效考评是主管与下属之间的一次正规讨论，即为发现下属现在和将来怎样有效地工作以及为什么有效工作而进行的正规讨论，以便下属、主管及酒店各方得益。根据这一观点，绩效考评同时也是一个工作信息沟通与反馈的过程。

（二）绩效考评的作用

1. 为员工薪酬管理提供依据

酒店组织内物质利益的分配必须遵循按劳分配的原则，报酬与贡献相匹配，才能对员工起到激励作用。这就需要对员工的绩效进行定期考核和评估，以获得必要的客观依据。

2. 为各项人事决策提供依据

酒店管理者通过评估获得大量信息，酒店的有关报酬、晋升、调迁、辞退以及培训等人事决策都依赖于这些信息。员工的薪酬、晋升和奖金都和工作评估挂钩。评估优秀的员工获得晋升、调动、奖励和其他积极的工作机会。相反，不能达到酒店所设置标准的员工会受到降级、辞退、惩罚等。显而易见，客观地评估员工绩效是至关重要的。

3. 为员工培训提供依据

绩效考评可以发现员工的长处与不足、优势与劣势，从而发现员工培训需求，制定具体的培训措施与规划。

4. 有助于员工的职业发展

员工在工作中取得成绩和进步，通过绩效考评，得到酒店组织的承认和肯定，可以更好地激励和发挥技能和潜力。同时，通过绩效考评，员工还可以发现自己的缺点和不足，认识到自己的差距，可以起到鞭策作用。

5. 有助于改进管理者与员工之间的关系

在考评中，主管将考核与测评的情况，通过面谈和其他途径，向员工反馈，并听取员工意见，了解彼此对对方的工作期望，从而促进管理者和员工之间的沟通，使双方工作关系更融洽。

四、酒店绩效考评的程序及内容

（一）绩效考评的程序

绩效评估主要有以下几种方式：员工自我评估、员工对管理者的评估、同级之间相互评估、管理者直接评估下属。其中直接由管理者实施的绩效评估是酒店最为重要和常用的评估方式。这种由管理者对员工进行的绩效评估一般是逐级进行的，第一级是被评估者的直接上司，第二级是被评估者的直接上司的上司或授权考核部门，其程序如下：

(1) 人力资源部制定绩效考评办法，发放绩效考评表。

(2) 员工以本人的实绩和行为事实为依据，对本人逐项评分。

(3) 直接主管以员工的实绩和行为事实为依据，对员工进行逐项评分并写评语。

(4) 业务部门或职能部门进行综合评估，总评后由直接主管将考核结果告知员工。

(5) 由直接主管与员工面谈，并提出改进意见。若员工不同意主管考核结果，可向上一级主管提出申诉，并由上一级主管做出最终考核。员工应理解和服从考核结果。

(6) 季度或半年考核时，各业务部门或职能部门仅向人力资源部递送绩效考评汇总表，考评表存在各业务部门或职能部门。年终考评时，应把年度绩效考评表和考评汇总表一并交给人力资源部。

(7) 员工的年终绩效考评汇总表交给人力资源部存档。人力资源部对年终考评结果做出分类统计分析表，报主管总经理签核。

(二) 绩效考评的内容

绩效考评包括员工素质评价和员工业绩评价两个方面。具体内容包括德、能、勤、绩四个方面。德，是员工的精神境界、道德品质和思想追求的综合体现，它体现一个人的行为方向、行为强弱和行为方式，具体化、标准化的德的考评具有重要的意义。能，即员工在工作中所体现的能力素质，包括体能、学识、智能和技能等方面。体能主要指与员工身体状况有关的年龄、性别和健康状况等；学识主要包括文化水平和相应的思维能力等；智能包括记忆、分析、综合、判断、创新等方面的能力；技能主要包括操作能力和组织能力等。勤，指员工的工作态度和敬业精神，如工作热情、积极性和主动性、出勤率等，强调员工的责任感和事业心。绩，指员工的工作业绩，包括工作的数量、质量、经济效益和社会效益，这是员工绩效考评的核心内容。在了解整个酒店业务管理流程的基础上，根据不同的考评目的，将德、能、勤、绩分解成若干子项目予以考评。员工的绩效考评是酒店人力资源管理的重要组成部分，下面就此内容进行介绍。

五、酒店绩效考评的方法

(一) 业绩评定法

业绩评定法是一种被广泛采用的绩效评定法，要求评价者根据员工的表现来对各个细化的评价指标进行判断、打分。这种方法的优点在于简便、快捷，易于量化。其缺点在于容易受主观因素和社会关系的影响。

(二) 工作标准法

工作标准法，又称劳动定额法。劳动定额是指在一定的物质、技术条件下，在充分调动员工积极性和酒店经营活动顺利开展的基础上，每个员工应保证完成的工作量指标。工作标准法就是将员工的工作成效与企业制定的劳动定额相比较，以确定员工绩效的考评方法。此方法有明确的量化参考标准，易于做出评价结果。其缺点是对于难以量化的工作，无法准确做出评定。

(三) 排序法

排序法是把限定范围内的员工按绩效表现从高到低进行排列的一种绩效评价法。这种绩效表现既可以是整体绩效，也可以是某项特定工作的绩效。这种方法的优点在于简单易行、速度快，可以避免主观误差；缺点是标准单一，绩效结果偏差较大，容易使员工的自尊心受到打击，而且不同部门之间无法进行比较。

（四）硬性分配法

硬性分配法是将限定范围内的员工按照一定的分布将其划分为几个等级，每个等级规定一定的人数。例如，规定10%为优秀，15%为良好，60%为合格，15%为稍差等。这种方法在实际实行中缺乏公平性和客观性，但可以减小误差。

（五）关键事件法

按照这种方法，管理者把员工在考察期内所有的对部门效益产生最大的积极或消极影响加以分析与评定，易受主观因素的影响，也易产生以偏概全的误差，如果考察期较长，还会给管理者增加很大的工作量。

（六）目标管理法

目标管理法是考评者与员工经过共同讨论，制定员工在一定时间内所需达到的绩效目标，同时还确定实现这些目标的方法和步骤。这种考评方法的基本程序包括以下几个：

(1) 考评者和员工联合制定评价期内要实现的工作目标，并为实现特定的目标制定员工所需要达到的绩效水平。这些目标常用营业额、利润、竞争地位或酒店内人际关系来表示。

(2) 在说明酒店员工状况的同时，考评者和员工还根据业务和环境变化修改或调整目标，并经常关注每个员工目标实现的情况，帮助员工制定具体措施以保证目标的实现。

(3) 考评者和员工共同检测目标的实现程度，对照目标衡量成果，并讨论失败的原因。

(4) 当目标管理的循环即将结束时，考评者和员工共同制定下一评价期的工作目标和绩效目标，开始新一轮的循环。

实行目标管理法，考评者起到顾问的作用，具有充分的民主性和培养性特点，考评过程由员工自主执行，增强了员工的工作自主性和独立性，能促进员工的工作满意度，进而以更积极的态度投入工作中。

六、酒店员工绩效考评的实施

酒店员工绩效考评是对员工工作表现和贡献的评估，是激励员工和改进工作方法的重要手段。以下是酒店员工绩效考评实施的主要方面：

（一）设定考评标准

为了使绩效考评更加客观和公正，需要设定明确的考评标准。这可以包括工作效率、工作质量、团队合作、客户满意度等指标。

（二）选择考评方法

绩效考评可以采取多种方法，如360度反馈法、关键绩效指标法、行为锚定等级评价法等，根据酒店的实际情况和员工的特定需求选择适合的考核方法。

（三）确定考评周期

绩效考评的周期可以根据酒店的实际情况确定。一般而言，季度考核和年度考核是比较常见的考评周期。绩效考评的周期和频次可以根据酒店的实际情况和业务需求进行调整。一般来说，月度考评适用于基层员工，季度考评和年度考评适用于中高层管理人员。频次设置的合理性可以确保考评的有效性和科学性。

（四）绩效考评的实施

绩效考评的实施是关键环节。在实施过程中，需采取多种考核方式，如上级评价、同级评价、自我评价等，以便全方位地了解员工的工作表现和发展情况。同时，还需对考评结果进行整理和分析，发现问题并及时反馈和改进。

（五）绩效反馈与改进

绩效考评的结果应该及时反馈给员工，并与员工进行面对面的沟通，为员工提供改进意见和建议。这有助于员工了解自己的不足之处，并促使员工采取行动来改进工作方法。

（六）奖励与惩罚

根据绩效考评的结果，可以给予表现优秀的员工奖励，如加薪、晋升、培训等。对于表现不佳的员工，可以采取相应的惩罚措施，如减薪、降级等。奖励和惩罚的力度应该合理，以充分发挥激励作用。此外，还可以根据员工的发展需求进行培训和发展规划的制定，以促进员工的个人发展和酒店的业务发展。

（七）记录保存

对于绩效考评的记录，应该妥善保存，以供将来查阅。这不仅是对员工的尊重，还可以避免将来出现不必要的纠纷。

在实践中，酒店员工的薪酬管理与绩效考评应该紧密相连。通过合理的薪酬管理，可以激励员工更好地完成任务和达成目标；而通过科学的绩效考评，可以为薪酬管理提供依据和参考，进一步优化薪酬制度的制定和执行。同时，酒店还应该注意保持薪酬水平与市场接轨，以确保在人才市场中保持竞争力；并重视员工的培训和发展，为员工提供成长机会和职业发展空间。总之，酒店的薪酬管理与绩效考评是人力资源管理中的重要环节，对于提高员工的工作积极性和酒店的业务发展具有至关重要的作用。合理的薪酬管理和绩效考评，可以更好地激发员工的潜力，实现员工的个人发展和酒店的业务目标之间的良性互动。

学习专栏

1. 酒店员工薪酬水平如何确定？
2. 如何对酒店员工进行绩效考评？
3. 如何激励员工提高工作表现？

资源链接

视频微课 7－1　　视频微课 7－2

在线自测

扫一扫　练一练

第八章　酒店新业态管理

任务导读

随着酒店竞争的日益激烈和消费者需求的多样化，出现针对不同目标细分市场的个性化、智能化酒店，如商务会议酒店、休闲度假酒店、精品酒店、主题酒店、酒店式公寓、民宿等固定业态，以及游轮、房车等非固定业态。这些酒店结合自己的资源和优势，正确地选择细分市场和目标市场，加上智能化的普及，为酒店新业态管理提供了更加有力的支持，也为中国酒店细分市场注入了新的活力。本章我们来了解酒店传统业态之外的新业态。

第一节　精品酒店

一、酒店新业态概述

酒店新业态，也称非标准住宿，是区别于传统酒店的个性化住宿。“非标准”概念的诞生和流行从客观上证明了市场对于“非传统住宿形式”是有刚性需求的，且这种需求是持续增长、不断扩大的。因此要求非标准住宿设施更为独特，服务内容更加丰富，能更好地满足消费者旅游度假、商务出行及其他居住需求，一般是由个人业主、房源承租者或商业机构来建设运营。非标准住宿包括客栈、民宿、酒店式公寓、精品酒店、度假别墅、小木屋、帐篷、房车、集装箱等。

非标准住宿的特点有以下几点：

（1）房源更分散。

非标准住宿产品不完全是封闭式经营，同一经营主体经营的房源可能分散在同一栋楼的不同楼层、同一小区的不同楼、同一区域的不同小区。

（2）单点房源量较少。

同一区域的房源通常在1～20间。

（3）产品更个性化。

一般同一装修风格的房间量不多于20间，且每一间房间内都会有不同的装饰。

（4）经营主体多元化。

经营主体包含房屋业主、承租者等个人经营者及公司化运作的主体、中介机构等。

（5）提供个性化设施及服务。

非标准住宿一般提供家用电器、厨房设备、城市导游等。

（6）依赖“互联网＋”。

管理方式、运营模式、销售渠道等需要通过“互联网＋”来改变传统方式，促进行业发展。

本章介绍的精品酒店、主题酒店、民宿以及其他非标准住宿，如酒店式公寓、产权式酒店、智能型自助酒店等，都是酒店新业态。

二、精品酒店的含义

随着国内外住宿业消费市场对个性化需求的追捧，酒店业通过对市场的高度细分，运用差异化竞争战略和补缺营销的策略，为不同细分市场设计相应的产品。精品酒店是酒店市场高度细分化的产物，满足了特定细分市场的需求，并以其独特的竞争优势获得快速发展。

原国家旅游局发布的中华人民共和国旅游行业标准《精品旅游饭店》（LB/T 066-2017）中对精品酒店做了定义，即精品酒店也称为“精品旅游饭店”，是指地理位置优越、设计风格独特、文化内涵丰富、品质精良、运营专业的小型精致旅游酒店。

三、精品酒店的特征

与星级酒店和联号酒店相比，精品酒店的个性特征集中表现在其个性化的服务方式、精准的市场定位、独树一帜的建筑风格和装饰艺术以及深厚的文化内涵上。这些鲜明的个性特征是不能轻易被模仿和被替代的，由此构成了精品酒店的核心优势。

（一）精致

精品酒店的建筑规模一般较小，但硬件等设施设备精良，且一般具有精美、独特的建筑风格和装饰艺术。无论是在酒店的外观设计、家具摆设还是诸如地毯、牙刷等细节上，无不彰显其设计的精致与精美。在服务上，精品酒店注重个性化与精细化。在精品酒店里，顾客能得到特别的关注。员工熟知顾客的姓名、口味、品味和偏好，真正做到了“了解顾客之需，了解顾客需要的时机”。

（二）独特

为迎合客户的小众需求，独特成为精品酒店的一大特征。精品酒店在外观、装饰等方面的设计，多能体现当下独特而又时尚的设计美感。此外，精品酒店的服务内容新颖，与传统高星级酒店提供的传统服务不同，精品酒店往往推出独特的个性化服务。此外，通过酒店的名称和选址、产品和服务，精品酒店彰显出其鲜明的文化创意。精品酒店的住宿体验别致，顾客在入住过程中能感受到强烈的尊贵感或亲切感、充实感或轻松感、复古感或时代感等。

（三）高端

精品酒店的市场定位精准，其目标客源主要是喜爱精品酒店文化且高收入、高品位的高端国际商务和度假客人，其高端的表现包括地理位置优越、环境氛围高雅、消费体验尊贵、市场美誉度高等，其房价标准一般不低于相同城市的五星级酒店平均价格。其高端也表现在，为了给客人提供定制化、个性化与人性化的服务，精品酒店的员工数与客房数的比例常会达到 3∶1，甚至 4∶1；而在星级酒店，这个数字通常是 1∶1 或 2∶1。

（四）专业

专业和科学的管理和运营是精细化服务的重要前提。精品酒店相较于其他业态的酒店，更注重员工的培训。此外，精品酒店的专业也多体现在科学的管理手段、完善的管理体系和高效的运营能力上。

四、精品酒店的起源和发展历程

精品酒店源于法语 Boutique，该词原是指专卖时髦服饰的小店。精品酒店可以说是随着国际连锁酒店集团的兴起而产生的。20 世纪 80 年代，随着国际商务和度假旅行的兴起，国际连锁酒店集团成功遍布所在国各地乃至全球。然而，这些国际连锁酒店虽可以凭借统一的服务和标准的设施保证稳定的质量，但不可否认的是，遍布全球的酒店因其如出一辙的服务、设施，远不能满足现代酒店客户群体日益追求的美好生活、精美设计、历史文化、绿色自然等个性化需求，故精品酒店在此背景下应运而生。

精品酒店凭借与文化产业的融合，结合独特的设计和个性化的体验，使其与其他传统酒店区别开来，迎合顾客的个性化需求，在市场上占据一定地位。

精品酒店作为对国内住宿业态的补充，具有强烈的个性特征。随着 21 世纪精品酒店在欧美的日益流行，西风东渐，该业态也在中国市场迅速发展。

与标准住宿的雷同化和标准化不同，精品酒店更多的是体验个性化的产品和经营模式。这种经营模式顺应了 21 世纪个性化需求的潮流，故精品酒店的成功也有其必然性。相较于酒店集团中的豪华产品，精品酒店不仅体量相对较小，而且无须支付高昂的品牌使用费，在成本上有较大的优势。尽管精品酒店占酒店业总体市场中极小的份额，但其增长却是迅速的。在发展地域上，精品酒店也逐渐向规模较小、相对落后的城市扩张。

精品酒店凭借其面向个性化和差异化需求所特有的核心优势，表现出良好的业绩，为其赢得了较为广阔的生存发展空间。相较于传统酒店，精品酒店入住率普遍较高。

成功的精品酒店在发展扩张上，并没有采用传统连锁品牌经营的发展模式。个性是精品酒店的命脉。新生代精品酒店在复制成功、实现精品酒店的连锁发展时，追求“每个酒店讲述一个故事”，并在设计上讲求风格各异。

五、精品酒店的管理模式

随着近年来国内精品酒店的快速发展，出现了市场井喷现象，其管理模式主要表现为以下三种形式：

（一）单体精品酒店

单体精品酒店主要有以下两种形式：一种是对原有的普通单体酒店经过改造和重新设计，融入更多的文化元素；另一种是业主结合自身的审美情趣等想法或聘请设计师，全新打造的酒店。单体精品酒店更能迎合人们追求独特、与众不同的个性化体验需求，往往代表着业主想要传达的一种独特生活理念。单体精品酒店发展较快，但品质也容易出现参差不齐的现象。

（二）专门从事精品酒店开发与管理的酒店集团

专门从事精品酒店开发与管理的酒店集团不仅能以集团化运作保证旗下各酒店具有统一而稳定的服务和设施设备水平，且赋予每家酒店独特的装饰设计、个性化的服务和当地文化特色，满足顾客个性化的独特体验需求。

（三）国际化酒店集团

随着精品酒店在市场份额中占据越来越重要的地位，一些国际一线酒店集团均在小型精品酒店市场投资，抢滩精品酒店市场。国际化酒店集团能给予精品酒店巨大的财力支持和完善的管理经验支持，但也使精品酒店潜藏着失去精品酒店的内涵而沦为单纯的星级酒店的风险。

学习专栏

1. 非标准住宿的特点是什么？
2. 什么是精品酒店？精品酒店有哪些管理模式？
3. 收集资料，访问你所在地区的精品酒店。你认为精品酒店的成功有什么必然性？

第二节　主题酒店

一、主题酒店的概念

主题酒店是以某种特定的主题为核心，从建筑、装饰、服务、产品等方面均围绕这一主题进行表述，展现统一的文化理念，展示统一的文化形象，传递统一的文化信念的酒店。世界上最早的主题酒店兴起于 1958 年加利福尼亚的 Madonna Inn，首先推出 12 间主题客房，随后发展到 109 间，成为当时最早、最具代表性的主题酒店。据统计，世界最大的 16 家主题酒店中，拉斯维加斯就有 15 家，主题酒店是拉斯维加斯酒店业的灵魂和生命。

作为近年来发展较快的酒店新业态之一，主题酒店以其独特的文化理念和个性化的服务，让顾客在深度的体验中，满足其物质和精神需求。我国云南、西藏等地的民族特色酒店，长隆的企鹅酒店等，都是根据当地特色和文化建设的主题酒店。

主题酒店是酒店市场日趋成熟和细分的结果，是在客源激烈竞争的背景下，满足特定目标市场个性化和情感化需求的产物。富有特色的主题是该类业态的酒店所具备的最大特点之一。主题酒店的产品、服务、环境、活动等都是围绕着主题，为主题服务，让主题成为顾客识别和选择的最富有显著特征的吸引物，让主题成为主题酒店最独特的竞争力。

二、主题酒店的特征

（一）差异性

差异性是指主题酒店根据自身不同的资源禀赋，包括区位优势、管理优势、资金优势和技术优势等，围绕一个主题，打造出区别于市场上其他酒店的产品。

差异性的优势在于，在当下高度细分化市场条件下，基于顾客满意度理论，凭借对标目标客源市场需求的主题，更有利于提高顾客的满意度。主题酒店产品的差异化，其本质就是主题的差异性，以不同的产品去迎合不同的消费群体，并进一步实现顾客经历、感受、体验的差异化。

（二）文化性

主题是对不同产品中所蕴含的不同文化内涵进行提炼与升华。主题酒店出现的目的就在于满足特定消费市场的文化需求。以主题的方式，提炼和强化文化，并围绕该主题进行酒店产品和活动设计，使其有更深厚的文化内涵和更高的立意。

当前主题酒店所反映的主题风格多样，类型迥异。但无论是雅俗文化、古今文化，还是中西文化、虚实文化，主题本身并不存在立意的高低贵贱之分，也不与产品价格直接挂钩。

（三）体验性

随着体验经济时代的到来，旅游消费者在出游过程中也不再满足于走马观花式的观光，而更渴求深层次的体验。同样，在主题酒店通过对建筑、装饰、服务、产品的联动，营造与主题相契合的体验活动，并进一步满足顾客的体验需求，为顾客创造出值得回忆的体验经历。

三、主题酒店的类型

（一）自然风光酒店

与将自然景观作为酒店背景不同，该类主题酒店将优美的自然风光搬进酒店，在酒店内部营造富有真实感的场景，如位于野象谷热带原始雨林深处的西双版纳树上旅馆。

（二）历史文化酒店

历史文化酒店多在酒店内部构建一个虚拟的古代世界，在该类酒店中，旅客可以从古色古香的建筑、装饰和服务中，体验到浓厚的历史文化氛围。

（三）城市特色酒店

城市特色酒店多以西安、洛阳等历史悠久、富有文化内涵的城市为蓝本，以实体仿造、氛围营造、服务渲染等方式再现城市特色。

（四）名人文化酒店

名人文化酒店以政坛、文艺界等名人的经历为卖点。该类主题酒店多是名人生活、工作或下榻过的地方，并多有名人生活体验活动。

（五）艺术特色酒店

艺术特色酒店是指以绘画、雕塑、文学、建筑、电影等多种艺术形式为主题。例如，水泊梁山风景区的梁山水浒大酒店就是一家以水浒为主题的艺术特色酒店，配套浓厚的文化氛围，飞檐斗拱、雕梁画栋、亭台楼阁，形成一道水浒主题旅游的亮丽风景线。

四、主题酒店对主题的选择

主题酒店正确选择相关主题，是其发展成功的重要因素。主题酒店在主题的选择上，主要遵循以下三个原则：

（一）以市场需求为导向

主题酒店与传统酒店最大的不同，便是其通过一个明确的主题，贯穿整个建筑、装饰、服务等风格中，成为在激烈市场中展现竞争力的重要卖点。所以选择主题的重要条件之一就是迎合目标人群的市场需求。该种需求由两个方面组成：一方面是购买欲，由某种事物引起购买个体消费的欲望；另一方面是购买力，若产品只能刺激顾客的购买欲而脱离目标人群的购买力，也不能形成需求。因此，主题酒店在主题的选择上不仅要考虑目标市场的偏好，更要注意提供市场所接受的价格。

（二）与当地环境协调

无论是处于城市、乡村，还是景区的精品酒店，因其独特的建筑和设计风格，本身就是当地的风景和文化。酒店在进行主题的选择时，必须与周边环境相适应，与周围的整体文化和形象相协调。

当然，选择的主题在与环境相协调时，并不意味着主题只能局限于当地文化中，不能采用异地文化或差异文化，而是要求在主题的选择上能够与环境形成整合，在与周围环境的融合下，对周围环境的整体形象起到优化和提升的作用。

（三）弘扬个性，避免雷同

主题酒店在其经营中，相较其他类型的酒店更注重差异化竞争的策略。在主题的选择上，只有保持独特新颖的特点，才能满足顾客的个性体验需求。这就要求主题酒店在选择主题时，密切关注竞争对手，避免主题上的雷同和类似，才能做到个性上的互补，创造共赢的局面，避免一窝蜂带来的恶性竞争。

学习专栏

1. 主题酒店可以分为哪些类型？请列举三个。
2. 什么是主题酒店？主题酒店有哪些主要特点？
3. 作为游客，你会选择什么类型的主题酒店入住呢？简单阐述你的理由。

第三节　民　宿

一、民宿的概念

民宿一词音译自日语 Minsyuku。根据《旅游民宿基本要求与评价》（LB/T 065－2017）对民宿概念的表述，民宿是指利用当地闲置资源，由民宿主人参与接待，为游客提供体验当地自然、文化与生产生活方式的小型住宿设施，包括但不限于客栈、庄园、宅院、驿站、山庄等。根据所处地域不同，民宿可分为城镇民宿和乡村民宿。

二、民宿的特征

（一）经营规模较小

民宿一般是利用当地闲置的资源并由民宿主人参与接待，无论从房间数还是人员配置上来看，与其他业态的酒店相比，经营规模较小。

（二）形式多样

民宿的形式较为多样，除一般意义上的民宿外，客栈、庄园、宅院、驿站、山庄等小型住宿设施均是民宿的形式。

（三）注重体验

体验是民宿相较于其他酒店业态的一大优势之一。就服务场景而言，民宿多利用当地闲置资源；就服务提供者而言，多为民宿主人及当地居民直接参与到服务中来。这些都为民宿的独特体验创造了条件，住宿者在民宿居住过程中通过与服务员的深入互动，有利于其体验当地独特的自然、文化与生产生活方式。

三、民宿的起源和发展

关于民宿的起源，学者有不同的说法。

有观点认为其可追溯至西方的朝圣活动。大量朝圣者涌入朝圣地后，没有专门住宿场所，当地居民为朝圣者提供简单的食宿，解决其风餐露宿的问题，这被认为是民宿雏形。

另有观点认为，民宿的由来应追溯至18世纪法国贵族兴起的到农村度假体验风潮。贵族们不仅在田园参观景观，还住在农户家中体验平民生活。

也有一种说法是民宿一词来自英国，即Home Stay。20世纪60年代初期，英国的西南部与中部人口较稀疏的农家，为了增加收入开始提供民宿。当时的民宿数量并不多，是采用B&B（Bed and Breakfast）的经营方式，它的性质是属于家庭式的招待，这就是英国最早的民宿。

我国发展民宿最早的地区是台湾省。大规模民宿发展的地区是垦丁国家公园，时间在20世纪80年代初，当初是解决住宿不足的问题，只是一种简单住宿形态，没有导览或餐饮服务。起因是假日的大饭店、旅馆住宿供应不足或缺乏服务，或登山旅游借住山区房舍而产生，有空屋人家因而起意挂起民宿的招牌，或直接到饭店门口、车站等地招揽游客。

大陆的民宿业首先出现在经济发达的沿海地区，多是自发形成，以乡村农家乐为主，只能提供简单的餐饮娱乐和住宿服务。民宿经营者们大多学习日本和我国台湾省的经验。目前浙江省民宿发展处于国内领先水平。现在越来越多的人对生活品质要求提高，不再满足于传统的农家乐、农庄、旅游景区提供的服务，转而投向精致高品位的民宿休闲旅游，因此各地民宿如雨后春笋般涌现。

随着城市化的推进，消费者对乡野风情的追求，成为民宿快速发展的主要动力。民宿多集中在古镇、古城、古村落等地。这些地方不仅远离现代纷繁的都市生活，有保存完好的乡村野趣和深厚的文化底蕴，而且与多数民宿所追求的情怀不谋而合。

由于发展初期缺少政策规范和市场的引导，民宿存在着盲目上马、千宿一面的局面，许多民宿缺乏自己的特性和核心竞争力，同质化现象严重。另外，无序发展也导致众多民宿存在治安、消防、卫生等诸多隐患。2017 年，原国家旅游局发布《旅游民宿基本要求与评价》，从民宿的定义、评价原则、基本要求、管理规范及等级划分条件等方面加以引导与要求，标志着民宿向规范有序的方向发展。

四、民宿业的发展趋势

发展民宿旅游能盘活闲置民宅，给经营者带来资产性收入，并能扩大就业渠道，丰富市民的乡村旅游选择，能给农村带来活力，可谓是一举多得。但民宿要健康发展，形成产业，还有很长的路要走。

其实，在很多游客心目中，民宿就该是如家一般的安全温馨，具有当地特色的建筑风格，让游客真正感受到旅行带来的别样风情。民宿价格的制定要遵循市场规律，价格过高但服务不到位，又没有文化特色的民宿，会引起消费者的反感。

针对民宿定价虚高等问题，理应尽早完善行业标准和评价体系，让民宿走上规范化经营之路。从无序走向有序，才是一个行业逐渐成熟的标志。只有实现规范化，共享经济模式下的民宿产业才能释放其最大价值。民宿行业只有在提供优良住宿环境和标准化的服务之外，让游客真正能体验当地的生活方式和文化独特性，让消费者真正感觉到物有所值，才能真正步入良性发展轨道。

（一）从原始个体散打的模式开始走向品牌化和集群化

民宿的业态延伸空间大，产业资源的引入将有利于民宿开发多渠道收益，在提升收入的同时提高民宿的抗风险能力。例如，文创、实体类的商品可以打破时空限制，持续与消费者发生关联，这是提升消费者长期价值的有效方式。文旅综合体的建成无法依靠单一主体，而是涉及多方合作，包括民宿品牌方、政府、地产商、产业资本、文旅公司等。

（二）民宿消费者的构成变化

以往民宿的客群以中产家庭及 40 岁以上的客人为主，获客渠道基本上为传统 OTA（Online Travel Agency，在线旅游）渠道。近年来，一些年轻的民宿建设团队，以微官网、小红书、抖音等自有渠道获取客源，在一系列规划及实践后，挖掘出来一批有经济实力的、年龄在 20～35 岁的客群新用户，平均客单在 1 000 元左右。这群高客单的新用户被称为“新一代民宿消费群体”。

随着中国老龄化的加剧，新一代的旅游出行人群基本上以“80 后”“90 后”“00 后”为主，“00 后”成为新时代的消费代表。新一代的用户群体完全打破原有的客群认知，他们喜欢旅游，热爱自己，享受民宿，有消费能力，对于民宿产品有自己明确的认知。

（三）呈现多样态融合发展

所谓多样态融合发展，即“民宿＋新业态”，如：民宿＋非物质文化遗产、民宿＋红色旅游、民宿＋党建、民宿＋亲子旅游、民宿＋康养旅游、民宿＋研学旅游、民宿＋心理疗愈、民宿＋运动竞技等。例如，河南省通过“民宿＋非物质文化遗产”的发展路径探索，将传统的非物质文化遗产资源与民宿及旅游产业有效对接，让非物质文化遗产在现代生活中焕发新的生机和活力，促进民宿行业提档升级，丰富民宿文化内涵，增强游客文化体验，推动文化资源与旅游资源的深度融合。

学习专栏

1. 民宿的概念是什么？
2. 简单介绍民宿的起源和发展。
3. 你认为好的民宿应该有什么样的标准？试举例说明。

第四节　其他非标准住宿

一、酒店式公寓

（一）酒店式公寓的概念

酒店式公寓是指拥有厨卫在内的综合套间，且建筑结构和形式与酒店类似，物业提供酒店模式的管理。一般来说，酒店式公寓购买者拥有单独产权，既可以自住，也可以出租或转售。酒店式公寓的功能具有复合性，一般同时具有住宅、酒店、会所、写字楼等功能。

（二）酒店式公寓的优点

首先，酒店式公寓具有总价低的特点。酒店式公寓的建筑面积一般在 50 平方米左右，较小的面积使得其总价较低，进而在价格上更具竞争力，也进一步降低了投资风险。

其次，酒店式公寓拥有更优质的物业。较一般住宅，酒店式公寓拥有全天候保安服务、24 小时全封闭安全管理、周到高效的家政服务。

二、产权式酒店

（一）产权式酒店的概念

产权式酒店是指开发商将每间客房独立的产权分别出售给不同的业主。酒店管理公司在业主委托下，对客房进行经营和管理，并将收入与业主分享。此外，业主还享受一定时间段的免费入住权益。每间客房作为独立的产权，可以进行专卖、抵押、继承等。

产权式酒店兴起于 20 世纪 70 年代欧美国家的一些著名旅游城市和地区，是房地产市场与酒店市场结合下的产物，同时具有投资和居住功能，其特殊性在于业主既拥有产权，又能获得投资回报。

我国最先引入产权式酒店模式的是海南省三亚市，是在 1995 年房地产市场低迷时期为摆脱楼盘滞销困境而采取的策略，后来发展为一种旅游与房地产相结合的物业开发模式，北京、上海、广州、深圳、青岛、北海、桂林、珠海、昆明等地相继出现各种形式的产权式酒店。

（二）产权式酒店的类型

1. 时权酒店

时权酒店是指将酒店的每个单位产权根据时间进行划分（如一年 12 个月，共 12 个时间份），出售每个时间份的使用权。购买者拥有一定年限内所购买的指定时间段的使用权。

2. 纯产权酒店

纯产权酒店是指酒店的单位产权归投资的业主所有，业主有权享用经营收益。酒店管理方负责酒店的日常管理，并收取一定的管理费用。

3. 养老型酒店

养老型酒店的产权人享有单位产权及经营收益，并委托酒店管理方管理。与纯产权酒店不同的是，养老型酒店产权人一般在退休后会将物业进行回收并做自用。一般情况下，在产权人去世后，管理公司会回购并再次出售。

三、智能型自助酒店

智能型自助酒店是伴随着信息化时代的发展和高新技术在酒店业的普及而出现的，它是指酒店全域空间围绕提升宾客体验与运营效率进行智能化设计与服务，实现宾客入住、通行、购物、退房全程无人接触自助办理，客房内部设备实现全程智能化。

2018 年 11 月，阿里巴巴麾下内部代号为“未来酒店”的实体酒店 Fly Zoo Hotel 在杭州正式亮相。与传统酒店的预订方式不同，未来酒店可以通过 App 实现在线选房甚至选床。预订成功并到达酒店之后，负责接待的是一个 1 米高的可爱机器人。机器人通过人脸识别确认客人的预订信息并开始接下来的接待引导工作。入住过程中，无论是电梯、房间、餐厅还是健身房，全是使用人脸识别，无须安排服务员进行身份验证。

四、绿色酒店

绿色酒店又叫环境友好型酒店（Environmental Friendly Hotel），该类酒店在可持续发展理论指导下，通过清洁生产、绿色消费等方式，实现对环境的永续保护和资源的合理利用，取得经济、社会、环境效益共赢的良好效果。

《中华人民共和国国家标准：绿色饭店》（新修订版）明确指出，绿色酒店将帮助企业平均节电 15%、平均节水 10%，平均收入增长 12.08%，平均毛利率增长 3.51%。[①] 绿色酒店最重要的意义在于承担并弘扬良好的社会责任意识，引导民众的节能和环保的意识，改变传统的消费习惯，倡导绿色消费。

五、分享住宿

分享经济也被称为共享经济和协同消费，从具体的过程来看，分享经济就是消费者利用线上或线下的社区等平台工具进行沟通，实现合作或互利消费的一种经济模式，包括在拥有、租赁、使用或互相交换物品与服务、集中采购等方面的合作。

随着互联网时代分享经济的兴起，作为分享经济的重要板块，短租公寓盘活了城市与

① 解读：绿色饭店新国标评分细则．搜狐网，2018－08－01.

度假地的大量闲置房产资源，并获得迅猛发展。这种分享住宿无疑对传统酒店产业产生了巨大的冲击。分享住宿以 Airbnb（爱彼迎）、HomeAway（好美味租房网）、途家、小猪、蚂蚁短租等国内外分享住宿平台为代表。

六、“住宿＋X”创新业态

近年来，以本地客源为主的“住宿＋X”新业态正在逆势增长。

在需求多样化的驱动下，中国住宿产业的业态也日益多元化，经营者在空间运营方面持续创新，从最核心的住宿及过夜市场延伸到休闲、娱乐、社交等领域，“住宿＋X”逐渐成为非标准住宿领域最具活力的一股创新力量，催生了电竞酒店、电影酒店、健身酒店等“新物种”。

电竞酒店不仅有电脑、电竞桌椅等基本配置，一些特色酒店还安排太空服体验、摩登月球、太空历险、机场塔台模拟器等需要搭载场景或 VR 设备等让体验感更强的游戏。为了营造更好的环境，不少酒店还配备空气净化器和排烟系统。

另一些新型酒店，如健身酒店，是将传统的休闲、健身方式融入住宿环境。再如电影酒店，大堂犹如电影片场，走廊则是影视博物馆。

七、“紧凑型”新概念宾馆

相对于传统酒店（Hotel），新概念宾馆被定名为“Yotel”。Yotel 是一种与传统酒店背道而驰的新概念宾馆理念。它的创始人是英国人西蒙·伍德罗夫，最初的设计灵感源于英国航空公司的豪华舱和日本的廉价“胶囊旅馆”（Capsule Hotel），简单来说，Yotel 其实就是结合了日本的胶囊旅馆小的特点与英国航空公司的豪华舱的空间设计概念。历经三年的精心设计和 150 多次的反复修改后，这种世界上最为激进的宾馆概念最终在西蒙·伍德罗夫手中成为现实。

面积仅为 10.5 平方米的 Yotel，房间分为标准间和豪华间。客房内基础设施丰富，包括纯平彩电及环绕立体声系统（成百上千种电影可供下载）、空调、可翻转双人床、专用浴室、情调灯光、包括淋浴喷头在内的豪华浴室设备、豪华床上用品等，还可提供自动入住、结账等服务。Yotel 受到转机或者要搭乘早班飞机乘客的欢迎。

学习专栏

假设你是一个背包旅行者，你会选择哪些类型的酒店？

第五节　非标准住宿的管理

一、建立住客管理信息系统

非标准住宿普遍存在着房源分散的问题，虽然部分房源较为集中的非标准住宿可以实现公安机关要求的住宿管理信息系统的安装，但绝大多数非标准住宿由于房间的分布区位距离差异较大，在每个房间安装公安系统存在成本高、难度大、现实性差的问题。因此需要建设完善的住客出入登记管理系统，来有效实现住客的信息管理。

目前，已经有技术人员研发了多款住宿管理系统，如云掌柜、PMS管理系统、智能门锁系统等，非标准住宿管理者可以利用相应的软件实现住客信息数据的备案与房源的追踪管理。这不仅解决了治安的问题，还降低了潜在的违法违规风险，保障了住客和业主双方的权益，从而增强了非标准住宿的口碑信誉。

二、平台沟通的极速反馈

选择体验非标准住宿的人群，倾向于接受更加人性化的服务。在平台的运营过程中，可以适当简化预订流程，通过高效、迅速的沟通来塑造接待者热情、积极、真诚的形象。同时，要注重客户的售后服务，除明码标价的服务结算外，应根据客户的需求提供多种支付方式，开具正规发票，并在客户住宿体验结束后进行回访和满意度调查，借此来改进相应的服务。

三、定制化的服务体验

随着科技的提升和消费的升级，人们在选择个性化的、新鲜的、传统差异化的酒店住宿时，会更积极选择个性差异大、提供多元化软性增值服务、为住客提供超过其预期的消费体验的非标准住宿，真正意义上地满足他们对“非标准体验”的追求。

非标准住宿的管理者需要找到其住宿服务的独特魅力，在对客人提供定制服务过程中，要充分体现本地的民俗风情，展现如农家体验、休闲养生、摩登娱乐等主题文化，提供个性化和差异化服务；同时要更加注重室内装扮，发挥创意，注重细节，融入文化元素，设计出具有特色的短租住宿产品，让前来体验的消费者流连忘返。

四、“互联网+”的营销方式

非标准住宿往往交通并不便利，且体量较小，很难进行大规模的营销，但在互联网背景下，营销方式得以创新实现。归纳各大非标准住宿的营销成功案例，发现其中有四个经典的非标准住宿互联网营销方式。

（一）攻略植入

从销售的实际经验来讲，非标准住宿的很多散客和团客都是网上搜索，不是依靠直接推销。例如，他们可能被一篇来自网站的完整的吃喝玩乐文案所吸引，而前来体验个性化的住宿方式。因此，管理者在媒体文案和玩法攻略的打造中，文案越全面，该非标准住宿被选择的概率就越高。

（二）论坛推广

论坛推广是一种有时效性的推广，管理者要多去论坛看看，了解旅游分享者在论坛上发的东西。论坛是一个比较轻松的、拉家常的地方，可以轻轻松松地表达与自身非标准住宿相关的产品内容。其实，论坛推广就是软文，与体验相关的内容很容易和读者产生共鸣，很多人可以在此形成互动和咨询。做好论坛的地域性推广，将宣传文案发布在目标城市板块，消费者看见帖子后就自然受到了吸引。

（三）微信传播

微信营销是目前受众最广、效果也最为显著的工具。在传播渠道的选择上，可以根据民宿特点，以及其所针对的人群来进行宣传。

（四）网红体验

非标准住宿的推广可以通过网红的文章，也可以通过网红的直播。网红并不一定要求是知名的博客和博主，还可以邀请人脉群中各种具有影响力的爱好者来进行相应的体验。通过网红们的各种体验，能很好地表达非标准住宿的相应特点，而让大家铭记于心。

五、重视非标准住宿的产品品质建设

经过多年的发展，非标准住宿市场标准体系已具雏形，用户从品牌认知进入深度体验阶段，未来产品品质和运营效率的提升将是非标准住宿建设的核心。

近两年，很多旅游地的农家院都逐步升级成了民宿，而很多民宿都在蜕变成精品民宿。从农家院到民宿，最明显的提升就是基础卫生标准，而从民宿到精品民宿，也意味着酒店硬件和服务软件的“普遍性升级”。这些提升大多不是监管部门的硬性规定，而是那些基础体验不佳的产品会自然而然地被已经悄然变化的消费认知排除在外，非标准住宿的产品品质正在潜移默化地得到提升。

作为住宿产品，服务品质能否达到客人满意的标准是取胜关键，非标准住宿的标准化比标准住宿的标准化更复杂，它既要求业内制定出统一、高规格的标准，又要求保持非标准住宿本身富有特色的个性化旅游产品。

未来，在非标准住宿服务品质评判方面，还需要借助第三方评估机构和线上平台，对游客满意度及服务质量开展动态监测与评估，确保旅游民宿高质量发展。

学习专栏

1. 非标准住宿的营销方式有什么特点？
2. 请分析中国非标准住宿品质建设的必要性和必然性。

资源链接

视频微课 8-1　　视频微课 8-2　　视频微课 8-3

在线自测

扫一扫　练一练

第三篇

酒店业务管理

第九章 酒店前厅部管理

任务导读

前厅部是客人到店的第一站，是酒店对客服务的第一窗口，代表着酒店的形象。同时，前厅部与客人的接触最为广泛，工作内容也较为繁杂，责任重大，这些都对前厅部的工作人员的综合素质提出了较高的要求。那么，前厅部在酒店中处于何种地位？都有哪些工作岗位和服务项目？对客服务的标准和工作流程是怎样的？对工作人员的素质有哪些要求？在本章第一部分的学习中我们会逐一帮助学习者了解和熟悉。

第一节 前厅部概述

前厅部（Front Office）是酒店经营活动的中心。有人把前厅喻为酒店的"橱窗"，它的好坏不仅取决于大堂的设计、布置、装饰、灯光、设施、设备等硬件，更取决于前厅部员工的精神面貌、工作效率、服务态度、服务技巧、礼貌礼节以及组织纪律等方面。前厅部的工作始终贯穿于客人在酒店消费的全过程。前厅部通过预订客房、办理登记手续、安排住宿房间、分发行李、代客储存物品、办理邮电业务、外币兑换、结账等，为客人提供全面的服务。前厅部运行和管理的水平不仅反映了整个酒店的工作效率和服务水平，而且直接影响着酒店的经营收益。此外，前厅部还担负着联系和协调酒店各部门工作，并为酒店最高决策层提供决策信息和数据，所以前厅部是酒店组织管理的关键部门和中心环节。

一、前厅部的地位与作用

前厅部的工作具有接触面广、业务量大、政策性强、关系全局等特点，它已成为现代酒店的一个核心组成部分。

（一）前厅部的地位

前厅部在酒店中的重要地位可以从以下几个方面来说明：

1. 前厅部是酒店业务活动的中心和神经枢纽

前厅部是一个综合性服务部门，服务项目多，服务时间长，在酒店经营管理中起到了连接内外、协调整体的作用。前厅部的工作从预订、登记入住、退房结账到建立客史档案，贯穿于客人在店消费的全过程。客房是酒店最主要的产品。前厅部通过客房的销售来带动酒店其他部门的经营活动。为此，前厅部积极开展客房预订业务，为抵店的客人办理登记入住手续及安排住房，积极宣传和推销酒店的各种产品。前厅部要向客人及时提供与各类酒店服务项目相关的准确信息，同时把有关客人的各种信息准确地传达至客房、餐饮、财务等相关经营部门，共同协调全酒店的对客服务工作，以确保服务工作的效率和质量。前厅部的服务质量直接代表酒店的管理水平。客人遇有疑难问题或疑惑之处时，通常都会找前厅部工作人员联系解决，客人感到不满投诉时也会到前厅部反馈，因此前厅部是客人与酒店联系的纽带，是整个酒店承上启下、联系内外、疏通左右的枢纽。

2. 前厅部是酒店形象的代表

星级酒店的大堂一般装饰华丽，温度适宜，宽敞明亮，并有独特的香氛，给客人带来身心上的舒适感和愉悦感。前厅部通常设置在酒店大堂最醒目的地方，位于客人在酒店活动的必经之地。前厅部是客人预订客房及抵店时接触的第一个部门，也是入住期间有问题时最先想到的部门，同时还是离店时最后接触的部门，因此它留给客人的印象非常重要。前厅部工作人员通常要求衣着整洁考究，举止落落大方，言谈优雅体贴。在客人预订客房时，负责接待的客服人员若能为客人提供贴心、优质的预约服务，就会给客人留下亲切的第一印象；客人在酒店居住期间有各种需要或遇到困难时，最先想到的就是前厅部。如果前厅部工作人员能以彬彬有礼的态度待客，以娴熟的技巧为客人提供服务，或妥善处理客人的投诉，认真有效地帮助客人解决疑难问题，那么客人对酒店的其他服务，也会感到放心和满意。反之，客人就会感到不满。客人离店时，最后接触的也是前厅部。前厅部工作人员在办理结账、送别客人时给客人留下的是最终印象，此时优质的服务能够让客人产生物有所值、期待再次入住的心情。

在客人心中，前厅部就代表酒店，前厅部的服务及管理水平能够直接反映酒店的整体形象和服务质量。

3. 前厅部是酒店组织客源、创造经济收入的关键部门

客房产品是酒店经营的最主要、最基本的商品，为客人提供住宿是酒店最基本的功能。在酒店的营业额中，客房销售收入通常要高于酒店其他各项收入。目前，国际上客房收入通常占酒店总营业收入的50%左右，在我国还要高于这个比例。而前厅部的主要任务之一就是销售客房及相关产品，其销售工作的好坏会直接影响入住客人的数量。因此，前厅部工作人员的高效工作是提高客房入住率、增加客房收入的关键。

4. 前厅部是酒店管理机构的参谋和助手

作为酒店业务活动的中心，前厅部每天都需要大量接触市场及客户，因此能够收集到有关市场需求、客人意见、营业收入等各方面的信息。前厅部需要对这些信息进行认真的整理和分析，定期向酒店管理机构提供真实反映酒店经营管理情况的数据和报表。前厅部还定期向酒店管理机构提供咨询意见，作为制订酒店经营计划和改进措施、调整经营策略的参考依据。例如，一些酒店的管理者可根据前厅部提供的某个时间段内客户的预订信息来调整未来一段时间内的房价及促销策略；分析目标客户的偏好特点定位酒店产品和选择营销渠道等。

（二）前厅部的功能和作用

1. 销售客房

销售客房是前厅部最主要的功能，由于客房商品具有价值不可储存的特征，如果当天

销售不出去，其产品价值就会丧失，会直接影响酒店的经济效益。前厅部需要参与酒店的市场调研及预测，在制定好的房价和促销计划的基础上，配合销售部完成宣传及销售活动，开展客房预订业务，主动向已预订客人介绍酒店其他服务项目，同时积极向未预订抵店客人销售客房及相关商品。前厅部服务人员良好的服务意识及优秀的推销能力能够有效提高酒店的综合效益。

2. 提供综合服务

前厅部作为对客服务的集中点，除了开展预订和接待业务、销售客房商品、协调各部门对客服务外，本身也担负着大量直接为客人提供一系列前厅服务的工作，如行李服务、委托代办服务、邮政服务、票务服务、出租车服务、问询服务、电话总机服务、商务中心服务、外币兑换服务等。由于前厅部的特殊地位，这些服务的质量、效率显得非常重要，做到让客人“身在酒店晓天下，足不出户百事达”，真正体会到宾至如归的感觉。

3. 协调对客服务

现代酒店是分工明确、互有联系的有机整体。协调对客服务既包括前厅部内部的协调也包括前厅部与其他各部门间的配合。前厅部不仅需要根据客人的预订信息及要求等完成本部门所负责的工作，还需要根据客人需要，主动与酒店其他部门保持有效联系，及时传递相关信息，使各部门都能充分发挥作用，共同完成对客服务，最终使客人满意，使内部业务运作顺畅。例如，客人向前厅部工作人员反映客房温度问题，前厅部工作人员就应立即通过既定渠道向设备维修部门反映客人意见，并给予客人满意的答复。

4. 管理客账

前厅部是酒店运营过程中的财务处理中心，为住店客人提供最终一次性结账的服务。宾客账单的管理是前厅部所负责的财务工作非常重要的一项。宾客账单管理又称客账管理，前厅部收银处为住店客人分别设立账户，即建立客账，并实时监督、记录客人的房费及在店的其他消费情况等。做好客账管理能使客人离店时结账更加顺畅，同时也能够保障酒店声誉并帮助酒店获取相应的经济效益。

5. 建立客史档案

为了能给客人提供更加周到、更有针对性的服务，酒店前厅部会为住店一次以上的客人建立客史档案。客史档案中一般会记录包括客人的姓名、身份、公司、住店日期、消费记录、特殊要求、所提意见或建议等信息。客史档案能够帮助酒店了解客人，掌握客人的需求特点，也能帮助酒店不断改进服务、提高管理水平，也是寻找客源、研究市场需求、调整营销策略的重要信息来源。

二、前厅部的组织结构和岗位职责

前厅部的机构设置、职责划分、人员配备应根据酒店的性质、规模、地理位置、经营特点与管理方式来确定。规模小的酒店或以内部接待为主的酒店可将前厅部归入房务部，不必单独设置前厅部。前厅部机构设置通常要便于前厅部内部各岗位、各环节间的协作，也要有利于前厅部与其他部门间的协调与合作。前厅部各机构及各岗位人员的职责和任务应明确，避免出现管理职能的空缺、重叠或相互扯皮现象。

因此，不同的酒店应该根据实际情况，采取各自最适合的组织结构形式。不同规模酒店的前厅部组织机构的设置有很大区别，下面介绍大型酒店常设的组织机构组成：

（一）前厅部常设的组织机构

前厅部组织机构一般由以下部分组成：

（1）预订；

（2）问询；

（3）接待；

（4）礼宾；

（5）收银；

（6）大堂副理；

（7）行政楼层；

（8）电话总机；

（9）商务中心。

近些年，有许多高星级酒店非常注重提升服务品质，期望能够建立与客人之间更加直接的沟通渠道，及时地发现和解决客人在住店期间的问题。因此，除了上述的传统组织机构外，还在酒店前厅部增设了宾客关系部，下设宾客关系经理、宾客关系主任等职位，为客人提供更加直接、周到和贴心的服务。除此之外，一些非酒店相关服务机构，如旅行社、银行、邮政、民航等通常在前厅还设有驻店机构，以作为完善酒店不同服务功能需求的必要补充。

（二）前厅部组织结构

不同规模的酒店，其前厅部的主要岗位设置往往不同，因此其组织结构也不同，这主要是由于以下三个方面的原因导致的：

（1）大型酒店管理层次多，中、小型酒店管理层次少。

（2）大型酒店前厅部需要服务的内容多、范围较广，因此机构设置较多，组织结构较复杂；而中、小型酒店服务内容少，因此机构设置较少，组织结构就相对简单。

（3）大型酒店前厅部岗位齐全、职能划分精细，而中、小型酒店可能会将部分岗位合并，一岗多能。

另外，不同酒店还会根据自身的服务特点及酒店文化设置不同的岗位。大、中、小型酒店前厅部组织结构可分别参考图 9-1 至图 9-3。

（三）前厅部主要岗位职责

根据“大前厅服务”理念，前厅接待服务岗位的作业区可以划分为两个方面，即店外区域和店内区域。

店外区域：机场、车站接待服务的驻店机构以及车队、行李服务等。

店内区域：设置在酒店前厅或大堂内的接待服务及相应管理的专业岗位。

1. 前厅部经理（Front Office Manager）

酒店前厅部经理直接对总经理或主管副总经理、客务总监负责，主持前厅部日常管理工作，贯彻酒店经营方针、各项规章制度及领导决策，完成酒店下达的各项经营和管理指标。与下属的前厅部副经理、行政秘书、预订主管、接待主管、礼宾主任、总机主管、大

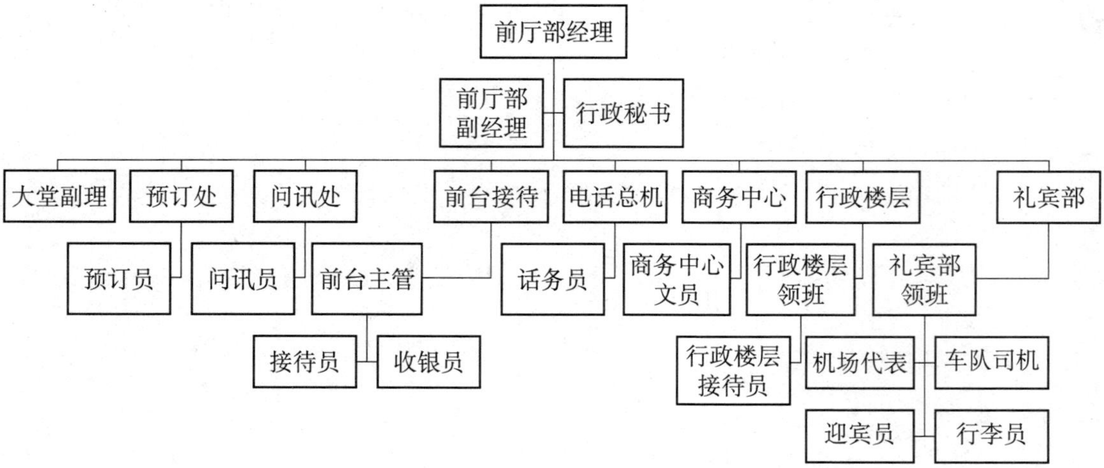

图 9－1　大型酒店前厅部组织结构图

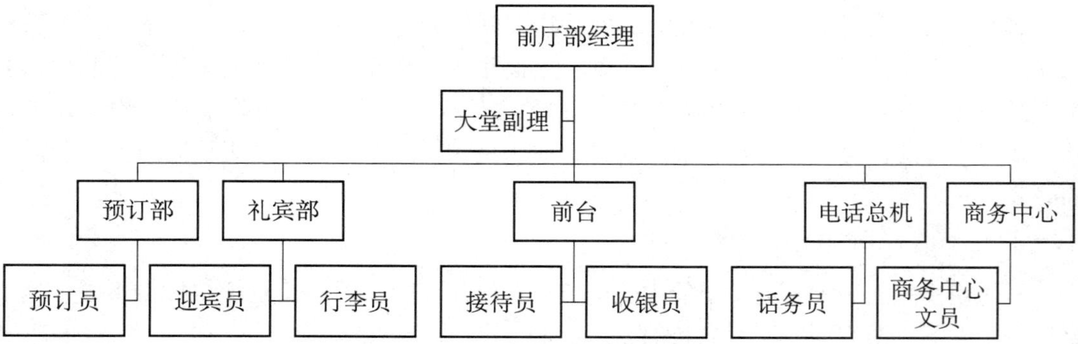

图 9－2　中型酒店前厅部组织结构图

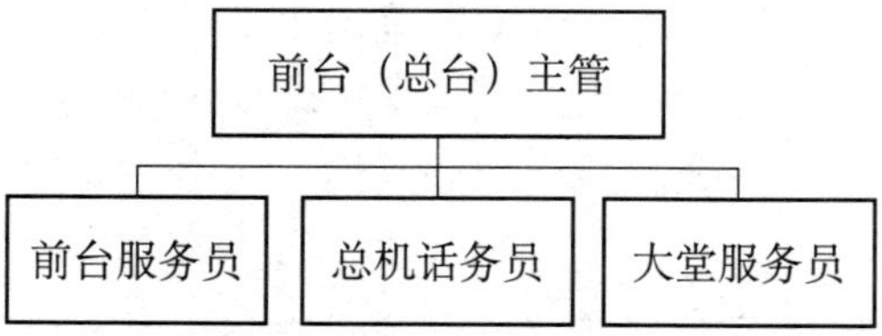

图 9－3　小型酒店前厅组织结构图

堂副理等互相配合，对经营计划的完成、服务质量、卫生、安全、费用及成本控制等方面工作承担责任。

2. 大堂副理（Assistant Manager）

大堂副理是酒店管理机构的代表人之一，代表总经理负责前厅服务协调、贵宾接待、投诉处理等服务工作，还负责大堂环境、大堂秩序的维护等事项。

大堂副理的主要职责包括：处理客人投诉；联络与协调酒店各部门对客人的服务工作；处理意外或突发事件；礼貌热情地回答客人的各种提问；协助解决客人紧急难办的事宜；负责检查贵宾房和迎送贵宾的接待服务工作；巡视和检查大堂卫生，检查大堂各项设施、设备的运转情况，以消除隐患，确保前厅服务工作的正常进行；在前厅部经理不在的情况下，负责督导前厅部工作；对加强管理、改进服务、增加创收等问题提出建议。

3. 预订处（Reservation）

预订处是专门负责酒店客房预订业务的部门，接受客人以电话、传真、信函、网络、口头等形式的预订；负责与客源供应单位建立业务联系，了解委托单位接待要求，推销客房；与接待处保持联系，提供有关客房预订资料和数据；做好客情预测，提供VIP客人抵店信息；制订客房预订计划；制作预订报表，对预订进行计划、安排和控制；参与对外订房业务的谈判及合同的签订；加强和完善订房记录及客史档案等。

4. 接待处（Reception）

接待处主要负责接待住店客人，销售客房；为散客、团体客人、长住客、无预订客人办理登记入住手续，分配房间；掌握住客动态及信息资料，控制房间状态；协调对客服务工作；提供住店客人离店结账服务；管理住店客人的账目；兑换外币；催收、核实账款；夜间统计当日营业收益，制作有关客房营业报表。

5. 问讯处（Information）

问讯处主要职责包括回答客人有关酒店服务的一切问题，对酒店外的交通、旅游、购物、娱乐、社团和文化、体育活动等内容的询问提供信息服务；处理客人的邮件、留言和接待访客；代客保管客房钥匙；接待来访客人。

6. 礼宾部（Concierge）

礼宾部为客人提供迎送服务、行李服务和各种委托代办服务，在一些酒店又称为“礼宾服务处”或“大厅服务处”或“行李处”。礼宾部的主要职责包括在门厅或机场、车站、码头迎送宾客；负责协助管理和指挥门厅入口处的车辆，确保畅通和安全；负责住客行李运送、寄存和托运；陪同散客进房并介绍客房设施、设备和酒店的服务项目；转递客人报纸、信件、传真、留言和物品等；代办客人各项委托事务。高星级酒店的礼宾部提供的礼宾服务常常被称为“金钥匙”服务。

7. 电话总机（Switch Board）

电话总机服务包括接转电话，回答电话问询，为客人提供“请勿打扰”服务、叫醒服务，提供电话投诉、电话留言和电话找人服务，办理长途电话业务，播报或消除紧急通知或说明，播放背景音乐等，在酒店出现紧急情况时可充当指挥中心。

8. 商务中心（Business Center）

商务中心为住店客人提供各类商务活动相关的服务，其主要职责包括：为客人提供打字、翻译、复印、装订、印名片、长话、传真、订票、上网以及小型会议室出租等商务服务，并可根据客人需要为客人提供秘书服务。

9. 行政楼层（Executive Floor）

行政楼层是专门接待商务客人、贵宾的客房楼层，也称商务楼层，隶属于前厅部管理。行政楼层与普通客房楼层在布局上有明显不同，并且专门设立了相对独立运转的接待服务系统和前台，方便客人尽快办理入住和退房；设有行政酒廊、免费甜点和下午茶、免费洗衣、延迟离店等有别于普通客房楼层的贵宾式服务。

10. 基层岗位

常见的前厅部基层岗位包括酒店代表、迎宾员、行李员、预订员、接待员、收银员、话务员、问讯员、商务中心文员、行政楼层服务员等，其岗位职责如表9－1所示。

表9－1　前厅部基层岗位职责

岗位名称	岗位职责
酒店代表	负责往返机场、车站等地接送客人
迎宾员	负责在客人到店后迎接客人
行李员	负责在客人到店后为客人搬运并放置行李
预订员	负责接受或婉拒客人预订；处理客人的预订信息；整理、记录预订资料并对其分类、存档；统计、分析及预测各类订房数据，并将数据及时提供给各相关部门参考；妥善计划和控制超额预订
接待员	负责接待各类客人入住；办理客人的入住登记和离店手续；为客人提供客房分配、换房及其他日常服务；管理房态，向各相关接待部门提供信息或下达指令
收银员	负责管理客账，并为客人提供结账、兑换外币等服务
话务员	负责提供转接电话、电话留言、电话叫醒等服务
问讯员	负责住客及访客的各类查询服务、留言服务、邮件服务；负责酒店的钥匙保管
商务中心文员	负责为客人提供收发传真、复印、打字、翻译（口译及笔译）、电脑出租、小型会议室出租、国际及国内长途直拨等服务
行政楼层服务员	负责行政楼层的各项服务

学习专栏

1. 将不同类型酒店前厅部的组织结构与自己熟悉的酒店进行对比，看看有什么异同之处，思考出现差异的原因是什么。

2. 了解了酒店前厅部的岗位设置和工作职责后，你认为这些岗位对于员工的专业素质有哪些要求呢？

第二节　前厅部业务及工作流程

前厅部是客人预订客房及抵店时接触的第一个部门，也是入住期间有问题时最先想到的部门，同时还是离店时最后接触的部门。前厅部主要负责销售酒店的客房、餐饮、娱乐设施等一系列产品，同时还要通过与各部门沟通协调完成高质量的对客服务。通常情况下，前厅部的服务流程由以下相互衔接的五个工作阶段构成，即客人抵店前准备、客人抵达时服务、客人住店期间服务、客人离店时服务及客人离店后服务。

（1）客人抵店前准备：接待准备、接机接站。

（2）客人抵达时服务：到店迎接、行李服务；确认预订、入住登记；定价排房、建立客账。

(3) 客人住店期间服务：电话商务、餐饮娱乐、委托代办；延期续租或提前离店。

(4) 客人离店时服务：离店结账、征询意见；送客离店、送机送站。

(5) 客人离店后服务：客史建档，未尽事宜。

前厅部服务流程图如图 9-4 所示。

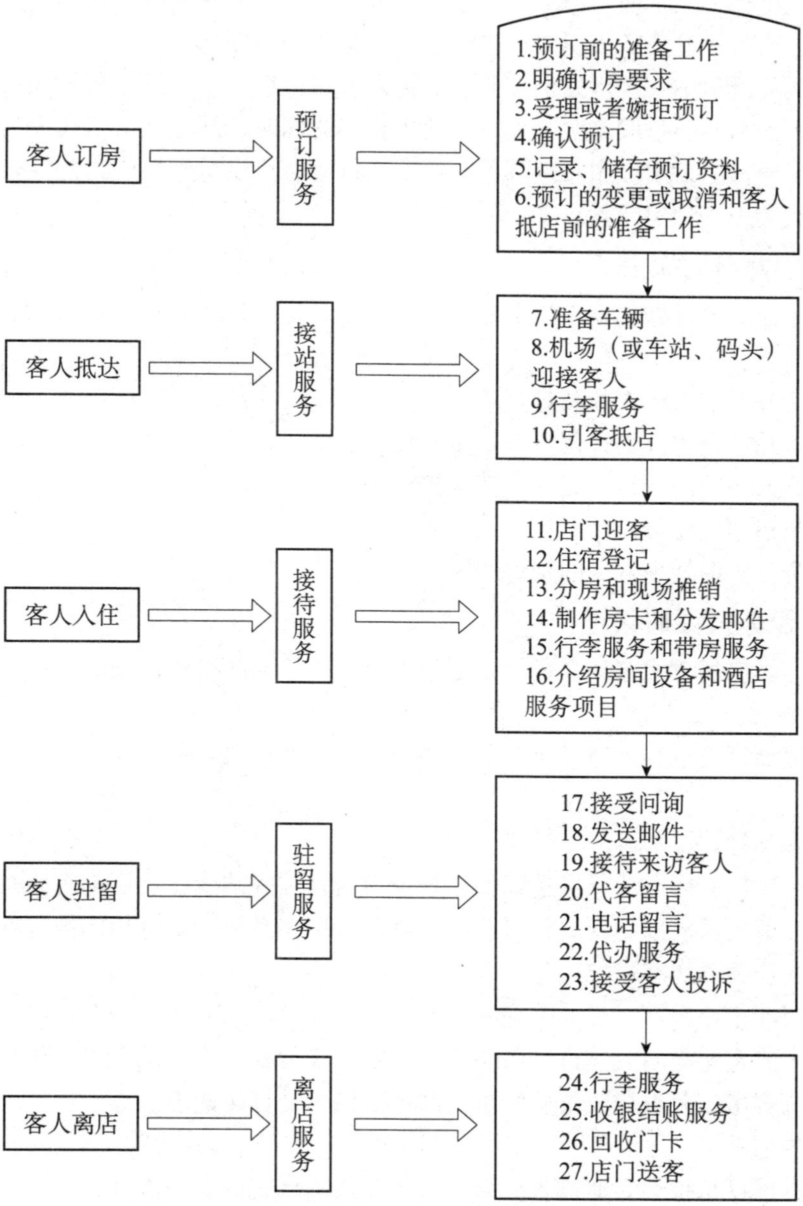

图 9-4 前厅部服务流程图

下面，我们根据前厅部服务基本流程为同学们介绍前厅部不同业务部门和岗位的工作内容和工作程序。

一、客房预订服务

客房预订是指客人在抵店前通过电话、互联网、传真等方式向酒店提出用房要求。随着信息技术和全球经济一体化的发展，客房预订业务在酒店经营中的地位越来越重要，已成为提高客房出租率、掌握客源动态的重要环节。因此，酒店完善、便捷、高效的预订系统和预订服务成为提升酒店吸引力、提高服务质量的有力保障。

在预订服务过程中，预订处员工向客人提供客房信息，尽量满足每位预订房间的客人的要求。在主动推销、争取客源、提高客房出租率的同时，预订处员工还需控制超额预订量、避免缺额预订的发生。超额预订是指接受超过酒店可供房间数的订房数，缺额预订是指可供房间数大于预订房间数。

（一）客房预订的任务

酒店前厅部的预订处就是专门负责客房预订业务，满足客人订房要求的部门，其主要工作任务包括：

（1）受理或者婉拒客人的预订要求；

（2）记录并储存客人的预订资料，做好预订确认；

（3）提供入住前的预订变更、取消与核对服务；

（4）控制超额预订量；

（5）预防并协助处理常见的预订纠纷。

（二）客房预订的渠道

客人预订客房的方式多种多样，归纳起来分为直接和间接两种渠道。

1. 直接渠道

直接渠道预订是指客人直接通过酒店预订处或者酒店的客房网上预订系统办理预订业务。

（1）散客预订。

客人通过拨打酒店电话、发送邮件、登录酒店官方网站或在酒店前台直接预订，许多连锁酒店还配备集团内部的网络订房系统，可以直接在系统上预订集团内部在全国或者全球不同地区的连锁酒店客房。

（2）公司或企业预订。

许多公司或企业与酒店签订订房协议，约定协议价格，企业员工通过电话、传真、邮件等方式预订客房，并根据协议中的协商约定价格享受订房优惠。

2. 间接渠道

间接渠道预订是指客人通过各类第三方中介或平台完成客房预订。

（1）网络平台订房。

客人通过互联网上的携程、飞猪、同程旅行、爱彼迎（Airbnb）、缤客（Booking. com）、安可达（Agoda）等国内外第三方平台完成客房预订。

（2）旅行社订房。

为保证酒店有一定数量的稳定客源，酒店通常会用比较优惠的价格与旅行社签订批量订房合同，旅行社负责为酒店定期提供一定数量的客人，同时按房价的一定比例收取佣金。此类预订大多是团队预订，房价普遍较低。

（3）航空公司订房。

航空公司常会为因各类原因航班延误或取消导致影响行程的乘客、机组人员及航空公司职员等预订客房。

（4）政府机关或会议组织机构订房。

政府机关或会议组织机构会为其邀请的社会团体、贵宾、专家学者、记者等客人预订客房。

（三）客房预订的种类

客房预订可以分为临时类预订、确认类预订、保证类预定和等待类预订。

1. 临时类预订

临时类预订是指客人的预订日期与入住日期很接近，甚至是入住当天的预订。此类预订时间较紧，因此只能通过口头确认，对客人来说不确定性较大。酒店一般会将客房保留至某一固定时间，一般为当天 18:00，若超过预订保留时限，客人仍未到店，预订即自动失效。

2. 确认类预订

确认类预订指客人提前较长时间向酒店提出订房要求，酒店以口头或者书面方式予以确认，并答应为订房客人保留房间至某一事先声明的时间。若已预订客人过了截止时间仍未到店，酒店也无法与客人取得联系，该预订则自动取消，酒店可将预留房间租住给其他已经抵店的客人。

3. 保证类预订

保证类预订指客人通过使用信用卡、预付定金和订立合同等方式来保证酒店的客房收入，而酒店则必须保证为订房客人提供所需客房的预订。保证类预订的客房保留期限为确认抵店日的次日退房时间。此类预订能够在酒店与客人之间建立更牢固的关系，对双方均有利处。

4. 等待类预订

等待类预订是在客房预订已满的情况下，再将一定数量的订房客人列入等待名单，如果有人取消预订，或者有人提前离店，酒店就会通知等待客人来店。预订员在将客人列入等候名单前，应注意要先征求客人的意见，避免发生纠纷。

（四）客房预订的基本流程

为了确保预订工作顺利和高效完成，预订处需要制定完善的工作流程，具体如图 9-5 所示。

（五）超额预订管理

超额预订是指酒店在一定时期内，有意识地使其所接受的客房预订数超过客房接待能力的一种预订现象，其目的是充分利用酒店客房，提高客房出售率。

做好超额预订的关键在于控制好超额预订的数量和幅度，按照惯例，通常控制在可预订客房数的 10%～15%，具体而言，各酒店应根据各自的实际情况，合理掌握超额预订的“度”。

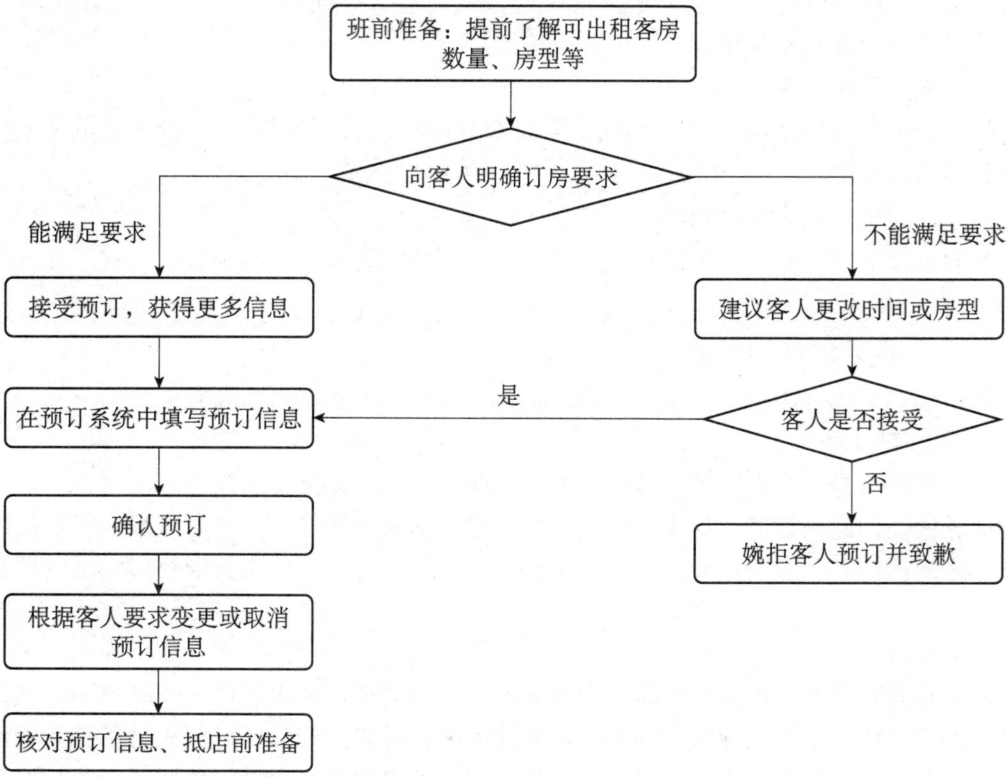

图 9－5　客房预订的基本流程

过度超额会导致客人无法入住，按照国际惯例，酒店方面应该做到：

（1）诚恳地向客人道歉，请求客人谅解。

（2）立即与另一家相同等级的酒店联系，请求援助。同时，派车将客人免费送往这家酒店。

（3）如属连住，则店内一旦有空房，在客人愿意的情况下，再把客人接回来，并对其表示欢迎（可由大堂副理出面迎接或在客房内摆放花束等）。

（4）对提供援助的酒店表示感谢。

如果客人属于保证类预订，则除了采取以上措施以外，还应视具体情况为客人提供以下帮助：

（1）支付客人在其他酒店住宿期间的第一晚房费，或客人搬回酒店后可享受一天免费房的待遇。

（2）免费为客人提供一次长途电话费或传真费，以便客人能够将临时改变地址的情况通知有关方面。

（3）次日排房时，首先考虑此类客人的用房安排。大堂副理应在大堂迎候客人，并陪同客人办理入住手续。

二、前厅接待服务

前厅接待处主要负责对客接待和客房销售任务，需要前台接待人员做好接待前准备工作，熟悉接待流程及客房状态，掌握客房销售技巧。

（一）接待前准备工作

为了在客人到店后为客人合理安排客房，缩短办理入住登记时间，给客人留下美好的第一印象，接待人员做好接待前准备工作很有必要。接待前准备工作包括检查待出租客房状况（即房态）、预分客房、准备入住资料等。

1. 检查待出租客房状况

为了保证客人预订客房的正常供给，为客人安排满意的房间，接待员要同客房部随时保持联系，并注意酒店信息管理系统中客房状态的变化，避免出现房间被占用的情况。对于 VIP 客人的房间，还要由大堂副理或经理亲自检查。同时接待处主管也要复查预分房间是否合适，有无差错。

酒店客房的状态简称房态。酒店房态可以通过酒店的信息管理系统进行查询和显示。随着移动互联网的发展，手机端软件越来越完善，使用手机端查看房态更加方便。前台了解不同客房的房态信息后，才能快速准确地为客人选择可以出租且满足要求的客房。客房管理人员也可以根据房态信息对不满足出租条件的客房的清扫、维修工作进行任务分配，保障客房供应。

酒店房态在酒店信息管理系统中通常会有不同的表示形式，常见的房态有：

VC（Vacant Clean）干净空房：指客房已经打扫清理完毕，并经过管理人员检查，可以随时出租的房间。

VD（Vacant Dirty）脏空房：指原租用房间的客人已经退房，房间正在清扫过程中。

OD（Occupied Dirty）住客脏房：指目前已经有客人在住的房间，尚未清扫。

OC（Occupied Clean）住客空房：指已经出租的客房，并且已清扫完毕。

OOO（Out of Order）待修房：指客房设备、设施有故障暂时不能出租，待修房也称故障房。

S/O（Sleep Out）外宿未归房：住客在外过夜时，此类客房需标记为外宿未归房。前台接待员应对该房做好标记，并将此信息通知大堂副理，从外部双锁该房间，保证客房安全，并做好记录。

L/B（Light Baggage）少量行李房：指住店客人只携带少量行李入住。为防止逃账等意外情况发生，客房部应将此类客房状态通知前台。

DND（Do Not Disturb）请勿打扰房：客人不希望有人打扰，因此将“请勿打扰”的指示牌挂在门外，或打开“请勿打扰”指示灯，服务人员不能进入此类房间。但超过酒店规定时间时，应由前台工作人员打电话与房内客人联系，以防发生意外。

D/L（Double Locked）双锁房：住客为了不受干扰，从房内双锁客房，服务人员使用普通钥匙无法打开房门，因此服务人员对此类房间应加强关注与检查。

另外，还有 NS（No Smoking）无烟房、MUR（Make Up Room）请立即打扫房、NB（No Baggage）无行李房、VIP（Very Important People）重要客人房、LSG（Long Staying Guest）长住客房等房态。因此，新入职的前台接待员必须尽快熟悉酒店配套的信息管理系统，熟练掌握不同房态的标识含义并进行相应操作。

2. 预分客房

接待员为了在预订客人到店时，能迅速为客人办理入住登记，需要提前查看预订信息，根据预订客人要求的房型、房间数量及特殊要求等，制定客房预分方案。

(1) 团队客人用房预分。

团队客人的用房要尽量安排得集中，避免客房分散带来不便。

(2) 有特殊要求客人的用房预分。

对于有特殊要求的客人，接待员应根据酒店的实际情况，尽量满足客人的要求，并将需要其他部门配合的工作及时通知相应部门。例如，客人对客房布置有特殊要求，接待员应将客人的要求告知客房部，让客房部及时准备。

对老人、伤残人士、带小孩的客人等，一般应尽量安排在低层，且距离前台或电梯较近的客房，以方便客人的出入以及服务人员的照顾。

(3) VIP 客人用房预分。

接待员应根据 VIP 客人的规格和要求，为客人分配不同类型的房间。一般会选择同类客房中方位、环境、房间保养状况、外部视野及景致均为最佳状态的房间，同时还需要注意客房的私密性与安全性。同时，接待员还要根据客人以往的住店资料，了解客人的喜好和习惯，并将这些信息传达给客房部或餐饮部等部门，为客人提供更个性化的服务。

(4) 常规散客用房预分。

常规散客的客房没有特殊的要求，但对于其中保证类预订的客人，一定要为其保留相应的客房，保证客人到店后有房可住。

3. 准备入住资料

提前准备入住资料有助于缩短登记过程，可以利用预订阶段收集到的信息和客史来完成入住登记的准备，提高前台接待处的工作效率。

前台接待员可以通过提前准备入住资料掌握预抵和预离客人名单、有特殊要求的预抵客人名单、重要预抵客人和常客名单、黑名单。

在客人抵店前，接待员可以准备好入住登记所需的表格、欢迎卡，根据预订信息提前填写入住登记表，准备好房卡，查看客人是否有提前发送的邮件等。对于 VIP 客人，接待员通常应在客人抵店前打印并填写好“VIP 客人接待通知单”，上报总经理审批签字，并分送给各相关部门，做好接待前准备。由于 VIP 客人一般由大堂副理或经理亲自负责接待，因此对于 VIP 客人的房卡、入住欢迎卡等物品，接待员应将其整理好后交给大堂副理或经理，同时还需将 VIP 客人接待通知单交给大堂副理或经理一份。大堂副理或经理应于 VIP 客人抵店日，根据 VIP 客人接待通知单亲自审核客房布置、餐饮、特殊要求等的落实情况。

(二) 入住接待

办理入住过程中客人对酒店环境设施、热情友好的接待服务态度等的印象，对建立持续良好的宾客关系至关重要。受到热情款待的客人将会积极配合酒店的工作，并对从酒店其他部门的员工那里受到同样热情的服务持有乐观的态度。不同类型的客人入住时的接待方式不同。

1. 散客入住接待

散客入住接待的基本工作流程如图 9－6 所示。

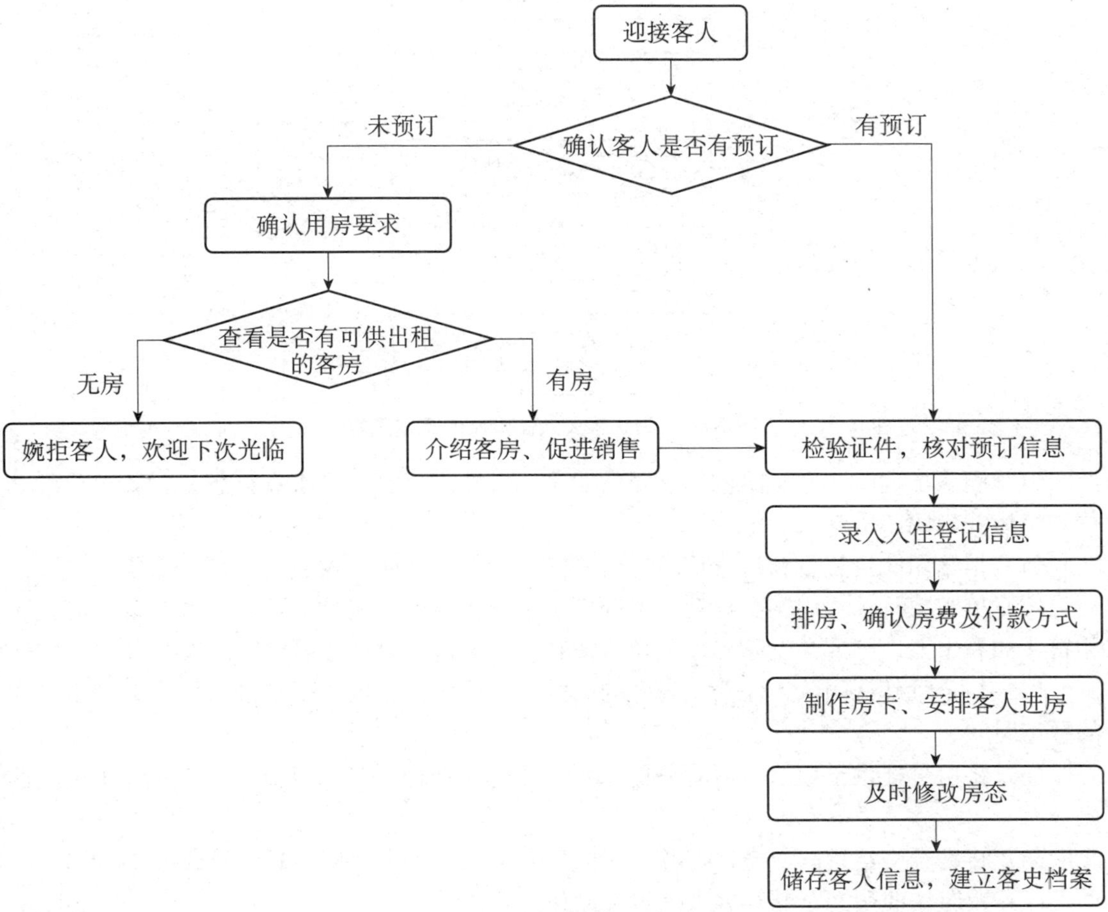

图 9－6　散客入住接待的基本工作流程

(1) 客人到达后，前台接待员应面带微笑地向客人问好。一句热情的问候可以为接下来的一系列工作开个好头。

(2) 询问客人是否有预订，若有预订，应问清客人是用谁的名字订的房，然后根据姓名找出客人的订房资料。对于没有预订而直接抵店的客人则应先进入酒店信息管理系统查看是否有可供出租的客房。若能提供客房，则向客人介绍房间情况，为客人选房。如没有空房，则应婉言拒绝客人，并耐心为客人介绍等级相同的酒店。

(3) 前台接待员应查验客人证件，检查无误后在系统中录入客人住宿登记信息。

(4) 确定客人相关登记资料准确无误后，接待员应核实客人对房间的要求有无变化，还要最终确定房费和付款方式，为客人排房，制作房卡。

(5) 在客人办完所有住宿手续后，预祝客人住宿愉快，并安排行李员引导客人进房。

(6) 及时更改已出租客房的房态，储存客人信息，建立客史档案。

2. 团队客人入住接待

团队客人入住接待的基本流程如图 9－7 所示。

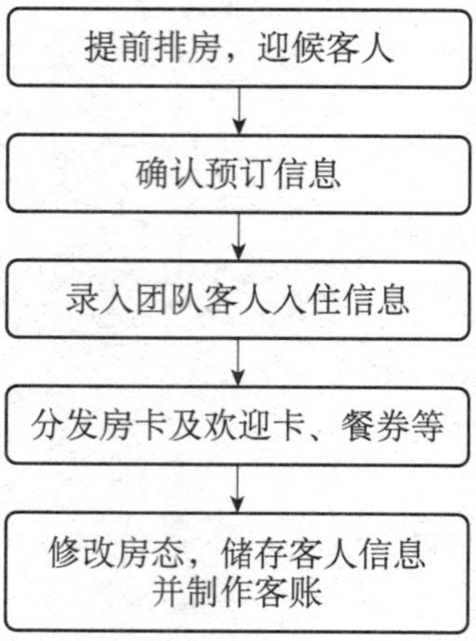

图 9－7　团队客人入住接待的基本流程

（1）团队抵达时，向全陪询问该团的团号、人数、房数、是否有订餐、付款单位的名称，然后找出团队资料。

（2）根据团队资料重新检查房间房卡，同时请全陪在团队入住登记表上签名。

（3）核实旅行社代用券、计划书、变更单的服务内容，包括人数、房数、订餐等是否相符，如有出入，则要与全陪和领队核实清楚，并取得一致意见后予以开房。

（4）与全陪确认团队入住登记表中的内容，并严格按照每项要求准确填写，记下该团的登记时间。

（5）将房号提供给领队，请其分配房间并分发房卡给客人，同时记清全陪和领队的房号。

（6）将餐券交给领队或全陪，并在团队资料上签字，讲明用餐时间及地点。

（7）及时修改房态，储存客人信息并制作客账。

3. VIP 客人入住接待

VIP 客人一般由大堂副理或者经理亲自接待，其接待的基本流程如图 9－8 所示。

（1）迎候客人。

负责接待 VIP 客人的大堂副理或经理应根据所掌握的客人抵店时间，提前疏通门口车道，让行李员及接待员根据 VIP 客人的接待规格做好接待准备，并准备好 VIP 专用通道及电梯。

客人抵店后，由大堂副理或经理代表酒店欢迎客人的到来，必要时还应根据接待规格要求，让相关部门的经理和员工列队欢迎。

（2）引导客人前往客房。

负责接待的大堂副理或经理引导客人前往客房，并在途中简单地向客人介绍酒店的服务设施。客房部经理及优秀服务员应在楼层迎接。

（3）为客人办理入住登记手续。

进入客房后，接待人员可向客人简单介绍客房设施，并陪同客人填写或确认入住登记

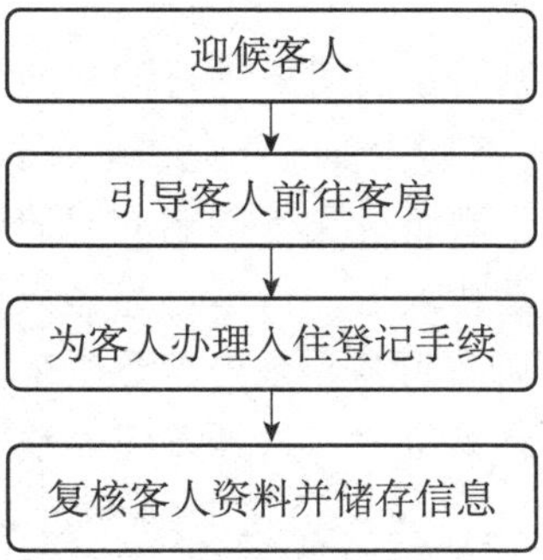

图 9-8　VIP 客人接待的基本流程

表。通常情况下，VIP 客人的入住登记表都会提前填好酒店已掌握的信息，只需客人确认并签字即可。VIP 客人的入住登记表与一般客人的入住登记表并无太大差别。

确认入住登记表填写无误后，接待人员应将房卡、欢迎卡等整理好的物品交给客人。

（4）复核客人资料并储存信息。

为客人办理好入住手续后，接待人员应复核客人的 VIP 资料，确认无误后，将入住信息准确输入计算机系统中，并建立或更新 VIP 客人的档案，以便作为日后订房及查询的参考资料。

（三）礼宾服务

一些规模较大或者星评等级较高的酒店设置有礼宾部，为客人提供迎送服务、行李服务和委托代办服务。礼宾服务不仅能够扩大酒店的服务范围，为客人提供更高品质和个性化的服务，也能让客人对酒店产生美好印象，提升满意度。

1. 客人迎送服务

客人迎送服务分为店外迎送服务和门厅迎送服务两种。店外迎送服务由酒店代表（机场代表）负责，门厅迎送服务由迎宾员（门童）和行李员负责。

（1）店外迎送服务。

店外迎送服务主要由酒店代表负责。酒店在机场、车站、码头等处设点，派出代表，接送抵、离店的客人，争取未预订的客人入住本酒店。有些客人在订房时会向酒店说明自己是否需要接站服务，客人向酒店说明自己的航班或车次、到达时间、行李情况、用车要求等，预订员在记录相关信息后转发礼宾部，由礼宾部派出酒店代表和司机前往迎接。

客人上车离开机场（车站）后，马上通知酒店接待处，以便做好准备工作。如果客人属贵宾，则应通知酒店大堂副理，并告知客人离开机场（车站）的时间，请有关部门做好迎接工作。

如果漏接客人，则应及时与酒店接待处联系，核实客人是否已经到达酒店，并向有关部门反映情况，以便采取弥补措施。

酒店代表除迎接客人和推销酒店产品外，还向本酒店已离店客人提供送行服务，为客人办理登机手续、提供行李服务等。

（2）门厅迎送服务。

门厅迎送服务是对客人进入酒店正门时所进行的一项面对面的服务。这项工作主要是由迎宾员（门童）负责的。迎宾员在客人抵店前在酒店门口迎候，客人若乘车抵店，迎宾员需引导车辆停放在方便客人进入酒店且又不影响交通的位置。待车停稳后主动为客人开车门，热情问候并协助行李员帮助客人搬运行李，为客人打开酒店大门。

在客人离店时，迎宾员应主动询问客人是否需要叫车。如果客人表示需要叫车，迎宾员在叫车后将车辆引导至合适的停车位置，打开车门，请客人上车，并向客人道别，预祝客人一路平安。对于有行李的客人，迎宾员还应协助行李员将行李放置好，并请客人核实，帮客人关好车门，车辆启动后，迎宾员挥手向客人告别，目送客人离开。

2. 行李服务

行李服务是门厅迎送服务的一项重要内容，由行李员负责，包括行李搬运服务和行李寄存服务。

（1）行李搬运服务。

行李搬运服务包括散客与团队到店和离店的行李搬运服务。以散客到店的行李搬运服务为例，其一般程序如下：

1）散客抵店时，行李员帮助客人卸行李，并请客人清点过目，准确无误后，帮助客人提拿行李，但对于易碎物品、贵重物品，可不必主动提拿，如客人要求帮助，行李员则应特别小心，轻拿、轻放，防止破损和丢失。

2）行李员手提行李走在客人的左前方，引导客人到总台接待处办理入住登记手续，如有大宗行李，则需用行李车。

3）客人到达接待处后，行李员站在客人身后，距客人 2～3 步远，行李放于面前，注意接待员及客人的任何要求，并随时准备提供帮助。

4）从接待员手中接过客人的房卡，引导客人进入客房。

5）主动为客人叫电梯，并注意相关礼节。比如，让客人先进电梯，行李员进电梯后，按好电梯楼层，站在电梯控制牌处，面朝客人，并主动与客人沟通；电梯到达后，让客人先出电梯，行李员随后提行李跟出。

6）到达客房门口时，行李员放下行李，按酒店既定程序敲门、开门，以免接待处卖重客房给客人造成不便。

7）打开房门后，开灯，观察客房状态正常后退出客房，手势示意请客人先进。

8）将行李放在客房行李架上，然后根据客人情况介绍房间设备、设施，介绍时手势不能过多，时间不能太长，以免给客人造成索取小费的误解。

9）行李员离开客房前，应礼貌地向客人道别，并祝客人住店愉快。

10）返回礼宾部填写“散客行李（入店/出店）登记表”。

团队客人的行李通常由接待单位负责运送。团队客人的行李抵店后，行李员与团队负责人交接，确认行李的件数，检查行李有无破损，清点完毕后将行李进店情况登记在“团队行李进出店登记表”中，并请团队负责人签字。行李员按照客人的分房信息确定行李分送的房间，填写行李牌后按照楼层分拣行李，最后分别送至相应楼层的客房。行李分送完成后，返回行李处将行李分送情况登记在“团队行李进出店登记表”中。

客人离店时可以要求酒店帮助运送行李，行李员收到前台接待处或宾客服务中心的通知后到客人房间，介绍自己的身份后，与客人一起清点行李件数，检查行李是否有破损，确认没有问题后，提醒客人检查是否有重要物品遗落在房间。行李员带行李来到大厅到收银处确认客人是否已经结账。若客人尚未结账，行李员应礼貌告知客人收银处的位置。若客人已结完账，行李员可在大厅等候客人，或按客人要求将行李放在指定位置等候客人。客人确认要离店时，行李员应为客人将行李送至酒店门口，若客人要乘车出行，还应为客人将行李装上车，并请客人再次清点，最后感谢客人的光临，预祝客人旅途愉快。送走客人后，行李员需要回到行李处，填写“散客出店行李搬运记录”。散客行李服务流程如图 9-9 所示。

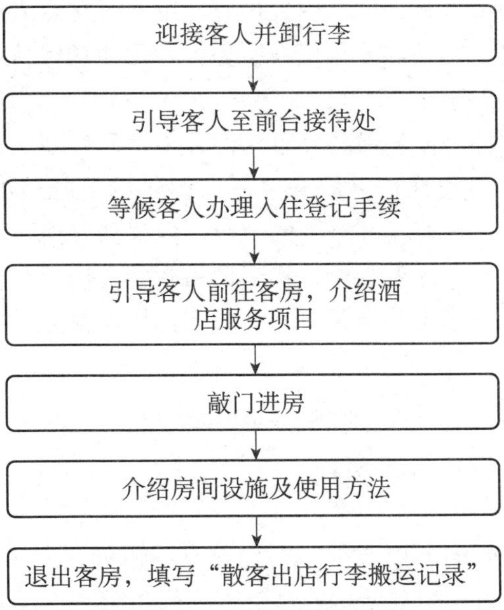

图 9-9　散客行李服务流程

(2) 行李寄存服务。

礼宾部为方便住店客人寄存行李，保证行李安全，应设有专门的行李房并建立相应的制度。行李寄存服务的一般程序如下：

1）客人前来寄存行李时，行李员应热情接待，礼貌服务。

2）弄清客人行李是否属于酒店不予寄存的范围，向客人说明贵重物品，易碎、易腐烂物品，易燃、易爆等违禁品不能寄存。

3）问清行李件数、寄存时间、客人姓名及房号。若为团队客人，行李员还应了解客人所属团队信息。

4）填写“行李寄存单”，并请客人签名，上联附挂在行李上，下联交给客人留存，告知客人下联是领取行李的凭证。

5）将半天、一天、短期存放的行李放置于方便搬运的地方。比如，一位客人有多种行李，要用绳系在一起，以免错拿。

6）经办人须及时在“行李寄存记录本”上进行登记，并注明行李存放的件数、位置及存取日期等。如属非住客寄存、住客领取的寄存行李，应通知住客前来领取。

7）客人提取行李时，先请客人出示行李寄存凭证，然后与系在行李上的寄存卡核对，如果两部分完全吻合，当面点清行李件数，然后把行李交给持寄存凭证的客人，并请客人在行李暂存记录上签名。

8）如果客人丢失行李寄存凭证，一定要凭借足以证实客人身份的证件放行行李，并要求客人写出行李已取的证明。如果不是客人本人来领取，一定要请他出示证件，并登记证件号码，否则不予放行。

9）帮助客人运送行李至指定地方，向客人道别。

3. 委托代办服务

接受客人委托代办要求时，大堂值班人员应详细地了解客人的要求。接受的委托代办事项由领班指派专人完成。要做好委托代办服务，必须注意保持、发展与店外有关单位的良好合作关系。

金钥匙服务是委托代办服务的最高水平，但并不是所有酒店都有的。没有金钥匙服务的酒店也会为客人提供一些委托代办服务，酒店提供的委托代办服务范围较大，随机性强，不同酒店对此类服务都会有自己特别的规定，但都需要前厅服务人员竭尽所能帮助客人。常见的委托代办服务有：寻人服务，转交物品服务，代订车票、机票、船票，异地订房、订花、订餐等代订服务，旅游服务，外修服务，代购服务，托婴服务，快递服务等。

（四）驻留服务

客人在酒店驻留期间，前厅部对客服务主要集中在问讯服务、留言、邮件服务和房卡保管、总机服务、商务服务等服务项目。

1. 问讯服务

大型酒店或者星级较高的酒店通常在前台设有问讯处，问讯员为客人提供问讯服务。而中小型酒店的问讯服务直接由前台接待员负责。问讯服务不仅是一项配套服务项目，而且对酒店产品的促销也起着非常重要的作用。客人问讯内容包括酒店内部信息查询和酒店外部信息查询。

（1）酒店内部信息查询。

酒店内部信息查询涉及以下方面：

1）酒店内部的推广、促销活动。

2）酒店可提供的服务项目、服务特色、营业场所、营业时间及收费标准，如健身服务、娱乐服务、洗衣服务等。

3）酒店中西餐厅、酒吧、商场、商务中心、健身房等内部服务场所的位置、使用时间、收费情况等。

4）酒店的活动安排、各项规定及制度等。

问讯员应将价目表等查询工具放在方便拿到的地方，以便快速回答客人的询问；同时还应将酒店各类活动和服务相关的宣传手册摆放在方便客人取用的地方。问讯员要给出使客人满意的答复，必须熟悉本酒店所有的服务设施、服务项目和经营特色，以及酒店的各项有关政策，并积极、热心地向客人宣传和推销酒店产品。

（2）酒店外部信息查询。

酒店外部信息查询通常涉及以下方面：

1）酒店周边相关设施及配套服务：包括电影院、剧院的位置，电影或节目的开始时间；当地的银行地址及营业时间；当地大医院的地址及联系方式；当地著名的工商机构名称、办公地点及营业时间；当地某些学校、政府部门的位置；当地其他主要酒店的地址及联系方式；当地各大购物中心及娱乐场所的地址及营业时间等。

2）当地交通状况：包括各种交通工具的乘坐地点、收费情况；前往一些常见地点的路线；当地的详细地图等。

3）当地习俗及旅游景点：包括当地一些特别的风土人情、习俗、特产；当地主要的旅游景点、展览馆、博物馆等的地址、开放时间、收费标准等。

为了能够准确、及时、完备地回复客人对酒店外部信息的询问，问讯员必须有较广的知识面，掌握大量的信息，对当地的地理、交通状况、常见休闲娱乐场所、旅游景点、风土人情、民俗文化等相关知识必须要有较多的知识储备。为了能够随时给有疑问的客人提供帮助，掌握这些知识、为客人解惑不仅仅是问讯员或接待员的工作，酒店的每一位服务人员也需要了解相关知识，能够在必要时为客人解答一些问题。在回答客人询问时，问讯员要热情、主动、耐心，做到百问不厌，答复要肯定而准确，语言流畅、简明扼要，不能给出模棱两可的回答，更不可推托、不理睬客人或简单回答“不行”“不知道”。对不能回答或超出业务范围的问题，应向客人表示歉意或迅速查阅有关资料、请示有关部门后回答。

2. 留言、邮件服务和房卡保管

来拜访住客的来访者未见到住客，或者住客外出前未见到约定的来访者，都可以通过问讯处的留言服务来传递信息。

留言具有很强的时效性，所以留言服务的基本要求就是：传递迅速、准确。为了对客人负责，对不能确认是否住在本店的客人，或者已退房离店的客人，不能接受访客留言，除非离店客人有委托。

问讯处还设有邮箱，存放客人的信件、传真、包裹等。

酒店客房房卡的分发与控制既是服务也是保证安全的手段。问讯处除了负责平时的房卡保管及分发之外，还在客人由于将房卡遗落在客房，或与其他客人同住自己未拿房卡等原因导致未携带房卡时，核对客人身份后为其制作备用房卡；若客人遗失了房卡，问讯员在核实客人身份后，可予以补办；客人结算离店时，问讯员应收回客人归还的房卡。

3. 总机服务

酒店总机处是酒店内外信息沟通的通信枢纽，总机处话务员通过电话能够直接为客人提供各种话务服务，包括电话转接、查询、留言、叫醒服务，挂接国内、国际长途等，还能够在紧急情况下充当酒店的临时指挥中心。一些中小型酒店的话务服务会由接待员负责，不设专门的总机处。

话务服务内容如下：

（1）电话转接服务。

为了快速、准确地完成电话转接，话务员需要熟记常用的电话号码，还要非常熟悉本酒店的组织机构设置以及各部门的职责范围，尽可能掌握最新的住客资料，对于主要的管理人员、服务人员及部分重要客人的声音要能够辨别。

（2）电话查询与留言服务。

话务员对客人查询的常用电话号码应对答如流，且准确快速。如遇查询非常用电话号码时，话务员应请客人保留线路稍等，以最有效的方式为客人查询号码，确认后及时通知客人；如需较长时间，则请客人留下电话号码，待查清后，再主动与客人电话联系。

需给客人留言的电话一律转到前厅问讯处；给酒店管理人员的留言，一律记录下来，并重复确认，尽快将留言转达给相关管理者。

（3）国内、国际长途电话服务。

客人在客房内直拨长途电话，总机的计算机系统会自动计时计费，话务员应注意及时为抵店入住客人开通长途电话服务以及为退房结账的客房关闭长途电话服务，若团队、会议客人需自理电话费用，则应将其打入相应的账单。

（4）电话叫醒服务。

总机所提供的叫醒服务是全天24小时服务，是总机服务的一项重要内容，如果出现差错，会影响客人的日程安排或重要计划的顺利进行，给客人和酒店造成损失。总机叫醒服务可分为自动叫醒和人工叫醒两类。一般情况下，酒店都是采用自动叫醒服务的。

在受理客人的叫醒要求后，话务员要将客人的叫醒信息输入自动叫醒系统，到叫醒时间后客房内的电话会自动响铃唤醒客人，客人拿起听筒即可听到叫醒提示语音。电话接通后，总机处的叫醒系统会打印出叫醒记录。

话务员需要在当日最早叫醒服务开始前检查叫醒系统是否正常，叫醒打印机工作是否正常。若系统或打印机出现故障，话务员应及时进行人工叫醒。在自动叫醒系统工作时，话务员还需要仔细观察系统的工作情况，若发现有漏叫或没有打印出叫醒记录的客人，话务员务必进行人工叫醒，并做好记录。

人工叫醒一般用于VIP客人和要求人工叫醒的客人。到了约定叫醒时间后，话务员拨打客房电话叫醒客人，如果无人接听，话务员应于五分钟后再叫醒一次。若仍无人应答，话务员应通知客房部，安排客房服务员前往客房敲门叫醒客人。

除此以外，电话总机会在发生火灾、水灾、伤亡事故、恶性刑事案件等紧急情况下充当酒店的临时指挥中心。

4. 商务服务

前厅部的商务服务包括商务中心提供的文件处理服务，会议服务（包括会议室出租、会议接待等），秘书及翻译服务，票务、委托代办、办公设备出租等业务，还有行政楼层服务。

（1）商务中心服务。

商务中心是酒店为客人进行商务活动提供相关服务的部门。许多商务客人在住店期间要安排许多商务活动，需要酒店提供相应的文件处理服务、会议服务和秘书翻译等服务。由于商务中心服务的特殊性，商务中心配备的设施设备会比较齐全，如会议室、谈判间、传真机、复印机、打印机、计算机、扫描仪、投影仪、录像机、大屏幕电视等。同时还会配备一些商务辅助工具，如多语种词典、计算器、U 盘、激光笔等。

（2）行政楼层服务。

行政楼层是现代高档、豪华酒店为了接待对服务标准要求较高，并希望有良好商务活动环境的商务人士等而专门设立的特殊楼层。行政楼层常被誉为“店中之店”或“头等舱”，客人在这里能够享受到更高品质和个性化的服务。

行政楼层的管理是一套相对独立的接待服务系统，在管理上通常隶属于前厅部。行政楼层往往单独设置接待处，客人直接在楼层内就能快速办理入住、退房等手续；设置行政酒廊为客人提供冷饮、热饮、茶点等，让客人能够在轻松、舒适的环境中招待朋友或者享受独处的时光；行政楼层还会单独设置商务中心、各种规格的会议室和洽谈室等；除此以外，还为客人提供免费的早餐和下午茶、洗衣、熨衣等服务。

（五）收银服务

酒店的收银服务由前台的收银处负责，主要工作任务包括客账管理和外币兑换服务。因为收银服务涉及钱财，与客人的切身利益及酒店的营业收入直接相关，因此收银员必须认真仔细，严格按照岗位规范和工作流程完成收银服务，并与酒店其他业务部门保持沟通，才能保证客人和酒店的利益不受损害。

1. 客账管理

在客人办理了入住手续后，前台接待员就要为其建立客账，其建立流程如表 9－2 所示。收银员每天根据客人在酒店不同部门的消费情况进行汇总，对每位客人的账目进行管理。

表 9－2　散客、团队客账建立流程

流程	散客客账建立	团队客账建立
签收账单	签收散客账单	签收团队总账单
核查账单信息	核查内容包括客人姓名、房号、房型、房价、抵离店日期、付款方式等，确认这些内容是否填写齐全。若客人使用信用卡支付，还应对照银行机构所发的“黑名单”（注销名单）予以核对	核查内容包括团队名称、团号、总人数、用房总数、房价、付款方式、付款范围等，确认这些内容是否填写齐全
核查相关单据	包括入住登记表、房租折扣审批单、预付款收据等	包括换房、加房、加床的变更通知单等
建立客账	将对应客房的已付款或已产生的消费情况输入酒店的计算机客账管理系统中。将客人的账单连同相关单据放入对应客房的分户账夹内，存入住店客人账单架中	建立团队客人自付款项的分账单，同时在客账管理系统中输入对应的客人信息。将分账单与团队总账单和其他单据一起放入相应的团队账夹内，按编号存放在团队账单架中

收银员在为客人建立客账时，要注意在核查账单信息及相关单据时，如发现异常应及时与接待员沟通核实；在为团队客人建立分账单时，要认真细心，避免重复记账或漏账。

客人在酒店居住期间，可能在客房、餐厅、健身房等不同地方产生各种消费，如长途电话费、洗衣费、酒水费、用餐费、健身娱乐费等。这些消费项目种类繁多且涉及不同部门，这就需要酒店各部门予以配合，及时完成记账，以免出现错账、漏账。客人在酒店不同部门消费后，各部门收银处需要为客人制作账单并传递给前台收银处，由前台收银员负责将消费情况记录在客账中。收银处记录客账流程如图 9－10 所示。

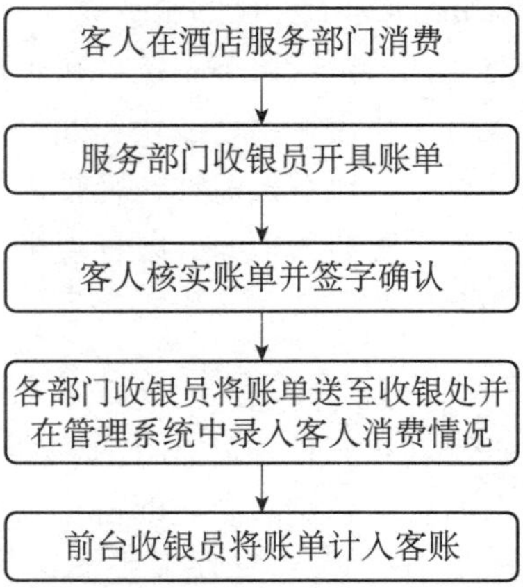

图 9－10　收银处记录客账流程

客人到收银处要求结账时，收银员要快速准确地为客人提供结账收银服务，下面简单介绍一下散客结账服务流程（见图 9－11）：

（1）客人到收银处要求结账时，收银员首先要核对客人姓名、房号、抵离店日期等信息，并收回房卡（钥匙）。

（2）通知客房部查房，检查客房的使用状况、消费情况。

（3）客房部若发现有新的消费项目，应迅速通知收银处，收银员将新的消费内容记入账单；客房部查房后若没有发现问题，收银员应通过客账管理系统打印出对应账单，请客人核实并签字确认。若客人对账单有疑问，应逐项为客人说明消费内容。

（4）客人确认消费金额后，收银员应按客人选择的付款方式为客人结账，若客人使用现金结账，收银员要唱收唱付。

（5）收款后，收银员应在账单或收据上标记“已收讫”，并对客人表示感谢，欢迎客人的前来。

（6）最后收银员应在客人的入住登记表上打印或注明结账时间，并与客人交回的房卡一并交至接待处。

客人结账的方式有很多，如现金、信用卡、移动支付、支票、转账等。采用现金结账时，收银员需要唱收并当面清点款项，在找零时要唱付，请客人清点找零钱数，避免出现差错。

结账查房时如果发现客房内有物品损坏或丢失，原则上收银员应要求客人予以赔偿。但收银员需要在尽量保证酒店不遭受经济损失的同时照顾到客人的面子，说话的方式和措辞要使客人能够接受，若客房内有物品丢失，收银员可以委婉提醒客人房内有物品找不到了，请客人回忆一下放在了哪里。

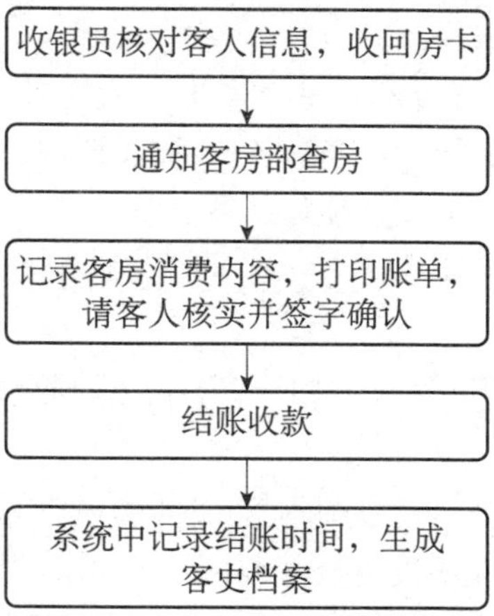

图 9－11 散客结账服务流程

2. 外币兑换服务

为了方便旅行在外的外国客人，一些酒店经过中国银行授权，在酒店前台提供某些外币兑换服务。前台收银员可以根据国家外汇管理局公布的外汇牌价代理外币现钞兑换和旅行支票兑换业务。

(1) 外币现钞兑换。

客人前来兑换外币时，收银员应先了解客人需要兑换哪种外币以及兑换的金额，确认该币种是否是酒店目前可兑换币种，以及酒店现存金额能否满足客人的需要。在兑换前，收银员应请客人出示护照和房卡等证件以验证客人的身份和住店信息。客人将要兑换的钞票交给收银员时，收银员应唱收客人的币种及金额，并清点金额。清点无误后，收银员应用点钞机鉴别钞票的真伪并再一次确认所收金额。收银员验收客人的货币后，将币种名称、金额、牌价、应兑换金额、兑换时间、客人姓名、国籍、护照号码、居住酒店等信息准确填写在外币兑换水单中，并请客人在水单上签字。所谓外币兑换水单，是指外币兑换机构或指定兑换点给外币兑换人开具的外汇兑换证明。收银员清点出相应金额的现金，确认无误后，唱付现金，并将外币兑换水单一并交给客人，请客人清点。

(2) 旅行支票兑换。

旅行支票是一种由银行或旅行社发行的定额支票，属于有价证券。旅行支票的持有者可以在国外向发行支票的银行、旅行社分支机构或指定的兑换点，按规定手续兑取现金。

酒店作为指定兑换点，可由收银处兑换员或收银员为客人提供旅行支票兑换服务。收银员兑换时需要注意查验支票是否在可兑换范围内，有无区域、时间的限制，并鉴别支票的真伪；查看支票上的初签和客人的复签笔迹是否一致；需要按当日外汇牌价，精确换算出兑换金额，并扣除支票持有人申请贴现时需付给银行的贴现利息。

学习专栏

1. 尝试模拟酒店前厅的预订流程，注意与客人沟通时的语气与措辞。
2. 你认为酒店前厅接待人员需要具备哪些方面的职业素质和能力？
3. 请为接待 VIP 客人设计完整的接待服务流程。

第三节　前厅部的日常管理

前厅部通过客房的销售来带动酒店其他部门的经营活动，前厅部还要及时地将客源、客情、客人需求及投诉等各种信息报给有关部门，共同协调全酒店的对客服务工作。前厅部收集有关整个酒店经营管理的各种信息，并对这些信息进行认真的整理和分析，定期向酒店管理机构提供真实反映酒店经营管理情况的数据和报表，作为制订和调整酒店经营计划和经营策略的参考依据。因此，前厅部的管理效率对整个酒店的运营有重大影响。

一、酒店前厅部日常管理任务

（一）前厅接待业务管理

1. 每日业务安排

前厅部经理根据客人预订、客人当日抵离店统计表等资料，预测当日客源状况，每日对各部门进行业务安排和指导，若有前日遗留的业务问题或客人投诉等，应尽快处理。

2. 计划内业务安排

若有大型团队接待、VIP 接待、酒店促销活动、区域性大型接待活动（如艺术节、展销会）等，应提前做好接待计划，落实具体经办人，在人员组织、物资采购等方面做好充分准备。

（二）信息管理

前厅部是酒店经营活动中产生的各类酒店信息的集散中心，提供正确的信息和及时传输新信息，有助于方便客人和提高酒店员工的工作效率。酒店提供的信息按区域可分为酒店内信息和酒店外信息，按内容可分为固定信息和可变信息。

1. 酒店内信息

酒店内固定信息是指酒店内各种设施及服务项目等信息，如餐厅的位置、营业时间、消费情况等，而每日抵店客人情况、促销活动、宴会、集会等，都属于酒店内可变信息。

2. 酒店外信息

酒店外固定信息有区域划分、交通路线、电话号码、相关法规、教育机构、运动场所、知名企业、商贸中心、医院、银行、娱乐设施等，而酒店外可变信息有文艺演出的时间、内容等。

前厅咨询处应将收集到的信息整理归类，熟悉各项内容，并随时关注店内外新动态，及时录入和更新信息。

（三）销售管理

前厅销售是以客房销售为主的经营活动，是酒店产品市场营销的重点，搞好前厅销售管理，不仅能提高客房的出租率，而且能带动和促进餐饮、康乐等业务部门的经营。

1. 编制前厅销售计划和销售预算

前厅销售计划是指在一定时间内前厅客房销售量预计达到的目标，而销售预算指的是为实现这一经营目标需支出的费用，如广告费、公关接待费、促销费等。科学、合理地制订销售计划和预算，能使前厅管理者严格控制销售成本，通过各种销售手段和方法，完成销售目标，保证实现酒店的经济效益。

2. 架构客源网络，稳定市场份额

在市场激烈竞争的状况下，只有树立强烈的销售意识，采取各种销售手段和方法，如人员推销、广告促销、特殊促销、公关促销、内部促销等，建立酒店客源网络系统，扩大酒店影响，吸引有名望、有身份的重要客人住店。同时注意与航空公司、旅行社、有员工出差和会议需求的大中型企业等建立良好的业务联系，才能稳定和拓展市场份额。

3. 准确掌握客房状态

随时掌握最新的客房状态，加强分房管理，能保证接待员的分房工作准确顺利地进行。前厅准确显示最新客房状况，能使接待员对目前各种状况的房间了如指掌，在客房销售时，能合理调配房间和灵活处理客人对客房的要求，以保证现房的销售和提高客房出租率。

4. 加强客房预订管理

预订客房总量的多少体现了酒店回头客源和拓展客源的市场状况，加强客房预订管理，不仅能巩固和扩大客源市场，而且能充分做好准备工作，提高接待服务质量。客房预订的客源市场主要是旅行社、机关单位、公司等，前厅部应掌握客人资料，主动与上述机构联系，随时了解客人情况和通报酒店信息，以期达成预订。

5. 编制各种销售报表

定期编制各种销售报表，能准确显示销售状况和客房状态，有利于管理者及时调整销售策略和方法。

二、房价管理

酒店客房销售收入是酒店利润的主要来源，房价是否合理直接影响酒店的市场竞争力和利润。因此合理制定房价并对房价进行调控是酒店经营管理工作的重中之重。前厅部作为客房销售重要参与者，很有必要了解酒店不同客房的定位及价格组成，在向客人推销客房时可以更有针对性。

（一）客房价格的构成

客房价格是由客房的成本和利润构成的。客房的成本包括建筑投资、利息、客房设备、修缮费、物资用品、土地使用费、客房人员工资福利、经营管理费、保险费等，利润包括所得税和客房利润。

（二）房价的分类与影响客房定价的因素

1. 房价的分类

酒店的房价按照客人类型、淡旺季、租住时间等方面的不同可分为多种类型。酒店房价的常见分类如表 9-3 所示。

表 9-3　酒店房价的常见分类

类型	说明
门市价 (Rack Rate)	门市价是客房的标准价，又称牌价、散客价，即在酒店价目表上明码公布的各类客房的现行价格。该价格不含任何服务费或折扣等
协议价 (Contracted Rate)	酒店与旅行社、航空公司等在某个时间段签订的协议房价，通常为保密价格
公司价 (Corporate Rate)	酒店与有关公司或机构签订房价合同，并按合同规定向对方客人以优惠价格出租客房，以求双方长期合作。房价优惠的幅度视对方能够提供的客源量及客人在酒店的消费水平而定
团队价 (Group Rate)	主要是针对旅行社的团队客人制定的折扣价格，其目的是与旅行社建立长期良好的业务关系，确保酒店长期、稳定的客源，提高客房利用率。团队价格可根据旅行社的重要性、所能组织客源的多少以及酒店淡旺季客房利用率的不同加以确定。为了吸引团队客人，很多酒店给予团队客人的优惠价往往低于酒店标准价的 50%
小包价 (Package Rate)	酒店为客人提供的打包报价，除了房费以外，还可能包括餐费、交通费、游览费（或其中的某几个项目）等，以方便客人
折扣价 (Discount Rate)	酒店向常客、长住客或其他身份特殊的客人提供的优惠房价
淡季价 (Slack Season Rate)	在营业淡季，为了刺激需求，提高客房利用率，为普通客人提供的折扣价。通常是将房价在标准价的基础上下浮一定的百分比
旺季价 (Busy Season Rate)	在营业旺季，为了最大限度地提高酒店的经济效益，将房价在标准价的基础上上浮一定的百分比
白天租用价 (Day Use Rate)	在下列情况下，酒店可按白天租用价向客人收取房费：①客人凌晨抵店入住；②客人离店时间超过了酒店规定的时间；③入住与退房发生在同一天（钟点房）。大部分酒店按半天房费收取，也有些酒店按小时收取
免费 (Complimentary)	由于种种原因，酒店有时需要为某些特殊客人提供免费房。免费房通常只有总经理才有权批准

2. 影响客房定价的常见因素

影响客房定价的常见因素由内部因素和外部因素两部分构成。

（1）内部因素。

1）品牌定位。

酒店品牌的定位是指导客房定价的首要因素，是酒店确定经营方针的重要依据，因此房价的制定应与目标人群的消费能力和接受程度相匹配。

2）投资成本与经营成本。

成本水平是影响客房定价的基本要素。投资成本包括酒店的地价、建造费用、设施设备费用等。经营成本包括餐饮原材料费用、广告宣传费用、物品消耗费用、经营人员工资等各类酒店经营期间会产生的费用。因此，酒店经营者在定价时要考虑投资成本回收期的长短以及经营期间目标利润率的大小。

3）酒店的地理位置。

酒店的地理位置是影响客房价格的又一重要因素。斯塔特勒曾经说过："酒店的经营成功有三个因素，第一是地理位置，第二是地理位置，第三还是地理位置。"这足以说明地理位置对酒店经营的重要性。一般来说，酒店若位于市中心、车站、繁华商业区等地点，对于其房价的制定就会更有利；酒店若位于交通条件差、远离市中心或繁华商业区的地点，其房价就会相应降低，以提高酒店的竞争力。

4）酒店的服务质量。

在进行客房定价时，必须考虑酒店的服务质量，即员工的礼貌礼节、服务态度、服务技巧、服务效率和服务项目等。更优质的服务质量自然对应更高的房价。

（2）外部因素。

1）竞争对手的价格。

竞争对手的价格是酒店制定客房价格时的重要参考依据。制定客房价格时，应首先与同一地区相同类型、相同档次的其他酒店的客房价格对比。酒店房价不能明显高出竞争对手的价格，否则会降低自身的竞争力，但也不能一味地靠低价格取胜，尤其是定位高端的酒店，因为有些客人会把到价格较高的酒店住宿看成是表明自己身份和地位的象征，价格过低，会使酒店失去对这部分客人的吸引力。明智的做法是客房的定价与竞争对手的价格接近，但在推广时强调与竞争对手有所区别的特色服务项目或优惠活动，避免客人进行简单的价格比较。

2）市场供求关系。

市场供求关系是影响房价制定的重要因素之一。当供过于求时，酒店可能需要降低客房价格，以求增加入住率；当供不应求时，酒店可适当提高价格，以求得到更大的收益。比如，在旅游淡旺季，由于客房供给和需求往往不能达到平衡，所以必须发挥价格的调节作用来刺激客人需求。供求关系是不断变化的，平衡是暂时的，而不平衡则是绝对的。因此，客房价格应随市场供求关系的变化不断调整。

3）社会环境因素。

社会环境因素包括社会政治、经济形势等。稳定、繁荣的社会政治和经济环境，对于以旅游为主要收入来源的酒店来说至关重要。酒店的价格也会在很大程度上受到这些因素的影响。

4）有关部门和组织的价格政策。

客房定价还要受政府主管部门及行业协会等组织机构对酒店价格政策的制约。

（三）制定房价的常用方法

1. 随行就市法

随行就市法是将同档次竞争对手的客房价格作为定价的依据，从而制定出本酒店客房价格的一种定价方法。酒店经营管理者认为市价在一定程度上能够反映行业的集体智慧，可帮助酒店减少定价风险。采用此种方法时，常见的做法有两种：一是以同地区、同档次酒店的平均价格作为定价的依据；二是参考“领导型”酒店的定价，以降低风险。

2. 千分之一法

千分之一法是根据客房造价来确定客房价格的一种方法，即将每间客房的出租价格确定为客房平均造价的千分之一。具体计算方法是用每间客房所占用的建造成本乘以 1‰，得出每间客房的平均价格。其计算公式为：

$$平均房价=\frac{酒店建造成本}{酒店总客房数}\times 1‰$$

例如，某酒店拥有客房 400 间，总造价为 4 000 万元，若每间客房布局统一，则每间客房的平均造价为 10 万元，按照千分之一法，房价应为 10 万元×1‰=100 元。

千分之一法是人们在长期的酒店建设和经营管理实践中总结出来的一般规律，可以用来指导酒店（尤其是新建的酒店）确定客房的价格，判断酒店现行客房价格的合理程度。

3. 成本加成定价法

成本加成定价法也称成本基数法，指的是在预估客房产品成本的基础上，加上若干百分比的加成额进行定价的方法。这样制定出的房价是保证酒店客房商品取得合理利润的基本价格。其计算公式为：

$$客房价格=\frac{每间客房总成本\times(1+加成率)}{1-税率}$$

其中，每间客房总成本包括每间客房每天的固定成本和变动成本。

前厅部在销售客房的过程中，要在酒店的规章制度范围内严格执行酒店所制定的房价，进行客房销售。常见的相关规章制度有：销售人员对浮动价格所拥有的决定权规定、对优惠价格享有者应具备条件的规定、对酒店优惠活动种类和优惠程度的规定、优惠房使用报批的规定等。

三、收益管理

（一）收益管理的概念

收益管理，又称“效益管理”或“实时定价”。它主要是通过建立实时预测模型和对以市场细分为基础的需求行为分析，确定最佳的销售或服务价格。其核心是价格细分，根据客户不同的需求特征和价格弹性向客户执行不同的价格标准，使企业的产品能在最佳时机，以最好的价格，通过最优的渠道，出售给最合适的顾客，以实现企业收益的最大化。收益管理对于酒店的意义，就在于通过对市场和客人的细分，对不同目的的顾客在不同时刻的需求进行定量预测，通过优化方法进行动态控制，最终使酒店总收益最大化，确保酒店利润的持续增长。

（二）前厅部收益管理的应用

1. 对市场进行细分并做出需求预测

菲利普·科特勒在其《接待业和旅游市场营销》一书中指出："收益管理背后的概念是通过定价的差别来有效地管理收益和库存，而它的基础是被选择出来的细分市场的需求弹性。"每个酒店都有自己的市场定位，不同客户群的客人的需求、消费偏好有很大的不同，因此其消费行为模式也不一样。科学地对市场进行细分，并准确掌握细分市场的需求和消费行为的特点，辨别一年中不同时候不同细分市场的需求情况，从而使预测不同细分市场所消费的客房数量和金额成为可能。

在充分研究了细分市场需求的基础上，就能对不同类别的客人需求变化进行相对准确的预测，并采用不同的预售方法和差异化的价格，实行动态管理和边际收益管理，让资源使用风险最小化。如果资源使用风险能做到最小化，则酒店收益的预期就可以乐观其成。

2. 调控好门前散客的入住比率

平均房价和平均入住率是影响酒店客房销售收益的两大因素。而门前散客的房租收入又对酒店的平均房价有重大影响，因此应适度调控好协议客人和门前散客各自的入住比率，才能达到酒店平均房价的最大值。在酒店中，一般协议客人的房价要低于门前散客的房价，而协议客人通常由营销部洽谈联系。为了提高部门效益，营销部会不断地扩大协议客人的覆盖面，并以此作为部门的工作业绩。随着营销部协议客人覆盖面的增加，门前散客的入住比率会一路走低。如果要保障酒店平均房价的最大值，就需要酒店出面加以协调，并根据市场情况和营销、前厅各自的房租收入历史资料进行分析，确定合适的前厅散客入住比率，避免前厅散客入住比率不断下滑的趋势。

3. 动态的价格设定

价格是顾客最敏感的消费因素，是销售最直接的管理杠杆，是酒店盈利增减的主要手段。在供大于求、竞争激励的市场态势下，几乎所有酒店都对价格管理由单一静态价格发展为多重价格、有市场竞争力的优化价格。动态价格包括协议公司散客优惠价、旅游团队房价、会议团队房价、长住客房价、门前散客浮动价等。对于酒店来说，在制定动态价格时，最有参考价值的资料数据是同一地区相近星级的竞争对手酒店的分类房价。

在实施收益管理系统时，要明确这一系统不是单靠前厅部就能运作好的，它是酒店提高经营收益、加强管理的一项系统工程，需要酒店层面的全方位运作。因此，要运作好收益管理系统，应由酒店统筹安排，销售部门和前厅部协调运作，并由酒店总经理担任收益管理系统的领导。

四、客房经营指标统计分析

前厅部作为酒店的经营活动中心和信息中心，需要负责将经营及服务过程中所掌握的能够反映当前营业状况的酒店信息数据资料进行统计、整理和分析，并将这些经营指标报送酒店管理层，作为管理层制定营销决策和调整运营策略的重要参考。

（一）客房经营统计分析报表

客房经营统计分析报表是酒店管理者了解酒店客房经营状况的首要途径，是酒店管理者做出决策的重要依据。常见的客房经营统计分析报表有客房营业日报表和客房收入报表等。

客房营业日报表能够全面反映酒店当日的客房营业状况，是最主要的客房经营统计分析报表。此表通常由前厅接待处夜间值班员所制作，一表数联，制作完成后需要报送酒店总经理、副经理、财务部、客房部等。客房营业日报表的统计内容一般包括各类用房数、各类客人数、客房出租率、客房收入以及当月和去年同期的统计数字等信息。

客房收入报表则能够详细反映酒店每间客房的收入情况。

（二）主要的客房经营指标

1. 客房出租率

客房出租率指的是已出租的客房数与酒店可供租用的客房数的百分比，是反映酒店经营状况的一项重要指标。客房出租率能够反映出实际出租客房数与可供租用的客房数之间的差距，客房出租率越高说明二者差距越小，酒店的客源越充足，较高的客房出租率能够在一定程度上证明酒店经营管理的成功。由此可见，酒店为获得更多利润，增加客房销售量、提高客房出租率是很有必要的。

2. 双开率

双开率即双倍客房占用率，指的是两位客人同住一个房间的房间数占所出租房间总数的百分比。双开率可以反映客房的利用状况。酒店在为客房定价时，一个房间（除单人间）若根据入住人数可分成两种价格，增加双开率也是一种增加客房收入的手段。

3. 实际平均房价

实际平均房价是客房总收入与实际出租客房数的比值，也是评价客房经营状况的一个重要指标。实际平均房价会直接影响酒店的收益。由于在实际经营过程中，房价的高低会受到诸多因素的影响，如客房类型、客房出租率、房价折扣等，因此实际出租房价往往会低于标准房价，只有在执行旺季价格时，实际房价才会接近甚至高于标准房价。

4. 理想平均房价

理想平均房价是指酒店各类客房以标准房价按不同的客人结构出租时可达到的较为理想的平均房价，是在一定时间内客房的最低平均价格和最高平均价格的平均值。计算理想平均房价时要结合客房类型、客房数量、客房出租率、双开率、客房标准房价。若实际平均房价高于理想平均房价，说明酒店可以获得较为理想的经济效益；反之，说明酒店的经济效益不如预期；若二者相差较多，则说明客房标准价格可能定得过高或过低，不符合市场需求，需要及时调整。

学习专栏

1. 客房的房价有哪几种常见类型？
2. 影响客房定价的常见因素有哪些？
3. 客房营业日报表中大致都包含哪些信息？

资源链接

视频微课 9-1　视频微课 9-2　视频微课 9-3　视频微课 9-4

在线自测

扫一扫　练一练

第十章　酒店客房部管理

任务导读

客房部又称房务部或管家部，是负责酒店客房产品的生产，向客人提供良好的住宿环境和热情周到的住宿服务的部门。客房部是酒店的重要组成部分，是酒店经济收入的主要来源部门之一，其经营管理直接关系到酒店和员工的收益。在本章的学习内容中，我们将带领学习者了解客房部在酒店中的地位和作用，熟悉客房部的组织结构、工作任务、岗位设置和工作流程，掌握酒店客房部的日常运营管理规范。

第一节　客房部概述

客房是酒店最基本的设施，也是酒店建筑组成的主体，客房产品则是酒店经营最主要、最基本的商品。对大部分类型的酒店来说，客房收入是酒店经济收入的主要来源。客房服务质量与管理水平是酒店星级评定的重要考察内容。客房部（Housekeeping Department）也称管家部，酒店公共区域的清洁和保养、全体员工制服的洗涤和保管、各类棉织品的提供等也都属于客房部的管理范畴，所以说，客房部的管理直接影响着酒店的运行和管理。

一、客房部的地位与工作内容

客房部是酒店对客服务的主要区域，客房是住店客人在酒店停留时间最长的地方。客房的舒适程度和卫生干净程度直接影响客人的满意度和忠诚度，并且能够对酒店品牌形象和信誉产生重要影响。因此，酒店必须充分发挥客房的作用，提高客房产品的质量，使客人获得更专业的服务和更好的住宿体验。

（一）客房部的地位

客房部负责销售和管理酒店的核心产品，也是酒店营业收入及利润的主要来源部门之一，客房部的管理水平和服务水平也是影响客人选择的主要因素之一。

1. 客房是酒店存在的基础和构成的主体，是为客人提供服务的主要部门

酒店是向客人提供生活需要的综合服务设施，其最基础的功能就是为客人提供住宿服务，而住宿要有客房，从这个意义上来说，有客房才能称为酒店，所以说客房是酒店存在的基础。按客房和餐位的一般比例，客房在酒店建筑面积中占70%～80%；酒店的固定资

产，也绝大部分在客房，酒店经营活动所必需的各种物资设备和物料用品，也大部分在客房，所以说客房是酒店的主要组成部分。

客房部是酒店为客人提供服务的主要部门。客房部不仅要管理酒店客房，还需要负责客房和酒店公共区域的清洁和保养，全体员工制服、酒店所有布草的日常清洁和供给。客人入住酒店，会直接与客房部接触，房间是否干净，设施是否齐全，服务是否到位，时刻影响着客人居住的情绪。因为客人的主要活动范围在客房，客房部的服务就赋予了客人对酒店最直观的感受，承载着客人对酒店的主要需求。

2. 客房的设备和服务质量是衡量酒店等级水平的主要依据

一家酒店的等级水平，主要依据酒店的设备、设施和服务质量来衡量。即使是非星级酒店，如众多快捷酒店，也主要依赖客房的硬件水平和服务质量来赢得口碑。酒店的硬件条件，无论是外观、数量还是质量，都主要体现在客房，一个酒店拥有雄伟的外观建造，但是没有一张舒服的床，很难说它是一家令人舒适的酒店。客房服务质量可以从两个方面来衡量：一是客房设备质量，包括房间、家具、墙壁和地面的装饰、客房布置及客房电器设备和卫生间设备质量等；二是服务质量，即服务员的工作态度、服务技巧和方法等。酒店客房的装修风格是否让客人有“家”的感觉，客房的设备、设施是否配套完备、运作正常、使用方便；配套的客用物品是否高雅有序、整洁干净、卫生安全；服务人员的服务态度是否热情、周到，服务项目是否周全、丰富等，对客人有着直接影响，是客人衡量“价”与“值”是否相符的主要依据，所以客房服务质量也是衡量整个酒店服务质量、维护酒店声誉的重要标准。

3. 客房收入是酒店经济收入的主要来源

酒店的经济收入主要来源于三部分：一是客房收入；二是餐饮收入；三是酒店其他配套服务收入。其中客房收入是酒店收入的重要来源，而且客房收入较其他部门收入稳定。从利润角度分析，客房收入的经营成本比餐饮、商品都低，客房利润也是酒店利润的主要来源。

4. 客房是带动酒店一切经济活动的枢纽

酒店作为一种现代化食宿购物场所，只有在客房入住率高的情况下，酒店的一切设施才能发挥作用，酒店的一切组织机构才能运转，才能带动整个酒店的经营管理。客人住进客房，要到前台办手续、交房费；要到饮食部用餐、宴请；要到商务中心进行商务活动，还要健身、购物、娱乐等，因而客房服务带动了酒店的各种综合服务效益。

5. 客房部的管理直接影响酒店的运行和管理

客房部的工作内容不仅是管理客房，还涉及整个酒店公共区域的角角落落，为其他各个部门正常运转提供良好的环境和物质条件。同时，客房部员工的数量在整个酒店员工总数量中占据较大比例，所以，客房部的管理水平直接影响酒店的整体运行和管理，提高客房部的管理水平有利于酒店服务质量的改善和员工整体素质的提升。

（二）客房部的主要工作内容

1. 保持房间干净、整洁、舒适

客房的清洁和整理是客房部最基本的工作内容，其目的是为客人提供一个干净、整洁、舒适的住宿环境。清洁和整理的具体内容包括更换床单、清洁浴室、擦洗地面、整理客人的行李等。在这个过程中，客房部需要保证清洁的效果，同时也要保护客人的财物和隐私。现代酒店对客房卫生的标准越来越高。因此，客房管理必须制定卫生操作标准规程，落实检查制度，指挥监督楼层班组的工作情况，切实保证客房的清洁卫生质量。

2. 维护和日常保养客房

客房设备用品是开展客房服务工作的物质基础，管理好客房的设备用品，是客房管理的重要内容之一。客房内的各种设备用品应保持齐全、完好的使用状态，客房部要具体制定设备用品管理制度，明确各级管理人员的职责，检查房间内的电器设备和家具是否正常运转，更换损坏的设备和家具，以及定期对房间进行维护和保养。客房部需要保证客房设施的正常使用，避免因为设施问题影响客人的住宿体验。

3. 布置和装饰客房

客房布置和装饰的好坏，物资用品配备的数量和合理程度，不仅直接影响客房服务质量和酒店声誉，而且决定了客房的等级标准，是客房产品价值的重要组成部分。因此，客房装饰必须根据酒店等级标准，使礼遇规格和陈设布置保持协调一致性，使客房等级和客房价格相匹配。客房部在对客房进行布置和装饰时，还需要考虑客人的需求和喜好，同时也需要考虑酒店的品牌形象和风格。客房部需要保证客房的布置和装饰符合客人的期望，同时也能体现酒店的特色。

4. 保障酒店及客人生命财产的安全

客房员工必须具有强烈的安全意识，平常应保管好客房房卡，做好房卡的交接记录。一旦发现走廊或客房有可疑的人或事，或有异样的声音，应立即向上级报告，及时处理，消除安全隐患。

5. 客户服务和投诉处理

客房部要为客人提供洗衣、送餐、接待来访客人等客房服务，还需要及时处理客户的投诉，避免因为服务问题影响客人的住宿体验。

6. 负责酒店公共区域卫生和布草的保管及洗涤

除了负责所有客房的清洁，客房部通常还要负责酒店大堂、楼梯、电梯、走廊等所有公共区域的清洁卫生工作。除此以外，客衣、餐厅台布、餐巾、窗帘等酒店内布草的洗涤保养工作，酒店所有员工制服的保管及洗涤工作也由客房部统一负责。

7. 联络其他部门和协调工作

客房部需要与其他部门密切合作，以确保客人在客房内所需的各项服务能够协调配合。例如，客房部需要与餐饮部合作，保证客人的用餐需求得到满足；客房部还需要与前厅部合作，保证客人的入住和退房顺利进行。

二、客房部的组织结构和岗位职责

（一）客房部组织结构和岗位设置的原则

酒店内各部门的组织结构是改进管理职能、开展经营活动、完成酒店下达的计划任务的一种组织形式。根据客房管理的工作任务，客房部组织结构的建立及岗位设置应遵循分工协作、高效畅通及统一指挥的原则。

（1）分工协作原则。客房部各个部门和岗位要有明确的工作职责，以便各司其职。每个岗位的员工应该有明确的职责和上下级隶属关系，科学的分工能够提高工作效率。同时，各岗位之间要加强协作，只有分工没有协作，不可能成为一个有效的集体。酒店规模越大，专业分工越细。为了共同的目标，各岗位的协作也变得越来越重要。

（2）高效畅通原则。部门内部各机构和岗位的沟通渠道要畅通、逐级分层负责、权责明确，需要充分发挥各级人员的积极主动性，提高工作效率。

（3）统一指挥原则。客房部要有完善的垂直逐层指挥系统，上一级机构要按部就班、有效地指挥和检查下一级员工的工作，使全部门的员工工作形成合力，产生较高的工作效能。

（二）客房部组织结构

酒店客房部组织结构设置要综合考虑酒店的性质、档次、规模、客源结构和层次、服务模式、建筑设计、内部功能布局等因素。大中型酒店客房部分支机构多，职责分工细，机构规模较大。大型酒店客房部组织结构如图 10－1 所示。

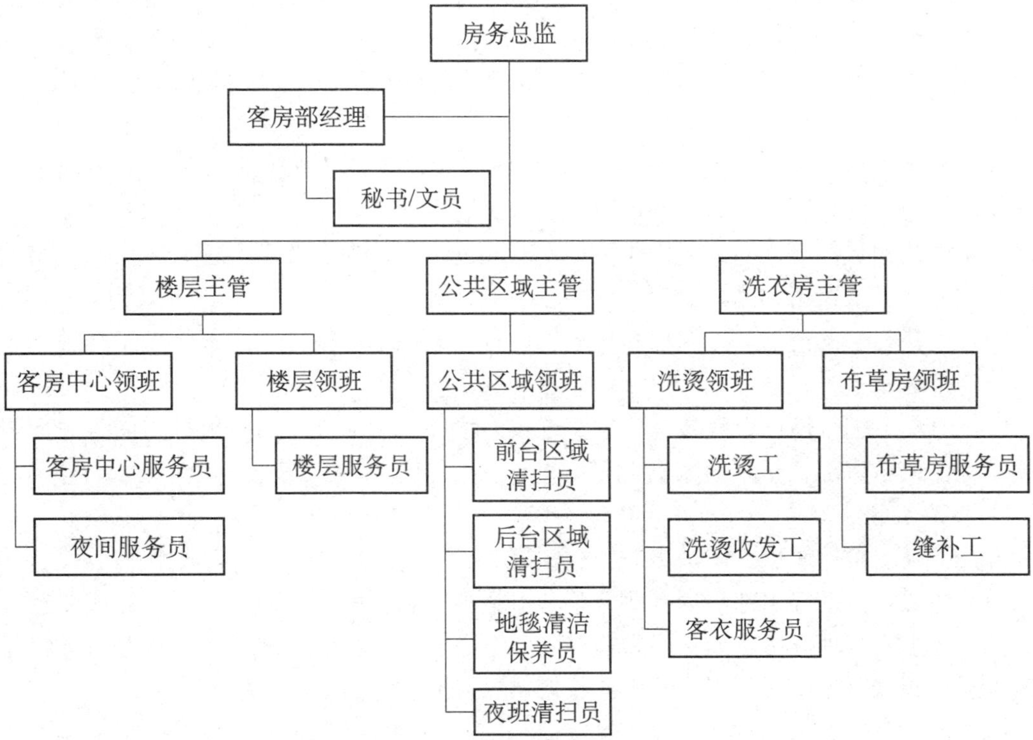

图 10－1　大型酒店客房部组织结构

对于小型酒店，客房部的管理范围较小，其组织结构层次比较少。随着社会化程度的加深，客房部的某些业务，如布草的洗烫、公共区域的外墙清洁等，都由外部的专业公司来承担。

（三）客房部主要岗位的设置及职责

1. 客房部经理

直接下级：客房部各部门主管、领班、部门文员。

职务说明：主持客房部所有工作，对总经理和房务总监负责。该职位需通过有效的计划，执行和监督部门工作，为客人提供优质的服务，为客人和酒店员工提供清洁、怡人的公共区域，以最低的客房支出，赢取最高的客服标准和经济效益。

职责：

（1）参加店级经理会议，主持客房部管理例会和有关员工会议，传达、执行会议决策和上级指令，负责计划、组织客房部工作，检查上级指令的完成情况。

（2）履行业务管理职能，监督客房服务和公共区域卫生清洁以及绿化情况，控制洗衣房的经营管理，监督客衣、棉织品和员工制服的洗涤熨烫服务。

（3）督导、协调客房部运作，为客人提供规范化、程序化、个性化的优质服务。

（4）监督设备检查，改进或增设房间物品，降低部门费用支出，保持酒店客房服务的标准。

（5）制订本部门人员编制、员工培训计划，合理分配、调度人力，检查员工的礼节礼貌、仪表仪容、劳动态度和工作效率，执行有关人事管理权限的规定，参与管理人员工作绩效考核，决策员工调动、奖罚、录免、提级和增薪事宜，发展员工关系，解决人事问题。

（6）检查 VIP 客房，迎送 VIP 客人，探访客人，有技巧地处理投诉，发展同客人的友好关系，与保安部紧密协作，确保客人的人身财产安全。

（7）协调加强部门之间的工作关系，不断改进工作，提高效率，建立客房部完整的工作体系，处理客人遗留物品。

（8）监督客房的清洁、维修保养，核算设备折旧成本，拟订客房部年度工作计划、季度工作安排等。

（9）对员工进行培训、考核、奖惩、选拔、培养，调动员工的积极性，同有关部门沟通协作，保证客房部工作顺利完成。

2. 楼层主管

直接下级：楼层领班、客房服务中心领班。

职务说明：协助客房部经理有效管理和监督楼层和客房服务中心员工，完成总经理下达的指令，主要管理客房下属楼层和客房服务中心业务、行政治安工作及日常事务，保证客房楼层和客房服务中心处于最佳服务状态，保持应有的清洁保养标准。

职责：

（1）接受客房部经理的指挥，主持和督导楼层、客房服务中心领班和服务员的工作。

（2）巡视楼层、客房服务中心各个负责点，抽查客房卫生，查看客房。

（3）协调好两位领班和服务人员的工作，做好排班及每日工作计划，搞好员工内部关系，在客房紧张和住客较多时协同楼层领班查房，在淡季或住客较少时替换领班或服务人员休息。

（4）学会处理突发事件及投诉。

（5）与前厅部、工程部、销售部等有关部门密切合作，随时核查房态，提供准确的客房状况。

（6）参加部门工作例会，主持领班、员工会议，传达、布置会议决议和上级指令，执行并完成部门制定的各项任务和要求。

（7）调度好每天工作事宜，巡视客房部所有区域，监督、指导客房部各项工作质量和服务效果。

（8）监督、指导部门领班工作成效和行为，协助领班工作，参与受理客人投诉，处理部门下属员工违纪问题和一般性问题。

（9）每天检查各部门员工工作情况及工作完成情况，负责各部门员工的培训工作，并协助各部门领班完成各类表格的填写上报，与各部门保持密切联系，保证达到预期的工作目标，必要时参加分部门的实际工作。

（10）每日抽查至少50～80间客房，并参与VIP客房的准备工作，做好每天的检查记录，及时汇报维护保养情况，并随时向客人提供可能的帮助。

3. 公共区域主管

直接下级：公共区域领班、花房领班。

职务说明：全面管理酒店公共区域的整洁工作，保证各营业场所的卫生质量和店外停车场的卫生。

职责：

（1）负责对公共区域清洁卫生的管理工作。

（2）制定并落实公共区域各岗位员工的工作安排、调配、培训、考核工作。

（3）负责公共区域清洁卫生质量、地毯保养、鱼池放养、庭园绿化、花卉布置等工作。

（4）随时检查员工的工作情况，检查清洁用品及器具，并及时进行调整，发现异常情况及时汇报。

（5）安排公共区域大清洁计划，制订培训计划，检查公共区域安全工作。

（6）指导下属工作，评估下属的工作质量。

（7）控制清洁剂、清洁用品的消耗，负责每期盘点工作。

4. 洗衣房主管

直接下级：洗烫领班、布草房领班。

职务说明：日常监督和管理洗衣房的运营情况，包括员工管理和绩效考评、设备维护、库存管理、质量控制等。

职责：

（1）全面负责洗衣房各项管理工作，拟定洗衣房预算方案，确定洗涤工作量、质量标准、收费标准、营业收入、成本费用和利润等经济指标，组织本部门员工为客人及酒店员工提供干湿洗服务和酒店棉织的洗涤。

（2）负责编制洗衣房工作规范和程序，通过监督生产过程和质量检查，提供高效率的干湿洗服务。

（3）经常检查所有设备，确保其正确使用，与工程部密切联系，保证机械设备和洗涤工具保持完好，正常运转。

（4）编制和执行员工排班表，分配工作，制订当年和长远的培训计划，并组织实施，以保证员工服务技能和个人素质的不断提高。

（5）编制洗衣房用品、用料的使用和购置计划，监督用品、用料盘点，控制每月消耗和总生产量的平衡。

（6）负责管理洗衣房及其附属设施的安全、消防、卫生工作，并建立洗衣房工作的档案系统。

5. 基层岗位

常见的客房部基层岗位包括客房服务员、公共区域清扫员、洗烫工、缝补工、客衣收发员等，其岗位职责如表 10－1 所示。

表 10－1　常见的客房部基层岗位职责

岗位名称	岗位职责
客房服务员	服从领班的分配，清扫客房，补充客用品；严格按照消毒程序对客人使用的用具进行消毒；确保房间内各项设施和物品完好无损，如有损坏立即报告；检查房间内迷你吧饮品的消耗情况，准确清点入账并及时补充。如发现客人遗留物，立即报告领班并交给房务中心；客人退房时及时查看房间设备物品是否齐全和有无损坏，如有异常向领班和前台报告；协助洗衣房定期清点布巾，收发、核对客衣；及时核准房态，迅速清理走客房
公共区域清扫员	清洁公共区域地面卫生，清扫并保持地毯、玻璃、墙壁、天花板、花盆、花架、花叶、楼道、烟缸、灯具、指示牌、电源开关、各种扶手、出风口、进风口、换气口、家具及各种装饰物等的清洁；爱护并正确使用清洁工具、设备，节约用水、用品及原料；发现设备损坏、丢失、漏电、漏水等应及时报告；提高警惕，注意防火、防盗、防破坏，发现可疑情况及时报告；坚持交接班制度，清理垃圾，补充清洁剂等物品，清点工具
洗烫工	正确使用机械设备，做好机器设备的日常维护和岗位的清洁卫生，检查电源、水、蒸气、开关及易燃物品的状况，确保机器正常运转，发现问题及时报告；严守工作规范和标准，正确使用各种类型的洗衣设备、熨烫压平机和熨斗，保证洗涤和熨烫质量，提高效率；准确地识别衣料，选择恰当的洗涤方式，掌握标准的熨衣温度和程序；做好工作日记、生产记录，做好洗衣检查工作；工作结束，切断电源，关闭水和蒸气，将洗衣设备和熨烫工具擦洗干净
缝补工	缝补和修改工作服、布巾边缘、窗帘、餐巾等，无缝制工作服时，协助客衣收发员工作
客衣收发员	负责本店客衣、外来客衣的接收、清点、计价、整理、检查、打号、包装、发送；认真履行发放手续，详细核实每份客衣的件数、编号；妥善处理客人的特殊要求和快件服务；准确登记每日各部门更换布草的数量，做好棉织品的清点回收、发放、统计、报损、盘点工作，账物相符；按照安全、卫生标准保管棉织品，负责工作区域内的卫生清洁、安全和消防工作；建立员工制服领发和尺码档案，为新员工配置工服，负责离店员工制服的收回工作，及时提出制服报失和补充

三、认识客房

客房是客人在酒店逗留期间的主要活动场所，这就要求酒店合理地设计客房产品，保障客人及酒店的利益。

（一）客房设计的基本原则

客房是生活的室内环境，综合反映客房室内环境的基本原则就是安全性、健康性和舒适感。

1. 安全性

安全性首先表现在对火灾的预防上。为此，客房设计时应考虑以下防火措施：

（1）设置火灾报警系统。烟感报警系统、温感报警系统与自动喷洒报警系统是当前常用的早期报警系统。其中，烟感报警系统对烟雾反应最为灵敏，温感报警系统的误报率最低，自动喷洒报警系统除报警外还能发挥早期防止火灾蔓延的作用。

（2）减少火荷载。火荷载是指酒店内可燃烧的建筑材料、家具、陈设、布件等的总和。客房设计时应尽量采用难燃或不燃的建筑、装修材料。

除了对火灾的预防以外，酒店客房设计时还应注意保护客人的隐私。客房是客人休息的场所，应保持安静、不受干扰。

2. 健康性

环境直接影响人的健康。噪声公害威胁人的听觉健康；照度不足影响人的视觉健康；生活在全空调环境内，如新风不足、温湿度不当会损害人的身体健康。因此，在客房设计时，必须重视噪声、室内照明和空调设计，控制视觉、听觉和热感觉等环境刺激。

3. 舒适感

客房是客人休息的场所，也是客人在酒店停留时间最长的地方，因此，客房设计一定要使客人方便、有舒适感。

（二）客房的类型

客房一般由卧室与卫生间两大部分组成，是酒店为客人提供短暂住宿及服务的场所。不同类型的客房是根据不同类型客人的需要设计的，客房可以按不同分类方式进行划分。

1. 按房间床具种类设置划分

（1）单人间（Single Room）。

单人间是指配备一张单人床（Single Bed）的单间客房。单人间内有独立的卫生间，酒店常把面积较小或者位置较偏僻的房间作为单人房，而且通常只设置很少量的单人房。

（2）双人间（Double Room）。

拥有独立卫生间，并配备有电视机、衣柜、办公桌、椅子等设备的大床房或双床房都被称为双人间。

1）大床房：房内放有一张双人床，适合夫妇居住，但许多单独居住的客人尤其是商务客人也喜欢大床房的宽敞舒适，许多酒店会增加大床房的房间数量。

2）标准间（Twin Room）：房内放有两张单人床，两张床中间用床头柜隔开，标准间适合同住但需要独立床位的客人，大部分散客、团队和会议客人大多选择此类客房。

（3）三人间（Triple Room）。

三人间是指可以供三位客人同时住宿的房间，房间内放有三张单人床。三人间属于经济型客房，中高档酒店中这类客房数量很少，如果客人需要三人同住一间客房，酒店常采用在标准间加床的方式来满足需要。

2. 按房间等级划分

（1）标准间（Standard Room）：根据标准间装饰、布置的不同特点，又可以分为高级间（Superior Twin）、豪华间（Deluxe Twin）、普通间（Twin Room）等类型。

（2）套房（Suite Room）：套房通常由两间或两间以上的房间组成，按照不同的使用功能及室内装饰、配备用品标准等又可细分为：

1）普通套房（Junior Suite）：这种套房格局比较典型，一间布置成起居室，另一间布置成卧室，配备一张大床。

2）商务套房（Business Suite）：这类客房装饰设计迎合商务客人的特点，配备写字台，室内光线明亮，有的还设置小型谈判间。

3）双层套房（Duplex Suite）：该房间设计布置特点为起居室在下，卧室在上，设有小楼梯相连接，又称"复式客房"。

4）豪华套房（Deluxe Suite）：豪华套房注重客房的装饰艺术、布置氛围、用品配备，功能完善、齐全，呈现豪华气派。通常三个房间以上称为一套，分卧室、客厅、酒吧间等。卧室一般配置大双人床或特大双人床。

5）总统套间（Presidential Suite）：总统套房由多间客房组成，室内设备、用品华丽且名贵。套房内分总统房、夫人房、随从房、警卫室，另外还有客厅、办公室、会议室、娱乐室、书房、健身房、餐厅、厨房等。男女卫生间分用，还有桑拿浴室、按摩浴室等高级设施。整个套房的装饰高雅豪华。

3. 按房间所处位置划分

（1）内景房（Inside Room）：窗口朝向酒店内院环境的客房称为内景房。有些酒店内院环境优美，设计别具特色，这样的内景房也颇受客人欢迎。

（2）外景房（Outside Room）：指窗户朝向公园、湖泊、山景或街道的客房。外景房常带有观景阳台或适宜观景的窗户，让窗外的优美风景或旅游景点成为酒店吸引客人的卖点。常见的外景房有海景房、山景房、街景房等。

（3）角房（Corner Room）：位于楼层走廊尽头或者拐角处的客房。角房由于位置特殊，房间的构造与常规客房不同，会让有些客人觉得难以接受。但如果能够结合房间的结构特点进行设计和装修布置，角房也会给人别具一格的感受，备受部分客人青睐。

（4）连通房（Connecting Room）：相邻的两间客房，内部有连通门连接。平时连通门可以反锁，以保证客房安全，如有需要时，可打开连通门连接两间客房。

（5）相邻房（Adjioning Room）：相邻的两间客房。

4. 特种客房设置

除了这些常见客房类型，酒店还会设置一些特种客房来作为特色来吸引客人，或者为了满足一些有特殊要求的客人。

（1）行政楼层（Executive Floor）。

行政楼层是高星级酒店（通常为四星级以上）为了接待商务客人等高消费客人，向他们提供特殊的优质服务而专门设立的楼层。行政楼层虽然以客房为主，但隶属于前厅部管理。

（2）女士客房。

所谓女士客房，是根据女士的心理和生理、审美观等专门为女士设计的客房。

女士客房的设计会考虑女性客人的偏好，房间布置温馨典雅，以暖色为主色调，会配备贵妃椅、洋娃娃、小饰品、鲜花、水果、护肤品、香水、时尚杂志等特色客用物品。衣橱内配有多种衣架适合挂不同的衣物，卫生间的客用品则讲究品牌与种类，化妆镜的光线设计适合客人化妆。

（3）主题客房。

主题客房是以特定主题为设计核心，同时将服务融入主题设计，将个性化服务替代一般性服务，以营造特殊氛围和体验感为目的的酒店客房。这些主题可以是电影、动漫、音乐、运动、历史文化等方面，客房内部的家具、装饰、设施、娱乐等均会围绕主题进行设计，为顾客提供具有独特魅力的住宿体验。酒店行业的竞争已经从简单的产品竞争、质量竞争、品牌竞争进入文化竞争的阶段。客人的消费需求呈现多样化、个性化、新奇化，商务客人消费水平高，对服务比较挑剔，商务型酒店开发主题客房是获得竞争优势的重要途径之一。

（4）无烟客房/无烟楼层。

无烟客房的门上有禁烟的标志，房间内不提供烟灰缸，不接待吸烟客人入住，有些高星级酒店还专门设有无烟楼层，深受不吸烟客人的欢迎，而且也体现了酒店绿色、环保的理念。

（5）残疾人客房。

残疾人客房充分体现了酒店以人为本、注重人文关怀的经营理念。房间的设计与装饰充分考虑残疾人的生理特征，房间一般都在较低楼层，进出方便，地面无障碍。房间的把手、窥视镜、扶手的位置应方便坐轮椅的客人，房间内还设有与客房中心相连的呼叫按钮等。残疾人士在房间内休息、活动都能方便、舒适、安全。

学习专栏

1. 简述客房部在酒店中的地位及作用。
2. 联系你曾经住过、见过或者听过的酒店客房，试着判断这些客房属于哪种类型。

第二节 客房部业务及工作流程

酒店客房部的主要业务包括客房接待服务与客房资料管理工作。

一、客房接待服务与客房资料管理

（一）客房接待服务管理模式

酒店客房的对客服务模式一般有两种：楼层服务台模式和宾客服务中心模式。

1. *楼层服务台模式*

楼层服务台的主要职能如下：

（1）本楼层客人的服务中心。

安排本楼层的接待服务和清洁工作。楼层服务员要随时满足客人的服务要求，做到“一清二准三及时”，即代客办事收费要清楚；收交洗衣的房号和件数要准确，叫醒服务的房号和时间要准确；代办事项要及时，送传真、信件要及时，有问题反映汇报要及时。若遇本楼层无法解决的服务项目，可报告主管联系解决，不得擅自离开楼层。

（2）客房部与酒店其他部门的联络中心。

楼层服务台必须与总服务台、工程维修部、洗衣房、餐饮部及保安部等部门保持联系，保证信息畅通，满足客人住店期间的各种需求。

（3）本楼层的安全中心。

随时掌握客人的动态，密切关注楼层动静，做好来访客人的接待和登记工作，及时发现、汇报和处理楼层的各种不安全因素。

在酒店客房每个楼层设立服务台是传统接待型酒店的产物。楼层24小时设专职服务人员值台，同时与总台保持密切的联系。该模式给客人以亲切感，对楼层中的不安全因素能及时发现、汇报和处理，有利于客房销售。对于客人入住、退房等情况，楼层服务员能及时、准确地加以掌握，有利于客房销售，但劳动成本较高。

2. *宾客服务中心模式*

该模式不在楼层设立服务台，客人住宿期间的服务要求由宾客服务中心统一协调。宾客服务中心实行24小时值班制，值班人员接到客人要求需要提供帮助的电话后，通过酒店内部的呼叫系统，通知服务员上门服务。宾客服务中心模式是目前酒店主流的服务模式。该模式减少对客干扰，给客人营造一个宽松、自由的入住环境，同时降低劳动成本，提高劳动效率，但对楼层上的一些不安全因素难以及时发现、处理。

宾客服务中心的主要职能如下：

（1）信息处理。

凡与客房部工作有关的信息都要经过宾客服务中心的初步处理，以保证有关问题能及时得以解决、分拣和传递。

（2）对客服务。

宾客服务中心统一接收服务信息，通过电话总机、对讲系统、微信群等方式，向客房服务人员发出工作指令。即使宾客服务中心不能直接为客人提供有关服务，也可以协调酒店其他部门共同完成。

（3）出勤控制。

客房部员工上下班都必须到宾客服务中心签到或打卡，从而保证酒店对员工的考核和工作安排。

（4）房卡保管。

客房部所使用的工作房卡都统一归宾客服务中心管理，包括各班次的房卡发放、收回、登记、丢失、检查等工作。

（5）失物处理。

整个酒店捡拾物品的登记造册、储存保管、招领送还等工作都由宾客服务中心负责。如果超过规定时间无人认领，则按酒店规定处理。

（6）档案管理。

有关客房部所有的档案资料都由宾客服务中心分类保管，并对其及时补充、更新和整理。

设立宾客服务中心需要客房楼层有很好的安全保障，一方面客房楼层需与其他区域分开；另一方面，楼层出入口等关键部位应有安全监控设备。客房内的设备要方便客人进行自我服务，一般问题客人可以自行解决。服务指南上要详细说明各种服务设施和服务项目，以便客人联系和安排。客房中心要有先进的通信联络设备，一般至少有接听两个以上电话的能力，最好具有小型交换机的功能，以保证通信畅通。

（二）客房接待服务业务管理

客房部管理人员在开展接待服务的业务管理工作时，应从以下几个方面入手：

1. 客房接待服务流程设计

客房接待流程设计是开展服务活动的前提，包括：（1）客房设施设计。比如，客房的布置和装饰，客房内各种设备和用具的配备与安放，客房内供客人使用的物品与摆放位置等。（2）客房服务活动设计。包括员工的仪表仪容、礼节礼貌，服务员迎送客人的服务方式，服务员整理客房的操作程序，客房服务项目的确立，客房服务的检查标准等。

2. 客房服务人员的配备

客房部的人员配备不仅关系到日常工作能否顺利进行，而且其配备人数的多少及能否有效的使用还直接影响整个酒店的劳动力成本，关系到整个酒店的经济效益，客房部人员的配备要根据客房服务模式（宾客服务中心制和楼层服务班组制）、客房工作预测数量和酒店确定的员工劳动定额等具体情况来科学确定，进行有效控制才能实现经营管理目标。客房服务人员的配备按以下步骤进行：

（1）确立客房服务模式。

客房服务模式有宾客服务中心制和楼层服务班组制，二者在人员配备数量上有较大差别。所以，要先确定部门管辖区域内所有的岗位或工种设置，如客房清洁员、值台班组服务员等。

(2) 预测客房服务工作量。

为了便于分析，一般把客房服务的工作量分为固定工作量和变动工作量两部分。固定工作量指酒店经营必须完成的日常例行事务，目的主要是维护酒店既定规格水准，如所有公共区域的日常清洁整理、计划卫生和定期客房保养工作。变动工作量则随着酒店业务量等因素的变化而变化，如走客房的数量、贵宾服务、特殊情况的处理。虽然住客率、客人类别、季节的更替都可能对工作量产生影响，但一般以平均开房率为轴心预测工作量。例如，某酒店开房率最低为 40%，最高为 100%，全年平均开房率为 70%，则以 70%作为计算工作量的基础。

(3) 确定员工劳动定额。

确定员工劳动定额时，必须考虑：1) 人员因素。员工的年龄、性别、性格、文化程度、专业水平都将影响劳动定额的确定。2) 工作环境。鉴于酒店建筑与装潢风格不同、客房类型不同和客人生活习惯、员工的工作环境千差万别，定额的确定应具体情况具体分析。3) 规格要求。要根据酒店档次合理制定客房布置规格，然后使定额的确定符合布置规格的要求。通常情况下，规模大、档次高的酒店，客房业务分工更细，服务项目更多，服务标准更高，劳动定额就与小型酒店或低档酒店不同。4) 劳动工具配备。客房部应根据工作内容及操作程序的要求，配备合适的劳动工具，并测算在一定工具配备条件下，将各项操作工作的时间标准作为确定员工劳动定额的依据。

(4) 确定人员配备数量。

客房部人员配备通常以岗位设置和班次划分作为测试依据。

在具体的应用中，可依据工种及岗位性质，分别采用效率定员、比例定员、岗位定员、设备定员等不同的定员方法确定员工及管理人员的配备数量。

(5) 妥善安排劳动力。

酒店应根据劳动力市场的情况决定用工的性质和比例。如果劳动力充足，制定编制时偏紧，以免开房率较低时造成员工无事可做；旺季开房率较高时，可聘用临时工缓解矛盾。为了减少工作和福利开支，许多酒店大量使用临时工，但为了保证酒店的服务质量，应加强临时工的培训和管理。

3. 客房清洁卫生质量控制

(1) 教育员工树立质量意识和卫生意识。

清扫客房是一项乏味的工作，周而复始，要想让员工做到尽职尽责，就应让其树立正确的服务意识，从内心深处愿意为客人服务，真正为客人的方便舒适着想，热爱服务工作。客房清洁的主要任务就是卫生，在树立服务意识的基础上，搞好卫生管理工作显得尤为重要。这要求服务人员以及管理人员要有卫生意识，对于卫生工作的重要性要有足够的认识，因此必须经常强调、严格考核。此外，还要求客房员工要对星级酒店的卫生标准有足够的认识，不能以自己日常的卫生标准作为酒店的卫生标准。

(2) 严格执行客房清洁卫生程序。

客房清洁是客房部最重要的工作，为了保持客房整洁，客房管理部门制定了二进房的操作程序，即白天的客房大清扫和晚间的客房夜床服务。客房服务人员不仅要按照操作规程定时进房整理房间，而且还要根据客人的要求，随时进房提供客房整理服务，做到定时与随机相结合。特别是客人在房内会客或用餐结束，更需要及时提供房间整理服务。

一般来说，客房清洁卫生程序如图10－2所示。

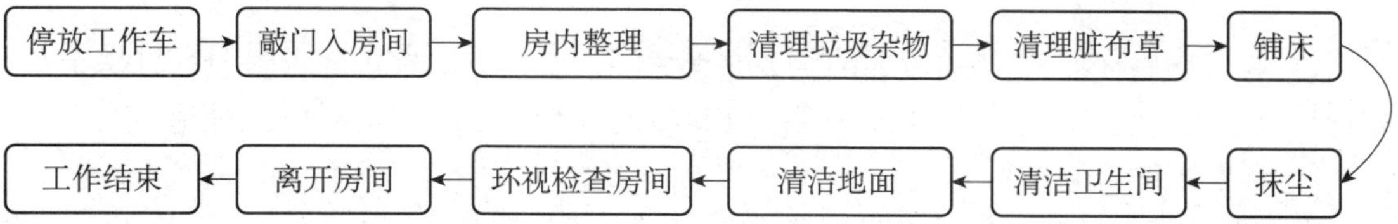

图10－2　客房清洁卫生程序

而淡、旺季的客房清扫顺序不同。

淡季的客房清扫顺序如图10－3所示。

图10－3　淡季的客房清扫顺序

旺季的客房清扫顺序如图10－4所示。

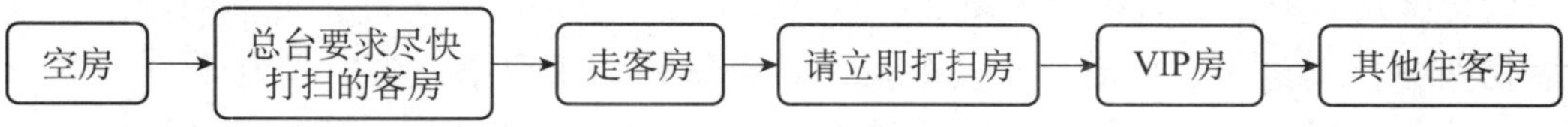

图10－4　旺季的客房清扫顺序

(3) 切实做好客房计划卫生。

客房计划卫生是指在做好客房日常清洁工作的基础上，拟定一个周期性清洁计划，采取定期循环的方式，对清洁卫生的死角、容易忽视的部位及家具设备进行彻底的清扫和维护保养，以进一步保证客房的清洁保养质量，维持客房设施、设备的良好状态。

客房服务人员每天清洁整理的工作量一般都较大。一个客房服务人员平均每天的工作量是12～14间，旺季会更多，所以对客房的某些部位，如通风口、天花板、门窗玻璃、窗帘等不可能每天清洁（有些项目也没有必要每天清洁，如地毯）。为了保证清洁卫生的质量标准，使客人不仅对客房容易接触部位的卫生感到满意，而且对其他每处卫生都能放心，同时又不致酒店人力资源的浪费和紧张，客房部应有计划地对一些特殊项目进行周期性清洁保养。

(4) 客房服务工作协调。

客房服务工作协调分为内部协调和外部协调。内部协调是指协调客房部内部岗位、各环节之间的关系，在完成客房接待任务的目标下，分清轻重缓急，协调一致，配合默契。外部协调是指协调与酒店其他部门之间的关系，保证物资供应、设备保障、工具修理等环节畅通，为优质服务创造必要条件。

（三）客房资料管理

客房部的原始记录和各种报表是客房部掌握整体运行情况、发现问题、考核员工的主要依据。客房资料的收集处理是客房管理的基础工作，必须予以重视，客房资料的内容一般包括以下四个方面：

1. 客房产品销售记录

客房产品销售收入是酒店收入的主要来源之一，客房产品销售的资料包括订房记录、接待记录和销售统计记录等，必须按要求分类整理，为酒店的营销活动提供依据。

2. 客房服务工作记录

客房服务水平是酒店服务水平的重要标志，有关客房服务工作记录一定要详细又清晰，具体内容包括服务质量、安全卫生、设备使用、宾客意见等，翔实的客房服务工作记录有助于提高酒店整体的服务水平。

3. 客房物品消耗记录

客房部每天都要记录进货和各楼层领用消耗物品的名称、数量、规格、价格，定期进行汇总整理，做好统计分析，以利于发现问题及时纠正。

4. 客房设备维修记录

客房设备维修记录的工作主要由工程部负责，但是客房部的各类报单、维修记录也应妥善收存，以备日后查用。

收集客房资料是提高客房管理水平的一个手段，也是对员工进行考核的依据，更是对客房业务活动经常、广泛、真实的反映，是管理的重要信息源，具有十分重要的价值。在日常管理中要抓好资料的记录整理、内容检查、分析研究，建立健全原始记录管理制度。原始记录管理制度要求责任明确，记录、复核、保管、整理都应有专人负责，限时完成。

二、客房接待服务的工作内容及流程

客房接待服务的基本工作流程包括客人抵店前的准备工作和抵店时的迎接工作、客人住店期间的服务、客人离店时的送别和离店后的善后工作三个阶段。

（一）迎客准备和迎接服务

为了让客人一进入酒店客房就有回家的感受，客房部会在客人抵店前做好迎客准备。

1. 客人抵店前的准备工作

（1）了解客情。

在客人抵店前，根据预订部提供的接待通知单详细了解本楼层客人的情况，知道客人的入住时间、入住天数和离店时间、人数、国籍、身份、接待单位、支付方法；了解客人的宗教信仰和民族风俗习惯、客人的生活特点、活动日程和特殊要求。

（2）布置整理房间。

根据客情，按接待规格和标准有针对性地布置和整理客房。布置房间时要尊重客人的宗教信仰和民族风俗习惯；仔细检查客房的设施设备和清洁卫生状况，并在客人抵达之前，调节好房间的温度。如果客人在夜间到达，须提前做好夜床服务。

（3）准备迎接客人。

根据客人的类别和酒店的服务标准与规范，确定并实施迎接方式。比如，整理仪容仪表，准备好托盘、茶水、香巾，在客人入住的房间内放置总经理签名的欢迎信及欢迎水果。

2. 客人抵店时的迎接工作

客人抵店以后，客房部员工要对客人热情迎接，并做好引导和介绍工作，随时准备为客人提供客房服务。

（1）电梯迎宾。

当客人步出电梯时，服务员应微笑问候。无行李员引导时，服务员应询问房号，请客人出示房卡，视需要帮助客人提拿行李并引导入房。

（2）引导入房。

服务员走在客人的侧前方、距离客人二至三步引导前行。转弯或上下楼梯时要侧转身体，面向客人，并伸手示意行进方向。严格按照进房程序，到达房间门口应打开房门，礼让客人先进房。如果客人夜间到达，应先进房打开廊灯后，再请客人进房。

（3）介绍说明。

进房后应征询客人意见摆放行李，简明扼要地介绍客房设施、设备的使用方法及酒店特殊的服务项目，礼貌询问客人是否需要其他服务。介绍时注意避免过多地打扰客人或使客人误会。向客人道别后，应面向客人后退三步再转身走出房间，面朝房内将门轻轻关上。

（4）值班记录。

服务人员回到服务台或工作间后，要填好值班日志。

迎客准备和迎接服务基本流程如图 10－5 所示。

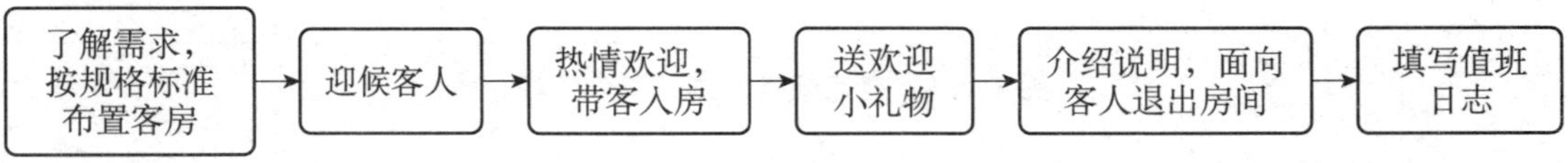

图 10－5　迎客准备和迎接服务基本流程

（二）客人住店期间的客房服务

为了使客人感受到“宾至如归”的感觉，客房服务应做到热情、周到、主动、细致。客房部在客人住店期间提供的主要服务项目的内容和流程如下：

1. 整理和清洁房间

整理和清洁房间是酒店向客人提供的一项常规服务，客房部服务员按照整理房间的规格要求，每天进行房间清洁和晚间整理，在客人午休或接待访客后，也要进行简单整理。客房服务员在清洁房间时，也需顺便检查家具和电器设备是否能够正常工作，并应根据客房用品的使用情况进行补充，包括卫生间内的牙膏、洗手液、洗发液、沐浴液、毛巾、浴巾及房间内的纸、笔等，并将物品整齐摆放在规定的位置。

2. 夜床服务

夜床服务是客房服务员在晚间为住客房提供的寝前整理服务，服务内容主要包括开夜床、房间整理和卫生间整理三部分。夜床服务是一种高雅而亲切的对客服务，其主要意义有以下三点：方便客人就寝；让客人感到舒适、温馨；表示对客人的欢迎和礼遇规格。

夜床服务通常从18:00开始，或者在客人外用晚餐时进行，还可在客人要求的时间进行。夜床服务的具体工作流程见图10-6。

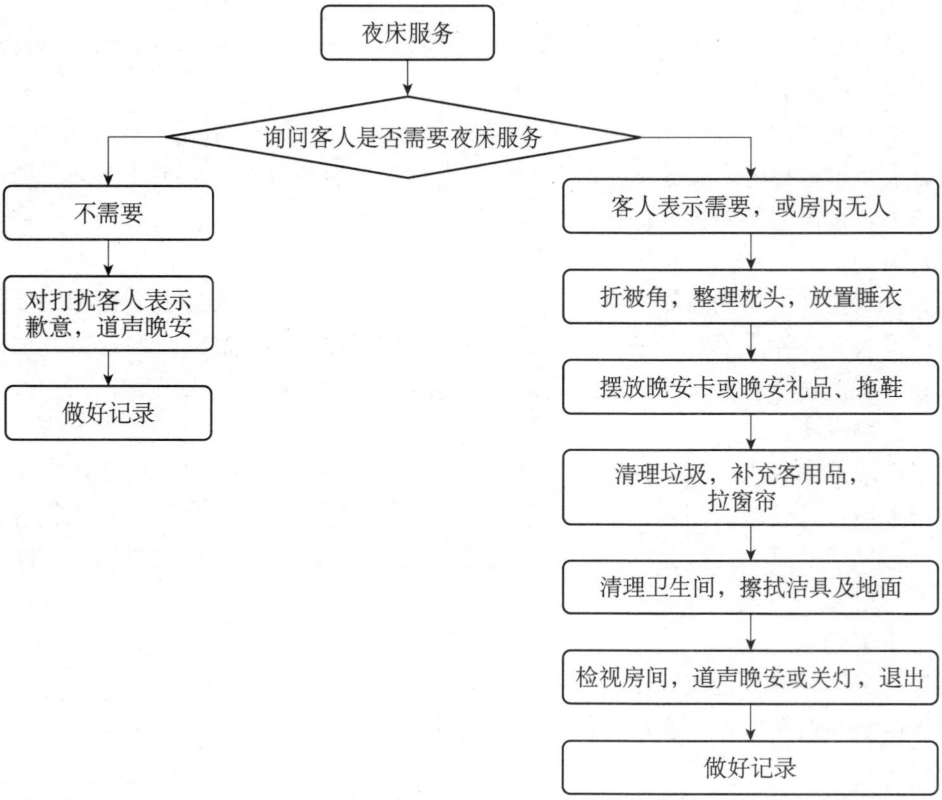

图10-6　夜床服务的具体工作流程

3. 物品租借服务

客房内提供的物品只能满足客人的基本需要，为满足客人的特殊要求，客房部还应备有熨斗、熨衣架、婴儿床等物品以供客人租借，并在《服务指南》中明示。

租借物品应请客人在“租借物品登记表”上签名，登记表上要注明有关租借物品的注意事项。客房服务员在交接班时，租借物品服务情况也是交接班的内容。注意及时收回租借物品，对于过了租借时间仍未归还的物品，服务员要主动询问，但要注意表达方式。若客人因使用不当而造成损坏，应根据物品的损坏程度进行赔偿。

4. 洗衣服务

洗衣服务（Laundry Service）分干洗（Dry-Clean）、湿洗、熨烫（Iron）三种。时间上分为普洗（Regular Service）和快洗（Express Service）。普通洗衣服务一般为上午交洗，晚上送回；下午交洗，次日送回。

酒店提供的洗衣服务流程主要包括收取客衣、检查客衣、送洗客衣和送还客衣。

收取客衣一般有客人主动联系客房部要求收取衣物和客房服务人员上门收取两种。如果是客人主动联系，则需要提醒客人填写洗衣单，将所需清洗的衣物放入洗衣袋，同时了解客人是否有特殊要求。

客人也可以不联系客房部，自行将待洗衣物放入洗衣袋，并填写好洗衣单。客房服务人员在每日打扫客房时，检查客人是否有洗衣需求。若客人有待洗衣物，服务人员则将衣物和洗衣单收走，将衣物送洗。

服务人员收取客人衣物时要检查洗衣单填写内容是否与待洗衣物的件数、种类一致；同时逐一检查衣物是否有损坏，是否有无法清除的污渍，布料是否褪色或不易清洗等问题；检查衣物内是否有钱物，如有，需将没有清空的物品及时返还给客人。

服务人员将检查过的衣物送洗时需将客人的房号、件数、要求等准确填写工单，与洗衣房服务人员当面清点，做好交接。若酒店没有洗衣房，服务人员则需按照酒店规定，将客衣交由第三方洗衣专业公司清洗。

衣物洗好后，洗衣房员工应在规定时间内将衣物交给客房服务人员，客房服务人员应当面核对清单，并检查衣物的洗涤质量。确认无误后，客房服务人员应尽快将衣物送还给客人，并请客人检查验收。最后，在客衣送衣记录中做好记录。

5. 迷你吧服务

客房迷你吧（Mini-Bar）不仅为客人提供方便，也能为酒店增加一定的收入。柜面上按规定的品种和数量配备硬酒、软饮料和果仁、巧克力等送酒食品，以及配套的酒杯、调酒棒、开瓶器等用品。通常硬酒摆放于迷你吧柜内，软饮料放置于冰箱内。柜面上放有酒单，列出了各项酒水食品储存品种、数量、单价及迷你吧的管理说明，请客人食用后如实填写并签名。

客人办理退房手续时，客房服务人员应立即进房检查迷你吧，将客人取用的酒水和食品的种类和数量及时通知收银处。另外，每天上午打扫房间和晚间做夜床服务时，服务人员需清点迷你吧内酒水食品的消耗量，并与客人填写的酒单认真核对。如果客人未填写，则由清点的服务人员依消费内容为客人登记入账。每周日，由领班对楼层饮料柜进行盘点，填写一周饮料消耗表，交由楼层主管核对。每月月底由服务人员对房内迷你吧、领班对楼层饮料柜内的饮料和食品进行检查，如有接近保质期限的、涨袋或漏气的，立即与仓库调换。

客房服务人员需要根据每天收集的迷你吧账单上的信息，每日领取所需补充的物品，并在清扫房间时将新的酒水和食品补充进各个客房的迷你吧，并更换新的迷你吧账单。

6. 送餐服务

送餐服务（Room Service）主要由酒店餐饮部设立的客房餐饮服务部负责提供，客房服务只是做一些辅助性的工作。例如，在客房里准备点菜单。

7. 擦鞋服务

有的酒店为客人提供免费人工擦鞋服务。客房内均配有鞋篮，客人可将要擦的鞋放进鞋篮，用电话通知或晚间放在客房门口，由服务人员取回工作间擦拭。

服务人员在擦拭鞋之前，应用字条写好房号放入鞋内。在地上铺上废报纸，备好鞋油及擦鞋工具，分辨鞋的颜色并规范擦鞋。尽量在客人回来之前把鞋放于房间适当的位置。对于打电话要求擦鞋的客人，要及时提供服务，切忌在服务台附近帮客人擦鞋。

8. 遗失物品保管服务

客人在酒店居住期间或离店时，难免会丢失或遗忘一些物品。服务人员若在走客房发现客人的失物或遗留物品，应立即打电话通知客房服务中心或前台，请其设法找到客人，并按客人意愿归还其失物。若无法找到失主，服务人员应将失物交到客房服务中心登记保存。

服务人员若在走廊或其他地方发现客人的失物，在无法确认失主的情况下，应立即将失物交至客房服务中心，并进行登记。所有需要由酒店保存的失物及遗留物品，其处理及转移情况均需要登记在遗失物品登记表（见表 10－2）中。

表 10－2　遗失物品登记表

遗失物品	遗失地点	发现时间	拾交人	保管人	领取人证件号	领取人签名	领取时间	备注

有人前来认领失物时，服务人员需要验明其证件并请其描述失物特征，确认无误后请领取人在遗失物品登记表上写明领取人信息。若失物为贵重物品，服务人员需要留下领取人的身份证复印件以备核查。

按照惯例，客人遗失物品在酒店的保存期为一年，特别贵重的物品可延长半年。若客人的遗失物品超过保存期限仍无人认领，酒店就可按规定自行处理。

9. 托婴服务

为了方便带婴幼儿住店的客人，有些酒店的客房部还会为客人提供婴幼儿托管服务（托婴服务），服务完成后再根据时间长短收取相应的服务费。托婴服务责任重大，因此工作人员绝不可以掉以轻心。

酒店可向社会服务机构代雇可靠并富有经验的保育员，也可让有空余时间的客房服务人员担此工作。负责此项工作的服务人员必须接受过照料婴幼儿的专业培训，懂得照看孩子的专业知识和技能，有照看婴幼儿的经验。

客人提出托婴服务的要求后，服务人员应问清客人姓名、房号、孩子年龄、所需照顾的日期和时间。托婴服务一般以 3 小时为收费起点，超过 3 小时的，按小时增收费用。提供托婴服务要告知客人酒店有关收费标准及注意事项。

10. 私人管家服务

私人管家服务也叫贴身管家，是一种贴身的、一对一式的高度定制化服务。客人若选择了私人管家服务，入住酒店后无须再找其他服务人员就可以享受各种服务。私人管家要负责帮助客人协调和解决从入住到离店的几乎所有问题。

私人管家服务是体现酒店高档次、高品位、个性化、私人化服务的标志。私人管家既是服务人员，又是秘书，除了负责客人日常的饮食起居，还要负责为客人排忧解难，因此私人管家需要具备极高的个人素质，拥有丰富的服务经验和处理各种事务的专业素养。

(三)送客服务

客房服务人员应尽量掌握客人离店的准确时间，检查客人洗烫的衣物是否已经送回，交办的事情是否已经完成。在客人离开时，要提醒客人不要将行李物品遗忘在房间，并将客人送到电梯口，向客人热情道别。对于老人、残疾人等行动不便的客人，服务人员应护送其下楼。

客人离房后，客房服务人员应迅速进房检查，主要查看房内是否有客人遗留的物品。若发现有遗留物品，服务人员应及时通知前台转告客人。若发现客房内食品饮料有消耗、设备有损坏、物品有丢失等情况，服务人员也要及时通知前台收银处，请客人付账或赔偿。客人离房后服务人员要做好离房记录，并更新房态。

若有客人因急事提前退房，并委托服务人员代为处理未尽事宜，服务人员应做好记录并履行承诺。

(四)客房部VIP客人接待标准流程

客房部在接待VIP客人时，从客房布置、礼品准备，到客房服务的规格和内容都要高于普通客人，让他们感受到酒店对自己的特别关照。

1. 准备房间

客房部在接到VIP客人接待通知单后，要选派经验丰富的客房服务人员彻底清扫客房，并按接待通知单中的规格要求准备好各种物品，布置在客房内；同时还要为客人准备好合乎规格的礼品以及总经理签名的欢迎信和名片。客房部还可以根据客人的习惯和爱好为客人准备一些小惊喜。房间整理布置好之后，要由客房部主管或经理严格检查，最后由大堂副理或总经理检查认可。

2. 迎接VIP客人

VIP客人在酒店相关人员的陪同下抵达楼层时，客房部主管或经理以及客房服务人员要在电梯口迎接并问候客人。对于特别重要的VIP客人，客房部还应提供专人服务，随叫随到。

学习专栏

1. 客房接待服务管理模式有哪几种？各自的优缺点有哪些？
2. 做好客房服务人员的配备工作，需要考虑哪些方面的因素？
3. 请为客房部接待VIP客人设计完整的接待服务流程。

第三节 客房部的日常管理

客房设备和用品是酒店提供客房服务的物质基础，对这些设备和用品进行科学管理是客房部管理水平的体现，也是对客人提供优质客房服务的保障，还是酒店控制经营成本、减少损耗的重要途径。

一、酒店客房部日常管理

客房卫生清洁是客房部最重要的工作，为客人营造干净卫生、舒适安全的居住环境就必须对客房清洁卫生工作高度重视。

（一）客房卫生质量控制

客房卫生工作具有高质量、高标准、高效率的要求。为了达到这些要求，客房部必须采取有效的管理制度，深入现场，加强督导检查，严格控制客房的卫生质量。

1. 强化员工的卫生质量意识

要提高客房的清洁卫生质量，首先要提高工作人员的卫生质量意识，让员工树立起卫生第一、规范操作、自检自查的岗位责任感。客房部员工要将客房的卫生质量标准与日常的卫生标准区别开，更不能将一些客人的正常卫生要求视作“洁癖”，要努力不断提高自己的卫生工作质量。

2. 明确清洁卫生工作的程序和标准

清洁卫生工作的程序和标准是确保客房卫生质量的基础，也是管理人员对客房服务人员的清洁工作进行考核、监督的依据。因此客房部应根据酒店的实际情况制定适合自身的操作程序和标准，客房部工作人员也应熟悉这些程序和标准，并在工作过程中不断对其做出改进，以提高卫生服务质量和管理水平。

3. 客房逐级检查制度

客房逐级检查制度主要是指客房部各级工作人员分别对客房的清洁卫生质量进行检查的制度，主要包括客房服务人员自查、领班全面检查、管理人员抽查。

（1）客房服务人员自查。

客房服务人员每清扫完一间客房，都应对客房的清洁卫生状况、物品的摆放、设备是否完好等情况进行检查，这在客房清扫规章中通常会予以规定。自查既能够提升客房服务人员的责任心和卫生质量意识，也能提升客房卫生工作的合格率。

（2）领班全面检查。

客房服务人员打扫并自查过的客房，特别是走客房，还要由该客房的负责领班进行全面检查，以保证清洁质量合格。领班检查是客房经服务人员自查后要过的第一关，往往也是最后一关，因此领班的全面检查是控制客房卫生质量的关键。若客房是走客房，必须由领班检查合格后，才可成为待出租房。因此领班的责任重大，必须做到业务熟练、责任心强。

领班检查时若发现问题，应及时记录并加以解决。对于质量不合格的客房，领班应要求客房服务人员返工，直至客房达到质量标准。

（3）管理人员抽查。

管理人员抽查主要包括客房部主管抽查和经理抽查。客房部主管是客房清洁卫生工作的主要指挥者，因此加强服务现场的督导和检查是其主要职责之一。客房部主管抽查的客房数一般为领班查房数的20％～25％，重点抽查的项目是VIP客房以及重要客人将要或已经入住的客房。客房部经理每天也需要抽出一定的时间到各楼层抽查客房，特别是VIP

客房的清洁和准备情况。

4. 客人监督

客房卫生质量最后还是要取决于客人的评价，因此酒店通过了解客人对客房卫生工作的满意程度以及意见，发挥客人的监督作用，能够了解卫生工作中的不足之处，以便有针对性地做出改进。

酒店可通过拜访客人、请客人填写意见表、邀请第三方体验检查等方法，找到一些客房清洁卫生工作中不易察觉的问题，从而进一步制定或修改客房清洁卫生工作的标准和计划，不断提高服务水平。

5. 明确客房质量检查的内容和标准

客房质量检查的内容一般包括四个方面：清洁卫生质量、物品摆放、设备状况、整体效果。具体的检查项目还要视酒店客房的实际情况而定。客房质量标准包含两个方面：感官标准和生化标准。感官标准指的是凭嗅觉和视觉等感觉器官能直观感受到的标准，也是客房管理人员进行客房质量检查时必须把握的标准，如客房是否一尘不染、窗明几净，房内气味是否宜人等。生化标准指的是由专业卫生防疫人员通过专业仪器采样与检测后得到的标准，如杯具的消毒标准、房间的空气质量标准等。

（二）公共区域清洁管理

公共区域是酒店的“名片”，这类区域客流量大，其卫生状况会给客人留下深刻的第一印象，从而影响他们的选择。再加上公共区域范围大、场所多，清洁环境不易保持，公共区域的清洁项目也繁多，对清洁工具和设备的使用需要清洁员具备一定的专业性。

1. 公共区域的分类

酒店公共区域指的是公众共有的活动区域和场所。酒店公共区域按照位置分类，可分为外部公共区域和内部公共区域。外部公共区域包括门庭、广场、停车场、花园等，内部公共区域按照使用者类别划分，又可分为客用区域和员工区域。客用区域是客人活动的场所，包括大厅、餐厅、酒吧、公共卫生间、客用电梯等。员工区域是酒店员工工作和生活的地方，包括员工餐厅、更衣室、活动室、宿舍等。

2. 公共区域清洁保养工作内容

酒店公共区域的清洁保养工作内容需要根据酒店的规模、档次等实际情况而定。客房部通常会设专门的公共区域服务组负责公共区域（主要是客用区域）的清洁保养，其工作内容主要包括以下几个方面：

（1）负责大堂、过道、客用电梯、公共卫生间、花园等处的清洁卫生。

（2）负责公共区域的地毯、吊灯、窗户、墙体、玻璃幕墙等的清洁保养工作。

（3）负责公共区域的绿化布置工作。

（4）负责酒店所有下水道、排水排污等管道系统和垃圾房的清洁整理工作。

（5）负责酒店的卫生防疫工作，定期喷洒药物，防治虫害。

3. 公共区域清洁保养管理

酒店公共区域清洁保养的管理工作要从以下六个方面来进行：

（1）制订工作计划，列出工作内容。

（2）明确岗位、班次工作内容。

（3）合理配置人力、设备资源。

（4）制定质量标准，规定工作流程。

（5）制定操作规范。

（6）加强检查督导。

（三）客房设备管理

客房设备管理是全过程的管理，通常包括客房设备的选择与采购、使用与保养等。客房设备管理是为了降低成本，维持设备、设施的良好使用状态，对酒店的经营管理具有重要意义。

1. 建立客房设备档案

客房设备一经划归客房部管理和使用，客房部就应将其类型、规格、品牌等信息登记在册，建立档案，并清晰地记录下客房设备的使用、保养、维修和更新改造等情况，这些一目了然的信息能够为设备的管理工作创造更方便的条件。

2. 制定客房设备的保养制度

除了日常的清洁保养工作，客房部还应为这些设备制定专业的维护和保养制度，如每半年进行一次常规检修、定期进行墙面清洗和粉饰等。另外在客房投入使用 5 年左右可对部分设备进行更新，如更换地毯、墙纸、沙发套、窗帘等；在客房使用 10 年左右可对客房设备进行全面更新，包括家具、卫生间设备等。

3. 加强员工培训

客房部要加强员工的技术培训，使员工掌握客房各类设备的用途、性能及保养方法，同时还要培养员工爱护设备的自觉性和责任心。在日常工作中，服务人员也要及时、准确地向客人说明客房设备的使用方法，以免因客人操作不当造成设备损坏。

（四）客房日常用品管理

酒店准备客房日常用品是为了方便客人使用。酒店既要保证客人的正常需求，也要尽量降低成本，对客房日常用品进行有效的管理和控制。

1. 客房客用物品的分类

客房客用物品（Guestroom Supplies Amenities）一般包括低值易耗品和客用固定物品。

低值易耗品主要是指供客人在住店期间使用消耗，也可在离店时带走的物品。例如，茶叶、牙膏、肥皂、梳子、洗发水等。这类物品价格相对较低、易消耗。客用固定物品指的是客房内配置的可连续供客人使用、正常情况下短期内不会损坏或消耗的物品，如衣架、文具类、杯具类、布草类等。这类物品仅供客人在住期间使用，不可消耗，也不能在离店时带走。

2. 客用物品的配置

根据不同等级的酒店和不同档次的客房对客用物品的不同要求，以及有关部门行业标准，合理配置客房客用物品。在选择客房日用品时需遵循以下原则：

（1）实用美观。客房日常用品是为了满足客人日常起居生活的需要而提供的，所以首先需具备实用性。同时，客用物品还需具备一定的观赏性，方便使用的同时能体现酒店的特色，与客房的设计风格保持一致，让客人觉得赏心悦目。

（2）符合酒店档次。不同的酒店在选择客房日用品时要考虑自身的定位。例如，一些经济型的快捷酒店可以选择物美价廉、清新简单的客房日用品。而一些档次较高的酒店就会选择与其档次相匹配的客房日用品，高星级酒店还会选择一些较为奢侈的品牌，体现出酒店的高端。

（3）环保节约。由于客房日用品多为一次性用品，用小包装保存的居多，大量的一次性日用品消耗必然会产生大量难以降解的垃圾，因此酒店在选用客房日用品时必须考虑到环境保护这一重要因素。酒店应尽量选择对环境污染小的包装材料，还可以在浴室内安装容量大、可长期使用的容器盛装沐浴液、洗发液等物品，待快要用完时补充即可。

（五）布草用品管理

所谓布草是指客房的毛毯、床罩、床单和毛巾等。通常，客房部会根据布草的颜色、种类分别收发布草。收发布草时应清点数量，检查布草内是否有杂物，做好记录。同时，应按照部门的使用情况发放，管理人员应把好质量关，不发放破损与不整齐的布草。

二、客房安全管理

对客人来说，酒店能提供舒适的客房、优质的服务固然重要，但更重要的是要能保障自己在住店期间的人身财产安全，因为安全是享受一切服务的基础。酒店在运行管理、服务提供过程中需要通过一系列制度与措施，对服务对象（客人）、服务主体（酒店与员工）以及服务的环境、场所进行保护与防范，尽量避免发生危险与事故。如果无法避免，也要在事故发生时能积极有效地解决。客房作为客人活动的主要区域，住店期间停留时间最长的地方，其安全工作不容忽视。

（一）火灾的常见原因和预防

由国内外酒店发生火灾的统计数据可知，发生在客房内的火灾占酒店发生火灾的比例最高。客房是相对封闭的空间，火情发生时往往不易被发现。当火情发展到火灾的程度时，再进行扑救以及疏散人群就相当困难了。因此客房部必须做好日常防火工作。

1. 造成酒店火灾的常见原因

了解火灾发生的原因，有助于采取相应的措施防患于未然。造成酒店火灾的常见原因有以下几点：

（1）由吸烟不慎导致的火灾在酒店火灾中居于首位，且起火地点多位于客房。

（2）由电器引起的火灾事故数量在酒店火灾中仅次于吸烟。由于电器线路超载运行、短路、老化或使用不当等，会引发电线和附近可燃物起火；或者因为用电设备的使用不当、故障及质量问题等引起火灾。例如，在使用电熨斗、电暖气等电热器具时，如果使用人员没有看管好，就很容易引起火灾。

（3）还有一些其他原因引起的火灾。比如，客人将易燃、易爆等危险品带进客房导致起火；员工不按安全规程操作，在客房内使用明火作业、使用易燃的化学涂料或油漆等，操作时又未采取防火措施导致的火灾；酒店防火系统或消防设施不完备，或者管理、使用不当，导致火情没有被及时发现或控制，从而导致的火灾。

2. 火灾的预防

（1）配备完善的防火设施。

酒店必须配置完善的防火设施，包括火灾自动报警系统、可燃气体泄漏报警系统、应急广播系统、电梯迫降系统、防火卷帘系统、防排烟系统、消防栓系统、自动喷淋系统、气体灭火系统、厨房灭火系统等。消防器材方面，包括干粉灭火器、二氧化碳灭火器、灭火毯、防毒面具等。工作人员还要定期检查防火设施是否处于良好的使用状态，发现问题及时上报解决。另外，客房选用的地毯、家具、墙面等都应尽量选用具有阻燃性的材料。

（2）加强安全检查。

工程部工作人员应定期检查电器是否处于正常使用状态，是否有超负荷用电的情况；定期检查隐蔽区域是否存在安全隐患；确保安全通道无任何杂物堆放，保证安全通道通畅；所有工作人员都要熟悉各种消防设施设备的存放地点；酒店应定期进行消防知识培训和消防演习，加强消防知识和实践的培训。

（3）加强对客人的安全管理。

客房内应为客人准备安全须知，须知中应注明防火的要点以及需要客人配合的具体要求，同时还应注明发生火灾时的逃生方法和逃生路线；客房服务人员在发现客人将易燃、易爆等危险物品带进楼层或客房时，应及时予以劝阻；应在客房内摆放“请勿在床上吸烟”或“请勿吸烟”等标识；客房服务人员应注意客人是否有使用违规电器的行为，特别是长住客人，若发现有此情况应及时制止。

3. 火灾事故的处理

客房楼层一旦发生火灾，工作人员应保持沉着冷静，以高度的责任心应对火情，努力确保客人的生命财产和酒店财产的安全，尽量将损失降到最低。

当工作人员听到报警装置的报警声或闻到烟味时，应立即停止一切工作，检查周围，及时找到火源，尽量确定火源的位置以及燃烧物质；确定火情后，工作人员应立即向总机报告，并发出报警信号。若火灾情况紧急，工作人员应立即拨打公安消防机关报警电话；如果燃烧面积不大，火势处于可控制范围内，工作人员应使用距离最近的灭火器材及时进行扑救，同时要注意保护客人的安全。若火情较为严重、难以扑救，工作人员要迅速打开安全门和安全梯，立即疏散客人。

（二）盗窃事故的预防

随着时代的发展，酒店盗窃案件的作案方式愈加复杂化、智能化、科技化，这给酒店的安全管理带来了巨大考验。

常见的盗窃类型包括：社会上的不法分子装扮成客人或服务人员混进酒店，伺机盗取住店客人及酒店的财物；住客中的一些不法分子盗取酒店的财物或伺机窃取其他客人的财物；酒店的员工自己或与外部人员勾结，利用工作之便盗取客人或酒店的财物。针对这些不法行为，酒店应制定如下预防措施进行防范：

1. 加强对访客的管理

对住客带领进入客房的客人，前台要做好记录；对无住客带领的来访客人，接待员要问清情况，并查验证件，征得客人同意后才可将访客带入客房；若住客不在房间且没有留言，接待员不得擅自让访客进入客房区域。

2. 加强客房房卡（钥匙）的管理

房卡（钥匙）的丢失、随意发放、私自复制等都会给客人的生命财产安全及酒店自身带来威胁。因此客房部必须严格控制好客房房卡（钥匙）的管理和使用：客房服务员交接房卡（钥匙）时要做好交接记录；在不明确陌生人身份的情况下，客房服务员不得私自为陌生人打开客房；若因工作需要，如工程部员工需要检查维修客房内设施、设备时，客房服务员应陪同相关人员进入房间，并做好记录；客房服务员在清洁房间时要随时将房卡（钥匙）随身携带，不得将其随处丢放或插在房门上，也不得交给他人保管；任何工作人员不得擅自将房卡（钥匙）带出酒店；对于将房卡（钥匙）丢失或遗忘在客房中的客人，工作人员在核实其身份之前不得随意为其开门。

3. 加强对员工的管理

为了有效杜绝酒店内部员工的盗窃，酒店必须从自身实际出发，制定有效的措施，加强对员工的管理。聘用员工时，酒店要进行严格的人事审查，对品行不端、有过盗窃前科的人员不予录用；酒店要加强对员工的职业道德教育，提高员工的自身素质，增强员工遵纪守法的自觉性；酒店应制定并实施严格的管理制度，如合理排班、加强员工通道的管制检查、设置检举箱等，以减少管理漏洞，不给有非分之想的人员以可乘之机；严禁工作人员在工作时间擅自串岗或离岗；对于内部员工的偷盗行为，酒店要予以严厉打击，并对涉案员工严肃处理，要让每一位员工明白，任何偷盗行为，不论窃取财物的价值如何，都是不容姑息的。

（三）客房部员工工作安全防范管理

酒店员工在操作、服务过程中会因为主观的操作不规范或客观上的工作环境不安全而给自身的生命财产及酒店财产带来危害。因此，必须加强员工工作安全防范管理。

1. 建立健全酒店安全生产管理制度

酒店安全管理委员会应组织、指导各部门按照国家的安全生产方针和有关政策及规定制定本部门的安全生产管理制度，审定各部门的操作服务流程中的安全性。

2. 强化安全生产管理

酒店安全管理委员会要指导各部门管理人员遵章守法，带头做好安全生产工作；经常听取各部门安全生产方面的情况汇报，发现问题及时找有关人员研究解决办法；协调各部门安全生产工作，调查、布置、指导、检查安全生产情况，发现问题立即纠正；检查、通报各部门劳动安全管理的执行情况，对出现的各类不安全问题及职业伤害事故进行调查分析，并提出处理意见和整改措施。

各部门负责人要在酒店安全管理委员会的指导下，对本部门执行安全生产规章制度的情况进行经常性的监督检查，对各岗位、设备的安全操作和安全运行进行监督。要及时向酒店安全管理委员会提交安全生产书面工作意见，主要包括：针对部门的安全生产隐患提出防范措施、隐患整改方案、安全技术措施和经费开支计划；参与制定酒店和部门防止伤亡和职业危害的措施及危险岗位、危险设备的安全操作规程，并负责督促实施；经常进行现场安全检查，及时发现、处理事故隐患，如有重大问题，应以书面形式及时向上级报告；一旦发生事故，负责组织拯救现场，参与事故的调查、处理和统计工作；对本部门员工进行安全生产的宣传、培训和教育工作。

员工在服务操作过程中，要牢固树立"安全第一"的思想和自我保护意识，遵守劳动纪律，严格执行酒店和部门制定的安全规章和安全操作规程，听从指挥，杜绝一切违章操作现象的发生。在操作过程中按要求佩戴和使用劳动防护用品，要保证本岗位工作地点、设备、设施和工具的安全整洁，不随便拆除安全防护装置，学会正确使用防护用品。要认真学习安全知识，提高操作技术水平，关心安全生产情况，积极向酒店和部门提出合理化建议。发现事故隐患和不安全因素时，要及时向本部门和酒店有关部门汇报。发生工伤事故时，要及时抢救伤员、保护现场和报告上级领导，并协助调查工作。此外，员工有权拒绝违章指挥和强令冒险作业，对个人安全生产负责。

学习专栏

1. 如何对客房的卫生质量进行控制？
2. 如何对客房设备进行管理？
3. 酒店客房引起火灾的原因有哪些？如何采取措施尽量避免火灾的发生？
4. 楼层盗窃事故的常见类型有哪些？如何进行防范？

资源链接

视频微课 10 - 1

视频微课 10 - 2

在线自测

扫一扫　练一练

第十一章　酒店餐饮部管理

任务导读

酒店是运营房务产品、会展产品和餐饮产品的综合型企业。餐饮部是酒店必不可少的主要对客服务部门之一，拥有一个设施完备、与客人消费需求相适应的餐饮部，是维持酒店正常运转的必然要求。本章阐述了餐饮部在酒店中的地位和作用、工作任务、组织结构及岗位职责，重点阐述了餐饮部的服务技能及服务流程等基本业务。

第一节　餐饮部概述

酒店的两大基本功能是住宿和餐饮。所以，餐饮部是酒店的主要业务部门之一。餐饮部经营的好坏、品质的高低直接影响酒店的经济效益，也对酒店的社会影响力和行业竞争力产生很大影响。因此，加强餐饮管理是酒店管理的重要环节。

一、餐饮部经营的特点

（一）餐饮生产的特点

餐饮经营不同于其他行业，餐饮产品生产与其他产品生产相比，有其自身的特点：

1. 餐饮产品生产过程短，具有即时性与及时性的特点

餐饮产品生产是通过对食品原材料的加工、切配、烹调制作来完成的。餐饮生产的过程短，随产随销。即时性是指生产的速度快，及时性是指顾客点菜后立即生产，即最大限度地缩短顾客的等候时间。一份产品制作往往只需要几分钟或十几分钟，即使是一次宴会所需全部产品的生产时间也不会超过几个小时。产品烹饪完成后，必须马上销售。否则，菜品的色、香、味、形、温度等都将受到影响，从而大大降低顾客的满意度。而且，上菜速度的快慢往往可以反映一家酒店的经营管理水平。

因此，餐饮管理具有很强的时间观念，必须将食品的原料采购、加工、切配、烹调制作及销售服务形成一个整体，要坚持一条龙服务，正确处理生产过程中各个环节的关系，保持其中的衔接和协调。

2. 餐饮产品生产品种多，批量小，技术要求高

为满足客人的多种需求，一般菜单上的菜品多达几十种甚至上百种，但客人对每个品种的需求量并不大，每当客人进入酒店点菜时，厨房才开始按照客人的意愿进行个别制作，很难批量生产。餐饮产品生产是一个多品种、小批量的生产管理过程，与一般企业依

照规格大批量、标准化生产产品的方法是完全不同的，这就给餐饮产品的质量管理和统一标准带来了一定的难度。

3. 食品原材料构成复杂，管理控制难度较大

餐饮部的食品原料种类繁多，在生产过程中，各种原料的择洗、处理、切配方法和配制比例各不相同，原材料耗损程度差别很大，它们在不同的餐饮品种中既可作为主料，也可作为配料或调料。

此外，菜品原材料要经过采购、储藏、领料、发料、粗加工、切配等过程，一旦保存处理不当，容易发生腐烂、丢失、耗损、报废等现象，原材料不易管理。

4. 餐饮生产过程的管理难度较大

餐饮部的生产特点非常鲜明，生产技艺比较复杂，而顾客对服务的要求又十分高，所以，餐饮部对原材料的配备、储藏、使用、生产服务全过程的要求都十分高，对人员的管理就应该更加严格，否则很容易造成原材料大量浪费，增加实际成本。餐饮产品从原材料采购到成品出炉，环环相扣，每一环节出错都会影响产品的质量，所以管理起来很有难度。

（二）餐饮销售的特点

1. 餐饮销售量受餐饮经营空间大小的限制

餐厅的面积及餐位数直接影响进餐客人的人数，从而影响餐厅的销售量。

2. 餐饮销售量受就餐时间的限制

由于客人一日三餐的进餐时间大致相同，所以客人进店就餐时间相对集中。

3. 餐饮销售量受就餐环境的影响

宽阔明亮的餐厅、礼貌周到的服务等，这些都是就餐环境的组成部分，它们都会影响消费者的光顾和再次选择，从而影响餐饮销售量。

4. 餐饮销售量的构成呈现多元化

餐厅内就餐、外卖和送餐等形式并存，其中外卖和送餐形式所占比例有增加趋势。外卖已经成为重要的餐饮消费场景，因此酒店餐饮的销售要考虑外卖消费者的偏好。

（三）餐饮服务的特点

1. 无形性

餐饮服务只能通过就餐客人购买、消费、享受服务之后所得到的亲身感受来评价其好坏，而且在服务之前无法展示，服务过程中无法量化，服务之后无法储存。

2. 一次性

餐饮服务在客人消费过程中是一次性使用、当场享受的，不能储存，也不能重复消费，服务发生后没有机会再“回炉”修正。

3. 同步性

餐饮产品的生产、销售和消费几乎是同时进行的。餐饮产品不具有储存性和运输性，所以其表现是同时现场生产、现场销售和现场消费。

4. 差异性

餐饮服务员由于年龄、性别、性格、受教育程度及工作经历的差异，他们为宾客提供

的服务不尽相同。即使同一服务员在不同的场合和情境下，其服务态度、服务效果等方面也有一定的差异。此外，顾客的需求是不尽相同的，这就要求餐饮服务人员在对客服务过程中，有一定的灵活性，尽量满足顾客的个性化需求。

5. 服务质量把控难度大

餐饮服务的全流程，要求各个环节都不能出错，要和谐配合，圆满完成。餐饮服务需要让客人对就餐卫生环境、菜品新鲜度、菜肴口味、价格、服务员的服务等各方面都满意才可以。加上餐厅会发生人为控制之外的意外事件，这都使得餐饮服务质量把控难度大。

二、餐饮部在酒店中的地位与作用

餐饮部在酒店中的地位，同社会的进步和酒店业的发展密切相关。受社会经济发展和人们生活水平的限制，酒店业发展初期的餐饮部往往只能提供一些简单、经济的饭菜，处于酒店中的从属地位，主要解决住店者对饮食的基本需求。20 世纪初以来，随着社会生产力的迅速发展，国际、国内各种交往的日益频繁，酒店业因城市的变化而得以迅猛发展。另外，伴随着世界经济的迅速增长，社会生活节奏的加快，越来越多的人去酒店、餐馆用餐，给餐饮业的繁荣和发展提供了条件。餐饮业内部的竞争也日趋激烈，经营管理者竞相利用特色来吸引就餐者。所有这些因素促进了餐饮业的发展，使餐饮部在酒店中的地位得以提高。

（一）餐饮收入是酒店收入的重要组成部分

酒店的盈利主要来自客房、餐饮、娱乐和购物，餐饮部是酒店主要的盈利部门之一。酒店餐饮收入受多种因素影响，在不同酒店的总收入中所占比例不同，但一般来讲，正常经营可以使餐饮的收入占到酒店总收入的 1/3，少数酒店餐饮的收入已大大超过酒店的客房收入，占整个酒店营业收入的 1/2 以上。

因为酒店客房数量是基本固定不变的，但餐饮部可通过提高工作效率、提高服务质量、提高菜肴质量等措施，使餐座的周转率和人均消费额得以提高，最终使餐饮部的营业收入达到最大值。

（二）餐饮部管理和服务水平直接影响酒店的声誉

美国酒店业的先驱斯塔特勒曾经说过：“酒店从根本上说，只销售一样东西，那就是服务。”提供劣质服务的酒店是失败的酒店，提供优质服务的酒店则是成功的酒店。酒店的目标应是向客人提供最佳服务。餐饮服务水平的高低仅仅是一种表象，是客人能够直接感受和体会到的，决定服务水平高低的因素是餐饮管理水平的高低，服务水平的高低是管理水平的最终表现。餐饮的有形产品不仅可以满足客人最基本的生理需求，还可以从色、香、味、形、器等方面使客人得到感官上的感受。当客人在典雅舒适的就餐环境中受到热情款待和周到服务时，他们可在精神上得到享受和满足。

酒店餐厅的服务人员与客人直接接触，其一举一动、片言之语，均会在客人心目中留下深刻印象。客人可以根据餐饮部为他们提供的食品与饮料的种类、质量和分量、服务态度及方式来判断一个酒店服务质量的优劣和管理水平的高低。所以，餐饮管理和服务水平的好坏直接影响酒店的声誉和形象。

（三）餐饮部的经营活动是酒店营销活动的重要组成部分

在日趋激烈的酒店市场竞争中，餐饮部占有极其重要的地位，一直充当酒店营销的先锋。相对酒店的其他营业部门来说，餐饮部在竞争中更具有灵活性、多变性和可塑性。同星级的现代酒店，其客房设施标准相对比较接近，而餐饮和其他服务设施常被客人作为挑选酒店的重要因素。餐饮经营还可以为本地消费者提供良好的就餐场所。上海锦江集团所属的酒店大部分是多年前建造的，虽经过设备、设施等的更新改造，但在硬件方面与同星级的新建酒店仍然存在一定差距。但锦江集团扬长避短，发挥自己经营历史悠久、特色鲜明的优势，使每家所属酒店的餐饮独树一帜。比如，锦江饭店的川菜、粤菜，和平饭店的淮扬菜，国际饭店的京鲁菜，金门大酒店的闽菜等，都在餐饮业中独执牛耳，成为同行瞩目的领头羊。餐饮业经营得红红火火，又反过来促进了酒店其他部门的收益。

（四）餐饮部是酒店用工最多的部门

餐饮部的业务环节多而复杂，从餐饮食品原材料的采购、验收、储存、发放，到厨房的初步加工、切配、烹调，再到餐厅的各项服务工作，需要许多员工共同配合才能做好。因此，餐饮部的多工种和用工量大的特点为社会创造了众多就业机会。

三、餐饮部的工作任务

餐饮部工作内容复杂多样，其中最核心的是以下几项：

（一）向宾客提供以菜点等为主要代表的有形产品

菜点等食品的生产是餐饮部最基本的任务，菜点等食品的提供既要富有时代特点又要具有稳定的品质，要在色、香、味、形、器、名、营养、档次等方面独具特色。

（二）向客人提供恰到好处的优质服务

现代社会，客人在享受餐厅美味佳肴的同时，对餐厅提供的服务也提出了更高的要求。客人在购买餐饮产品的同时，更期待得到热情、周到、舒适、愉悦的精神享受，优质的服务会给企业带来更大收益。

（三）制定符合目标客源市场需要的特色菜单

根据酒店目标市场的消费特点和餐饮要求，合理制定菜单，迎合顾客的口味和需求，确定餐饮经营的规格和方向，突出餐饮经营的特色。

（四）实施科学、规范的餐饮管理

加强对酒店的餐饮管理，控制经营成本，搞好厨房的卫生和安全管理，开发餐饮新品种，形成独特的餐饮特色，吸引顾客，增强酒店销售的市场份额和竞争力。

（五）树立良好的企业社会形象

餐饮部与客人的接触面广，直接的、面对面的服务时间长，因而给客人留下的印象最深，直接影响着客人对整个酒店的评价。为此，餐饮部应加强对自身的形象塑造，为酒店树立良好的社会形象。

学习专栏

1. 餐饮经营管理有哪些特点？
2. 餐饮部在酒店中的地位和作用是什么？
3. 餐饮部的工作任务主要有哪些？

第二节　餐饮部业务管理

一、餐饮部的组织结构设置及职能

（一）酒店餐饮部组织结构设置

酒店餐饮部的组织结构一般设置为餐厅、厨房、采购部、宴会部、管事部。

酒店餐饮部的组织结构根据酒店的性质、类型、规模和定位而定，酒店一般根据自身的实际情况设置相应的组织结构。根据酒店规模与等级不同，餐饮部的组织结构通常有如下形式。

1. 小型酒店餐饮部组织结构

小型酒店餐饮部一般规模较小，人员分工也较简单，其组织结构如图 11－1 所示。

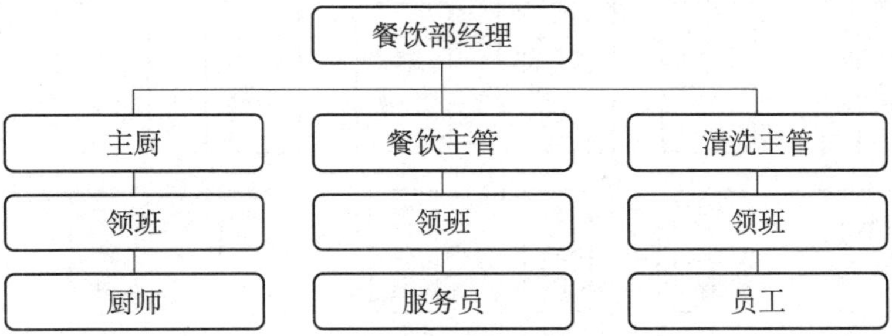

图 11－1　小型酒店餐饮部组织结构图

资料来源：李勇平．餐饮服务与管理．大连：东北财经大学出版社，2010.

2. 中型酒店餐饮部组织结构

中型酒店餐饮部规模适中，分工较为细致，在我国多数酒店采用，其组织结构如图 11－2 所示。

3. 大型酒店餐饮部组织结构

大型酒店餐饮部规模较大，内部分工细致且专业化程度较高，其组织结构如图 11－3 所示。

（二）餐饮部各部门的主要职能

1. 餐厅的主要职能

餐饮部中餐厅一般设有零点餐厅、风味餐厅、海鲜餐厅、自助餐厅等，其中零点餐厅是最普遍、使用频率最高的餐厅。西餐厅一般包含扒房、咖啡厅、自助式餐厅、旋转餐厅、酒吧等，其中扒房是西餐厅中规格最高的餐厅。根据所提供菜肴的种类及服务方式可

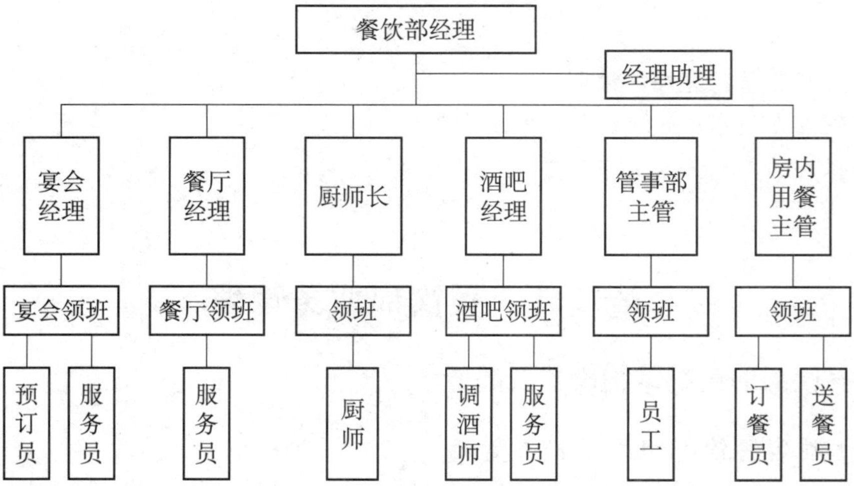

图 11-2　中型酒店餐饮部组织结构图

资料来源：李勇平．餐饮服务与管理．大连：东北财经大学出版社，2010.

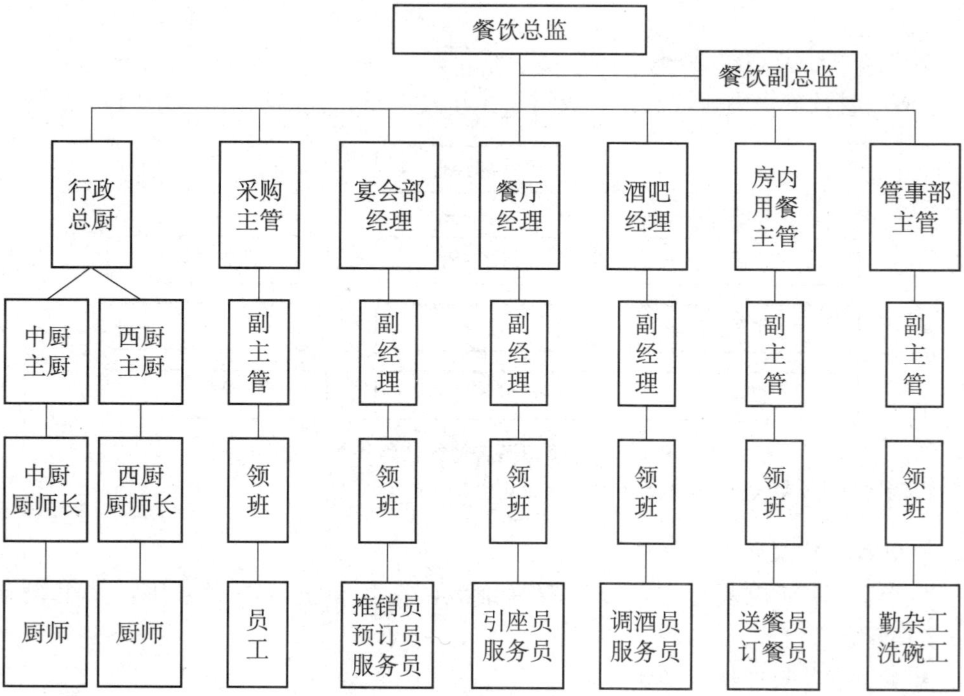

图 11-3　大型酒店餐饮部组织结构图

资料来源：李勇平．餐饮服务与管理．大连：东北财经大学出版社，2010.

分为法式服务、英式服务、俄式服务、美式服务、欧陆式服务等。

餐厅是提供食品饮料及就餐服务的场所，其中食品和饮料是物质基础，就餐服务是完成职能要求的保障。餐厅的主要职能具体表现为：按照既定的标准和程序，以熟练的服务技能、耐心周到的服务态度为客人提供餐饮服务，并根据不同客人的不同需求提供个性化的服务；加强宣传与加大促销力度，保证餐厅的经济效益；控制费用开支，降低经营成本；做好餐厅设施设备的维修保养工作等。

2. 厨房的主要职能

厨房是餐厅的生产部门，主要负责菜肴、面点等产品的加工制作。厨房的主要职能具体表现为：提供符合顾客需求的菜肴和面点；控制原料成本，通过合理有效的生产流程管理降低生产成本，杜绝食品原料的浪费；提高菜肴和面点的质量，同时不断创新菜品，扩大销售；做好厨房设施设备的维修保养工作；等等。

3. 采购部的主要职能

采购部是餐饮部的物资供应部门。采购部的主要职能具体表现为：根据厨房生产所需原材料的数量和质量，做好食品原材料的采购工作；验收符合采购规格的原材料，并做好食品原材料的储存保管工作；按照规定发放原材料到各个生产厨房，控制食品原材料发放的数量和成本；进行储藏室储存原材料的盘点工作，控制食品原材料的成本与周转率；做好相关设施设备的维修保养工作；等等。

4. 宴会部的主要职能

宴会部通常拥有多个不同规格的宴会厅，是餐饮部重要的创收部门。宴会部的主要职能具体表现为：宣传、销售各种类型的宴会产品，并承担相应的服务工作；控制宴会产品的成本与费用，增加收益；做好相关设施设备的维修保养工作；等等。

5. 管事部的主要职能

管事部是餐饮部的后勤保障部门。管事部的主要职能具体表现为：提供餐饮部所需的设施设备与餐具；清洁一般餐具与厨具，并负责银器等高档餐具的清洁与维修保养；负责餐饮部后台区域的清洁卫生工作；收集和处理餐饮部生产与经营过程中产生的垃圾；控制餐具的损耗，降低成本；做好相关设施设备的维修保养工作；等等。

二、餐饮部的业务管理

餐饮部作为酒店的主要对客服务部门和创收部门，主要任务是为客人设计满意的菜单、营造良好的就餐环境、提供优质的餐饮服务，并不断研发新菜品、做好营销宣传，为酒店赢得客源、带来利润。

我们将餐饮部业务管理分为厨房生产业务管理、餐厅服务业务管理，如图 11-4 所示。

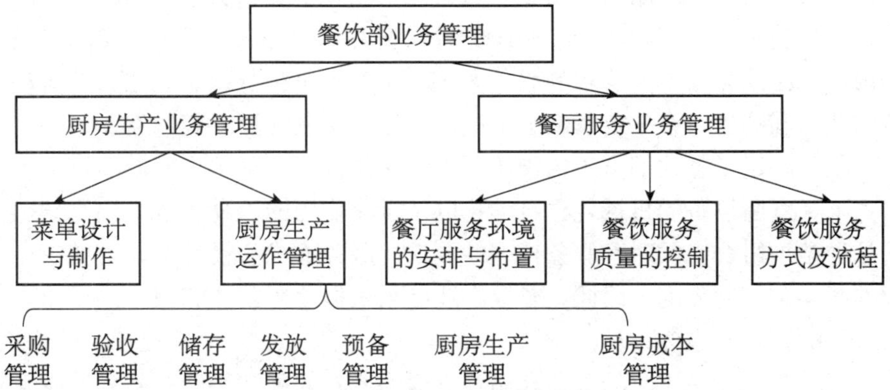

图 11-4　餐饮部业务管理细分图

(一)厨房生产业务管理

厨房生产业务管理包括菜单设计与制作、厨房生产运作管理。

1. 菜单设计与制作

菜单(Menu)一词来自拉丁语,原意为“指示的备忘录”,是厨师用于备忘而记录的菜肴清单。现代餐厅的菜单,不仅要给厨师看,还要给用餐客人看,可以用一句话概括:“菜单是餐厅作为经营者向用餐者展示其各类餐饮产品的书面形式的总称。”因此,菜单是餐饮场所的商品目录和介绍书,是餐饮场所的消费指南,也是餐饮场所最重要的“名片”,是指挥、安排和组织餐饮生产与餐厅服务的计划任务书,是餐饮生产和服务运转的第一环节。

(1)菜单的作用。

1)菜单是传播产品信息的载体,标志着酒店菜肴的特色和水准。通过菜单上菜品的选料、组配、烹制、排菜,客人很容易判断出菜肴的特色风味、酒店的经营能力及管理水平,菜单还能反映厨房烹调技术和宴会服务水平。

2)菜单是沟通消费者与经营者的桥梁。消费者根据菜单选购他们所需要的食品和饮料,向消费者推荐菜肴则是接待者的服务内容之一,消费者和接待者通过菜单进行交谈,信息得到沟通。这种“推荐”和“接受”的结果,使买卖行为得以成立。

3)菜单是进行菜肴开发研究的资料。通过客人对本餐厅菜肴的选择率,可以了解客人的就餐喜好,从而可以有针对性地改进现有菜肴制作工艺和开发新的菜肴品种。

4)菜单既是艺术品又是宣传品。制作精美的菜单既可以成为本酒店的主要广告宣传品,同时,也是良好用餐环境的一部分,能够反映宴会厅的格调,可以使客人对所列的美味佳肴留下深刻的印象,也可以作为一种可供欣赏的艺术品甚至留作纪念,引起客人美好的回忆。

5)菜单是酒店餐饮业务活动的总纲,它指导餐饮部经营和管理工作。

第一,菜单决定了餐饮企业设备的选择和购置。餐饮企业选择购置的设备、厨具、工具及餐具用品,其类型、功能、质量、数量以及设备用品的组合,都取决于菜单的菜式品种水平和特色。不仅如此,菜单还决定着餐厨设备、设施的总体投入和预算。显而易见,每种菜式都有相应的加工烹制设备和服务餐具,菜品越丰富,所需设备的种类、组合方式就越多;菜式技艺水平越高越珍奇,所需的餐饮设备就越特殊。此外,餐厨设备的选择购置和布局设计,必须与菜单所要求的服务方式、服务效率相协调。总之,菜单决定了餐饮企业设备的选择和购置,在一定程度上也决定了餐饮企业的投资和风险。

第二,菜单决定了餐饮部员工的素质要求和岗位设置。菜单内容的丰富程度,菜品质量控制的要求,餐厨设备的机械化、自动化以及操作使用的难易程度,出品线的设定,餐饮产品的品种结构组合以及对客服务技能的要求、服务方式的设计等,直接决定了餐饮部人力资源的开发和控制程度。因此,餐饮企业必须根据菜单制作和服务的要求,招聘具有相应技术水平的厨师和服务人员。

第三,菜单决定食品原料的采购和储存。食品原料的采购和储存是餐饮企业业务活动的重要环节,它们受菜单内容和菜单类型的影响和支配。菜单内容规定了采购和储存的对象，菜单类型在一定程度上决定了采购和储存活动的规模、方法和要求。

第四，菜单决定了餐饮成本的控制。菜单在体现餐饮风格特色的同时，也决定了企业餐饮成本的高低。用料珍奇、原材料价格昂贵的菜肴过多，必然导致较高的食品原材料成本；而精雕细刻、煞费匠心的菜式过多，又会无端增加企业的劳动成本。所以说，菜单制定得是否科学合理，各种不同成本菜式数量之间的比例是否恰当，将直接影响餐饮企业的盈利能力。

第五，菜单影响着厨房布局和餐厅装饰。厨房是加工制作餐饮产品的场所，厨房内各业务操作中心的选址，各种设备、器械、工具的定位，应以适合某菜单上菜肴的加工制作需要为准则。中餐厨房和西餐厨房的布局大相径庭，快餐厨房和正餐厨房的设备安排也相去甚远。

（2）菜单的分类。

1）按用餐时间分为：早餐菜单、早午餐菜单、午餐菜单、下午茶菜单、晚餐菜单、消夜菜单。

2）按餐厅经营类型分为：酒店菜单、自助餐厅菜单、咖啡厅菜单、酒吧菜单、客房送餐菜单、外带菜单。

3）按功能分为：零点菜单、套餐菜单、混合菜单、宴会菜单、酒会菜单。

4）按外观分为：桌上式菜单、桌垫式菜单、悬挂式菜单。

5）按菜单使用时间的长短分为：固定性菜单、变动性菜单、周期性菜单。

6）按用餐对象分为：老人菜单、儿童菜单、宗教菜单、节食菜单、素食菜单、对内菜单、对外菜单。

（3）菜单的设计原则。

菜单的设计、筹划，菜点的选择反映着餐厅的经营风格，是消费者就餐时的购买依据。菜单上的菜点及其品质和价格会影响营业收入和经营利润，进行菜单的设计、筹划和菜点的选择时，应考虑以下因素和原则。

1）以客人需求为导向，迎合目标顾客的需求。

菜单设计的最终目的是促销，是能够盈利。因此，菜单筹划前，一定要确立目标市场，了解目标顾客的需求。以下是需要调查和了解的项目：①目标顾客的性别、年龄、职业、经济收入状况；②目标顾客对各菜系的接受程度，对本地菜系的喜爱程度；③对菜肴色、香、味、形及器皿的要求和喜好，对菜点种类、数量的要求，能接受的价格；④同行业、竞争者的市场情报等。

2）菜单应与就餐氛围和环境相协调。

菜单所列的菜品并非越高档越好，而是必须与就餐氛围、环境相协调。菜单设计要根据餐厅所处的位置和餐厅的等级来决定所要提供的菜品的等级和价格。

3）菜单的菜品种类不宜过多，品种要平衡。

菜单所列的品种过多会增加储存和制作成本。最致命的是无法突出餐厅的菜品特色和经营风格。如有新的菜品推出，可采用即时菜单。

4）经常更换菜品，适应顾客新需求。

一张好的菜单应该能适应当前菜品的销售动态。为了使餐厅富有吸引力，菜单要不断保持新鲜感，菜单所提供的菜品种类要经常更换。

5）菜肴要有独特性，并能体现本餐厅的特色。

只有突出了自己的特色，才能给顾客留下深刻的印象，才会使餐厅有与众不同之处，如北京全聚德的烤鸭，因自己的独一无二，在本地乃至全国享有盛誉。

6）考虑原料成本及菜肴盈利能力。

设计菜单时要重视食品原料成本，原料成本不仅包括原料的进价，还包括加工和切配的折损、剩菜和其他浪费的损耗因素。

菜单设计也要考虑菜肴的盈利能力，即对菜单进行分析。菜单分析就是对菜单上的各种菜肴的销售情况进行调查，分析菜肴受顾客的欢迎程度和菜肴的盈利能力。

7）不断创新以适应新形势。

菜品创新是历史发展的必然，没有菜品的创新，就没有饮食文化的发展。任何一家餐厅在菜单设计时，都要不断地开发新品种，创建本店名菜，树立本店形象。有不少餐厅以其创新菜冠名，这是一个值得借鉴的做法。

8）形式美观大方。

菜单不仅是餐厅的宣传工具，也是艺术品。所以菜单的式样、大小、颜色、字体、纸质、版面安排需要与餐厅的等级和氛围相协调，要与餐厅的陈设和布置、餐具及服务人员的服装相适应。大众化的餐厅尽管无须装饰精美的菜单，但美观大方的菜单，对增加菜品的销售是有帮助的。

（4）菜单基本内容。

菜单的内容因菜单的种类不同可能有所差异。通常，菜单由菜品名称和价格、菜品介绍、推销性信息等组成。

1）菜品的名称和价格。

菜品名真实可信；外文名称准确无误；菜品质量真实可靠；菜单上列出的产品应保证供应；菜品价格应真实明确。

2）菜品介绍。

①主要配料及一些独特的浇汁和调料；

②菜品的烹调和服务方法；

③菜品的份额。

3）推销性信息。

餐厅的名字；餐厅的特色风味；餐厅地址、电话和商标记号；餐厅经营的时间；餐厅加收的费用。

（5）菜单的制作。

1）菜单的制作材料。

菜单制作材料的选择主要取决于餐厅使用什么样的菜单。餐厅使用的菜单可以分为一次性菜单和固定菜单两种。

一次性菜单的使用寿命周期非常短，仅供顾客一餐使用。很多快餐厅将一次性菜单放在垫盘上，既方便顾客点菜，又可作为垫纸使用。一次性菜单可以选择轻巧、单薄、吸水性好、相对便宜的纸张，但不可粗制滥造。事实上，轻巧、单薄的纸张通过精巧排版和色彩的运用，同样可以制作出精致和吸引力强的高品质菜单。

提供餐桌服务的餐厅大都使用寿命较长的固定菜单。在材料选择上，采用质地精良、厚实、光亮、不易褶皱的高档纸张，最常用的是高克数的凸纹纸。尽量避免使用绸、绢、塑料的材质，因为以上材质易污染、易留污渍。

2）菜单字体。

菜单字体的大小、粗细、排字的行距等与餐厅的风格、菜单的颜色等因素有密切的关系。字体要易识别，隶书、草书一般多用于菜单的封面；楷书工整端庄，行书字体流畅，易被顾客识别，一般多用于菜单的内页，起到宣传沟通的作用。字体大小要相宜，一般来讲，栏目名称字体要大一些，正文字体则要小一些；中文的字体要大一些，英文的字体要略小一些。字体排列要协调，一般来说，一页纸上的字与空白应各占50%为佳。字体的行距字距要适当，使人读起来舒适悦目。字体颜色要搭配，字体的粗细、颜色要与菜单的大小、颜色相协调。

3）菜单规格。

菜单的样式和规格应与餐厅风格和菜品样式相协调。常见的菜单规格有三种：①单页菜单，25 厘米×35 厘米；②对折菜单，20 厘米×35 厘米；③三折菜单，18 厘米×30 厘米。

菜单尺寸的大小要与餐厅销售的食品、饮料品种的多少相适应。一般来说，一页纸上，字与空白各占50%为好。字太多会使人眼花缭乱，不易选择，影响翻台率；空白过多则给人以菜品不足、选择余地少的感觉。

2. 厨房生产运作管理

厨房作为餐饮部的出品部门，承担着所有食品加工的重任，有效的厨房管理是一个餐厅成功经营的关键之一。客人选择餐厅用餐的决定因素中，首要的是菜式、口味，虽然菜品和服务永远是餐饮经营中最重要的两方面，也是客人最为注重的两点，但相对而言，菜品质量的重要性要远超过服务。因此，合理地制定厨房运作的工作流程就显得尤为重要。

餐饮部生产过程管理包括食品原材料的采购、验收、储存、发放、预备、厨房生产和厨房成本管理等方面。

（1）采购管理。

食品原材料的采购将是决定客人付款标准的重要因素，采购的食品质量会影响餐厅供应食品的质量，菜单和食品标准又决定了采购的方式。因此，采购的职责是要用最低的价格，买进最好的食品。餐饮部的盈利首先从采购这一关开始，采购的好坏与利润紧密相连。

1）食品原料的采购形式和方法。

①采购形式。

我国大多数饭店中的食品原料采购，大致有以下几种形式。

饭店专设独立的采购部。负责整个饭店所需物品的采购，由财务部管辖。厨房所需各种烹饪原料都由采购部负责购买。这种形式适用于大型饭店。

餐饮部附设采购部。采购部专门负责餐饮部所需物资的采购，由餐饮部经理领导。这种形式适用于中、小型饭店。

厨房设立食品采购组。这种采购组专门负责各厨房内所需食品原料的采购，由总厨师长或餐饮部经理领导。采购人员一般由餐饮部经理或总厨师长来决定。这种形式适用于中、小型饭店或商业性餐馆。

②采购方法。

即时购买法。市场即时购买，就是按照当时（当日）的市场行情，对所需的食品原料进行选样性购买的一种方法。这种形式适用于一些价格起落频繁、不宜储存的食用原料，即新鲜的肉类、禽类、水产品、蔬菜、豆制品、水果等。其优点是原料新鲜、当日购买、当日使用，能较好地保证原料的质量。缺点是货源和供应价格不稳定，特别是价格往往会受到市场的货源、天气、交通、节假日等因素的影响。

预先购买法。所谓预先购买，就是在预先确定了经营需要后，提前购买储存备用。这种方法适用于餐饮规模较大的厨房。预先采购的优点是可使餐饮的销售价格和成本控制做到相对稳定；缺点是食品仓库所需的面积加大，存货成本提高，流动资金相对周转慢。并不是所有的食品原料都可采取预先购买法，这一般适用于半易腐原料和不易腐原料的采购，如经宰杀后的鸡和鸭、干货制品、罐头食品、调味品等原料。

2）食品原料的采购程序。

食品原料的采购程序可分为：递交请购单；处理请购单；征集价目表，确定供货商；实施采购；处理票据，支付货款；信息反馈。

采购程序的运行和操作主要遵循以下规则。

①递交请购单。无论是厨房还是仓库，凡需要购买物品均需填写请购单，然后将请购单交给采购部进行采购。厨房具体订货的步骤是，各厨房以部门或以生产岗位为单位，将隔天所需的原料填写在请购单中，交到厨师长处，经厨师长审阅后签字，然后交采购部门采购。仓库订购，是指当仓库储备类物品的库存量达到规定数量时，提出请购，补足必要的存货量。

②处理请购单。采购部接到各厨房、仓库送来的请购单以后，组织人力将请购单进行归类、分工，然后制定订购单。有些饭店采购部将各种请购单进行处理后，直接在请购单上签署意见实施采购。

③征集价目表，确定供货商。采购部在采购物品之前，应把本企业的采购规格书发放给供货商，从不同的供货商手中获取原料的报价单，采购人员根据不同的报价，根据供货商的资金实力、供货商的供货信誉及职业道德，选定最佳供货商。

④实施采购。当采购部门决定向哪一位供货商或供货单位订购原材料时，采购部要制定正式的订购单或订货记录向供货商订货，同时将一份订货单给验收处，以备收货时核对。当供货单位或供货商将货物送上门后，则交于验收部门进行验收。当验收完毕后，凡厨房订的鲜活原料，直接交于厨房，由厨房开出领料单；仓库订的货则交于仓库进行储藏。

⑤处理票据，支付货款。当验收完毕，验收人员必须做到以下几点：一要开具验收单；二要在供货发票上签字；三要将供货发票、原料订购单、验收单一起交于采购部，再由采购部审核转到财务部审核，经审核无误后，支付货款。

⑥信息反馈。信息反馈包含两个方面：一是将市场的供货行情反馈给厨房；二是将厨

房使用原料后的意见反馈给供货商。这样，厨师长就能及时掌握市场的货源情况和价格行情，便于在工作中进行有效的成本控制和新产品的开发。

（2）验收管理。

1）原料验收程序。

①根据订购单或订购记录检查进货验收。首先是依据订购单或订购记录来检查货物，对未办理过订购手续的物品不予受理，以防止盲目进货或有意多进货。

②根据供货发票检查货物的价格、质量和数量。通常供货发票是随同货物一起交付的，发票是付款的重要凭证，验收时，一定要注意检查，首先核对价格再验质量，最后验数量。在验质量和数量时，要做到以下几点：

凡可数的物品，必须逐件清点，记录下正确的数量。

以重量计数的物品，必须逐件过秤，记录下正确的重量。

对照采购规格书，检查原料的质量是否符合要求。

抽样检查箱装、匣装、桶装原料，检查是否足量、质量是否一致。

发现原料重量不足或质量不符合要求时，应拒收退货。

③办理验收手续。当退货的发票、物品都经验收后，验收人员要在供货发票上签字，并填验收单，以表示已收到了这批货物。

验收单一式三联，第一联交财务部，第二联交仓库，第三联留存。

④分流物品，妥善处理。原料验收完毕，需要入库进行保藏的原料，要使用双联标签注明进货日期、名称、重量、单价等，并及时送仓库储存。一部分鲜活原料直接进入厨房，由厨房开领料单，其成本记入当天食品原料的成本。

⑤填写验收日报表和其他报表。验收人员填写验收日报表的目的是保证不会发生重复付款的差错。验收日报表等可作为进货的控制依据和计算每日经营成本的依据，也可用于区分当日进货中，哪些是直接进货，哪些是仓库进货，哪些是杂项进货。

2）验收控制。

验收工作虽然由验收人员来完成，但作为负责餐饮产品质量控制的部门经理和厨师长，应不定期地对验收工作进行督导，以便验收工作能符合管理的目标。

为了避免验收工作出现问题，经营管理者应做到以下几点：

①指定专人负责验收工作，不能谁有空谁来验收。

②验收工作应与采购工作分开，不能由同一个人担任。

③对于兼做其他工作的验收员，验收时间应与其他工作时间分开。

④验收要在指定的验收处进行。

⑤货物一经验收，应立即入库或进入厨房。

⑥尽量减少验收处进出人员，以保证验收工作的顺利进行。

⑦发现进货的原料有质量问题，应予退货。

（3）储存管理。

食品购进之后，要尽快地储存起来。酒店应配有足够的仓库用于食品的储存。干的食品、罐装食品、盒装食品应放在干燥的仓库。仓库的温度要适宜，以防罐头爆胀或其他食品溢出来；仓库要保持清洁，墙壁、地板、天花板的开口处要封好或保护好，以防虫害、鼠害；食品应置于架上；先入仓的食品应先出仓，沉重的食品应放在靠近门口的地方，便于搬运；仓库的钥匙由专人保管，仓库应采取防范措施，以免食品被盗。

容易变质的食品，如肉类、蔬菜等应储存进冰库或冰箱里。冰库的温度要按规定调好，库里应注意卫生，牛奶和奶油要与有太重气味的食品分开存放等，这些都是仓库人员所要注意的。

仓库要有严格的发货制度，要填表并经经理或厨师长批准方可领出，还要领货人签字。发货时应尽量先发放得久的货。仓库的管理不善、手续不清、措施不严都会导致浪费、冒领、被盗等问题，造成经济损失。

（4）发放管理。

原料供应主要是指将按要求采购回来并通过验收程序验收的原材料发放给厨房使用的过程。供应的原料一部分为采购当天直接发放到厨房使用的原料，即直接进料的发放；另一部分为根据领料单从库房发放到厨房使用的原料，即储藏室原料的发放。

直接进料的发放是指经验收合格后的食品原料直接发放到厨房用于生产，并不经过储藏室储存这一环节。大多数原料为新鲜蔬菜、奶制品及其他不易储存的原料，而且基本会在进货当月被消耗掉。

储藏室原料的发放有两个基本要求：定时发放和凭单领料。定时发放即酒店餐饮部规定固定的领料时间，这样既节省了领料的等待时间，也不耽误库房管理人员的正常工作，有充分的时间整理、检查各储藏室和各种原料的储存状态。凭单领料是指依据领料单进行原料发放的一种管理方法。使用领料单可以准确记录并控制由储藏室向厨房发放原料的数量和金额，在控制各个储藏室的库存量、核算各个厨房的食品成本及控制领料数量等方面发挥了极其重要的作用。

（5）预备管理。

食物在烹调之前，一定要经过预备阶段。预备包括清洁、除掉不可食用的部分、切开、剁碎、碾碎、成形等工序。

食品预备不仅有利于烹调和饮食，也有利于成本的控制。预备阶段最容易浪费食品，要格外重视。食品预备如果不得法，也会影响食品营养价值。例如，捣碎土豆时，会损失大量的维生素，但如果用牛奶或奶油盖在表面，则会起到防止维生素损失的作用。

优秀的餐饮部经理必须熟悉食品预备的方法，发挥厨师的积极性，提高食品的质量。对于技术娴熟的厨师，经理应放手让他去干，不要干涉。厨房的工作通常由厨师长负责，他指挥所有的厨师和厨房工作人员，负责与采购人员联系沟通需订购的食品，还需配合经理制定菜谱。

厨师长要牢记食品的成本、菜谱的多样化、工作量的平衡，有效地利用剩余食品，根除浪费现象，规定食品的配份，降低食品成本。总之，厨房的食品预备工作是一个重要的环节，要抓好、管好。

（6）厨房生产管理。

1）原料加工。

依据菜品生产流程，通常把与厨房生产直接相关的空间分为原料粗加工区、原料精加工区和烹饪区。烹饪是菜品加工的最后一道工序。菜品的质量不仅受到食品原料的影响，还与厨师的烹饪技能密切相关，也会对餐厅产品的销售和服务的提供产生直接的影响。

2）厨房卫生。

厨房卫生包括食品原料卫生、厨师卫生、设施设备卫生和环境卫生。由于餐饮产品关系顾客的人身健康与安全，因此，卫生是餐饮生产的核心问题，也是顾客选择餐厅首先要考虑的因素。

3）厨房安全。

厨房员工每天在工作中都要接触各种带有一定安全风险的因素，如明火、滚烫的油、因油腻而打滑的地面、蒸汽等，因此需要消除事故隐患，提高安全意识，避免厨房事故的发生。在厨房日常安全管理工作中，管理人员不仅要了解各种厨房事故发生的原因，更重要的是找到预防事故发生的方法，采取知识培训与实践演练等方式培养厨房员工的防灾意识与逃生技巧。

（7）厨房成本管理。

餐饮产品的成本管理是餐饮管理的关键。餐饮成本控制贯穿于餐饮产品生产的全过程，凡在餐饮产品生产过程中产生的影响成本的因素，都是餐饮成本管理的对象。餐饮产品成本管理，关键的问题是做好餐饮产品的控制程序。制定并确定餐饮产品的各项标准成本；实施成本控制，对餐饮产品的实际成本进行抽查和定期评估；确定成本差异，分析造成成本差异的原因与责任；消除成本差异，找出解决成本差异的具体方法。

餐饮产品的制作是一个系统工程，餐饮产品的成本控制需要从以下三个方面努力。

1）食品原料成本控制。

食品原料成本是菜肴制作的主要成本，包括主料成本、辅料成本、调料成本。食品原料的成本控制从两个方面入手：一是食品原料的采购保管控制，同质论价、同价论质，减少采购中间环节，入库后合理储备，努力降低成本；二是食品原料的使用控制，管理人员应做好食品原料使用的监督工作，一旦发现问题，应及时分析原因，并采取有效措施进行纠正。

2）人工劳务成本控制。

菜肴的制作是手工劳动，人的因素起着相当重要的作用。人工成本控制，一是用工数量的控制，尽量减少缺勤工时，控制非生产和服务工时，提高生产效率，严格执行劳动定额。二是做好工资总额的控制，人员配备比例适当，高技术岗位的人员过多，会增加人力资源成本，造成人力资源成本过高；低技术岗位的人员过多，又会影响菜肴生产质量。

3）燃料能源成本控制。

燃料能源成本是菜肴生产与经营中不可忽视的成本，教育员工重视节约能源、做好节省燃料的工作是非常必要的。在餐饮产品的生产过程中，管理人员应坚持对能源工作和节能效果的经常性检查，以保证燃料能源控制工作的有效性。

（二）餐厅服务业务管理

1. 餐厅服务环境的安排与布置

（1）影响服务环境布置与安排的因素。

1）酒店餐厅的市场定位。不同的客人对就餐环境的要求是不一样的。餐厅首先应该了解自己的顾客，根据他们的要求来布置餐厅，确定环境的基调和主题。

2）酒店餐厅所提供的服务类型。不同的服务方式，对环境布置、安排的要求是不一样的。例如，不同的餐别，如中餐和西餐，它们无论是对装潢、气氛，还是对家具、餐具都有不同的要求。又如，不同的服务方式，如美式服务、法式服务、俄式服务等，其餐厅布置和餐具选择都各不相同。

3）酒店餐厅的档次和规格。尽管餐厅的档次和规格由很多因素决定，但经营者在心目中必定有自己在市场上的定位，应谨慎地选择目标市场，如从消费水平看，是吸引一般消费者还是中等水平消费者或是高水平消费者。有了这样一个目标，将有利于投资决策，也就从某种程度上决定了餐厅的布置与安排。

（2）餐饮服务场所的设计与布局。

1）餐厅的人员流动线路安排。客人、服务人员在餐厅中的行走流动路线就是人员的通道。在安排人员通道时首先应考虑尽可能选取直线，避免迂回的曲线，使客人与工作人员能在第一时间内到达想要到达的位置；其次是主要通道与次要通道之分，主要通道的宽度要明显大于次要通道；最后是主要通道或次要通道均应考虑服务人员工作手推车的通行宽度。

2）餐厅的音响调节。餐厅的音乐系统应该调节、控制得当，音量的大小要适中，不能够影响客人正常用餐及谈话，特别是在需要安静一点的环境时，应将音量调小。主题的选择以轻快、轻松为宜；节奏应选用舒缓、比较柔情的，忌用节奏感较快、比较强烈的音乐。

2. 餐饮服务质量的控制

为了能够始终为客人提供优质的餐饮服务，需要对餐饮服务质量加以控制，一般需要做好三个方面的工作。

（1）预先控制。

预先控制就是为使服务结果达到预定的目标，在开餐前所做的一切管理上的努力。其目的是防止开餐服务中各种资源在质和量上产生偏差。预先控制的主要内容是：人力资源的预先控制，物资资源的预先控制，卫生质量的预先控制，事故的预先控制。

（2）现场控制。

现场控制是指现场监督正在进行的餐饮服务，使其规范化、程序化，并迅速妥善处理意外事件。现场控制的内容主要是：服务程序的控制；上菜时机的控制，根据宾客用餐的速度、菜肴的烹制时间，掌握好上菜节奏；意外事件的控制，餐饮服务是面对面的直接服务，容易引起宾客的投诉，一旦引起投诉，主管一定要迅速采取弥补措施，以防止事态扩大，影响其他宾客的用餐情绪；人力控制，开餐期间，服务员虽然实行分区看台责任制，在固定区域服务，但也应根据实际情况，随时进行人员的调动。

（3）反馈控制。

通过质量信息的反馈，找出服务工作的不足，采取措施加强预先控制和现场控制，提高服务质量。

餐饮服务质量的控制和监督检查是餐饮管理工作的重要内容之一。在餐饮服务系统中，部门和班组是执行系统的支柱，岗位责任制和各项操作程序是保证，其共同的目的是给顾客提供优良。

3. 餐饮服务方式及流程

（1）餐饮服务方式。

1）中式服务。

中式服务指我国传统的就餐服务，常见的有共餐式、分餐式两种。

①共餐式服务是最常见的方式，一般是宾客到餐厅点菜后，厨师迅速生产菜点，由餐厅服务员递送到宾客的餐桌上，宾客自由取用。

②分餐式服务是借鉴了西式服务的特点，中餐西吃。

2）西式服务。

西式服务包括法式服务、俄式服务、英式服务、美式服务等。宾客各自点自己所需的菜肴，并根据不同菜肴点配不同酒水，各自享用自己所点的菜肴、酒水。

①法式服务。

菜肴先在厨房略加烹制，然后置于手推车上，由服务员在宾客桌边现场烹调或加热，即客前烹制服务，另一名助理服务员则在旁协助分送菜肴，因此也称餐车服务。提供法式服务的餐厅往往消费额较高，比较适合小型高档宴会。

②俄式服务。

俄式服务是非常讲究豪华场面的西式服务。使用金、银器餐具较多，菜肴丰富，分量足，在西式宴会中常采用俄式服务。一般先将食物放于大盘内，由服务员分配给宾客，对服务员的分菜技巧要求很高，因此也称大盘服务。

③英式服务。

英式服务是一种气氛活跃、温馨的家庭式服务方式。菜肴常由男女主人来切配装盘，再让服务员分送到宾客面前，是亲朋好友聚会的一种最佳服务方式，因此也称家庭服务。

④美式服务。

提供美式服务的餐厅，宾客所点菜肴在厨房就装配于餐盘中，服务员将餐盘送到宾客面前即可。它要求服务员必须具有同时端送四个餐盘的技巧，因此也称盘式服务。美式服务在西方国家非常流行。

（2）餐饮服务流程。

零点服务、宴会服务有不同的服务流程。

1）零点服务流程。

零点服务是零散客人到餐厅自行点菜就餐的服务方式，是餐饮服务中最普遍、最常见的一种服务。零点餐厅的服务工作是非常细致而又具体的，服务人员必须掌握几个主要环节，做到按部就班、有条不紊，这样既便于餐厅的管理和工作的安排及检查，又便于服务人员按照程序迅速、有效地工作。

零点餐厅每一班次的服务程序大体可分为：餐前准备、开餐服务、就餐服务和餐后结束工作四个主要环节。

①餐前准备。

充分而又全面的餐前准备工作是良好服务和有效经营的重要保证，因此，不能忽视这一环节。

班前短会。班前短会，即以列队站立形式由领班或主管召开的简短的班前会。其内容一是检查仪表，如指甲、衣装等；二是介绍情况，如菜肴变化情况、VIP 情况等；三是分配任务，如休息、替班等。餐厅服务人员必须在上班之前到达餐厅，换好工作服，精神饱满地站立在队伍之中，接受任务和了解情况。

清洁工作。餐厅的清洁工作要落实到人，明确任务和要求，讲究效率和质量。清扫工作包括地面卫生（扫地、拖地板、打蜡或吸尘）、四周卫生（擦门窗玻璃、擦四周凡有平面容易积灰的部位）、餐桌椅卫生（擦桌面、桌腿、椅背，同时检查餐桌椅有无损坏、松散等情况）、工作台卫生（台内干燥、清洁，台面无灰尘、油渍）、绿化卫生（擦花架、花盆边及宽阔的花叶面等）。通过清洁工作，可使就餐环境整洁、优雅。

准备餐具。就餐宾客的餐具包括杯、碟、碗、筷、匙等；宾客用具包括烟灰缸、牙签、调味品等。宾客所需餐具、用具准备应力求做到无油腻、无指纹、无水渍、无破损，注意规格、色彩、图案的一致，备齐、备足，叠放有序。服务用具包括菜单、酒单、点菜三联订单、笔、开瓶器、托盘等，此外还需准备茶叶、开水和一些开胃小食品等。凡在工作中所需要的一切餐具、用具，均要准备齐全，按固定位置摆放整齐，以便点数或检查。

铺设摆台。根据各地饮食习惯不同，宾客就餐的形式、规格不同，所摆设的餐具种类、数量及台面的造型都有所不同，而且各酒店均有本酒店的摆台方式，因此不可能完全统一，但是摆设的台面必须遵循整洁有序、尊重食俗、适应需求、配套齐全、方便就餐、方便服务、艺术美观的原则。

了解情况。服务人员要了解当天菜肴、酒水供应情况，包括数量、品种、价格、季节菜和风味菜的增减等，并对当天的工作量有所估计，有利于更好地做好接待与销售工作。

全面检查。在准备工作完毕、服务人员已经自查的情况下，由领班或主管进行抽查或全面检查，检查的内容包括餐厅的布置、环境卫生、餐具和用具的配备及摆放、服务人员的个人仪表及精神面貌等。开餐前的准备工作要争取做到万无一失。

②开餐服务。

开餐服务是餐厅对宾客服务的开始，也是餐厅服务工作的重要环节。其具体的服务流程如下：

热情迎宾。当宾客进入餐厅时，服务人员要面带微笑、热情问候，并询问是否有预订，问清人数，使整个服务工作有一个良好的开端。

合理领座。安排宾客就座的工作通常由专职人员负责，如由迎宾员或领位员完成。引领座位的原则是：先里后外，尊重选择，合理调整。应将先来的宾客往餐厅里面领，使门口不堵塞，也有利于安排后来的宾客。对于提出自己选择座位的宾客，应任其自由，不能强制。若某部分出现过于集中的现象，服务人员可以进行适当的、合理的调整。零点餐厅的领座是有一定学问的，既要考虑宾客的心理需要，又要考虑餐厅的使用率，还要方便服务人员的操作。

递茶送巾。领座员将客人带到合适的餐台后，值台员要主动为客人拉椅让座，并及时送上香巾，然后向客人问茶。根据宾客饮茶习惯，介绍与之相应的茶叶品种，按需开茶，并斟倒第一杯礼貌茶。客人饮茶过程中，将菜单递送给客人，要先递送给女宾和年长的宾客；要双手递菜单，反向给客人；若是双页，打开递送。

接受点菜。服务人员在为客人点菜前，通过看、听、问等方法，了解客人的就餐目的、消费水平以及就餐的急缓程度等情况，以便有针对性地为客人服务。点菜时，服务人员站在客人侧后约 50cm 处，向客人介绍菜肴，接受客人点菜。要注意：介绍菜肴要实事求是，点菜要以客人为主，服务人员只起到参谋的作用。

开单、送单。将客人所点的菜记录在点菜订单上，称为开单。服务人员要站立开单，填写要准确迅速，字迹要清楚，书写要统一，价格要准确。同时，要按菜单次序分类填写，先冷后热，再到汤和点心等，有利于按序上菜。在开单的过程中，要注明客人的特殊要求，如分量、制作方法、老嫩程度、口味要求等。

点菜完毕后要及时向客人介绍、推销酒和饮料。客人点完菜和酒水后，为了避免差错，应向客人准确复述，并得到确认，尤其是客人以不合常规顺序的方法点菜时，更应做好复述工作。点菜单一般一式四份，一份给厨房，一份给收银台，一份给传菜员划菜用，一份作存根备查。酒水订单一般一式两份，一份给收银台，一份送到吧台领取酒水。这样有利于餐饮部进行复查。

③就餐服务。

就餐服务也叫值台服务，是指把宾客点的食品、饮料等送上餐桌，在宾客的整个进餐过程中，照料宾客的各种需求，最大限度地使宾客满意。

上酒、上菜。服务人员要快速领取宾客所点的酒水和饮料，并进行示酒、开瓶、斟酒等服务。零点餐厅第一道菜的出菜时间一般都有规定，不能让宾客久等。要注意宾客的就餐速度，随时与厨房取得联系，尽力使出菜速度与就餐速度相适应。上最后一道菜时，要主动告诉宾客，并询问宾客是否需要帮助，同时向宾客介绍甜点和水果。

巡视服务。服务人员在服务过程中，要时常巡视每桌宾客的就餐情况，及时为宾客撤换烟灰缸和收去桌上的空瓶、空罐、空盘等。如果宾客的餐碟中盛满骨壳和其他脏物，应及时更换；要不时为宾客斟倒饮料、酒水；及时了解宾客在进餐过程中的情况，如是否需要加菜等，当宾客对某一菜肴特别欣赏提出加菜要求时，应快速了解其情况，开单下厨。

结账收款。菜上齐后，了解宾客的就餐情况，及时告知收银员准备结账。经与收银员核对后，当宾客提出要结账时，进行结账收款。

在餐厅，宾客付款除使用现金外，还可使用支票、信用卡、签署账单等方法。因此服务人员应了解和掌握各种收款方式。

征求意见。虚心听取宾客对于就餐方面的意见，不断改进工作、提高服务质量。在宾客用餐完毕、即将离开餐厅时，服务人员要主动征求宾客对菜点质量、环境卫生、服务态度等方面的意见。服务人员应态度诚恳，认真聆听，若宾客有意见，能处理的应当场处理，当时无法处理的问题应及时呈报或转告有关部门，以便在日后服务工作中加以改进。若宾客对用餐很满意，在征求意见时，给予的都是表扬，服务人员应礼貌地代表餐厅或酒店表示感谢。

热情送客。宾客就餐完毕起身离座时，服务人员要上前为宾客拉开座椅，并提醒宾客携带好随身物品。如果宾客想带回没有吃完的食物，服务人员应主动为其打包，同时检查台面和餐椅上是否有宾客的遗留物品。服务人员应根据不同的情况采取不同的方式与宾客道别，并以热情的语言感谢宾客的光临。

④餐后结束工作：

当宾客离去后，服务人员要迅速清理餐台。此时若有其他宾客用餐，理台声音不宜过大，要将台面清理干净，换上清洁的台布和餐具，等待下一批宾客。

当餐厅全天营业结束，宾客全部离开餐厅后，服务员要做好如下结束工作：

清扫场地。按规定的要求收拾餐台，注意是否有客人的遗留物品，并将台布重新铺上，将餐桌椅纵横排列整齐，清扫地面。

分类送洗。当天用的台布、餐巾要及时送洗衣房洗涤，以免霉变或被虫咬。餐具、用具要交由管事部清洗、消毒，要注意在操作时对任何物品轻拿轻放，减少损耗。

整理餐具、用具。对尚未使用的餐具、用具要归类存放；调味品盛器和花瓶、台号要擦洗干净；转台要用清洁剂进行重点擦洗，不留有油渍和水迹；点菜单、开瓶器、菜谱等用具也要放置在统一的位置，并清点数量；清点并补充工作台内的物品。

工作小结。每天工作结束后，餐厅服务人员要根据自己岗位工作的情况，做一个简单的小结。一是整理宾客意见，二是填写工作记录，以利于今后工作的提高。

安全检查。服务人员在下班离开餐厅前要仔细进行安全检查，要注意是否有烟蒂等火种的存在，关闭所有不用的电器设备，关闭门窗，确保餐厅安全，待领班或主管全面检查后，才能离开餐厅。

2）宴会服务流程。

①宴会种类。

第一，按宴会的菜式分。

中式宴会：每一桌都是多人围坐在圆桌旁聚餐，食用中国菜肴，饮用中国酒水，使用中国餐具，采用中国式服务，反映出中华民族的传统饮食习惯和饮食文化的特色。中式宴会形式多种多样，根据其性质和目的可分为国宴、公务宴、商务宴、婚宴等类型。根据菜点的档次，又可以分为高档宴会、中档宴会和一般宴会。

西式宴会：是一种按照西方国家宴会形式举办的宴会。宴会的桌面以长方形为主，采用分餐制，食用西式菜肴，饮用西式酒水，使用西式餐具，如刀、叉等各式餐具，采用具有鲜明西方特色的西式服务方式。根据宴会形式可分为正式宴会、自助餐会、冷餐酒会和鸡尾酒会等。

鸡尾酒会：是具有欧美传统的集会交往方式，形式较轻松，一般不设座位，没有主宾席，客人可随意走动，便于广泛接触，自由交谈。以饮为主，以吃为辅，除饮用各种鸡尾酒外，还备有其他饮料，但一般不准备烈性酒。

茶话会：是指由各类社团组织、单位或部门在节假日或需要时举行的茶话会，邀请各界人士同欢同庆，相互问候、致谢，气氛轻松随意，伴有演出，形式简便，以茶水、点心、小吃、水果为主。

自助餐会：自助餐会也称冷餐会、冷餐酒会，是西方国家较为流行的一种宴会形式。其特点是以冷菜为主，热菜、酒水、点心、水果为辅。分为设座和不设座两种，讲究菜台设计，所有菜点在开宴前全部陈设在菜台上。

第二，按宴会规格分。

正式宴会：一般指在正式场合举行的宴会。宾主均按身份安排席次就座。对环境气氛、使用餐具、酒水、菜肴的道数及上菜程序、服务礼仪和方式、菜单设计都有严格的规定。席间一般都有致辞和祝酒，有时也安排乐队演奏席间音乐。

便宴：即非正式宴会，较随便、亲切，一般不讲究礼仪程序和接待规格，对菜品的道数也没有严格要求，宜用于日常友好交往。

第三，按宴会性质和举办目的分。

婚礼宴会：是人们举行婚礼时为宴请前来祝贺的亲朋好友而举办的宴会。婚宴在环境布置上要求富丽堂皇，在菜式的选料与道数上要符合当地的风俗习惯，菜名要求吉利，要满足主人追求吉祥如意的目的。

公务宴会：是政府部门、事业单位、社会团体以及其他非营利机构或组织因交流合作会议、庆典庆功、祝贺纪念等公务事项接待国际、国内宾客而举行的宴会。宴会程序和规格都是固定的。

商务宴会：是各类企业和营利性机构或组织为了一定的商务目的而举行的宴会。商务宴会是所有宴会中最为复杂的一种，商务宴会宴请目的也非常广泛。

生日宴会：是人们为纪念出生日和祝愿健康长寿而举办的宴会。生日宴会在菜品选择上突出健康长寿的寓意，用分生日蛋糕、点蜡烛、吃长寿面、唱生日歌这些活动烘托气氛，祝贺生日快乐。

朋友聚餐宴会：是一种宴请频率最高的宴会，公请、私请都有，形式多样，追求餐厅装饰新颖。

答谢宴会：为了对曾经得到过的帮助，或对即将得到的帮助表示感谢而举行的宴会。这类宴会是为了表达自己的诚意，故宴会要求高档、豪华，就餐环境要求优美、清静。

迎送宴会：是主人为了欢迎或欢送亲朋好友而举办的宴会，菜品一般根据宾主饮食爱好而设定。环境布置突出热情喜庆气氛，体现主人对宾客的尊重与重视。

纪念宴会：是人们为了纪念重大事件或与自己密切相关的人、事而举办的宴会。这类宴会在环境布置上突出纪念对象的标志，如照片、实物、作品、音乐等，以此来烘托思念、缅怀的气氛。

第四，按宴会规模分。

按参加宴会的人数和宴会的桌数，可分为小型宴会、中型宴会和大型宴会。10 桌以下的为小型宴会；10～30 桌的为中型宴会；30 桌以上的为大型宴会。传统中式宴会一般将 1～2 桌称为宴席，将 3 桌以上称为宴会。

第五，按宴会菜品的主要用料分。

有全羊宴、全鸭宴、全鱼宴、全素宴、山珍宴等，这类宴会的所有菜品均用一种原料，或以具有某种共同特性原料为主料制成，每道菜品的配料、调料、烹饪方法、造型等方面各有变化。

第六，按宴会菜式风格的特点分。

仿古式宴会：是将古代非常有特色的宴会与现代餐饮文化融合而产生的宴会形式，如仿唐宴、孔府宴、红楼宴、满汉全席。

风味式宴会：是将某一地方风味特色食品用宴会形式来表现，具有明显的地域性和民族性，强调正宗、地道。有粤菜宴、川菜宴、鲁菜宴、苏菜宴、徽菜宴、闽菜宴、浙菜宴、湘菜宴等。

②餐饮宴会服务的工作流程。

第一，宴会餐前工作。

餐厅服务人员在上岗前应检查、整理好个人的仪容仪表。

餐厅服务人员在营业前列队站好，由餐厅经理开例会并分配、布置当天的工作。

餐厅服务人员按服务程序做好开餐前的准备工作。开餐前的准备主要包括检查餐桌与椅子布局是否合理美观，调节好室温，并了解顾客的餐别、人数、就餐时间、菜单等情况。

餐厅服务人员必须熟悉当日菜单，包括菜点的原料、风味特色、烹调特点，以及酒水、菜点的价格和上菜程序等。

餐厅服务人员必须将当日所需要的餐具、酒水、辅助用品准备齐全，并根据餐别按照服务规格对餐具和台上用品进行摆台。

第二，迎宾服务工作。

顾客进入餐厅，领位员要面带微笑并礼貌地问候，引领顾客入座。

顾客坐下后，餐厅服务人员送上菜单点菜。服务人员站在顾客右侧，与顾客保持一定距离，倾听、记录顾客选定的菜点，并适时向顾客介绍与推荐餐厅的特色菜点。如有些菜烹制时间较长，应向顾客说明原因。顾客点菜完毕，要将顾客所点之菜点向顾客复述核对，无误后将点菜单一联送到厨房备餐，一联送收款员供结账使用。

第三，就餐服务工作。

上酒水时，应根据酒水的品种上合适的酒杯，酒杯一般放在水杯的右侧。应当着顾客的面示瓶、开瓶，并为顾客斟倒第一杯酒。

中餐上菜的服务顺序是冷菜、热菜、主食、汤，最后上点心、水果等。餐厅服务人员每上一道菜都要及时报菜名，同时在上菜时，注意不要将汤汁洒在餐台上或顾客的衣服上。上有配食佐料的菜肴时，应将主菜与配汁同时上桌，或者是先上佐料再上主菜。要掌握好上菜的节奏，当餐厅服务人员为顾客上第一道菜时，要主动对顾客说："对不起，让您久等了！"上最后一道菜时也应该提醒顾客："您的菜上齐了，请慢用！"。

餐厅服务人员应在所负责的餐台附近巡视，及时发现顾客的需求。如：为顾客换餐碟、烟灰缸，添加酒水；当顾客所选菜品没有上齐时，要立即与传菜员联系，尽快上菜；为顾客分主食和汤品；上洗手盅和小毛巾或餐巾纸；补充食品和饮料等。

餐厅服务人员上菜时，要求所有食物都从顾客右边送上；所有饮料都从顾客右边送上；用过的餐具从顾客右边撤下，注意应先撤盘，后上菜。

第四，餐后结束工作。

结账收款要核算准确；顾客使用信用卡结算时，要开好账单，并请顾客签字确认；顾客用餐完毕，应将顾客送至餐厅门口，礼貌地对顾客说"再见""希望您下次光临"等。

收台检查，按小毛巾、酒水杯、碗碟、筷子的顺序分类收拾。收台检查时，如发现顾客遗留的物品，应及时归还给顾客或上交主管处理。

整理台面，换台布并整理桌椅。

洗涤、消毒餐具，按规定存放餐具。

下班后，餐厅服务人员应关闭各种电器设备，并填写相关工作记录。

学习专栏

1. 如何对餐饮成本进行控制？
2. 请简单介绍开餐服务的服务流程。
3. 菜单有哪些类型和内容？
4. 食品原材料的采购方法和采购程序是什么？

资源链接

视频微课 11－1　　视频微课 11－2　　视频微课 11－3

在线自测

扫一扫　练一练

第十二章　酒店康乐部管理

任务导读

随着我国经济的飞速发展，人们在衣、食、住、行等基本生活需求得到满足后，对康乐活动的需求日益增强。同时伴随着康乐业的持续发展，康乐部在酒店中扮演着越来越重要的角色。起初康乐部只是酒店的附属部门，归属于前厅部、客房部或餐饮部。但随着酒店客人对康乐需求的增加，康乐部在酒店经营中的地位和作用也越来越重要，逐步发展为与客房、餐饮和前厅等部门平行的关键部门。国家旅游局最新颁布的《旅游饭店星级的划分与评定》(GB/T 14308－2023) 中明确规定了星级酒店中相应的康乐设施的细化标准。本章首先介绍了康乐的内涵，以及康乐部的地位和作用、主要任务，并分析了酒店康乐部的经营特点，然后介绍了康乐部的职能和组织结构设置，最后介绍了酒店各康乐服务项目服务规范、工作流程以及行为规范。

第一节　康乐部概述

康乐，顾名思义就是健康娱乐，是指满足人们健康、娱乐和休闲放松等需要的一系列活动。它包括康体活动、娱乐活动，以及文化艺术、医疗保健等休闲活动，涉及运动学、心理学等领域。酒店康乐部，又称康乐中心，是酒店组织客源、销售康乐产品、组织对客服务，并为客人提供各种综合服务的部门，是完善酒店配套附属设施和服务的重要机构。作为酒店的一个部门，康乐部具有典型的现代都市文明所具有的特征——时尚、先进，有着独特的服务技巧、服务程序、服务方法和经营规律。因此，康乐部是现代酒店必不可少的一个重要组成部分，它为客人提供康体运动、休闲娱乐和保健养生的设施设备、场所和相应的服务。

一、康乐部的地位和作用

在早期的酒店中，康乐部是酒店的附属部门，归属于前厅部、客房部或餐饮部的情况都有，其经营和收益都很有限。随着康乐业的发展，客人对酒店康乐活动的需求在扩大，酒店在康乐方面的投资开始大幅增加，康乐部收入在酒店总收入中所占的比例越来越大，成为酒店重要的业务部门。现在，绝大多数三星级以上酒店均设有康乐部；对于高星级的酒店，康乐服务的地位更加突出，已经成为不可缺少的经营部门之一。康乐部在酒店中的地位和作用，主要表现下以下四个方面：

（一）康乐服务项目是酒店等级评定的必备条件

按照国际酒店业惯例和酒店评定标准，三星级以上酒店、饭店应设置康乐设施。康乐项目扩大了饭店的服务范围，是旅游饭店等级的重要标志。白金五星级酒店评定标准中的“特色类别二”规定，酒店应设有歌舞厅、影剧场、舞台设施和舞台照明系统（能满足一般演出需要）、美容美发室、健身中心、桑拿浴、保健按摩、定期歌舞表演；“特色类别三”规定，酒店应设有自用温泉或海滨浴场或滑雪场、室内游泳池、室外游泳池、棋牌室、游戏机室、桌球室、乒乓球室、保龄球室（至少 4 道）、网球场、高尔夫练习场、电子模拟高尔夫球场、高尔夫球场（至少 9 洞）、壁球场、射击或射箭场等。因而，可以说设置康乐服务项目是酒店等级评定的必备条件，体现酒店的经营档次。

（二）康乐项目是酒店吸引客源的重要手段

酒店的康乐项目非常有助于客人缓解旅途疲劳、放松和愉悦身心，康乐场所还能够很好地满足客人娱乐和社交的需要。所以，伴随着酒店行业的市场竞争日益激烈，仅依靠传统的住宿、餐饮、购物等服务，已经难以全面满足客人的需求。康乐项目正在成为吸引、稳定甚至增加客源的重要资源。这也是酒店纷纷开始投资康乐部、改善或提高经营条件、增加吸引力的主要原因。

不少客人把康乐作为生活中不可缺少的内容。据不完全统计，酒店所在地区有 70%的年轻人喜欢到这些酒店的康乐部去消费，而对于那些住宿的客人来说，康乐也是必不可少的活动之一。不少客人常常就是因为某酒店的康乐设施完善，或对某一次活动感兴趣而投宿的，一些客人不管严寒酷暑总是把参加酒店的康乐活动列入自己的日程安排。这是一种新的生活理念，体现了客人对康乐项目产生的强烈需求，这一趋势无疑为酒店大大提高了经济效益。

（三）康乐服务是酒店营业收入的重要来源

项目种类增多、消费者增加，加上康乐服务带来的多种相关消费，这些都直接提高了酒店的经济效益。目前，在我国的一些酒店，康乐部的规模越来越大，并与客房部、餐饮部并列成为酒店创收的主要部门，甚至在有些酒店，康乐部已经超过其他部门，成为酒店第一大部。完善的康乐设施设备，优雅的康乐气氛环境，吸引了大批旅游者和当地民众。正是由于康乐享受越来越受到客人的青睐，酒店的经济效益也收到了意想不到的效果，很多位于旅游热点的酒店，特别是位于大城市和经济较发达地区的酒店，康乐部的经济收入在整个酒店的总营业额中占有很大的比重。

（四）康乐项目有利于提升酒店经营特色

酒店要想在目前的微利环境中生存，就必须不断创新，推出符合时尚潮流的特色经营项目，树立新的形象，以满足客人求新、求异的需要。因而，酒店经营关键在于推出不同于竞争对手的特色产品和创新产品，而特色产品和创新产品必须基于对目标市场需求的了解和对市场趋势的把握，将资源优势转化为市场优势，形成具有特色的酒店品牌，并最终赢得市场的认可。如北京前门酒店的老舍茶馆，展示了以京剧为特色的中国传统文化的形象；杭州国际大厦雷迪森广场酒店也成功地树立起一个现代化歌剧院的独特品牌形象。

二、康乐部的主要任务

（一）满足客人康体运动的需要

随着社会文明的进步，人们对身体锻炼的要求也在不断提高。人们除参加传统的体育锻炼活动外，还在不断寻求并积极参加更有情趣的能够寓身体健康于欢乐的活动。这就是人们钟情于康乐活动的原因。因此，满足客人在康体运动方面的需求就成了康乐部的任务之一。客人对康体运动的需求是多方面的，形式也是多种多样的。因而，酒店康乐部设置了网球、台球、壁球、健身器械、游泳池、高尔夫球、飞镖、室内攀岩、乒乓球、羽毛球等设施，以满足不同客人对康体运动的不同需要。

（二）满足客人休闲娱乐的需要

休闲娱乐活动由于具有很强的娱乐性、放松性、选择性，因而受到不同年龄阶层人士的欢迎。不同的消费人群完全可以根据自己的喜好选择相应的项目，例如扑克、麻将、电玩游戏、卡拉 OK、舞厅、酒吧等，这些项目既能满足人们的娱乐需求，也可以使人精神放松、心情愉悦。因而，现代酒店中配备各种娱乐项目及相关设施，不仅可以为店内外的客人提供丰富多彩的娱乐生活，也是人际沟通、商务往来的一种必要的补充手段。

（三）满足客人保健养生的需要

人们追求健康除通过加强锻炼、增加营养外，还可采用物理保健的方法。这种保健方法已经成为康乐部必备的服务项目，例如：桑拿浴，包括芬兰浴、土耳其浴、光波浴等；按摩，包括中医按摩、泰式按摩、港式按摩、韩式按摩、日式按摩、足部按摩等；美容项目和美发项目；等等。这些项目都可以满足客人保健养生的需要。

（四）满足客人康乐安全的需要

做好设施设备的安全保养工作，满足客人的安全需求，为他们提供一个既安全又舒适的休闲环境，是康乐部的基本任务之一。这个问题可以从两个方面去认识：一方面，任何一项活动都可能存在着不安全因素，例如，打保龄球可能出现滑倒、摔伤或扭伤的危险，游泳时可能出现溺水的危险等。这就需要康乐部教育服务员时刻注意客人的活动情况，及时提示客人注意按照安全规范参与康乐活动。另一方面，随着设备使用次数的增加、使用时间的延长和累计客流量的增加，设备的损耗和老化就会加快，不安全因素也会增加。如果不注意设备的检查和保养，就有可能给客人带来某种伤害。例如，游泳池附近的地面极易滋生青苔，如果不及时清理，就可能导致客人滑倒摔伤。

（五）满足客人康乐卫生的需要

随着康乐活动的普及，康乐设备和场所的使用频率也越来越高，产生细菌交叉感染的概率就比较大，如果卫生状况不良，很有可能对客人的身体健康造成危害，如游泳池的水质、客人唱卡拉 OK 时经常使用的话筒、球类运动中经常触摸的球拍和球、美容美发室经常使用的各种器械和化妆品等。因而，做好康乐活动场所的卫生清洁工作，为客人提供一个卫生舒适、优雅安全的活动场所，是康乐部的一项重要工作任务。

（六）满足客人需要康乐技巧指导的需要

康乐部的设备种类较多，有国产的也有进口的，尤其是高星级酒店的设施更新频率比较快，特别是先进的进口设备以及带有电子显示屏的体育器材，需要服务人员提供正确、耐心的指导性服务，以便一些初次使用的客人能正确操作。另外，一些运动项目的技术性很强，也需要服务人员向不熟悉该项运动的客人提供技术上或规则上的指导服务，以满足他们在掌握运动技能技巧方面的需求。

三、酒店康乐部的经营特点

（一）经营模式的多样性

按照经营主体划分，可以分为传统自营模式、业务外包模式和独立实体模式；按照经营指标划分，康乐部经营模式可以分为无硬性指标的经营模式和有硬性指标的经营模式；按顾客与企业关系划分，可以分为非会员制模式和会员制模式。

（二）经营项目的灵活性

康乐项目形式多样，每种项目的开展、管理和服务又都有所不同。因此，康乐部的经营相对比较灵活，具体表现在：（1）酒店可以根据自身所处地理环境和当地气候的优势，灵活设置康乐项目。比如海滨酒店可以设置浮潜、潜泳、帆板等运动，山地度假酒店可以推出登山、攀岩等项目，高寒地区的酒店可以得天独厚地向客人提供滑雪服务等；同时，酒店还可以根据市场需求的变化、酒店的投资规模和内外部环境，灵活地更新一些康乐项目或设备设施。（2）酒店在每天的经营过程中可以根据每种项目的特点，灵活掌握开放时间、灵活配备服务人员和灵活处理客人的突发事件。

（三）服务和管理的多样性

首先，酒店的客人身份、年龄、爱好、身体状况等各有不同，他们喜欢和选择的项目是多种多样、有所差异的。所以，康乐部提供的服务也相应地表现出多样性。其次，不同类型的康乐项目以及每种类型的不同项目在管理上都有较大甚至很大的不同。这就要求康乐部在管理上也必须多样化对待，针对不同项目采用不同的管理方式和方法。

（四）投资和开发的风险性

由于康乐项目存在着发展和变化，客人参与康乐活动的目的也各有不同，所以酒店在康乐项目的投资和开发上存在着客观上的风险。首先，出现比较早的一些项目如台球、保龄球、棋牌、KTV 等，酒店设置得比较多，内容雷同，很可能难以吸引客人消费，造成资源闲置和浪费；其次，如果酒店为了满足客人需求和争取客源市场，选择那些时尚、先进、处于消费前沿的项目，如氧吧、水疗、高尔夫甚至是一些冒险性的康乐项目等，规模处理不当的话，就有可能无法实现预期的效果，甚至带来经营上的风险；最后，由于相关法律的制定与康乐业的发展还不完全同步，有些项目的开展可能给康乐业带来不良的影响，也会给酒店的康乐项目的投资和开发带来风险。

学习专栏

1. 康乐部在酒店中的地位和作用是什么？
2. 康乐部在酒店中的主要任务是什么？
3. 康乐部的经营特点是什么？

第二节　康乐部业务管理

一、康乐部常见的组织结构设置

康乐部作为酒店的重要业务部门，一般作为一个独立的服务部门或隶属于某个部门，其设置的原则与其他部门基本相同，但应与酒店自身的规模、档次和经营理念相适应。通常而言，康乐部的常见组织结构设置有以下几种。

（一）康乐部独立成部门的组织结构设置

若康乐服务在酒店中所占比重较大，则康乐部应作为酒店的一个独立部门，与酒店其他部门并列存在，并具有同等重要的作用和地位。按照酒店自身的情况和特点的不同，可分为并列式和阶梯式两种。

1. 并列式设置

康乐部并列式组织结构设置如图 12－1 所示。

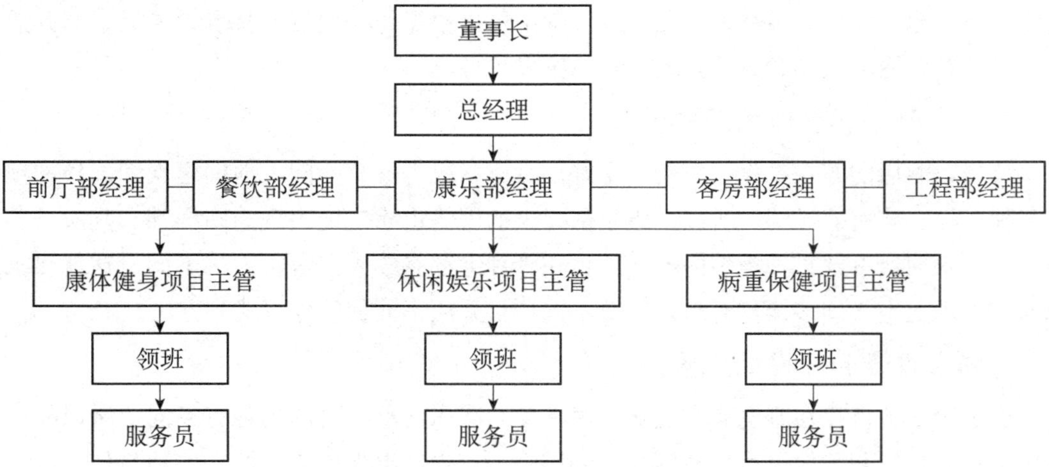

图 12－1　康乐部的组织形式：并列式

资料来源：牛志文，周廷兰．康乐服务与管理．北京：中国物资出版社，2010.

2. 阶梯式设置

康乐部阶梯式组织结构设置如图 12－2 所示。

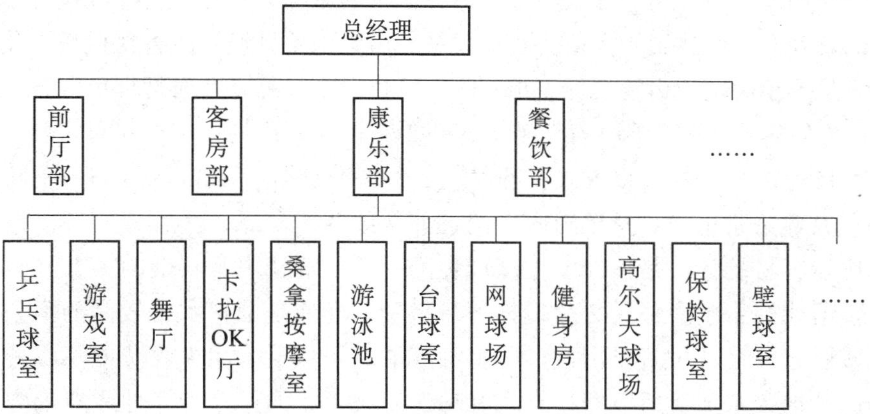

图 12－2　康乐部的组织形式：阶梯式

资料来源：刘建华．康乐服务．2 版．北京：中国劳动社会保障出版社，2007.

（二）康乐部隶属于其他部门的形式

若康乐服务在酒店中所占比重较小，则康乐部可隶属于其他部门，以隶属于餐饮部为例，其组织结构设置如图 12－3 所示。

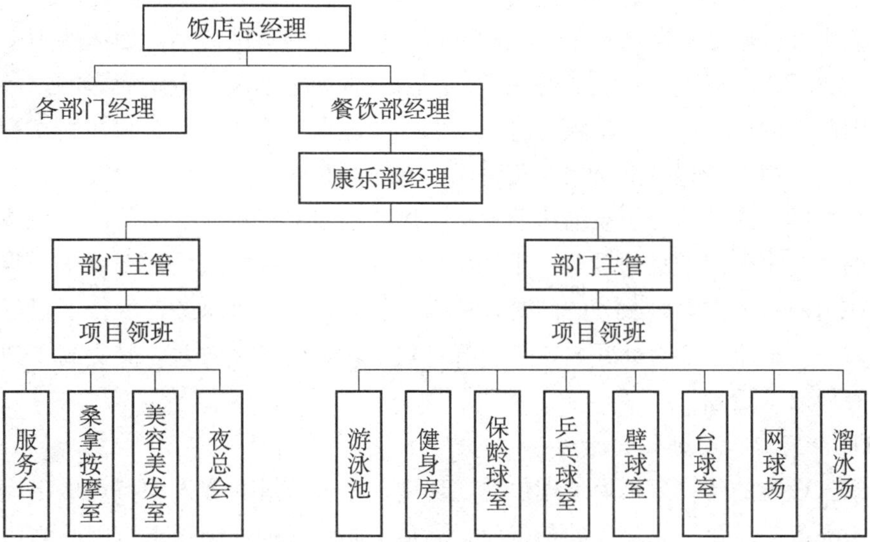

图 12－3　康乐部的组织形式：隶属式

资料来源：唐少锋．康乐服务基本技能．北京：中国劳动社会保障出版社，2010.

二、康乐部项目设置的原则和项目类型

（一）康乐部项目设置的原则

1. 经济效益原则

经济效益原则，就是实现利润最大化原则。酒店经营的目的是在满足顾客康乐需求的过程中追求利润的最大化。酒店经营不仅要求获取利润，还要求获取最大利润，酒店经营

利润最大化原则就是产量的边际收益等于边际成本的原则。只有在边际收益等于边际成本时，酒店的总利润才能达到极大值。直接关系酒店康乐项目经营能否获得最大化利润的重要影响因素是要正确定位市场目标。正确的市场目标不仅可以及时把握市场机会，树立酒店及其产品在顾客心中的形象，而且有利于迅速占领目标市场，实现利润的最大化。

康乐项目经济效益的获得方式有两种，一种是直接经济效益，另一种是间接经济效益。目前，大部分康乐项目是单独收费的，如保龄球、台球、美容美发等。这些项目的经济效益比较容易统计，是由经营直接产生的。有些消费水平较低的客人，也希望得到康乐享受，但他们希望在住店之后不再另行付费。即便是消费水平较高的客人，也不希望在住店费用之外另行付费。因此，很多酒店的康乐项目采用少收费或不收费的经营方式。其实这是把康乐项目所收费用计入客房费用中了，通过这种隐性收费的方式使客人感到实惠，从而提高客房出租率，达到提高酒店经济效益的目的。这就是康乐项目的间接经济效益。

2. 社会效益原则

在市场经济环境下，企业绝大部分的经营活动是为了获得经济效益，但是在获得经济效益的同时还要兼顾社会效益。在设置康乐项目时，要充分考虑该项目是否能丰富人们的文化生活，是否有利于人们的身心健康，是否为酒店、当地带来良好的社会风气。

有些酒店经营者钻法律的空子，甚至进行一些不法的营销活动。如一些不良经营者曾经在酒店设置具有明显赌博功能的游戏机，一度给青少年带来大量负面影响，产生不良社会效应。因此，酒店在设置康乐项目时，不能一味追求经济效益，必须在国家有关法律法规的指导下，运用各种积极健康的经营手段，创新经营内容，达到社会效益、经济效益和酒店可持续发展的最佳综合效益的协调统一。例如很多酒店响应有关部门“加强全民健身运动，提倡文明康乐活动”的号召，尽量满足社会积极健康的康乐活动需求，将康乐部对外开放，在为住店客人提供服务的同时，也为非住店客人提供服务，取得了很好的经济效益和社会效益。将康乐部对外开放，酒店既得到了较好的经济效益，又提高了知名度，还为稳定客源做出了贡献。

3. 因地、因店、因时制宜原则

酒店康乐设施的建设要根据地理位置、环境、客人数量和客人的特点做出决策。酒店的康乐设施配备应尽量达到客人的期望值，满足不同客人的不同需求。因此酒店康乐设施的设置以及各个康乐项目的配备，都应因地、因店、因时不同而有所不同。

受场地限制的酒店不可能设置占地面积很大的高尔夫球场，如果希望打高尔夫球的客人多，则可考虑建模拟高尔夫球场或城市高尔夫球场。如果酒店的规模较小，就不必设立夜总会这样的项目。寒冷地区的酒店一般不宜建室外游泳池，如果建了室外游泳池，受气候和季节的影响，室外游泳池利用率必然较低。一般情况下，我国北方地区的室外游泳池一年中只能在6月、7月、8月三个月开放。但值得注意的是，近年来，国内外有越来越多的人喜欢冬泳，国外已经出现了温水露天冬泳游泳池，国内的冬泳爱好者还主要在天然水域冬泳。

4. 把握市场趋势，满足目标客人需求原则

随着生活水平的提高，康乐需求的潜在市场巨大。酒店康乐项目的设置和选择要以研究市场需求为基础，即通过对一定区域范围内的酒店康乐项目消费情况进行广泛调查与统计分析，总结市场需求的特点，明确最为市场所青睐的康乐项目，由此形成酒店康乐项目设置的第一步，为酒店康乐产品开发和设置提供最有力的指导。

5. 适应性原则

酒店在设置康乐项目时，其市场定位应该以市场细分为基础，在细分过程中，通过对市场各个层面的分析比较来选择适合进入的市场层面。要紧跟时代潮流，但切不能盲目跟随，要根据酒店的地理位置、环境条件、客人数量和客人类型，因时、因地、因店设置适合的康乐项目，不断满足人们日益增长的康乐需求，适应市场发展趋势。

首先选择主营项目。根据酒店优势和市场前景，将市场潜力最大的项目确定为主营项目，主营项目应具有一定的规模和一定的特色。例如主营项目为室外游乐项目或室内康乐项目。其中，室外游乐项目分为水上项目、陆地项目、冬季项目、夏季项目等，室内康乐项目分为康体项目、娱乐项目、保健项目等。主营项目必须有较强的优势，只有这样才能有较高的市场占有率。

其次确定配套项目。主营项目确定以后，接下来的工作是选择、设定相应的配套项目，配套项目是主营项目的补充和完善。在确定配套项目时，既要考虑为客人提供服务的完整性，又要考虑配套项目与主营项目的一致性。

6. 紧跟时代潮流，加强创新原则

市场是瞬息万变的，只有充分了解当今时代的发展趋势、康乐市场的动态需求和变化，适时调整定位，加强项目创新，才能在激烈的市场竞争中取得优势。随着人们对康乐项目的要求越来越高，以及高科技成果在康乐设施上的运用，康乐项目和康乐产品的种类层出不穷，酒店在设置康乐项目时，要根据酒店规模、目标市场、经营理念等确定康乐项目和设施设备的类型、档次和水平，使康乐项目和设施设备不仅先进适用，而且具有创新性、新颖性，有利于提高整个酒店的吸引力和市场竞争力。

（二）康乐部项目基本类型

康乐部项目基本类型可以分为三类：运动健身类、休闲娱乐类、康体保健类。

1. 运动健身类项目

（1）项目概述。

运动健身类项目是人们借助特定的运动健身类设施设备，在舒适的环境中，通过自己的积极参与和适度的运动量，实现锻炼身体、增强体质、释放压力、身心平衡的效果。运动健身类项目不同于篮球、田径、足球等专业体育项目。专业体育项目往往是以参加各种专业比赛为最终目的，虽然也有强身健体的作用，但难度大、体力消耗大、技巧性强，一般不易为大众所接受；运动健身类项目是体育运动中的一部分，易于被大众接受，且趣味性强，运动量适中。随着人们生活水平的提高、生活观念的改变，运动健身类项目受到城市居民的青睐。客人参与康体项目是为了锻炼身体并从中享受到乐趣，进而放松身心。

(2) 运动健身类项目的内容。

运动健身类项目的内容主要包括网球、台球、保龄球、高尔夫球、羽毛球、壁球、乒乓球、沙狐球、游泳、健身、室内攀岩、飞镖及射箭等。

(3) 运动健身类项目的特点。

1) 运动健身类项目对设施设备的要求较高。

运动健身类项目的核心是为客人提供康乐设备和运动场地。康体设备都应选择高规格、高质量的,一方面可以为客人提供充分的舒适享受,另一方面可以降低设备的故障率,保证经营的连续性,减少维修费用。

2) 提供运动健身类项目的配套服务是经营的保证。

在设计运动健身类项目时,应根据酒店实力和客人需要提供配套服务。这不仅包括每个项目的内部配套完善,如休息室、水吧、洗浴、餐厅等配套项目,还包括各种康体项目的互相配套、互补。

3) 运动健身类项目需要提供指导性服务。

运动健身需要较强的技能,客人在相关项目上需要技术性指导。因为客人的消费层次、文化层次有一定的差异,对运动项目品种的熟悉程度因人而异。尤其是一些较为先进的进口设备和较为时尚的运动方式,客人比较生疏。这都需要服务人员提供耐心、正确、优质的指导性服务,以使一些不能掌握器材使用技能的客人能正确地使用器材,激发客人的兴趣,增加客人的参与度。

2. 休闲娱乐类项目

(1) 项目概述。

休闲娱乐类项目,是指通过一定的设施、设备和服务,使客人在参与中得到精神上的放松和满足的游戏活动。休闲娱乐类康乐活动要求康乐部创造优雅环境气氛,客人在良好的环境中体验休闲娱乐类项目,得到精神上的超脱感,不仅有利于树立酒店的形象,而且对酒店的长远发展起着举足轻重的作用。休闲娱乐类项目与运动健身类项目既有区别又有联系,两者的区别在于:运动健身类项目多由体育运动项目转化而来,而休闲娱乐类项目是以休闲娱乐为主的游戏活动。

(2) 休闲娱乐类项目的内容。

休闲娱乐类项目的内容主要包括棋牌服务、KTV 服务、舞厅服务、电玩游戏服务、酒吧服务等。

(3) 休闲娱乐类项目的特点。

1) 休闲娱乐类项目的基础是环境和氛围。

休闲娱乐类项目的场所应高雅、洁净且具有一定的文化品位。休闲娱乐类项目活动场所吸引客人的主要因素是环境和氛围。内容丰富、品位较高的娱乐项目和洁净、高雅的娱乐场所不仅能给客人带来愉悦的心情,也会给客人带来宾至如归的感受。客人光顾此类场所就是为了享受其环境,所以营造娱乐氛围是至关重要的。

2）休闲娱乐类项目具有很强的个人参与性。

很多休闲娱乐类项目都要求客人主动参与、自我表现，以达到娱乐的目的。另外，由于现代人大多生活压力比较大，工作节奏快，有很多客人希望在参与休闲娱乐活动的过程中通过自助娱乐达到某种心理或生理上的放松和满足。

3. 康体保健类项目

（1）康体保健类项目概述。

康体保健类项目是一种消除疲劳、平衡身心的良好途径。现代社会，人们因生活节奏加快而疲劳，因工作竞争激烈而紧张，普遍存在精神紧张、身体疲劳、身心失衡等现象。随着养生保健的理念与知识日益深入人心，人们迫切希望通过一定的方式调节自己的身心，达到康体保健、养生抗衰的目的。因此，现代康体保健类项目的需求在不断扩大。

康体保健类项目是指借助一定的设施设备，在优美舒适的环境中，通过服务作用于人体，使顾客能够放松身心、消除疲劳、恢复体力、美容养颜、陶冶情操等的各种类型的活动项目。康体保健类项目根据参与者活动的强度可以分为主动式康体保健和被动式康体保健项目。其中，主动式康体保健项目主要是指顾客通过特有的环境和设施设备，运用一定的技法进行的康体活动，如各种球类运动；被动式康体保健项目是通过环境和设施设备作用于人的身体和服务人员提供相关的服务，从而起到放松肌体、消除疲劳等作用的活动，如桑拿、按摩等项目，此类项目顾客被动参与性较强。本书康体保健类项目主要探讨被动式康体保健项目的相关内容，主动式康体保健项目归类于运动健身类项目中具体讨论。

（2）康体保健类项目的内容。

康体保健类项目的内容主要包括 SPA 水疗服务、桑拿浴服务、保健按摩服务、美容美发服务、氧吧服务。

（3）康体保健类项目的特点。

1）服务人员的专业性是康体保健类项目的关键。

无论是保健按摩、SPA 水疗还是美发、美容，都需要由受过专业训练并取得上岗资格证书的人员来提供服务。服务人员专业水平的高低不仅关系到服务水平的好坏，而且直接影响项目经营效果的好坏。

2）良好的卫生条件是康体保健类项目的保证。

康体保健类项目大多直接接触客人的身体，卫生条件对客人的健康来说显得尤为重要。无论是客人用的物品还是服务设施都应经过严格的消毒，同时专业服务人员也要做好个人卫生。

3）客人安全是康体保健类项目的基础。

无论是桑拿、保健按摩、美容美发还是 SPA 水疗等，都应把客人安全放在首位。在经营服务过程中，如因服务操作失误或因康乐设施故障对客人造成伤害，酒店都负有不可推卸的责任。因而，无论是从提升服务质量还是从提升酒店经营绩效的角度来说，都应该把安全放在首要的位置。

三、康乐部项目的服务程序

（一）运动健身类项目服务程序

运动健身类项目通常主要包括健身器械运动、球类运动和游泳运动三大类，针对相应的项目类别，我们学习相应的服务程序。

1. 健身器械运动

健身器械运动主要包括心肺功能训练项目和力量训练项目，两种健身项目均可在健身房完成，因此，以健身房为例介绍健身器械运动服务程序，如图 12－4 所示。

健身房服务程序图

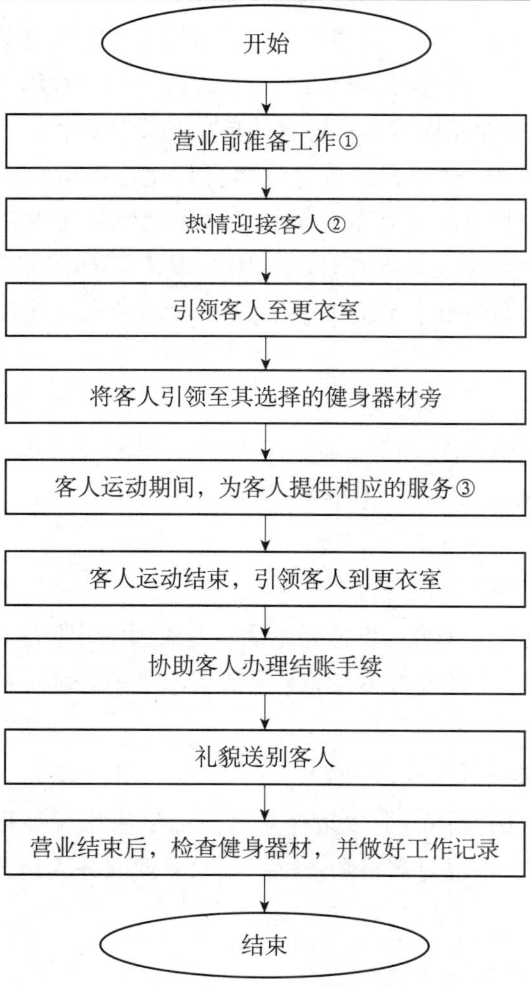

工作目标
1.为健身房客人提供优质的服务 2.为酒店赢得良好的声誉
关键环节
①做好营业前准备工作。 A.做好场地和设备的清洁工作。 B.检查各种健身器械是否完好。 ②迎接来店客人。 A.服务员应站立于健身房门口，并面带微笑，亲切、有礼貌地接待每一位客人。 B.登记客人姓名、房号，发放更衣柜钥匙、毛巾等物品。 ③客人运动期间，健身房服务员应提供以下三项服务： A.为客人播放符合运动项目节奏的音乐。 B.细心观察客人的运动状态，及时提醒客人应注意的事项。 C.运动休息间隙，主动为客人递送毛巾，并按客人要求为其提供饮料、茶水等服务

图 12－4　健身房服务程序图

2. 球类运动

球类运动运动量较大，技术性、技巧性较强，并具有一定规则，提供此类项目服务的工作人员需要具备一定的专业基础知识，能为客人提供周到、及时的服务和建议，提升酒店的整体形象和服务质量。

球类运动包括保龄球、台球、高尔夫球等多种运动，这里以保龄球和高尔夫球为例介绍球类运动的服务程序，如图 12－5 和图 12－6 所示。

保龄球服务程序图	工作目标
开始 → 岗前准备工作① → 热情迎接客人 → 引领客人办理手续并收取押金 → 帮助客人换上保龄球专用鞋 → 引领客人到选定球道，打开电脑显示器 → 协助客人选好用球 → 陪打时提醒客人用手蘸松香粉或滑石粉，防止保龄球从手中滑落 → 如客人要求陪打，服务员应礼让在先，对客人击出的好球要鼓掌示意 → 每局前递上毛巾，及时添加饮料茶水，迅速清理好台面② → 做好结账工作并送别客人③ → 结束	1.为保龄球馆客人提供优质的服务 2.为酒店树立良好的形象 **关键环节** ①准备工作包括以下三个方面： A.上岗前应先做自我检查，要做到仪容仪表端庄、整洁，且精神饱满。 B.做好球馆的清洁、整理工作。 C.将公用鞋按尺码大小排列整齐，并填写数量记录表。 ②根据客人需要及时提供饮料、面巾等服务，并记录台号、消费的饮料名称及数量。 ③迅速递上账单（放在收银夹），请客人确认后交至收银台结账

图 12－5　保龄球服务程序图

高尔夫球服务程序图	工作目标
开始 ↓ 做好岗前准备① ↓ 热情迎接客人 ↓ 引领客人办理手续并收取押金 ↓ 请客人换好专用鞋，并引领客人至场地 ↓ 为客人准备好球杆和记分板 ↓ 按客人要求，为客人提供裁判、示范等服务 ↓ 询问客人需要的饮料，同时递上毛巾② ↓ 在客人打球休息期间递上毛巾，及时添加饮料、茶水 ↓ 客人消费结束时，服务员应清点高尔夫球，并收好球杆 ↓ 为客人做好结账工作，并送别客人③ ↓ 结束	1.为球场客人提供优质的服务 2.为酒店赢得良好的声誉 **关键环节** ①准备工作包括以下两个方面： A.上岗前应先做自我检查，要做到仪容仪表端庄、整洁，且精神饱满。 B.检查卫生清洁情况及高尔夫球的辅助用品等是否齐全，并将球杆和球放在规定的位置。 ②客人需要时，应记录场地、消费的饮料名称及数量，毛巾要冬温夏凉。 ③迅速递上账单（放在收银夹），请客人确认后交至收银台结账

图 12-6　高尔夫球服务程序图

3. 游泳运动

游泳运动有利于改善心血管系统，促进血液循环，增强呼吸系统功能，加大肺活量，改善对皮肤血管的供血。因此，游泳运动被人们所钟爱和重视，受到人们的欢迎。游泳运动基本可分为室内游泳、室外游泳和自然场地游泳三大类。本部分以游泳馆为例介绍相应的服务程序，如图 12-7 所示。

游泳馆服务程序图	工作目标
开始 ↓ 礼貌热情迎接客人 ↓ 为客人办理登记手续① ↓ 引领客人到更衣室 ↓ 引领客人到游泳池 ↓ 为客人提供游泳期间各项服务② ↓ 客人游泳结束，引领客人至淋浴室 ↓ 为客人办理结账等手续 ↓ 礼貌送别客人③ ↓ 结束	1.为客人提供优质的服务 2.为酒店赢得良好的声誉 **关键环节** ①为客人办理登记手续。 A.为客人办理登记、记账手续，并配合收银员收取押金。 B.为客人发放更衣柜钥匙。 ②为客人提供游泳期间各项服务。 A.服务员应随时为客人提供饮料和其他服务。 B.救生员应密切注意水中客人，发现险情应及时急救，确保游泳客人的人身安全不受伤害。 ③礼貌送别客人。 A.客人离店时，主动提醒客人不要遗忘物品。 B.将客人送至门口，礼貌道别

图 12－7　游泳馆服务程序图

（二）休闲娱乐类项目服务程序

休闲娱乐类的康乐活动，一般主要包括歌舞类康乐活动、文艺演出类活动和游戏类活动项目三大类型。本部分以歌舞厅和棋牌室为例介绍休闲娱乐类项目的服务程序，如图 12－8 和图 12－9 所示。

（三）康体保健类项目服务程序

康体保健类项目形式可分为洗浴、按摩、美容美发，并制定了三种项目形式的服务程序。

1. 洗浴

本部分以桑拿为例，介绍洗浴项目的服务程序，如图 12－10 所示。

歌舞厅服务程序图	工作目标
开始 ↓ 礼貌热情地迎接，并引领客人入座 ↓ 为客人介绍歌舞厅的基本情况及节目安排 ↓ 询问客人要求，推销酒水、食品 ↓ 将客人要求记录在酒水单和点歌单上 ↓ 将酒水单、点歌单分别交给吧台、DJ台 ↓ 将客人点的酒水、食品送到客人面前 ↓ 随时注意客人的情况① ↓ 客人示意结账时，为客人办理结账手续② ↓ 恭送客人，感谢客人的光临 ↓ 结束	1.礼貌地迎接客人，引领客人到其满意的位置 2.准确记录酒水单、点歌单及客人的特殊要求 3.及时向领班或管理人员转达客人的消费信息 **关键环节** ①注意客人情况，随时为其提供服务。 A.当发现客人桌上食品、酒水快用完时，应主动询问是否需要添加。 B.如果客人要增加消费，需立即送上酒水单和食品单，提供适当的建议，将客人的要求清晰、准确地记录在单据上。 C.及时清理客人桌上的垃圾。 ②为客人办理结账手续。 A.客人示意结账时，服务员需主动递送账单请客人确认。 B.询问客人付款方式，迅速为其办理结账手续，并出具相关票据

图 12－8　歌舞厅服务程序图

棋牌室服务程序图	工作目标
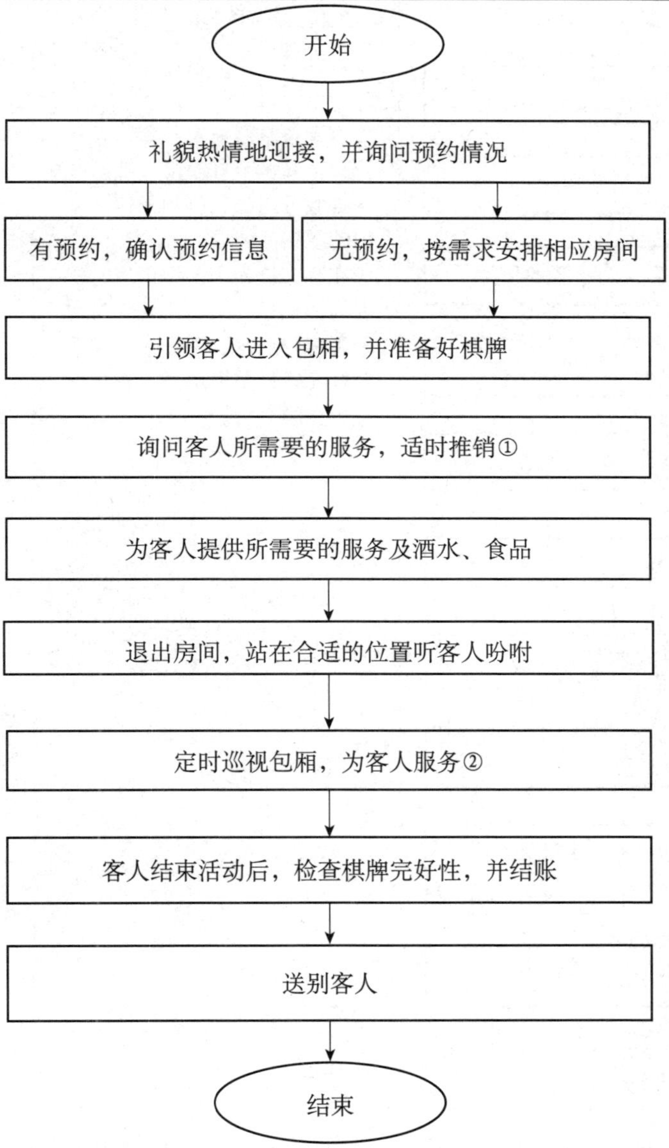	1.根据客人的要求，协助客人选择合适的棋牌项目及包厢 2.为客人提供满意的服务

关键环节

①询问客人所需的服务，适时推销。

A.根据客人要求讲解各种棋牌的活动规则及使用方法，必要时应为客人做示范。

B.按客人的要求洗牌、砌牌、发牌及计分等。

C. 适时地推销各种酒水、饮料及食品等。

②定时巡视包厢，为客人服务。

A.每隔15~20分钟巡视一次包厢，进门时需先敲门并自报家门。

B.进门后，应为客人清洁台面，更换烟灰缸并添加茶水、饮料，如客人提出用餐，应及时与送餐部联系

图 12－9　棋牌室服务程序图

桑拿服务程序图	工作目标
开始 ↓ 做好营业前的准备① ↓ 欢迎客人到来，主动、热情地招呼 ↓ 将服务项目表递给客人，请客人确定服务项目 ↓ 引领客人前往更衣区域，并等候 ↓ 介绍桑拿设备、使用方法及相应的服务 ↓ 询问客人是否需要饮料 ↓ 客人洗浴期间要按时巡视桑拿房② ↓ 洗浴结束 ↓ 征询客人是否满意，如无其他服务，则做好结账工作并送别客人 ↓ 收回更衣柜钥匙，更换布巾，打扫浴室 ↓ 准备迎接下一位客人 ↓ 结束	1.为洗浴客人提供优质的服务 2.为酒店赢得良好的声誉 **关键环节** ①检查桑拿浴室及各处，打开开关，并调节好温度，准备好各种服务用品，打扫工作区域内的卫生。 ②在客人进入干、湿蒸房时，要为客人送上浴巾，并随时为干蒸房内加水。工作中，需随时补充各种服务用品，并清理垃圾和废弃物。

图 12－10　桑拿服务程序图

2. 按摩

按摩服务是通过专业按摩人员的手法或特定的器械设备，作用于人体体表的特定部位，以调节肌体的生理状况，从而起到消除疲劳、恢复体力、振奋精神的作用，甚至达到一定的治疗效果的参与式康体保健项目。因此，严格的按摩服务程序和专业的服务人员是提升顾客体验的重要基础。本部分主要以人工按摩服务为例介绍按摩服务程序，如图 12－11 所示。

按摩服务程序图

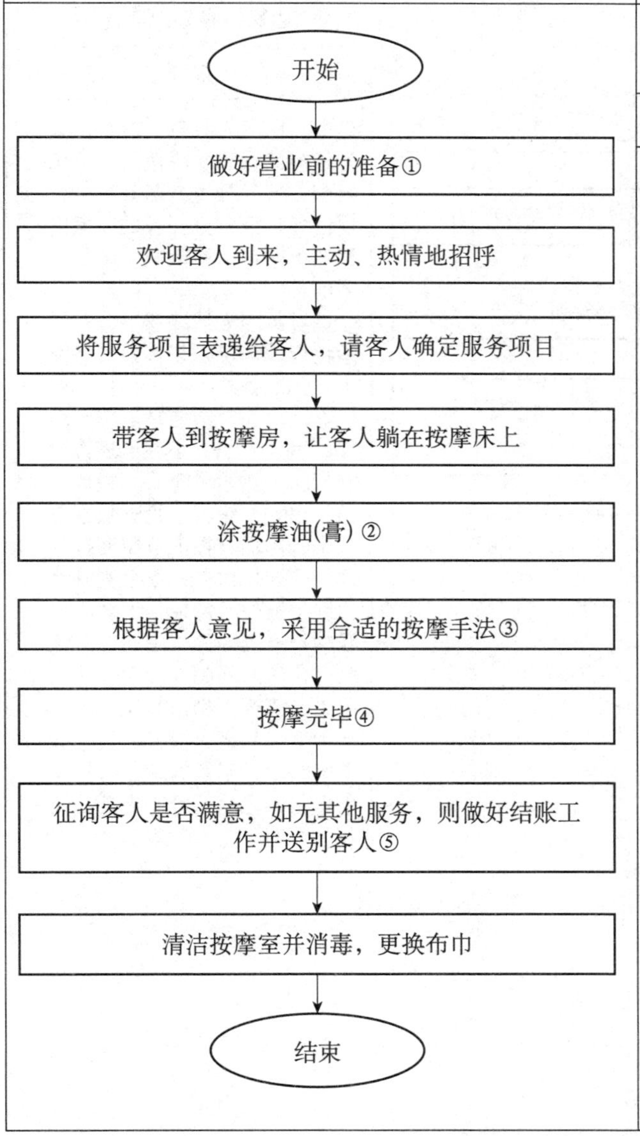

工作目标

1.为客人提供优质的服务
2.为酒店赢得良好的声誉

关键环节

①注意开窗或打开换气扇通风，清洁室内环境及设备。整理按摩床，将所需用品放在指定位置。配齐各类营业用品，做好营业前的各项准备工作。
②按摩师在工作前应先洗净双手，并且询问客人是否有皮肤问题或身体是否有损伤部位。
③按摩师在按摩过程中应勤征询客人意见，了解客人感受。使用力度要适合，压力要均匀，姿势要正确，力求使客人满意。
④按摩后，按摩师应用干毛巾抹去客人身上的按摩油(膏)，并按下计时钟，告知客人按摩时间。同时，送上热毛巾供客人使用，并做好客人更衣前的各种服务工作。
⑤如客人要求挂账，服务员要请客人出示房卡并与前厅收银处联系，待确认后再请客人签字。服务员要认真核对客人的笔迹。如未获前台收银处同意或认定笔迹不一致，则请客人以现金结付

图 12－11　按摩服务程序图

3. 美容美发

美容美发早已成为人们在工作之余消除疲劳、愉悦身心的方式之一，尤其是年轻白领女性在繁忙工作之余美容美发已成为一种生活常态。美容美发也为度假型和商务型酒店的顾客所青睐，舒适的环境、专业的服务已成为酒店高质量服务中不可或缺的一部分。

本部分以美容为例介绍美容美发服务程序，如图 12－12 所示。

<table>
<tr><th rowspan="2">美容服务程序图</th><th>工作目标</th></tr>
<tr><td>1.为客人提供优质的服务
2.为酒店赢得良好的声誉</td></tr>
<tr><td rowspan="2">开始
↓
做好营业前的准备①
↓
将服务项目表递给客人，请客人确定服务项目
↓
引领客人至美容区，并进行美容服务②
↓
征询客人是否满意，如无其他服务，则做好结账工作并送别客人
↓
清洁美容区并消毒，更换新毛巾，做好再次迎客的准备
↓
结束</td><td>关键环节</td></tr>
<tr><td>①上岗前应先做自我检查，做到仪容、仪表端庄整洁，符合要求；将各种用具准备齐全，保证各种设备完好有效，室内整洁干净；精神饱满，做好迎客准备。
②美容师应先清洗双手，并用酒精棉球消毒；替客人围好围巾，并准备好各种用具；开启机器，用喷雾清洁霜清洗脸部；用大、中、小刷子进行脸部打圈，然后用海绵轻轻擦去；用大、中、小吸管吸去毛孔中的污垢；擦上按摩油按摩，完成后擦去；喷上爽肤水，用纱布盖住脸部；根据客人皮肤的特点（油性、中性、干性），涂上合适的面膜，并盖住客人眼睛，请客人稍微休息；约20分钟后，为客人擦去面膜，涂上爽肤水，用营养霜进行按摩；用电热棒先热后冷，进行皮肤收缩处理</td></tr>
</table>

图 12－12　美容服务程序图

学习专栏

1. 简要说明健身房服务的服务程序。
2. 保龄球服务项目所需的准备工作有哪些？
3. 简述康乐部服务人员语言规范的基本要求。

资源链接

视频微课 12－1

视频微课 12－2

在线自测

扫一扫　练一练

第四篇

酒店数字化运营

第十三章　酒店数字化运营管理

任务导读

随着物联网、云计算、大数据、人工智能等新一代信息技术的发展，酒店业进入了数字化转型的阶段，数字化转型的结果就是实现了数字化的运营。本章从酒店信息化和数字化的必然趋势展开，帮助学生了解酒店信息化和数字化的概念，建立酒店数字化转型和数字化运营管理的初步意识，了解数字化在酒店营销方面的应用，让学生对酒店行业的管理创新和新变革下专业技能的提升有具体的认识。

第一节　酒店运营的信息化与数字化

后疫情时代，数字化正在重塑各个行业，同样也正在催生酒店行业的创新变革。伴随着席卷而来的数字化浪潮，越来越多的传统酒店都在努力完成数字化转型，无论是存量酒店还是在建的新酒店，都在寻求智能化、个性化、信息化的升级。

一、全球酒店业在数字时代的发展趋势

中国未来经济发展的重要方向是以数字化转型驱动变革生产、生活方式。同时，信息化向数字化转型是新时代高新技术发展的选择，数字化则是信息化全方位科技应用的升级。酒店数字化已经成为一个不可逆转的趋势，各大酒店管理集团纷纷加大对数字化技术的投入和应用，以提高自己的管理效率和服务质量。

（一）旅行者的需求变化趋势

由于新冠疫情的影响，全球各地人们的出行方式、工作方式和生活方式发生了不可逆转的变化，酒店的服务内容、服务方式、营销方式和管理方式也要随之进行调整。

1. 消费人群变化

由于新冠疫情的影响，欧美很多大型科技公司允许员工采用混合或者灵活的远程工作方式上班。仅在 2021 年，全球永久远程工作的人所占比例就翻了一番。一边工作一边在酒店享受酒店服务的工作方式发展迅猛。这一新增的消费群体还有一个新的名称，叫商务休闲者。这类群体还包括数字游民、当地的自由职业者，甚至是希望有一个工作空间的小型创业团队。

为了满足这个新兴细分市场客户的需求，酒店可以调整空间布局、产品和产品组合来满足商务休闲者对工作环境的要求，使得酒店成为远程和协同工作的场所。在服务方面，

酒店需要为商务休闲者提供免费高速的 Wi-Fi、充足的电源插座和充电接口、可口的饮品和美味的小吃。此外，酒店还可以利用这个细分市场，提高酒店大堂和其他未被充分利用的空间的使用率，如会议室、淡季的客房，以满足商务休闲者的需求。

2. 酒店数字化体验需求增加

通过新一代信息技术为自己带来数字化体验是新一代消费群体的刚需。特别在全球新冠疫情的影响下，人们对非接触式服务和自助服务的需求越来越大，例如使用线上礼宾服务、用手机开启房门、非接触式支付、客人自助办理入住、通过语音技术控制客房设备、通过手机与酒店服务人员交流和请求服务等。智能手机成为客人住店体验的主要工具，虚拟现实（VR）、增强现实（AR）、物联网、云计算、大数据、人工智能等新一代信息技术将在酒店业得到更广泛的应用，从而为旅行者带来更多的数字化体验。

3. 酒店健康服务需求增长

健康旅行在如今广受旅行者欢迎，很多旅行者在旅行过程中寻求减压、康复、平衡情绪和获得更好的护理与睡眠质量。

针对客人的这个新需求，酒店将住宿、餐饮服务与健康服务整合成为新的服务趋势。例如，除水疗服务外，酒店还可以在服务中加上健康诊断咨询、饮食和营养计划、瑜伽课程等健康服务项目。此外，酒店可以思考如何使用数字技术为客人提供更为精准有效的健康服务体验，例如利用数字技术提升客房的空气质量、为客人提供一键式的睡眠灯光控制等。

（二）酒店管理和运营的发展趋势

虽然在数字时代，酒店业已经不断加大数字化方面的投入，但酒店业大量的服务人员流失、客人消费行为习惯发生变化等情况加速了全球很多酒店集团数字化转型的速度，酒店业不得不更多地使用数字技术替代人工，并通过数字技术为客人创造个性化体验，以吸引客人成为回头客。

1. 酒店业数字化转型加速，促进企业管理变革

数字化转型有助于酒店业转向新的商业模式，创造与客户接触和沟通的新方式，为酒店带来新的收入来源。虽然旅行者也希望获得有“温度”的服务，但更加看中便捷性、舒适性和个性化体验。酒店业需要利用数字化技术及数据驱动来开展业务变革，改变现有的业务流程、组织结构、企业文化，着力推进智慧营销、智慧服务、智慧供应链等建设，建立智慧服务流程，建设基于数字平台的服务体系，为旅行者塑造在线的数字服务体验，提高客户黏性，拓展企业数字服务能力，最终实现创新服务模式和创新商业模式，这也是数字化转型的核心概念。

2. 通过数据为客人提供全接触点的个性化服务体验

在数字时代，随着个性化推荐和精准营销技术的普及，旅行者希望在旅行过程中获得更多的个性化服务体验。因此，酒店需要分析旅行者的整个消费旅程阶段，并在消费旅程中的关键接触点借助数字技术为客人创造个性化的服务体验。因此，酒店业将成为一个更加侧重数据驱动业务的行业，将前台和后台的系统打通，使得数据能够互联互通，能够对客人的数据进行多维度的采集，分析用户画像，为客人提供个性化且无缝的服务体验。为

客人提供平常且同质化的服务将使得酒店的市场竞争力大大降低，客人需要酒店满足他们特定甚至特殊的需求。为此，酒店需要分析客人从最初预订到入住，再到结账的整个过程，深入分析每一个接触点上是如何利用数字技术创造与客人进行深度互动的机会的，并在每一次互动中通过数据进一步了解客人的偏好和习惯。

例如，很多酒店开始使用个性化电子邮件营销，在向客人发送电子邮件问候的时候加上客人的名字，但这还远远不够，酒店还可以利用数据技术，对客人的过往购买、入住习惯进行数据分析，形成用户画像和行为标签体系，从而为客人个性化地推荐优惠信息。对于曾经消费过的客人，会自动提供与过往入住相类似的消费内容或者个性化推荐更符合客人需求的产品和服务。

3. 通过数字化营销应对不可预测的市场变化

如今，受到旅行限制和个人健康等因素影响，旅行者的出行和旅行安排有了更多不确定性。旅行者甚至会通过“行程叠加”来建立某种确定性。例如，他们会利用酒店灵活的政策一次预订多个行程，并根据行程变化取消或者修改预订。这将使得酒店的预订管理变得更加困难，过去根据用于市场预测的一些因素做出的判断可能会出现较大误差。

面对更加难以预测的市场变化，酒店需要进行社交媒体推广、OTA 渠道推广，吸引客人到数字营销平台预订，然后建立包括客户互动和深度运营的客户关系管理系统在内的完整的数字营销平台，与客人建立直接的关系，这样将有助于与客人建立更加有效的沟通并解决问题。此外，面对更加复杂的市场变化，酒店还需要利用数字技术时刻掌握竞争对手情况、市场变化和库存变化，及时调整各个销售渠道的价格，使得收入能够最大化。

（三）酒店人力资源管理的发展趋势

目前，酒店业面临大量的服务人员流失，很多国家的酒店即便重新开始营业，也一时难以找到足够的员工。很多从酒店离开的从业人员也经历了许多挑战，包括失业、经济危机以及健康问题，并产生了职业倦怠。他们重新评估未来的职业发展，利用这段休息时间学习新的技能，并找到了新的工作，从而平衡了自己的工作与生活。

数字化转型的一个目标是在旅行者消费旅程的每个接触点更有效地吸引数字用户，实现用户增长；另一个目标就是推动组织变革和流程变革，在管理流程的每个环节更有效地进行变革和创新，实现数据驱动业务的增长。这将对酒店业的人力资源管理和发展产生深刻的影响，毕竟员工是酒店最重要的资产。在数字时代，酒店人力资源管理将更加注重如下方面：

1. 利用数字技术调整岗位配置和吸引数字化人才

酒店将在更多的工作流程和岗位上引入人工智能和自动化技术，去代替一些重复性的、枯燥的工作，从而给员工提供更有意义的工作岗位和工作内容。在数字时代，酒店业需要具有信息素养、数字化思维和技术应用能力的高素质技术人才。有两类人才将是酒店业争夺的对象：一类是能够为客人提供高品质、个性化服务的服务人才；另一类是具有数据思维，能够通过数据去发现问题和解决问题的数字化运营人才。这两类人才都是无法用机器人和自动化取代的。

2. 为员工提供数字化的工作氛围和体验

酒店在更多工作岗位上，将利用数字技术简化复杂、耗时的流程。酒店还会打造一个内部沟通的平台，利用移动互联网实现全体员工之间的平等和双向无缝的有效沟通，使得酒店管理层能够更好地服务员工。在数字技术的支持下，酒店可以给一线员工更多授权，让员工在工作岗位更有参与度和决策权，从而获得更多的工作满足感和幸福感。

3. 培养员工数字技能，并提供晋升和发展的机会

高素质的服务和管理人才是酒店获取竞争优势的核心。酒店将从为员工提供有竞争力的薪酬和福利开始，利用数字技术提升员工的技能和能力，加大对员工在数字技能方面的培训投资，为员工提供在酒店内部更多的职业发展机会。酒店人力资源部门将更加专注于培养现有员工的知识迁移技能，使得他们能够有机会调整到或者晋升到需求更迫切或者更有吸引力的岗位。随着员工数字技能的提升，员工的自信心会加强，并对组织有更强的归属感。

二、酒店信息化与数字化的概念

信息化是一个广义的概念，分为初级信息化、数字化、智能化三个层次。酒店业常说的“酒店信息化”主要是指“初级信息化”阶段，是指借助计算机软件和硬件、网络等技术来代替部分或更多的酒店手工操作，从而提高酒店内部的管理和运营效率。

酒店数字化是“把物理世界映射或迁移到数字世界”的过程，是利用数字技术对酒店的业务流程和运营模式进行数字化改造和重构，以提高酒店的运营效率和服务质量的过程。

酒店智能化是指利用人工智能技术和机器学习算法等手段，使得酒店的客房、餐厅、前台、会议室等区域具备一定程度的智能化，能够自主感知、学习、适应和执行人类所下达的指令和任务，从而提高客户体验和酒店管理效率。

数字化是实现智能化的基础，智能化是数字化的升级。

（一）认识酒店信息化

信息化的本质是利用信息技术对信息进行处理，这个处理内容包括获取信息、转换信息、存储信息、传输信息、加工信息和利用信息等，而这些也是信息化工具必须具备的功能。信息化代表新的生产力，信息化工具代表新的生产工具。人们的生产方式、生活方式、学习方式、交往方式及人类社会都会因信息化而发生极其深刻的变化。

长期以来，酒店业都是一个劳动密集型产业，无论是在内部还是对客服务，都需要依赖标准和流程的建立。为了提高工作效率，酒店业对信息化有很强的依赖性。

酒店信息化应用的产生与发展大体上经过了如下两个阶段，并有显著的应用特征。

1. 阶段一：电算化阶段（1990 年之前）

（1）发展背景。

高端酒店是一个集客房、餐饮、会议、休闲、商务及其他各种服务和设施于一体的消费场所。酒店组织结构庞大、服务项目内容繁多、接待客流量大。因而，如何提高工作效率、降低成本、提高服务质量和管理水平成为酒店管理人员的最大痛点。借助计算机技术对酒店管理和运行过程中的人流、物流、资金流和信息流进行信息化的输入、存储、处理

和输出是酒店管理者的必然选择。早期的酒店信息化应用正是为此目的而设计的。

（2）信息化应用与特征。

酒店业以替代手工操作为目的而引入计算机系统，使得酒店工作人员可以利用计算机系统来处理简单、琐碎、重复性的工作。例如在酒店财务管理上，工作人员可以用计算机完成收银、总账、出纳、对账等财务工作；在酒店客房管理上，工作人员可以用计算机实现可用房查询、客房统计报表等工作。在客人入住酒店后，酒店工作人员可以使用计算机管理系统完成入住登记、收银、查询、结账、报表生成等多个工作任务。这些计算机应用对酒店实现局部业务的信息化、提高工作效率及改善服务质量等起到了积极的作用。

从现在的数字化视角看，这一阶段酒店信息化应用的局限性是酒店管理系统并没有从深层次上改变酒店业的管理流程，仅仅是替代手工操作或对流程的计算机模拟。目前，这还是很多酒店信息化实施的典型特征。

2. 阶段二：自动化阶段（1990—2000 年）

（1）发展背景。

随着计算机技术在智能楼宇控制自动化和酒店设施设备管理监控方面的广泛应用，酒店设备运行管理也在往自动化方向发展。酒店业逐步迈入高层次的信息化应用阶段，即自动化阶段。

（2）信息化应用与特征。

酒店开始大量使用暖通空调监控系统、给排水监控系统、供配电与照明监控系统、火灾报警与消防联动控制系统、电梯运行管理系统、出入口控制及门禁系统等实现设施设备运营管理的自动化，逐步发展成为由中央管理站系统、各种直接数字控制器（Direct Digital Control，DDC）及各类传感器、执行机构组成的，能够完成多种控制及管理功能的智能化、自动化控制系统。酒店信息化在这一阶段的另外一个典型应用方向是酒店办公自动化。酒店管理者通过能够覆盖酒店各业务部门的办公自动化（OA）系统，实现文档和信息方便、快捷、准确地传递与管理。

从现在的数字化视角看，这一阶段酒店信息化应用的局限性是信息化系统有从深层次上改变传统酒店业内部管理流程的能力和可行性，但是酒店经营管理者的思维、信息素养和信息素质远未达到借助于信息化去彻底改变酒店经营管理模式和增强核心竞争力的要求。酒店信息化发展的挑战主要是数字化人才的缺乏。

（二）认知酒店数字化

“数字化”（Digitalization）的目的是企业利用人工智能、云技术、大数据等新一代信息技术将企业的业务流程全过程数据化，通过数据驱动管理决策，用数据驱动运营流程，用数据驱动产品和服务，用数据驱动业务，这样企业就构建了不断驱动业务的数据资产，为企业重构商业盈利模式创造了可行性。数字化是实现智能化的前置阶段和前置条件。智能化是指企业通过利用大数据和人工智能技术实现服务、运营和决策的智能化，达到可预测、可配置、自优化、自适应的能力阶段。数字化是数据驱动的，而智能化不仅仅是数据驱动的，更是算法驱动的。智能化是数字化能力的提升，使系统变得更加“聪明”。

因此，我们可以得知：初级信息化是数字化的基础，数字化是智能化的前提。

酒店数字化是“把物理世界映射或迁移到数字世界”的过程，是利用最新数字技术改变酒店运营流程、运营模式甚至业务模式的过程。

从酒店数字化发展过程来看，数字化在酒店业经历了三个发展阶段，每个阶段都有显著的应用特征。

1. 阶段一：网络化阶段（1995—2005 年）

（1）发展背景。

互联网催生了数字经济的发展，互联网技术成为推动经济发展的巨大动能，包括酒店业在内的各行各业都开始实施“数字化”发展战略。以高速宽带数据网络为载体的“数字化酒店”（Cyber Hotel）也在这个阶段应运而生。

（2）数字化应用与特征。

数字化酒店不仅仅是指酒店有接入高速宽带，使得客人能够在酒店内高速上网，它还包含了丰富的网络应用。例如，对客人，数字化酒店创建官方网站供访客浏览，并在网站上提供订房、促销与活动信息及互动式的数据查询和客人自助服务功能；对管理者，提供酒店管理信息系统（Hotel Management Information System，HMIS 或 Property Management System，PMS），突破业务电算化阶段的功能局限性，提高酒店科学管理水平；对员工，提供移动办公系统，提高工作效率。酒店业在这一阶段的数字化应用重点是网上实时订房业务和数字化营销。酒店通过网络宣传企业品牌形象和产品服务，开展网上预订业务。客人通过网络了解酒店设施和服务，选择所需要的服务进行在线预订。酒店可以通过网络与客人进行双向互动式交流，为客人提供更为个性化的产品和服务。这些应用强化了酒店的核心竞争力，比打价格战要更为有效。高速互联网接入是网络化阶段中酒店的基础设施。

2. 阶段二：集成化阶段（2006—2015 年）

（1）发展背景。

酒店信息管理系统在酒店业的深入使用，为酒店实现信息共享和业务持续改进提供了最佳实践条件。酒店业信息化步入了酒店流程再造的全新的集成化应用阶段。在这个阶段，酒店软件系统在业务上的应用主要包括宴会与销售管理、财务管理、人力资源管理、前台管理、餐饮和成本控制管理、工程设备管理、采购和仓库管理、客房服务、商业智能分析等领域。

在信息化阶段，各个系统之间并没有打通，各自为战，从而产生了“数据孤岛”，即数据在不同部门独立存储，独立维护，彼此间相互孤立，形成了物理上的孤岛。而在集成化阶段，各个软件系统模块之间可以无缝集成，数据可以实现互联互通。数据的互联互通为酒店进行酒店业务流程再造（Business Process Reengineering，BPR）创造了条件，促进酒店将传统的组织结构向以客户需求为导向的组织结构转变。酒店流程再造要求酒店对信息技术体系进行统一架构，并同酒店的新业务流程及组织的管理目标相互适应和协调，通过数据能够驱动业务的发展，从而形成酒店在数字时代的新竞争优势。

（2）数字化应用与特征。

经过业务流程再造的酒店有显著的差异化特征。酒店运营全过程中的各个环节都可以无缝衔接。客人可以用智能手机查询和对比酒店信息、产品、服务项目及客户评价等自己所关心的内容，然后进入预订系统查询房态和实时房价，并进行实时预订，甚至可以提前选择具体某一间房。当客人到达酒店后，客人可以在前台办理极速入住甚至自助办理入住。在住店过程中，客人可以扫码点餐，让机器人送餐，各种消费项目通过系统迅速、精确地汇总到客人账单上，客人通过房内电视或者手机就可以了解账单并通过手机支付，发票也可以自动发送到客人手机中。

此外，通过智能技术，楼层服务员再也不用敲门查看房内是否有人。因为在客房内安装的红外线安全消防监控系统可以自动感应客人是否在客房内。客房小酒吧也可以实现自动化的管理，客人在小酒吧上的消费可以实现自动记账和监控，并提示服务员及时补充酒水和食品。当客人结账离店后，满意度问卷自动发送到客人手机中。酒店高层管理者可以随时通过手机实时了解各项经营数据，查看报表。

系统中的数据经过集成化处理后将为经营管理者制定决策提供准确且及时的信息，使酒店管理方法逐渐由经验管理转向数据驱动的科学管理。良好的酒店集成化应用可以保证酒店一体化和规范化运作，确保酒店内部的业务流程实施效果，降低酒店运营成本和提高效率，并通过实时获取的数据和信息来支持管理者做出及时和准确的决策。

3. 阶段三：协同化阶段（2016 年至今）

（1）发展背景。

相对于传统信息化，数字化基础设施为企业赋予了新的技术能力，大数据、物联网、云计算和人工智能等技术使得企业具有构建高效协同平台的技术可能性。在政府层面，协同是当前中国数字政府建设的重点和亮点。2021 年 4 月，国家互联网信息办公室在第四届数字中国建设峰会上发布了《数字中国发展报告（2020 年）》，提出“十四五”时期要“打造高效协同的数字政府”。在地方上，运用数字化手段促进跨层级、跨系统、跨业务的协同正在快速展开。

酒店业的数字化逐步向协同化阶段发展。酒店协同化应用是建立在集成化基础上的，通过互联网技术构建统一的信息应用平台，将酒店、客户、员工、供应商、合作伙伴等各利益相关方联结为一个生态体，从而实现跨行业、跨机构、跨地域，并且建设实时在线的端对端数据无缝交换的业务协同运作体系。这个协同生态体系的建设使得酒店与其他连入平台生态体系的伙伴一起真正实现以客户需求为导向，向客户提供个性化的服务，提高客户满意度和客户黏性。

（2）数字化应用与特征。

在数字化协同阶段，酒店业需要从内部和外部两个方面构建数字化协同目标。首先是酒店内部数字化协同，其次是外部数字化协同。在新一代数字技术广泛应用的环境下，酒店的竞争方式也发生了新的变化。酒店的市场经营环境是由一群共同生存和发展的企业创造的，它们之间有竞争但更多的是合作，共同保持商业生态的平衡。

（三）酒店信息化与酒店数字化的区别

酒店信息化与酒店数字化是信息技术在不同阶段不断迭代发展的必然产物，同时也是酒店管理和运营模式不断发展的产物。

酒店信息化与酒店数字化之间首先是时间产生次序不同，酒店信息化在先，是酒店数字化的基础，是工业社会的产物；酒店数字化在信息化后，是信息社会的产物，也是大数据时代酒店实现智能化运营的前提。其次，信息化和数字化两者之间的实施目的不同，酒店信息化以替代酒店手工操作、提高酒店内部运营效率为目的；酒店数字化以全流程数据化为目的，重构酒店业务流程，进而改变酒店组织架构及商业盈利模式。

信息化的目的是现有流程的自动化，数字化的目的是重构业务流程；信息化的方案是以部门需求为中心的，而数字化的方案是以客户需求为中心的；信息化的实施是在单个业务触点上进行的，而数字化的实施是在全触点上统筹开展的；信息化的结果是产生了数据孤岛，导致数据割裂，而数字化的结果是实现了数据的互联互通；信息化的管理还是停留在经验思维层面，而数字化的管理在数据驱动的思维层面。

三、酒店数字化转型的主要挑战

根据石基信息发布的《2023年中国酒店业数字化转型趋势报告》，酒店行业数字化水平差距拉大，领先型企业在整体技术创新方面获得了越来越大的竞争优势。这些领先型企业已经率先完成了企业内部的组织结构重组和管理模式优化，以应对数字营销环境快速变化带来的压力，简化内部流程让组织管理更透明、简便、灵活。

在中国酒店业数字化转型中，涉及多种技术的投入和创新实践。云计算技术的应用使酒店业能够更加灵活地管理和部署IT资源，降低成本；物联网技术为酒店带来智能化设备和环境控制，提升了客户体验；人工智能技术在客服、语音识别等方面得到应用，提高了服务效率。尽管这些技术在中国酒店业已经得到了广泛应用，但仍有部分酒店在技术转型和实施过程中面临困难和挑战。

在石基信息的《2023年中国酒店业数字化转型趋势报告》中可以看到，领先型企业中已有44.4%搭建了数据平台，实现了内外部数据源的对接，甚至已经基于数据平台实现了智能决策，而行业平均值仅为30.1%，这一比例在非领先型企业中占比更低，仅为21.1%。无论是涉及经营数据还是用户数据，领先型企业在数据分析体系建设方面都表现出了更强的能力。调研数据显示领先型企业已经建立了完善数据分析体系的占比达到56.9%，而这一数据的行业均值仅为37.9%。行业中大多数企业依然处于“能够获取用户数据，但尚未建立完善的数据分析体系”的阶段，占比为54.1%。

四、酒店企业数字化转型的思维重点

数字化转型是一件很难的事，对于劳动密集型且业务流程复杂的酒店企业来说，尤其如此。如何构建对数字化转型的系统认知，如何设计和规划适合企业自身的数字化转型路径，是大部分酒店在数字化转型进程中普遍遇到的问题。面对数字化时代的挑战和机遇，无论是个人还是组织，只有两个选项：要么乘风破浪，要么被淹死。数字化转型的重要性不言而喻，意义深远，但是，数字化转型是个系统工程，不同类型的酒店企业战略目标不同、数字化基础不同，如何全面地、结构化地思考适用自身的数字化战略、数字化路径是酒店企业需要解决的重要问题。星级酒店，尤其是我国品牌星级酒店，如果能够凭借数字化转型实现弯道超车，将从根本上提升全球竞争力。

（1）数字化的本质在于持续提高效率与推动创新，这是酒店经营者要思考的根本问题。只有深刻洞察数字化的本质和数字化的目的，以及数字化为什么服务，才会明晰酒店企业的数字化转型到底是什么。数字化是解决问题的手段，而不是真正的目的，真正的目的是数字化能提升传统做事方式的效率和效果。另外，数字化的本质是辅助企业更好地在规模化条件下达到更好的经营效果。所以规模化是很重要的，没有规模化，数字化价值很小；只有在达到一定规模的时候，数字化才可能实现价值。

（2）数字化转型的核心是数据，数字化最重要的任务是管理好数字资产，数字化是把物理世界映射成数字世界。酒店行业的数字化转型过程非常艰难和漫长，很多企业在数字化转型实践中，借着数字化转型噱头来推广自己的产品及品牌。有些酒店企业认为，采购一套系统，使用某个自动化设备，或者说把原来一些纸质流程变成电子化，就是数字化，这是对数字化转型的片面认知。数字化转型的核心是数据，通过数字技术挖掘数据的价值，并将这些数据应用到企业营销、服务、运营、管理等过程中，实现企业的数字化转型。

（3）数字化转型是个系统工程。数字化一定基于业务，但它不只是一个单纯的技术支持和简单的业务赋能。数字化转型是长期工程，要有战略眼光，放到未来3～5年甚至10年的角度看待。数字化转型成功的企业，大多有一以贯之的数字化战略。所有数字化战略都是围绕公司目标进行的，这是数字化的前提。

（4）任何转型升级都是困难的，酒店企业决策者能否做出改变，是否具备长远的战略眼光十分关键。数字化转型与生俱来就是在迭代中学习、进化的。数字化转型失败主要有两个原因：一是认知偏差，就是对数字化理解比较片面化，以为只是采用数字技术，这仅是运营方面的数字化，没有意识到是整个组织的数字化。数字化转型需要统一部署、集中投资，其中还会涉及组织结构变化、人才需求变化、运营流程变化，甚至还要考虑投资回报率。二是路径错误，数字化转型必须是"一把手"工程，需要部门间合作协调，但"一把手"必须"挂帅"推进。

五、酒店业数字化运营环境构建

数字化运营是指企业基于数字化管理模式下的运营过程。数字化管理是指利用计算机、通信、网络等技术，通过统计技术量化管理对象与管理行为，实现研发、计划、组织、生产、协调、销售、服务、创新等职能的管理活动和方法。数字化管理具有三个特点，即数字化、可视化和智能化。受新冠疫情影响，各行各业都加快了数字化转型的步伐。

酒店开展数字化运营工作，不是简单地通过局部的智能化管理或建立数据分析体系就能够完成的，而是一项复杂的系统工程，需要从数字化计划、数字化技术、数字化协作和数字化组织四个方面来完成。也就是说，酒店只有制定了由这四个方面组成的数字化实施战略，并配套实施细则，才有可能创造出数字化运营环境，开展数字化运营工作。

（一）数字化计划

数字化计划是指酒店为实现数字化运营所制订的战略和战术计划，包括投资预算、项目内容、完成时间、目标效果等。

计划制订中应结合酒店实际，在现有信息化工作的基础上来完成。对于酒店而言，无论档次高低或规模大小，其核心产品都是食、宿、娱，数字化运营要围绕着这三个核心产品来制订计划，从而达到从品牌、服务、营销到收益的全方位提升。例如，客房服务的数字化运营工作要体现在从客房部门的管理到与前台、工程、保安、财务等部门的协调，包括OTA平台的客评管理，形成高度一致的数字化运营管理体系，并通过信息化管理系统把各自碎片式的数据整合起来，通过可视化或智能化等方式为酒店提供管理决策服务。

（二）数字化技术

数字化技术是指通过应用互联网技术、大数据和计算机软件系统来为酒店提供数字化运营管理服务。

酒店是以提供服务产品为主的企业，无形的服务产品占有较大的比重，无论是前台、客房、餐饮还是康乐服务，最大的特点是顾客参与到这些服务产品生产的整个过程当中，而不是由服务人员单独来完成这些产品的生产，这一点与制造企业不同。例如，顾客到餐厅就餐，从引领顾客入位到顾客用完餐后离开，整个服务过程体现为点菜、倒茶、上菜、收盘和结账等，自始至终都是由服务人员和顾客共同来完成的。正是这一特点，使酒店不同服务产品之间的属性存在着一定的差异，由此分设出前厅、营销、客房、餐饮、康乐等直接服务于顾客的一线部门和工程、保安、人力资源、财务等二线保障部门。

在数字化技术的应用中，每个部门都应该有适合工作需要的信息化管理系统，如前台的酒店管理系统（PMS）、收益管理部门的收益管理系统（RMS）、营销部门的中央预订系统（CRS）、餐饮管理、财务管理以及人力资源管理等信息化管理系统。除此之外，营销和收益管理还需要OTA等在线分销系统大数据的分析工具，以此来进行精准营销和灵活定价。由此看出，数字化技术的运营仅仅依靠酒店自身是无法完成的，需要在设立信息化技术部门的基础上，通过与信息化系统制造商合作来共同完成这项工作。对于酒店集团来说，一般都有信息化技术管理部门，并设有首席信息官（Chief Information Officer，CIO）岗位，具备一定的运营基础；但对于单体酒店而言，由于信息化技术管理的基础薄弱，要完成数字化技术运营的转型，还任重而道远，需要逐步来实施。

（三）数字化协作

数字化协作是指使酒店各个部门的信息化管理系统有效地对接并形成一个整体。数字化协作工作，是将酒店不同部门和不同产品从两个维度来实现整体的统一，以此优化工作流程，降低成本费用和提高工作效率。这项工作的难点不在于部门和产品之间的系统技术对接层面，而在于不同岗位人与人之间通过数字化链接的工作的协调。如何打破原有固化的传统管理模式，使不同部门人员之间的数字化运营工作协调一致，才是要解决的关键问题。例如，数字化信息系统会根据酒店客房数量的多少和房间面积大小来核定客房服务人员的编制并规定打扫每一间房的合理时间，通过优化用工来降低人工成本；当顾客向服务中心报修空调不制冷后，系统会很快做出反应，要求工程人员在规定的时间到达房间并开始维修等。这些都需要酒店工作人员适应新的技术管理模式。

（四）数字化组织

数字化组织是指在数字化运营战略实施中所要建立的酒店集团或酒店针对这项工作的最高管理组织。对于酒店集团来说，这一组织可能是集团组建的数字化运营管理部门，也可能是信息技术管理部门；而在单体酒店，应该由总经理牵头成立数字化运营小组，成员由不同部门的负责人组成，推动数字化运营工作的开展。同时，还应设立信息化管理部门或岗位，配备专业人员，负责数字化运营工作的技术和协调。

学习专栏

1. 分析酒店信息化、数字化、智能化的关系。
2. 酒店数字化转型的主要挑战来自哪里？
3. 在酒店数字化转型的大趋势下，酒店业从业人员需要对自己的职业规划做出哪些调整？

第二节　酒店管理系统（PMS）的应用

一、酒店信息化对现代酒店管理的作用

几十年前的酒店前台使用预订信息记录本，里面有各种表格、手写的记录，还有各种颜色的备注，贴满了不同颜色的便签。对于酒店来说，这本记录很重要，但想要修改上面的信息很难，只能依赖于人工和记忆。早期的酒店管理系统（PMS）更像是 Excel 表格，里面有各种公式、繁杂的价格代码和库存管理信息，看起来很“花哨”。这些年以来，酒店管理系统发展比较平稳，为数不多的主流系统供应商占据了市场，酒店管理系统的研发受限，安装成本也比较高。

酒店企业作为一个经济主体，在进行日常经营管理活动过程中，要时刻与外部环境进行物质、能量和信息的交换；与此同时，酒店为完成自身作为经济主体的职能，内部又有财务、人事、库房、商场、餐饮、前厅、康乐、客房、保安等部门相互衔接，人、财、物、信息等资源相互配合，以实现企业的共同目标。酒店经营管理业务活动过程中会产生各种输入、输出信息，如酒店前厅接待过程中的客人姓名、性别、国籍、结算方式等。这些信息帮助酒店管理者和决策者及时、准确地掌握酒店经营各个环节的情况，为中、高级管理人员提供管理依据和决策支持；能够针对酒店的经营，对运营成本、运营质量和管理效率进行控制；能够实现信息技术与客户需求的有效集成，为客人提供个性化、定制化的服务，使每个客人都成为 VIP。

经过几十年的发展，我国酒店行业已成功地将信息化管理系统融入酒店经营管理活动之中，酒店内部大部分数据信息的管理使用了计算机技术，是旅游业中计算机应用最成熟、最完善的行业。酒店信息化对现代酒店管理的作用体现在以下几个方面：

（一）加快信息处理速度，增强信息的准确度，提高酒店经营管理的效率

酒店管理实质上是对酒店运营过程中人流、物流、资金流、信息流的管理，利用计算

机技术的酒店管理系统就其表现形式看是对酒店大量的常规性信息的输入、存储、处理和输出。因此，信息的处理速度大大加快，经营管理的效率也随之提高，可以说计算机管理是人工管理的最大协助者。例如，每天对客房状况的统计，对订房信息、登记信息的记录，提供查询，为宾客提供结算账单等的业务量很大，用手工方式进行上述业务运作，速度慢，需要的人手多，出现错误的可能性也大，计算机管理则可以大大提高业务运作的速度和准确性。酒店管理系统可以简化员工经营管理活动的操作程序，减少工作强度。在酒店管理系统中，酒店员工对财务、工资、人事、库房、设备等的管理操作都简便易行，极大地降低了工作强度。

（二）压缩财务和人力资源成本，使酒店的经济效益得到提高

应用酒店管理系统，可通过节省大量的人力、物力，增加酒店的服务项目，提高酒店的服务档次，减少管理上的漏洞，从整体上提高酒店的经济效益。例如，完善的预订功能可以防止有房不能租或满房重订的情况出现，可以随时提供准确的房间使用和预订情况，从而提高客房出租率。客人费用的直接记账，可有效防止逃账的发生。完善的分析功能可用于市场销售，如确定宣传的重点地区和掌握价格的浮动等。此外，酒店管理系统可以帮助酒店正确控制房价，控制客人优惠，从而减少管理漏洞，提高客房收入。

在酒店管理系统的支持下，酒店管理机构可以得到精简。一方面可减少中间管理层次，实现扁平式酒店组织结构；另一方面，工作性质相近的部门可以合并，有利于节约人力资源成本，简化酒店经营管理的操作程序，提高效率。应用酒店管理系统还可以节省大量的物力，酒店业务信息化使酒店大量节省运营成本。一方面，酒店利用酒店管理系统可以更好地统筹安排各项服务，最大限度地压缩因酒店产品闲置而造成的损失，并及时增加酒店的服务项目，提高酒店的服务档次，从总体上提高酒店的经济效益；另一方面，酒店的报表、库存、商场、餐厅等均可做到日清月结，处理及时，跑、冒、滴、漏问题得到根本解决。酒店还可以会同厂商研发一些网络控制系统和辅助设备，通过与酒店现有系统的连接，实现对酒店设备的远程控制。

（三）为酒店提供多方面的信息，有利于提供反馈，辅助酒店决策规划

酒店管理系统既能提供完备的历史数据，又可提供各种分析模式，可使管理人员很方便地完成复杂的统计分析工作，并加强对酒店运营的内部控制，增强管理人员的控制决策水平。

全面的信息采集和处理可以辅助提高酒店的决策水平。面对市场的激烈竞争，要加强对各种营业指标的预测分析，对酒店经济状况进行全面分析。酒店管理系统既能及时提供历史资料和当前数据，又能提供同期对比分析及其他分析模式，使管理人员很方便地完成复杂的分析工作。酒店的管理者需要对酒店运营进行内部控制，如控制客房数量、餐饮原料数量、客房消耗品数量，由于酒店管理系统提供了更加及时准确的信息和数据，因此它可以为管理者做控制决策提供极大帮助。

（四）为客人提供高效、方便的服务，有利于酒店实现“以客人为中心”的服务理念

由于计算机处理信息的速度很快，可以大大减少客人入住、结账的等候时间，提高对

客人的服务质量。快速的客人信息查询手段，可使客人得到满意的答复。餐费、电话费、洗衣费等费用的一次性结账，不仅方便了客人，也提高了酒店的管理水平。回头客自动识别、黑名单客人自动报警、VIP 客人鉴别等功能均有利于改善酒店的形象。清晰准确的账单、票据、表格，使客人获得高档次的享受。完善的预订系统，使客人的入住有充分的保证。完善的客史档案管理使个性化服务得以很好的实施。利用计算机保存大量的客人历史资料，通过统计分析，可对常客或消费额达到一定数量的客人自动给予折扣；也可对客人的消费特点进行分析，总结出客人生活方面的要求和特点，研究如何为客人提供更合适的个性化服务，如安排房间、提供就餐等，甚至细致到给客人送什么报纸杂志、送什么生日礼品等。

二、酒店管理系统的概念与内涵

PMS（Property Management System），直译为物业管理系统。而对于酒店行业来讲，它是能够协助酒店进行业务管理及控制的计算机管理系统，因此酒店业 PMS 又被称为酒店管理系统，或者前台管理系统。PMS 是酒店业最早实现信息化的部分之一，是酒店信息化管理系统最重要的组成部分，借此实现了酒店主要业务的信息化，包括预订、接待、收银和客房管理。PMS 是一个以计算机为工具，对酒店进行信息化管理和处理的人机综合系统，提供酒店管理的全套软件和酒店管理解决方案，包括前台管理（预订、接待、收银、夜审、客房、客史、会员、餐饮、娱乐等）、后台管理（财务、物流、人事、维护、宽带等）和接口管理（内部接口和外部接口）等。

随着 PMS 的逐步发展，系统所集成的服务已经远远超出前台所提供的服务。目前 PMS 是一个重要的业务运营系统，致力于提供无缝的宾客体验。以国际酒店巨头 Micros（Oracle）为例，其 PMS 除具有传统的前台管理功能外，还提供餐饮运营、客房服务和维护管理、为团体预订和活动管理执行销售及餐饮服务、收入管理、跨多个渠道分销、SPA 管理等功能，如图 13－1 所示。

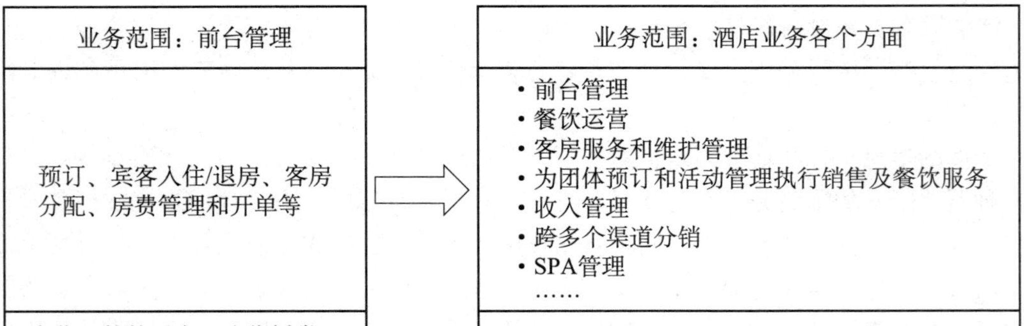

图 13－1　PMS 业务范围的扩大

PMS 功能在不断演化，目前的 PMS 以及酒店需要的 PMS 功能，已经不是发展之初的 PMS，其功能随着管理需求、技术成熟在不断更新迭代。酒店的 IT 架构以及 PMS 部署方式也在演进，云 PMS 已是大势所趋。

三、酒店管理系统的结构及功能

科技手段是推动酒店企业管理升级的重要手段，运用酒店管理系统进行酒店业务经营管理已经是现代酒店的一种常见的管理方式。酒店管理系统不仅仅记录客人信息，提供查询统计，更重要的是这种管理方式带动整个企业的运作，成为一个管理型的系统。

（一）PMS 的结构

PMS 的结构分为软件结构和硬件结构。

1. 软件结构

一般 PMS 的软件结构如图 13-2 所示。

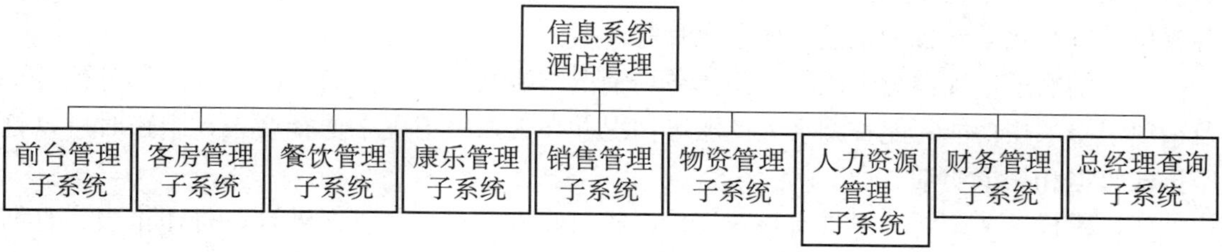

图 13-2　PMS（酒店管理系统）软件结构

(1) 前台管理子系统：可以分为散客预订子系统、团体预订子系统、散客接待子系统、团体接待子系统、问询子系统、结账子系统、稽核子系统、电话计费子系统。

(2) 客房管理子系统：可以分为房态管理子系统和客房消费收费子系统。

(3) 餐饮管理子系统：可以分为用餐预订子系统、菜单管理子系统、点菜子系统、账务处理子系统、客史档案管理子系统等。

(4) 康乐管理子系统：可以分为客人消费收费子系统、酒水管理子系统等。

(5) 销售管理子系统：可分为客史（客户）档案管理子系统和数据库营销子系统。

(6) 物资管理子系统：主要为库房管理系统。

(7) 人力资源管理子系统：分为人事管理和工资管理两个子系统。

(8) 财务管理子系统：符合一般财务系统规则。

(9) 总经理查询子系统：分为查询子系统和经济信息分析子系统。

2. 硬件结构

酒店业务量较大，高度的信息资源共享将产生大量的数据资源流通，因此对网络的带宽有较高的要求，一般酒店可以采用交换式快速以太网技术、宽带网络技术介质，网络拓扑结构采用树形、星形连接，以减少非关键设备的单点失效对整个系统的影响。采用双机备份，确保系统数据安全。

（二）PMS 的功能

顾客旅行始于选择某一目的地，酒店是整个旅程的重要组成部分。入住前的预订互动、与员工在酒店内的互动、客房满意度，以及顾客在入住后分享社交媒体的反馈等共同构成了宾客体验。在新时代酒店行业激烈竞争的外部环境下，酒店管理者面临的挑战是必须在高效经营酒店业务的同时提供个性化宾客体验。PMS 以下几大功能能够对酒店经营业务的开展提供支撑。

1. 前台管理子系统

前台管理子系统较多，主要有预订、接待、问询、结账、稽核、电话计费等子系统。

（1）预订子系统：实现散客、团体、会议预订登记，实现对客房、餐饮、康乐项目、会议室等的预订。预订子系统应能查询客房、餐饮、康乐等子系统信息，了解客房、餐饮、康乐设施在未来特定时段内的占用或空闲状态。

（2）接待子系统：主要完成散客、团体入住登记管理，设立客人姓名、性别、住店事由、入住日期、预计离店日期、房间号、换房记录等项目。

（3）问询子系统：提供酒店服务指南，供客人查询酒店所在的交通位置，酒店外景，酒店楼层平面分布，酒店内部客房、餐厅、KTV 包房、会议室的内景等，甚至可以查看各餐位的灯光效果、各种菜品的彩色照片等。

（4）结账子系统：提供散客、团体单项消费结账及一次性离店结账服务，具有预订金及杂项消费入账功能，能查询客人的账务情况并在欠账等情况下通知客人，结账时可以打印正式收据和账单明细。

（5）稽核子系统：一般具有核对房价、核对收入、过账、夜间处理、打印报表、查询功能。

（6）电话计费子系统：与程控交换机连接，提供对自动电话计费、自动记录客人账目结账、打印正式话费收据等的管理。

2. 客房管理子系统

提供对客房占用或空闲状态、客房物品种类状态、客人姓名、客人留言、客人客房消费等的管理。

3. 餐饮管理子系统

餐饮管理子系统具有零点功能、宴会管理功能、酒水管理功能、信息查询功能、报表统计功能和餐饮账务管理功能。从目前来看，餐饮账务管理功能是最基本的功能。

4. 康乐管理子系统

例如 KTV 包房，提供对点歌、乐曲播放、入账或结账等的管理。

5. 销售管理子系统

销售管理子系统包括客户档案管理、销售协议管理等功能。

6. 物资管理子系统

物资管理子系统用于库存管理，可对每日出入库物品数量及金额进行管理，同时，自动控制物品的库存数量及金额，并可根据需要显示或打印出各种账目及统计报表。

7. 人力资源管理子系统

人力资源管理子系统提供对员工姓名、性别、年龄、学历、职务、考勤、工作绩效、工资等的管理。

8. 财务管理子系统

财务管理子系统根据会计制度设置一级、二级明细科目，汇总入账，形成总账、各明细科目账，生成各种财务报表。

9. 总经理查询子系统

总经理查询子系统提供对客源、经营状况、内部管理等多方面的查询和统计分析，如客人年龄构成、酒店收入构成、酒店员工与房间数的配置比例等方面的统计分析。

酒店管理系统就系统本身来说已经发展得相当成熟，随着信息技术在酒店中应用的发展，系统的扩展速度很快，内容也更加深入。主要表现在前台管理子系统中预订子系统与 Internet 连接，构成酒店网上预订系统；企业内部网与公安局网络、银行系统、电视系统等连接，形成了基于 Internet 环境的酒店计算机管理信息系统。此外，部分酒店还实现了 Intranet（企业内部网）和 Extranet（企业外部网），扩展后的基于 Internet 环境的 PMS 还具有远程预订、互联网企业注册、远程访问企业网络、查询经营情况、进行运营控制、开展网络营销、建立企业动态数据库、审批文件、数据通信等功能。

四、基于云的 PMS

目前，欧美等发达国家 PMS 的渗透率较高，其中，英国和美国 PMS 的渗透率已达到 80%～85%。在已安装 PMS 的酒店中，仅有少部分酒店采用了云 PMS 架构。在云 PMS 占比最高的英国和美国，大概各占 30%，德国仅占 8%，其他欠发达国家和发展中国家的云 PMS 占比可能更低。因此，综合来看，全球云 PMS 渗透率还比较低。对于较为传统的酒店行业而言，越来越多的酒店企业逐步意识到云端系统的优势，并通过本地系统上云来驱动传统业务及流程的创新，以最大限度地提升利润。到 2020 年，我国中小型酒店已经基本普及了 PMS，基于网络的云 PMS 成为主流。那么作为酒店系统核心的 PMS，如何通过云化满足当下市场的需求呢?

（一）云产品满足客户业务的可持续性发展

云产品的特点主要体现在满足客户可持续性的业务增长需求。这种业务的增长驱动可以来自酒店企业内部，比如通过多元化的分销渠道最大化酒店收入来源；也可以来自酒店企业外部，主要体现在品牌的大规模扩张和发展。云 PMS 应该能够以更高的效率同时支持两类增长。这主要体现在以下几方面：

（1）实现与外部渠道和其他对客应用更为高效的对接。

（2）强化集中管理，便于统一标准。

（3）帮助酒店集团实现更快的酒店开业速度。

基于云的酒店 PMS 还具备很多新功能与特点，比如方便一线员工操作，简化入住和离店操作过程，缩短客人等待时间等。

2018 年开业的阿里未来酒店“菲住布渴”，酒店内应用了大量智能化设备，比如人脸识别、自动门锁、声音识控、自助入住机、天猫精灵等。这些应用就是通过云 PMS 产品解决了内外部系统对接问题，以达到客史数据实时准确传输，进一步提升了消费者参与度，为用户提供了更多自主权。这种工作量，在没有云 PMS 的情形下，是无法想象的。

除了开放性，安全稳定性也是酒店企业选择云 PMS 产品要考虑的要素。简言之，云 PMS 需要具备两个属性：一是平台化属性，能够实现与各类系统之间互通互联，不限于特定技术产品体系内或体系外；二是安全稳定性，最大程度上保障用户数据安全性，做好安全防范机制。

（二）酒店集团的统一诉求：集中化、标准化、轻灵便捷

对于酒店集团而言，要求的是集中、标准和便捷。标准化包括酒店集团价格代码、市场代码、房型代码等标准的统一；集中化体现在系统上，更意味着营销集中化和数据集中化。

云 PMS 的开放架构在极大程度上降低了酒店管理集团管理和沟通成本。通过自带集团代码管理模块（GCS），酒店集团可以确保旗下各酒店基础代码设计保持统一，确保集团标准，单体酒店也可以根据自己的业务需求进行一定程度的调整。同时，通过开放的 PMS 接口，集团可以实现便捷集中化数据抽取，从而进行中央管控，改变以前传统模式下因接口传输不稳定而造成的数据不准确状况。

云化产品对于酒店集团来说，另一个显而易见的好处是，缩短酒店开业时间。一方面是因为新开业酒店的各项设置环节变得更为简单；另一方面是因为云端产品部署更便捷，设置完成后，开通账号密码即可直接使用。

（三）移动智能时代下的 PMS

近年来，得益于智能设备的更新换代和网络速度的革新，用户期待能够通过更便捷的方式运营及管理酒店，移动化需求显著。升级后的信息化管理系统实现了真正意义的跨平台，无论是电脑端还是手机端，Android 还是 iOS 版本，兼容性可以保证用户更加灵活方便地在不同平台上共享应用和数据。用户只需打开浏览器，就可以直接访问应用，这样显著地降低了运营成本，真正满足了用户的不同需求，也更加适应当下移动办公的需要。移动端设备应用能够在极大程度上解放前台，帮助酒店重塑运营流程、优化客户体验。

（四）云 PMS 带给员工的体验变化

云 PMS 的应用会影响到不同部门。

首先，酒店的 IT 部门。由于部署方式不同，酒店 IT 部门无须采购贵重硬件设备，也不需要架设沉重服务器，就能直接开始软件使用。对于酒店 IT 部门来说，采购前端的专注点可以更加放在软件本身的功能性和安全性上，将其作为重点评估。

在使用过程中，云 PMS 可以实现自我迭代和无感升级。这意味着酒店 IT 部门在系统后期运维压力会减轻，而关注点可以转移到确保系统稳定性和如何加强酒店数据安全性方面，如 GDPR 等法案的合规性。

其次，酒店前台。前台是操作系统的直接使用者。云 PMS 给直接使用者带来了更友好的体验。尽量减少路径和环节，提高效率。例如常用模块设置在最显眼位置，确保前台工作人员可以最快的速度找到按钮；系统中融入一定程度 AI 智能搜索，方便工作人员进行快速查找；等等。此外，酒店前台员工流动性比较大，如果 PMS 培训过于复杂，不利于新员工上手操作。云 PMS 可以进行系统功能拆分，极大地减轻培训压力。酒店企业可以更加从容应对人员变化问题，新员工则可以更快熟悉系统操作，不影响宾客体验。

（五）酒店集团与酒店之间的沟通和交互模式发生变化

这种变化主要体现在酒店集团的集中化程度和对酒店产品价格、库存等资源的掌控力

度会更高、更强。原来酒店集团是指令性的标准下放，要求酒店按照标准执行。这种模式的问题在于后期监督管理成本比较高，存在执行不到位的情况。云 PMS 中的集团模块能够实现与集团中央预订系统无缝对接，也就是说酒店集团在标准化设置方面变“指令性”为“主动性”，从而更好地发挥集团规模化优势。

五、PMS 未来发展趋势

系统软件逐步迭代的最终意义在于如何高效为酒店、为客人服务。因此，PMS 在未来将会实现与更多智能化、自动化对客手段的对接，满足消费者日益增长的对于新兴技术手段的需求；在用户数据运营方面，通过商业智能（BI）及人工智能接入，对用户进行大数据画像并进行精准服务。未来 PMS 应在以下方面满足酒店企业运营管理与顾客个性化需求。

（一）PMS 对顾客需求的满足与预测

（1）下一代 PMS 集成了会计软件、钥匙卡和门禁系统、信息亭、互联网和电话系统、迷你吧、娱乐应用程序，甚至还有交通工具。它与自助服务工具集成，网络预订引擎允许客人选择房间，就像旅行者选择飞机座位一样，移动应用程序允许他们下载数字钥匙“开门”。它与物联网设备集成，实现了非接触式宾客体验。这些设备正越来越多地将标准酒店房间变成联网房间，配备传感器激活的恒温器、声控助手和智能娱乐系统，客人可以通过手机、平板电脑或室内显示屏进行控制。

（2）PMS 充分利用云计算、开放 API 市场、数据集成和技术连接，使系统在任何时间、任何地点都更容易访问，将更容易“插入”未来的酒店技术。重要的是，它让酒店经营者能够在最重要领域持续提高顾客满意度。事实上，PMS 直接或间接地影响客人体验的几乎所有方面，从处理客人询问到促进面向客人活动的管理，再到对客人需求和偏好的预测，提供个性化的信息、优惠和服务。

（3）前台核心运营职能，如预订管理、价格确认、客房管理、客人酒店出入管理、房间分配、账单维护、个人资料更改、过账房费和处理其他账单要求等，都对顾客体验产生深远影响。下一代 PMS 应能够消除客人与酒店互动中的“摩擦”，同时满足客人日益增长的便利和个性化需求，如社交距离、非接触式服务等。

（4）对于酒店经营者来说，适应“新常态”不仅意味着将客人和员工的健康与安全作为重要工作，还意味着在努力改善整体客人体验的同时，进行更精简的运营。下一代 PMS 应支持和满足这一需求。PMS 通过自动化简化酒店运营，提供卓越管理控制，进一步提高效率和降低运营成本，如减少员工日常重复工作时间，会提高员工满意度。与此同时，在顾客如何与酒店互动方面有更多选择，包括更多使用移动应用程序和自助服务解决方案，提高满意度和忠诚度。其他 PMS 功能，如同步可用库存和房价集成的收入和渠道管理模块，可转化为更高的盈利能力。

（二）PMS 移动功能进一步加强

1. 个性化需求

酒店入住期间，客人希望获得优质服务、无摩擦互动和个性化体验，这些体验基于顾客以往行为和购买经历，以及顾客愿望、需求和偏好。对于酒店经营者来说，这意味着酒店企业需要拥有能够在客人整个旅程（即从入住前到退房后）中实现个性化的技术。下一代 PMS 可以帮助酒店经营者实现这些个性化宾客服务期望。

2. 移动性

面向员工和顾客的移动功能，在所有酒店运营和功能中都至关重要。从预订、客房分配、入住、退房、客人免钥匙进入房间等，到酒店管理层和员工的移动服务管理及通信应用程序，移动平台功能实现了更快速响应的服务模式和改进的运营绩效。酒店员工能够访问包括实时性数据在内的信息，并通过智能手机或平板电脑与前台和其他部门进行沟通，从而知道何时可以清洁房间，何时需要满足服务或维护请求等。PMS 可以跟踪进展情况，并随时发现出现的任何问题。员工通过易于使用、直观且响应迅速的移动界面，在酒店周围移动或远程工作，从而减少客人等待时间，最大限度地减少客人不便，提高宾客体验整体质量。

（三）PMS 技术和数据集成

PMS 与客户关系管理（CRM）解决方案、中央预订系统（CRS）和收入管理系统（RMS）紧密结合，已发展成为一个全方位的端到端系统，可根据酒店或品牌需求进行定制。有了下一代 PMS 系统，酒店经营者可以像配置乐高积木一样配置模块和第三方应用程序的任意组合，只需最少调整，就可实现应用程序之间的无缝集成。完全集成的 PMS 使酒店经营者在传统解决方案和数据仓库方面比竞争对手具有明显优势。首先，PMS 通过与 CRS 以及所有其他酒店解决方案和模块之间的无缝交互，实现数据“集中采购”，具有显著成本效益。这些好处包括减少手动更新错误、延迟或漏记房间费用、过账等损失。CRS 和 PMS 之间的无缝集成是首要任务，以支持预订交付、修改和取消，以及新的和修改的价格、住宿控制和库存同步。同样，如果酒店提供餐厅或咖啡厅，那么这些交易需要记录在 PMS 中。数据集成不良可能会导致与手动更新错误和前台 POS 整合错误相关的财务损失。整合性差也使酒店无法了解客人在酒店中的花费。CRM 应用程序、销售和营销系统等都需要全面连接、接口和共享数据。

（四）基于 PMS 的收入管理

在疫情影响下，客房需求正常波动和收入管理解决方案无法正常运行，酒店入住率创下历史新低，迫使酒店经营者在收入管理实践中按下“重置”按钮。酒店企业预测模型所依赖的历史数据，在“新常态”中变得不那么重要；而前瞻性数据，包括预订前数据，可以推测需求迹象，变得更加重要。下一代 PMS 可以捕获和存储入住率、预订速度、停留时间、预订渠道和客群等所有方面数据，还可以捕获新数据源，包括“旅行意向”数据，这些数据可能更适合在不确定市场中进行预测。同时，收入管理绝不仅限于客房销售，酒店非客房产品都应纳入收益管理框架，尤其疫情使本地客源成为众多酒店的重要客源。会议、娱乐设施与服务的收入，通常占完全服务酒店收入的四分之一或更多，如大型团体活动涉及的酒店各方面消费。无论在正常时期还是特殊时期，完整的收入管理解决方案，都是酒店企业实现全部潜在收入的重要基础与保证。

学习专栏

1. 酒店信息化对酒店经营管理的作用是什么？
2. 什么是 PMS？PMS 的结构和功能有哪些？
3. 基于云的 PMS 能为酒店业带了哪些改变？
4. PMS 未来的发展趋势是什么？

第三节　数字化在酒店运营中的应用

旅游业的数字技术应用，更多的是为了优化旅游体验服务，提升运营效率，无论是酒店、景区还是交通服务，都因为数字技术的参与而焕发生机。酒店数字化以全流程数据化为目的，重构酒店业务流程，通过将传统酒店业务流程进行改造和升级，提供更高效、更智能、更个性化的服务和体验。酒店数字化在现代酒店运营中的实际应用主要体现在管理数字化、服务数字化、营销数字化、建筑数字化等方面，为提升客户体验、提高运营效率和降低成本提供了新的机遇。

一、管理数字化

实施科学有效的管理是酒店企业稳定客源、保持良好声誉的重要途径。通过数字化管理，酒店能够减轻成本攀升、客户管理、人才培养、财务管理等诸多方面的压力，提高运营效率。

（一）降本：借助数字化技术实现节能减耗

借助 AI、物联网、大数据等数字化技术，酒店能够轻松完成数据收集、信息处理和统筹管理等工作。例如，在智能入住系统、人脸识别技术以及 VR 选房系统的帮助下，酒店可以调整前台的服务模式；通过物联网设备，酒店可以对空调系统、供暖设备和给排水设施等进行智能监测；人工智能的应用将使酒店逐渐减少管事员、房务员等基层岗位的员工数量；利用远程监控和远程控制等技术，酒店可以实现无人化运营，让员工摆脱技术含量低、重复度高的工作，为客户提供更加贴心、周到的服务，同时还能降低酒店的经营成本。此外，酒店想要提高竞争力，还必须注重数据的归纳与分析，对大数据技术进行合理利用。

（二）增效：积极引进数字化酒店管理系统

进入数字化时代之后，很多酒店企业积极打造信息化管理系统，实现了人事、财务、客户、通信等诸多方面的数字化管理，有效提高了经营管理效率，促使组织架构更加扁平化，赋予酒店管理层全方位领导、监督酒店的能力，有力地推动了酒店管理的提质增效。同时，酒店企业积极优化自身的业务流程，更加灵活、敏捷地参与市场竞争。

二、服务数字化

服务数字化是酒店数字化的核心内容之一。

（一）入住与退房服务的数字化

将物联网、人工智能等技术应用于在线预订、自助选房、快捷办理入住、智能客控、客房信息服务和快速离店等环节，能显著提升酒店的服务效率与质量，帮助顾客在较短的时间内完成酒店客房预订、办理入住/退房手续等，在降低顾客时间成本的同时，大幅度提高酒店的运营效率。

（二）客房服务的数字化

通过应用人脸识别、指纹识别等技术，实现门锁、灯光、空调等设备的智能控制，方便客人办理入住手续、进出酒店、使用酒店设施等。客人也可以通过手机或语音系统方便地控制客房内的各项设施，如调节温度、灯光等，实现个性化的住房环境，提升住宿体验。同时，客人还可以利用手机预约用餐、洗衣、清洁、叫醒等客房服务。

（三）针对顾客需求提供个性化服务

在消费需求日趋个性化的背景下，酒店将更加重视满足客户的个性化需求。通过对大数据的分析应用，可以对酒店管理中最基本的数据如客户基本信息、预订记录和酒店运营数据等进行分析，不仅可以了解客户的住宿需求、旅行习惯和偏好，还可以对不同类型客户进行分类研究，从而针对不同类型客户提供定制化的服务。酒店通过大数据可以监测客户的反馈和评价，进行数据分析后改善运营策略，提高客户满意度。大数据的分析和挖掘能力可以帮助酒店做出更好的决策和规划，并实现更准确的智慧营销策略。例如，酒店可以利用大数据分析客户的预订历史、偏好和消费能力等信息，既能够根据客户需求提供个性化服务，也能为客户推荐适合的优惠活动和套餐，提高客户的忠诚度。

三、营销数字化

数字化营销是一种利用互联网、物联网、大数据等数字化技术，以及数字交互式媒体推广产品与服务的营销模式。数字化营销手段动态多变，处于持续迭代升级状态。酒店企业在开展数字化营销的过程中必须不断推陈出新，积极引进新技术、新模式。酒店企业通过搭建多元化营销矩阵，整合多种营销渠道，实现对目标用户的全面覆盖与持续刺激。酒店官网、在线旅行社（Online Travel Agency，OTA）、搜索引擎、问答社区、电子邮件、社交媒体、视频网站等都可以作为酒店的数字化营销渠道。从诸多实践案例来看，酒店在数字化营销实践过程中，最常用的做法是将多种营销渠道相结合，利用渠道间的协同联动促使营销效果实现最大化。

具体而言，目前酒店采取的主流数字化营销渠道主要包括以下几条：

（一）酒店官网与 App 营销

酒店官网是酒店向公众展示酒店形象的重要媒介，具有一定的严肃性，更容易获得消费者的认可与信任。除发布官方信息外，酒店还可以通过官网向用户提供周边旅游、餐饮、文娱等合作商家的产品和服务，打造集衣、食、住、行于一体的综合解决方案，实现多方合作共赢。酒店 App 为顾客提供了一条方便快捷的沟通渠道，同时也能让顾客方便快捷地获取酒店相关的产品与服务。

（二）OTA 营销

在酒店企业传统的营销模式中，酒店官网与前台是最常见的营销渠道。由于渠道单一且渠道建设不完善，给用户体验造成了较大的负面影响。很多中小酒店企业不重视酒店官网建设，导致企业官网存在信息更新慢、功能不完善、安全性较低等问题，甚至部分中小酒店企业没有官方网站。酒店前台营销以电话营销和面对面营销为主，存在营销成本高、效率低等问题。

OTA 作为旅游行业的综合性服务平台，为用户入住酒店提供了丰富多元的选择。用户可以在 OTA 平台快速获取各类酒店信息，并从价格、服务、评论等多个维度对酒店产品进行对比。基于这些功能，OTA 赢得了大量用户的认可与支持。为了利用 OTA 的庞大流量获取客源，增加营业收入，酒店企业普遍选择与携程、去哪儿网等 OTA 合作，来推广自身的产品与服务。

一方面，OTA 以平台方的身份对酒店的客房、餐饮、增值服务等费用进行规范，让酒店企业进一步让利消费者；另一方面，OTA 会不定期推出各种营销活动，以平台红包、代金券的形式补贴用户，为用户降低入住成本。在这种背景下，酒店企业的盈利空间确实受到一定程度的挤压，但也通过 OTA 获得了源源不断的客流。

（三）新媒体营销

目前，在整个社会范围内，微信、微博、抖音等新媒体拥有极大的影响力，通过新媒体获取信息资讯已经成为很多网民，特别是“90 后”“00 后”年轻网民的习惯。为了获得这批年轻消费群体的青睐，智能化酒店应该充分利用新媒体这一强大的传播工具开展营销推广。为了扩大传播效果，酒店可以同时运营微博、微信、抖音、贴吧、斗鱼等多个新媒体账号，打造新媒体矩阵，实现营销效果最大化。

（四）特色服务营销

不同群体的购买力、消费习惯等存在一定的差异，为了提高客房销量，酒店应该积极探索特色服务模式，为自身创造更多利润来源。例如，酒店在为高等收入群体提供高质量服务的同时，也可以针对价格敏感型顾客提供相对平价的标准服务。具体的操作方式为：通过大数据分析对普通顾客进行精准定位，在其离店结算时通过提供一定的折扣吸引顾客再次消费，例如顾客预支付 60％的房费，即可在下次入住时享受全款入住服务。

四、建筑数字化

建筑数字化是指酒店企业以酒店建筑为载体，引入物联网、大数据、AI 等先进技术，建立酒店智能控制系统，为顾客打造更加舒适宜人的入住环境，使顾客的酒店入住体验变得更加丰富多彩。具体来看，酒店的建筑数字化系统设计方案主要涵盖了以下几个模块：

（一）楼宇自动控制系统

楼宇自动控制系统（Building Automation System，BAS）是一个将建筑技术、计算机网络技术、自动控制技术等多种技术融合在一起的智能控制系统，它赋予了酒店建筑一定的“智慧”。酒店建筑中普遍存在大量机电设备，如果酒店企业沿用传统的分散管理、就地控制的管理模式，不仅需要耗费大量的人力、物力，管理质量也得不到充分保障。引入楼宇自动控制系统之后，酒店企业便可以对机电设备进行高效、低成本的管理，使其保持安全稳定的运行，并大幅度降低其能耗。同时，楼宇自动控制系统还能为维修员、服务员等酒店工作人员营造安全、便利的工作环境，减少酒店的人才流失。

（二）酒店客房控制系统

酒店客房控制系统（Hotel Guest Room Control System，简称客控系统）集成了通信技术、计算机控制技术、远程操控技术、自动感应技术等先进技术，利用客房中的智能控制器（Room Control Unit，RCU）形成的专用网络，实现对酒店客房门禁系统、安防系统、智能灯光系统、背景音乐系统、中央空调系统、服务系统等系统的智能管理。

利用该系统，酒店可以实时获取客房状态、服务情况、设备设施情况、顾客需求等信息，更高效精准地管控客房资源，改善顾客的入住体验。目前，凭借功能丰富、兼容性强、可无缝对接酒店管理系统等优势，酒店客房控制系统已经成为数字化酒店的一项基础设施。

（三）智能安防监控系统

智能安防监控系统（Intelligent Security Monitoring System，ISMS）应用了图像处理技术、模式识别技术、计算机视觉技术等先进技术，基于酒店管理系统平台，利用视频监控系统、门禁管理系统、报警系统、梯控系统、显示大屏系统、智能停车场系统等多种智能子系统，提高酒店建筑的安防能力，为酒店入住宾客及工作人员的人身安全及财产安全保驾护航。

学习专栏

1. 酒店数字化在现代酒店运营中的实际应用主要体现在哪几方面？
2. 酒店数字化管理的作用是什么？
3. 酒店采取的主流数字化营销渠道有哪些？

资源链接

视频微课 13-1　　视频微课 13-2　　视频微课 13-3

在线自测

扫一扫　练一练

参考文献

［1］姚李忠，齐新征．饭店管理实务［M］．合肥：合肥工业大学出版社，2005.

［2］刘伟．酒店管理［M］．北京：中国人民大学出版社，2014.

［3］李启明．现代企业管理［M］．5版．北京：高等教育出版社，2017.

［4］王云莉．酒店管理学［M］．北京：中国旅游出版社，2020.

［5］金占明．战略管理：超竞争环境下的选择［M］．3版．北京：清华大学出版社，2010.

［6］刘进，程卯．酒店管理实务指南［M］．北京：中国旅游出版社，2020.

［7］王天佑，张威．饭店管理概论［M］．3版．北京：清华大学出版社，2015.

［8］王伟华．酒店品牌管理［M］．北京：中国旅游出版社，2020.

［9］王玲．酒店服务质量管理［M］．北京：中国旅游出版社，2020.

［10］杨莹，谢礼珊，韩小芸．员工心理受权与酒店服务质量关系的实证研究［J］．旅游学刊，2005（5）.

［11］赵金霞，徐卫萍，蔡玉红．酒店实习管理案例精选解析［M］．北京：北京大学出版社，2012.

［12］史霞．酒店市场营销［M］．北京：中国旅游出版社，2020.

［13］鲍舟波．未来已来：数字化时代的商业模式创新［M］．北京：中信出版社，2018.

［14］王诗燕．酒店人力资源管理［M］．北京：中国旅游出版社，2020.

［15］肖静华．企业跨体系数字化转型与管理适应性变革［J］．改革，2020（4）.

［16］吴金林，高玲．酒店品牌建设与管理［M］．北京：高等教育出版社，2016.

［17］王海鹏．国际与本土酒店品牌经营管理比较研究［D］．青岛：中国海洋大学，2011.

［18］易畅．旅游趋势革新下的酒店管理创新研究［J］．中国商贸，2011（33）.

［19］戚聿东，肖旭．数字经济时代的企业管理变革［J］．管理世界，2020（6）.

［20］谷慧敏．世界著名饭店集团管理精要［M］．沈阳：辽宁科学技术出版社，2001.

［21］伍剑琴．酒店营销与策略［M］．北京：中国轻工业出版社，2018.

［22］姜姿彤．如何提高酒店企业的核心竞争力：以深圳万豪酒店为例［J］．旅游纵览（下半月），2018（4）.

［23］刘冀生．企业战略管理：不确定性环境下的战略选择及实施［M］．3版．北京：

清华大学出版社，2015.

[24] 罗伟，程丛喜，朱飞．餐饮实务与管理 [M]. 武汉：武汉大学出版社，2014.

[25] 环球旅讯．消费者对旅游业数字技术应用的认知和态度 [R]. Travel Daily，2021.

[26] 覃芳．爱彼迎（Airbnb）中国商业模式分析 [D]. 广州：暨南大学，2020.

[27] 李光斗．走新路与抄后路：颠覆式创新的魅力 [N]. 每日经济新闻，2021-11-29.

[28] 田志龙，盘远华，高海涛．商业模式创新途径探讨 [J]. 经济与管理，2006 (1).

[29] 郭倩君．组织颠覆式创新与领导者的习得之道 [J]. 领导科学，2021 (17).

[30] 詹姆斯·库泽斯，巴里·波斯纳．领导力：如何在组织中成就卓越 [M]. 徐中，沈小滨，译．7 版．北京：电子工业出版社，2023.

[31] 刘法建，张莹，吴润华．国外旅游业和酒店业网络口碑研究进展与启示 [J]. 资源开发与市场，2018 (10).

[32] 金立印．服务接触中的员工沟通行为与顾客响应：情绪感染视角下的实证研究 [J]. 经济管理，2008 (18).

[33] 李勇，钱晔．数字化酒店：技术赋能＋运营变革＋营销升级＋管理转型 [M]. 北京：人民邮电出版社，2021.

后　记

经全国高等教育自学考试指导委员会同意，由经济管理类专业委员会负责高等教育自学考试《酒店管理概论》教材的审定工作。

《酒店管理概论》自学考试教材由西安航空职业技术学院吕妮副教授担任主编。

参加本教材审稿讨论会并提出修改意见的有北京经济管理职业学院王若君教授、西北大学邵金萍教授、安徽职业技术学院童登峰教授。全书由吕妮副教授修改定稿。

编审人员付出了大量努力，在此一并表示感谢！

全国高等教育自学考试指导委员会
经济管理类专业委员会
2023 年 12 月

图书在版编目（CIP）数据

酒店管理概论/吕妮主编. -- 北京：中国人民大学出版社，2024.7. --（全国高等教育自学考试指定教材）. -- ISBN 978-7-300-33060-0

Ⅰ. F719.2

中国国家版本馆 CIP 数据核字第 2024U64X19 号

全国高等教育自学考试指定教材

酒店管理概论

（含：酒店管理概论自学考试大纲）

（2024 年版）

全国高等教育自学考试指导委员会　组编

主编　吕妮

Jiudian Guanli Gailun

出版发行	中国人民大学出版社		
社　　址	北京中关村大街 31 号	**邮政编码**	100080
电　　话	010－62511242（总编室）		010－62511770（质管部）
	010－82501766（邮购部）		010－62514148（门市部）
	010－62515195（发行公司）		010－62515275（盗版举报）
网　　址	http：//www.crup.com.cn		
经　　销	新华书店		
印　　刷	北京密兴印刷有限公司		
开　　本	787 mm×1092 mm　1/16	**版　　次**	2024 年 7 月第 1 版
印　　张	21	**印　　次**	2024 年 7 月第 1 次印刷
字　　数	491 000	**定　　价**	65.00 元
